아테네 스파르타 대전쟁

펠레폰네소스전쟁사

최한수 지음

명인문화사

아테네 스파르타 대전쟁:
펠레폰네소스전쟁사

제1쇄 펴낸 날 2025년 11월 10일

지은이 최한수
펴낸이 박선영
주 간 김계동
디자인 전수연
교 정 김유원

펴낸곳 명인문화사
등 록 제2005-77호(2005.11.10)
주 소 서울시 송파구 백제고분로 36가길 15 미주빌딩 202호
이메일 myunginbooks@hanmail.net
전 화 02)416-3059
팩 스 02)417-3095

ISBN 979-11-6193-160-9
가 격 35,000원

ⓒ 명인문화사

국내외 저작권법에 의거하여 복사제본과 PPT제작 등 **무단 전재**와 **무단 복제**를 **금지**합니다.

간략목차

제1장	•	서론: 고대 그리스의 전쟁	1
제2장	•	그리스 폴리스와 동맹	15
제3장	•	투키디데스의 전쟁사	83
제4장	•	제1차 펠로폰네소스전쟁	119
제5장	•	제2차 펠로폰네소스전쟁 전초전	142
제6장	•	메가라 법령과 제2차 전쟁의 개전	173
제7장	•	미틸레네 반란의 비극	197
제8장	•	아테네의 주화파와 주전파의 갈등과 멜로스인의 학살	235
제9장	•	아테네의 시칠리아 원정	265
제10장	•	아테네의 시칠리아 원정 패배	285
제11장	•	대전쟁의 마지막 전투와 아테네의 패전	308
제12장	•	아테네의 혼돈과 소크라테스의 죽음	351
		에필로그	382

세부목차

서문 • viii
일러두기 • xiii

제1장 서론: 고대 그리스의 전쟁 • 1
전쟁과 전쟁사 • 1
왜 대전쟁인가? • 9
제1차 펠로폰네소스전쟁 • 11
제2차 펠로폰네소스전쟁 • 13

제2장 그리스 폴리스와 동맹 • 15
그리스 문명의 전개 • 15
폴리스의 본질 • 18
폴리스의 발전 • 22
아테네 • 28
스파르타 • 39
제국과 동맹 • 64

제3장 투키디데스의 전쟁사 • 83

투키디데스의 전쟁사와 투키디데스 • 83
투키디데스의 집필 의도와 방법 • 90
투키디데스 '역사'의 7년 미스터리 • 93
투키디데스 '역사'의 서술적 특성 • 96
투키디데스 문장의 특성 • 108
투키디데스의 연설문 • 115

제4장 제1차 펠로폰네소스전쟁 • 119

전쟁의 배경과 개요 • 119
타소스 반란과 아테네와 스파르타의 패권 다툼 • 122
제1차 펠로폰네소스전쟁 • 129
아테네와 스파르타의 강온대결 • 133

제5장 제2차 펠로폰네소스전쟁 전초전 • 142

투키디데스의 함정 • 142
에피담노스의 분쟁과 전쟁의 도미노 • 145
레우킴메 전투 • 147
케르퀴라와 코린토스의 국제 외교전 • 150
시보타 전투 • 156
포티다이아 전투 • 166

제6장 메가라 법령과 제2차 전쟁의 개전 • 173

메가라 법령과 스파르타의 위협 • 173
페리클레스의 대응과 전염병의 창궐 • 178
약소국 플라타이아의 비극 • 186
페리클레스의 퇴장과 클레온의 등장 • 191

제7장 미틸레네 반란의 비극 · 197

미틸레네 반란과 전투 · 197
아테네의 대응 · 207
스파르타의 개입 · 211
미틸레네의 항복과 생사의 길 · 217
미틸레네인의 생사를 건 논쟁 · 222

제8장 아테네의 주화파와 주전파의 갈등과 멜로스인의 학살 · 235

피로스 전투 · 235
스팍테리아 및 암피폴리스 전투와 투키디데스의 추방형 · 240
니키아스 평화조약과 매와 비둘기의 대립 · 244
멜로스인의 대화와 대학살 · 255

제9장 아테네의 시칠리아 원정 · 265

시칠리아 원정과 아테네의 정치적 갈등 · 265
아테네 함대의 출정 · 276
알키비아데스의 망명 · 279
니키아스의 지휘 · 281

제10장 아테네의 시칠리아 원정 패배 · 285

스파르타의 아테네 공격 · 285
월식 · 295
항복 · 298
패배의 원인과 영향 · 302
아테네의 프로불로이 출범 · 304

제11장 대전쟁의 마지막 전투와 아테네의 패전 • 308
    알키비아데스의 술수 • 308
    쿠데타와 400인과두제 • 315
    알키비아데스의 귀환과 망명 • 325
    노티움 전투 • 328
    아르기누사이 전투 • 333
    장군들의 처형과 소크라테스의 반대 • 338
    최후의 전투: 아이고스포타미 전투 • 344
    아테네의 항복 • 348

제12장 아테네의 혼돈과 소크라테스의 죽음 • 351
    아테네의 굴욕 • 351
    30인참주제 • 356
    30인의 활동 • 360
    30인참주정치에 대한 저항 • 365
    30인참주제의 붕괴와 민주주의 회복 • 373
    소크라테스의 처형 • 376

에필로그 • 382

    참고문헌 • 390
    찾아보기 • 397

서문

　이 글은 고대 그리스의 아테네와 스파르타 사이에 있었던 56년간의 대전쟁을 서술한 것이다. 당시 그리스에는 1,000여 개 이상의 도시국가들이 있었다. 그리고 이 도시국가들 중에서 아테네와 스파르타는 용호상박의 강대국으로 각각 동맹의 맹주였다.

　도시국가들은 대부분 두 강대국을 맹주로 하는 동맹에 가입되었다. 따라서 아테네와 스파르타의 움직임은 곧 두 나라와 동맹으로 이어진 도시국가들에 연동되었고, 56년간의 대전쟁은 곧 아테네와 스파르타를 맹주로 하는 두 진영의 전쟁이었다.

　56년간의 전쟁 중에서 일부 휴전기간을 제외하고 41년 동안 전투가 이어졌다. 이 전쟁을 후세 학자들은 펠로폰네소스전쟁으로 부른다. 그중 20년간의 전쟁사는 투키디데스에 의해 기록되었다. 그가 서술한 20년 전쟁사 외에 다른 기간의 전쟁에 관한 내용은 여러 사가나 작가들의 문헌에 산발적으로 서술되어 있다.

　모든 역사는 역사가가 당시의 생각으로 당시의 상황을 기록하고 설명한 내용이다. 더구나 카(E. H. Carr)의 주장대로 역사적 사실도 역시 기록자의 주관과 선호가 사실을 가리고 있다면 2,500년 전의 사실을 있는 그대로 접하기는 사실상 불가능하다.

당시의 전쟁들은 아테네와 스파르타는 물론 다른 도시국가들에서 동시다발적으로 벌어졌다. 그리스는 지정학적으로 지중해를 끼고 있기 때문에 전쟁의 무대는 주로 섬이었다. 그러나 지명은 지금과는 다르다.

더구나 당시 그리스인의 삶은 종교의 규범이 좌우했다. 그리스인의 사고와 가치의 바탕은 종교와 신화다. 이런 점에서 당시의 상황을 이해하려면 문헌만이 아니라 종교적 배경에 대한 이해도 필요하다.

그뿐만 아니다. 당시에 전쟁을 서술한 작가나 역사가가 비범한 인물들이라고 하더라도 그들의 이해와 사고 및 판단 그리고 서술과 표현 등은 그 시대의 문명수준을 넘어서기 어렵다. 현대인들이 이런 사료를 이해하려면 식재료에 양념을 넣고 요리를 하듯 또는 옛 건축물을 현대식으로 리모델링하듯 새로운 작업이 필요하다.

이런 요리나 건축은 아무나 할 수 있는 일이 아니다. 천학비재한 필자가 이런 일을 하기는 더욱 벅차다. 그나마 필자는 젊은 시절에는 언론인으로 취재하고 글 쓰는 일을 하였고, 대학에서 연구하고 가르치며 정치현장의 경계를 넘나드는 삶을 살아오면서 어느덧 공자가 말하는 종심(從心)을 훌쩍 넘기고 산수(傘壽)를 목전에 두고 있다. 이제 필자의 마음과 눈으로 보는 과거나 현재의 세상을 글로 옮길 준비가 조금은 된 듯싶다.

역사를 현재의 지혜의 샘물로 마시려면 당시의 역사적 기록을 간직하면서도 오늘의 생각과 안목으로 세상을 꿰뚫어 보아야 한다. 역사에 대한 해석과 서술이 각기 다른 것처럼 필자의 이 글도 고대 문헌들을 토대로 필자 나름의 생각을 담았다.

그러나 단순히 옛 문헌들의 반복이 아니라 한 걸음 더 나아가 새로운 '전쟁사'를 쓴다는 생각으로 서술했다. 그렇다고 역사를 흔들거나 비틀어 각색한 것이 아니라 그대로 간직했다. 비유적으로 말하면 이 글은 일연의 설화나 나관중의 역사소설이 아니라 김부식의 역사와 진수의 역사서로서 전쟁사다.

고려의 김부식(金富軾)이 쓴 『삼국사기(三國史記)』나 중국 서진(西晉)의 진수(陳壽)가 쓴 『삼국지(三國志)』는 역사서다. 그러나 고려의 일연(一然)이 쓴 『삼국유사(三國遺事)』와 중국 명나라의 나관중(羅貫中)의 『삼국지연의(三國志演義)』는 설화나 역사소설이다.

비록 2,500여 년 전의 일이지만 문헌으로 이해하는 것과 전쟁터를 직접 밟아보면서 우러나는 느낌은 다르다. 필자는 각 섬의 항구에서 삼단노선들이 꼬리를 이어 드나드는 모습을 머리에 그렸다. 이끼로 덮인 수천 년 전의 성벽에서 창검을 들고 싸우던 지휘관들과 병사들 그리고 이름없는 백성과 노예들의 모습을 떠올렸다. 나무와 풀 그리고 흩어진 돌무덤에서 이들의 마지막 비명과 신음소리가 바람을 타고 내 주위를 맴도는 듯했다.

이런 모습들이 투키디데스와 역사가들의 가슴과 머리를 거쳐 내 머리와 가슴으로 들어와 새로운 이해와 상상력으로 승화되었다. 필자가 일부 지역이나마 전쟁터들을 찾아 2,500년 전의 지휘관으로 또는 병사로 그리고 종군기자로 이름없는 백성으로 그리고 노예로 당시를 회상한 것은 이 때문이다.

  필자가 고대의 문헌들과 대전쟁의 현장에서 얻은 단편적인 지식과 지혜 그리고 느낌들이 이 책을 통해서 군인과 정치인 및 언론인 그리고 학자들과 기업의 리더들은 물론 과거를 거울로 이 시대를 살며 미래를 내다보는 모든 사람들의 가슴과 머리에 전해진다면 필자에게는 더없는 보람이다.

  이 책의 내용은 원래 2023년에 출간된 필자의 『아테네 민주주의와 전쟁』에 "아테네 민주주의", "그리스와 페르시아전쟁" 등과 함께 한 부분으로 포함되어 있었다. 그러나 내용의 특성을 살리기 위해 이 부분을 따로 떼어 다시 보완 및 개정하여 내놓게 된 것이다. 앞으로 『아테네 민주주의』와 『그리스와 페르시아전쟁』도 각각 새로 보완하여 다시 쓸 계획이다.

  역사나 전쟁을 전공하지 않은 필자가 그리스의 역사와 전쟁에 관한 글을 쓰면 어쩔 수 없이 정치학도의 패러다임으로 다가갈 수밖에 없다. 더구나 얕은 지식으로 심오한 과제를 풀기가 벅찰 수밖에 없다. 이 과정에서 역사나 전쟁의 관점에서는 많은 논쟁거리나 심지어는 오류도 있을 수 있다. 이점에 대해서는 강호 제현의 아낌없는 질정을 기대한다.

  이 책을 내면서 다음 분들에게 특히 감사의 뜻을 전한다.

  홍득표 교수(인하대), 홍완식 교수(건국대 법학전문대학원), 이국범 장군(예비역 육군소장)은 난삽한 원고를 읽고 많은 도움을 주셨다. 이 책을 출간하는 명인문화사 대표 박선영 박사와 편집과 도안을 맡아준 전수연 디자이너는 일일여삼추(一日如三秋)로 일했다. 글을 생각하고 쓸 수 있도록 아내와 가족은 늘 곁에서 함께했다.

을사년(乙巳年) 가을 캘리포니아의 우거(寓居)에서
저자 해정(海井) 최한수 식(識)

| 일러두기 |

1. 이 책의 참고문헌에서 다음의 문헌은 줄여서 표기했다.
2. 1) 아리스토텔레스의 문헌 중에서 '정치학'은 AP로, 새로 발견된 Athenaion Politeia 영어로 The Constitution of the Athenians 는 AC로 표기했다. 예를 들면, AP1278b11은 아리스토텔레스 정치학 1278b11을 가리킨다. 2) 플라톤의 국가(Republic)는 PR로, 3) 헤로도토스의 역사(Historia)는 HH로, 4) 투키디데스의 펠로폰네소스 전쟁사는 TW로, 5) 크세노폰의 헬레니카(Hellenica)는 XH 표기했다. 이 문헌들은 그리스어의 한글 번역본과 영문 번역본을 동시에 사용했다. 그리스어 번역과정의 의미를 더 알기 위해 영문 번역본은 여러 책을 참고했으며, 한글 번역본은 역사는 김봉철, 플루타르코스 영웅전은 이성규, 국가는 박종현, 그 밖의 한글문헌은 천병희 역을 중심으로 하였다. 나머지 내주중에서 보충설명은 각주로 인용문헌은 후주로 처리했다.
3. 고유명사의 모든 표기는 고전시대의 그리스 발음으로 표기하고 영어로 일반화된 일부 단어의 발음은 그대로 따랐다. 다만 표기과정에서 약간 다를 수도 있다.

제1장
서론: 고대 그리스의 전쟁

전쟁과 전쟁사

고대 국가들에게 전쟁은 삶의 일부이자 일상이었다. 전쟁을 통해 부족국가들이 통합되어가면서 왕을 중심으로 하는 중앙집권적 국가로 발전했다.

그러나 그리스는 부족들이 각각 도시를 중심으로 '도시국가(polis)'라는 이름의 국가를 건설하거나 식민지국가를 개척하면서, 플라톤이 말한 호숫가의 개구리 떼처럼 육지와 섬의 해안가를 중심으로 최소한 1,000개 이상의 도시국가들이 난립했다.

그럼에도 이런 국가들은 하나의 헬라인, 즉 그리스 민족이라는 공통성을 가지고 있었다. 일례로 BC 1,200년경에는 헬라인이 연합군을 형성하여 트로이와 국제전을 벌여 승리하기도 했다.

이른바 '트로이전쟁'으로 불리는 이 전쟁은 호메로스의 『일리아스』의 주제지만, 전쟁의 주인공들이 신이나 신의 자손들이라는 점에서 신화로 치부되어 왔다. 그러나 하인리히 슐리만 등에 의한 유적과 유물의 발견 및 지속적인 고고학적 연구로 이 전쟁이 역사적 사실에 기반하고 있음이 확인되었다.

그리스 역사에서 BC 1,100년경부터 BC 800년 사이는 암흑기로 분류된다. 암흑기의 원인은 대지진일 수도 있지만 도리아인 등 외적의 침입으로 보는 견해가 지배적이다.

트로이전쟁과 암흑시대를 초래한 전쟁이 국제전이었다면, BC 5세기의 페르시아 침공으로 인해 벌어진 그리스-페르시아전쟁은 그리스 민족에게는 3번째로 겪는 거대한 국제전쟁이다.

페르시아가 그리스의 육지로 침입한 것은 BC 490년 마라톤 전투이다. 이로부터 10년 후인 BC 480년 페르시아의 침공으로 그 유명한 테르모필라이 전투와 살라미스 해전이 벌어졌다. 그리고 페르시아는 BC 479년에 플라타이아 전투에서 대패함으로써 더 이상 침공을 하지 못한다. 그리스-페르시아전쟁은 여기까지다.

이후 145년이 지나 역으로 그리스의 알렉산더가 페르시아의 숨통을 끊어 놓는다. 그러나 일반적으로 우리가 그리스-페르시아전쟁이라고 하면 마라톤 전투부터 플라타이아 전투까지를 말한다.

그리스는 그리스-페르시아전쟁 직후 그리스의 두 맹주인 아테네와 스파르타를 중심으로 내전의 소용돌이에 빠져든다. BC 460년 소규모 국지전으로부터 시작되어 BC 404년까지 56년간 육지와 바다에서 전개된 전쟁들을 사가들은 '펠로폰네소스전쟁'이라 부른다.

우리나라의 전쟁사를 중심으로 하면 그리스와 페르시아의 전쟁은 병자호란이나 임진왜란 등에 해당한다. 그러나 펠로폰네소스전쟁은 우리의 삼국시대에 신라와 백제 그리고 고구려 간의 전쟁이나 6·25전쟁처럼 동족끼리 싸운 내전이다. 또한 각각의 동맹국들이 배후에서 참전하고 지원한 전쟁이라는 점에서 펠로폰네소스전쟁과 우리의 6·25전쟁은 그 성격이 매우 유사하다.

펠로폰네소스전쟁은 반 세기 이상 이어지면서 인간의 양면성과 모든 본질이 적나라하게 드러났다. 또한 정치와 외교, 경제 등 사회의 제반 현상이 백화점처럼 진열되었다. 투키디데스는 전쟁의 이런 현상을 이렇게 기술한다.

"일상의 필요가 충족될 수 없는 전쟁은 사람의 마음을 대체로 그들이 처한 환경과 같은 수준으로 떨어뜨리는, 노예의 가장 난폭한 주인이다."

전쟁은 인간의 삶에서 만날 수 있는 최대의 악마다. 악마는 미리 피하지 못한다면 퇴치해야 한다. 전쟁도 마찬가지다. 사전에 예방하든지 아니면 이겨야 한다.

전쟁은 인간의 영혼을 해부하여 인간의 본성을 속속들이 드러내는 인간 본성의 전시장이며 세상의 블랙홀이다. 모든 것이 그 속으로 빨려 든다. 대신 여기에는 삶의 무한한 교훈이 있다. 특히 휴전 상태에서 전쟁의 위기에 직면하고 있는 우리에게는 펠로폰네소스전쟁은 반면교사요 타산지석이다. 우리의 땅에 다시 전쟁이 터지면 우리는 난폭한 주인을 만난 노예가 되어 야만적인 생존법칙을 따르도록 강요될 수밖에 없음을 뼈저리게 자각해야 한다.

전쟁터에서는 생명이 초개(草芥)와 같다. 이 틈새에서 전쟁의 실상을 있는 그대로 관찰하고 묘사하며 서술하고 더 나아가 설명한다는 것은 대단히 어렵고 거의 불가능한 일이다. 현대의 전쟁에 관한 기록들도 건조한 역사적 사실의 나열에 그치는 경우가 많다. 전쟁에 관한 자료들은 정확한 사실을 아는 데는 유용하지만 이해하고 상상하고 느끼고 생각하기에는 역부족이다.

그런데 2,500여년 전의 천재적 이야기꾼인 그리스의 헤로도토스와 문장가이며 전략가인 투키디데스는 때로는 왕성한 남성의 피 끓는 심장처럼 도도하게, 때로는 가냘픈 여성의 울렁이는 가슴처럼 섬세하게 전쟁을 묘사하고 서술하며, 더 나아가 설명을 곁들여 생생하게 전해주고 있다.

오늘날에도 쉽지 않은 이런 위대한 기록이 가능했던 것은 당시 아테네가 찬란한 문명과 자유로운 민주주의를 배경으로 하고 있었기 때문일 것이다.

다만 이런 기록들이 당시의 사실과 얼마나 부합되는지는 별개의 문제다. 오히려 개별적인 나무에 매달리기보다 숲 전체를 조감하는 것이 역사를 이해하고 역사와 호흡하면서 느낌을 갖는 데 더 유용할 수도 있다.

그럼에도 우리는 숲을 보면서 그 장대함에 취해 나무 하나하나를 간과해서는 안 된다. 2,500여 년 전의 유적과 유물, 신화와 문헌들이 지키고 있는 그리스 역사는 장대한 스펙터클이다. 그러나 찬란한 문명과 깊은 역사를 다시 되새기는 데는 한계가 있다. 관련 문헌이 부족하고 부실하며, 존재하는 문헌 자체도 사실적 기술이 아니라 전언(傳言)을 토대로 하거나 기록자의 주관적인 가치와 판단, 그리고 상상을 엮어낸 내용이 많기 때문이다. 이것은 그리스 역사의 기록뿐만 아니라 모든 역사의 기록이 이 범주를 벗어나지 못한다.

과거의 역사에 접근하여 사실을 찾아내어 기술하고 설명하려면 안광(眼光)이 지배(紙背)를 철(徹)하듯 역사적 문헌의 행간에서 사실에 근접하는 단서를 찾아내고, 그것을 심층적으로 판단하여 논리적으로 명료하게 설명하면서 의미와 가치를 찾아야 한다.

예를 들면 페르시아의 그리스 침공에 대한 그리스의 대응은 지금도 전쟁사 교재의 밑줄을 긋는 중요한 자리를 차지하고 있다. 그러나 이런 내용들은 그리스의 사가에 의해 스파르타군의 용맹성이나 그리스 연합군의 전략을 중심으로 기록한 것이 핵심이다.

그리스가 페르시아 대군을 격파한 이유는 무엇인가? 이는 보는 관점에 따라 각기 다를 수 있다. 민주주의의 관점에서 보면 전쟁은 자유와 속박, 자율과 강제, 차별과 평등의 싸움에서 전자가 승리한 것이다. 그리스인들은 자신을 위해 싸웠고 페르시아 대군은 군주를 위해 싸웠다. 자신에 의한, 자신을 위한, 자신의 전투가 아니라 군주에 의한, 군주를 위한, 군주를 대신한 전투에는 영혼을 바칠 수 없기 때문이다.

반 세기에 걸친 스파르타와 아테네를 중심으로 양편으로 갈라져 싸운 전쟁을 '펠로폰네소스전쟁'이라고 이름 붙인 것은 후세 사가들이다. 이 전쟁의 대부분을 기록한 투키디데스는 이름을 표시한 적이 없이 '역사'로 불렀다. 특히 펠로폰네소스전쟁은 1차 전쟁과 2

차 전쟁 또는 1, 2차 전쟁 모두를 가리키기도 하여 때로는 혼란스럽다.

이 전쟁은 강대국과 약소국의 이해관계, 전쟁의 발발과 진행, 협정의 체결과 파괴, 승리와 패배, 동맹 및 반란과 진압 등이 모두 국제외교의 거울이다. 투키디데스는 이 거울에 비추는 모든 국가들은 상대국가들의 정치체제가 무엇이든 간에 자국의 안보와 번영을 극대화할 수 있는 바탕에서 합리적으로 외교정책을 계산한다는 정치현실주의(political realism)와 역사 순환주의를 토대로 전쟁사를 썼다.

특히 지정학적인 동맹들은 각국의 공정성이나 정당성과 관계가 있는 것이 아니라 각 참가국의 이익과 관계가 있다는 주장은 여전히 현대 외교의 핵심이며, 전쟁을 겪었고 직면하고 있는 우리에게는 나라를 지키는 필독서이자 바이블이다.

결과적으로 아테네는 이 대전쟁에서 몇 번의 한순간의 전략적 미숙으로 스파르타에 패했다. 지지 않을 수도 있었던 전쟁이었다. 전투에서 순간이 전체를 좌우한다는 것을 잘 보여주고 있다.

아테네 민주주의는 전투에서 의외의 승리요인이 되기도 했지만 패배를 초래하기도 했다. 민주주의가 전쟁 속에서 어떻게 생존하고 전쟁이 민주주의에 어떤 영향을 미치는가에 대한 연구는 아테네는 물론 현대 국가의 경우도 더 연구되어야 할 과제다.

그리스전쟁의 역사는 2,500여 년 전이라는 먼 과거의 사례들이고 그에 대한 기록도 희귀하며 용어가 그리스어이기 때문에 사실을 접근하기도 어렵다. 다행히 그리스 문헌을 번역한 영어 문헌들뿐만 아니라 한국어 문헌들도 늘어나고 있다.

특히 투키디데스의 기술이 역사에 어느 정도 부합되는가는 꾸준히 연구되고 있다. 따라서 『펠로폰네소스 전쟁사』라는 이름의 책을 모두 검증된 '전쟁사'로 읽을 것이 아니라, 연대기와 원인과 결과는 역사지만 그 과정은 투키디데스의 문학적 창작일 수 있다는 비판적이고 데카르트적인 사고가 필요한 것이다.

그러나 그의 서술은 오히려 뼈만 앙상한 연대기 중심의 전쟁사를 그의 천재적인 전략가로서 그리고 문장가로서 소양을 발휘하여 무성한 잎과 화려한 꽃, 그리고 풍성한 과일이 달린 과목으로 변화시켰다. 따라서 우리는 투키디데스가 조성한 과일나무로부터 감동을 느끼면서도 냉정한 사고로 진실을 추구하는 노력을 멈추어서는 안 되는 것이다.

다행히 그는 전쟁의 사령관 경험으로 개전과 종전 그리고 승패를 토대로 전쟁별 프레임을 짜고 자신의 생각으로 그 안을 채울 수 있었을 것이다. 그렇더라도 그의 '역사'를 어떤 성격의 글로 볼 것인가에 대한 논쟁은 여전히 남는다.

56년간의 전쟁을 투키디데스 혼자 기록한 것은 물론 아니다. 특히 전쟁의 후반부의 기록은 크세노폰이 이어갔다. 크세노폰은 플라톤과 함께 소크라테스의 양대 제자 중의 한 명이다. 그는 역사가인 동시에 장군으로 특히 스파르타와 깊은 연고를 갖고 있다. 이런 점에서 스파르타가 승리한 전쟁의 종전과 그 이후의 상황에 대한 그의 기록은 넓은 경험과 깊은 통찰력으로 오히려 역사적 사실에 더 근접했을 가능성이 있다.

이 책은 먼저 서론에서 '대전쟁'을 치른 그리스 도시국가의 성립과 발전에 관한 역사를 약술한다. 또한, 대전쟁, 특히 펠로폰네소스 전쟁의 핵심 기록자인 투키디데스에 대한 정보와 그가 전쟁사를 쓴 의도와 배경 및 방법, 그리고 그의 저작의 특성과 역사로서 가치 등을 서술한다. 이어서 전쟁을 주도한 아테네와 스파르타의 정치·사회적 특징 및 전쟁에 대한 자원과 전략, 그리고 두 국가를 중심으로 하는 델로스 동맹과 펠로폰네소스 동맹의 결성과 운영에 대해 미리 설명하여 전쟁의 배경에 대한 이해를 돕고자 한다.

투키디데스는 20년간의 전쟁을 서술하면서 1년을 여름과 겨울 단위로 구분한다. 예를 들어, 제2권 33절에서 BC 431년 여름이 가고 2권 47절에서 겨울이 끝난다. 그리고 전쟁사의 마지막 줄은 BC 411년 여름에 이어 겨울이 지나고 전쟁이 일어난 지 만 21년이 될 것이라는 글로 모든 기록이 끝난다.

그러나 아테네와 스파르타를 중심으로 각지에 산재해 있는 동맹국들 사이에서는 여기저기에서 산발적으로 사건들이 끊임없이 이어지고 결국은 전쟁으로 비화된다. 그리고 각각의 전쟁들은 발발과 종전이 다 다르며 동맹 간의 대결이다 보니 또 다른 전쟁으로 번지기도 한다. 뿐만 아니라 페르시아도 종종 끼어든다.

이런 사건들을 여름과 겨울이라는 두 계절의 틀에 꿰어 맞추기가 적절하지 않은 경우도 있다. 따라서 56년간의 대전쟁을 발발과 종전 시기, 그리고 다른 전쟁들과의 관련성을 조화롭게 연결해야 한다.

그리스는 종교와 신화가 문화의 바탕이다. 그리스 세계를 제대로 이해하기 위해서는 그리스의 종교와 신화에 대한 이해가 선행되어야 한다. 전쟁도 물론 마찬가지다. 여기에서 신화에 대한 이해는 단순히 이야기로서의 신화가 아니라, 그리스인의 문화, 즉 신화와 그리스인의 신념과 태도와의 상호작용하는 배경으로써 신화를 의미한다.

그리스의 모든 것, 역사와 문명, 정치와 사회의 제도에도 종교가 배어 있고 종교를 바탕으로 이루어졌다. 이것은 고대 인도인들이 브라만교, 유대인들이 유대교를 중심으로 하는 삶보다 더 철저했다.

그리스 종교는 고대 역사에서 가장 광범위하게 시공을 초월하는 상상력을 가지면서도 가장 짜임새 있는 경전을 바탕으로 하고 있다. 이 경전은 고대 그리스가 멸망하고 로마치하에서, 그리고 그 자리를 기독교가 차지하면서 기독교 '성경'에 밀려 '신화'로 격하되었다. 따라서 고대 그리스에 대한 문명사는 바로 그리스의 종교와 경전(신화)을 파헤쳐야 본 모습에 다가갈 수 있다.[1]

왜 대전쟁인가?

"아테네인 투키디데스는 펠로폰네소스인들과 아테네인들 사이에 전쟁이 터지자마자 그 전쟁에 관한 '역사'를 기록했다. 그리고 그는 이 전쟁의 앞날을 이렇게 믿었다" (TW, 1.1.1).

"그것은 대전쟁이 될 것이며, 이전의 어떤 전쟁보다 기록할 가치

---

1) 이에 관해서는 필자의 졸저 『그리스 신화와 종교』 (서울: 명인문화사, 2021)가 도움이 될 것이다.

가 있는 전쟁이 될 것이다. 이런 믿음은 근거가 없는 것이 아니었다. 두 진영의 전투 준비는 모든 부서에서 만반의 준비를 마쳤고, 나머지 다른 그리스인들도 일부는 당장, 그리고 일부는 망설이다가 어느 한편에 가담하는 것을 보았기 때문이다. 실제로 이것은 그리스인뿐만 아니라 거의 인류라고 말할 수 있을 정도의 대부분의 이방인 세계에서 역사상 알려진 가장 큰 사변이었다"(TW, 1.1.1-2).

필자가 이 책의 제목을 '대전쟁'이라고 붙인 계기다. 그리스는 BC 479년 플라타이아 전투를 끝으로 페르시아와의 전투를 승리로 장식하고 끝낸다. 그리고 BC 460년부터 또다시 간헐적이고 산발적으로 전쟁이 시작되어 아테네와 스파르타를 중심으로 하는 대전쟁이 BC 404년까지 이어진다.

투키디데스는 이 기간의 전쟁들 중에서 BC 431년부터 BC 404년까지의 전쟁을 '펠로폰네소스인들과 아테네인들 사이의 전쟁'이라고 부른다. 그리고 이 전쟁을 중심으로 전쟁사를 기록했다.

투키디데스는 BC 431부터 기산하여 21년차인 BC 411 여름에 "이 해 여름 이후 겨울이 지나고 나면 이 전쟁이 일어난 지 만 21년이 될 것이다"라는 구절로 전쟁사를 마무리한다. 즉, BC 404년까지 27년간의 전쟁을 다 마무리하지 못한채 끝난다.

투키디데스가 '펠로폰네소스인들과 아테네인들 사이의 전쟁'이라고 부르는 전쟁을 후세 사가들은 '펠로폰네소스전쟁'이라고 부른다. 그런가 하면 BC 460년부터 BC 404년까지 56년간의 전쟁을 나타내기도 한다. 그리고 전쟁을 BC 460년부터 BC 430년, 그리고

BC 431년부터 BC 404년까지로 나누어 제1차 펠로폰네소스전쟁과 제2차 펠로폰네소스전쟁으로 부르기도 한다. 그러면 우선 제1차 및 제2차 전쟁의 특성을 구별하여 기술하기로 한다.

제1차 펠로폰네소스전쟁

제1차 전쟁은 BC 460년 아르고스의 오이노이(Oenoe) 전투부터 투키디데스가 전쟁의 역사를 기록하면서 전쟁의 출발점으로 삼은 BC 431년 이전까지의 전쟁을 가리킨다.

그리스 연합군이 플라타이아 전투에서 승리하면서 아테네와 스파르타는 페르시아전쟁에서 최후의 승자가 되었다. 이를 계기로 두 나라는 각각 동맹을 강화하면서 이를 기반으로 맹주로서의 위상을 굳건히 다져 나간다. 아테네는 이 과정에서 국력이 강화됨에 따라서 오만과 과욕으로 스파르타의 경계심과 공포심을 자아냈고, 용호상박의 전운을 감돌게 만들었다.

아테네가 배출한 인류 최초의 걸출한 역사학자인 투키디데스는 BC 479년의 플라타이아(Plataea) 전투와 BC 431년의 펠로폰네소스전쟁의 시작에 이르는 약 50년의 기간을 '펜테콘타에티아(Pentecontaetia)'로 기술한다 (TW 1.118.2). 이 용어는 투키디데스가 '50년간의 설명'이라는 의미로 최초로 사용했다 (TW 1.89-117). 따라서 '펜테콘타에티아'는 그리스와 페르시아 사이에 얽힌 역사가 아니라 헬라인들만의 50년 역사를 의미한다.

오늘날 존재하는 이 시대에 관한 이야기는 투키디데스의 전쟁사

외에도 디오도로스 시쿨로스(Diodorus Siculus)의 『역사 비블리오테카(Historical Library, 11.39-12.28)』에도 부분적으로 담겨있다.

펠로폰네소스전쟁은 투키디데스가 '펠로폰네소스인들과 아테네인들 사이의 전쟁'에 관해 기술을 시작한 BC 431년부터 BC 411년과 그 이후에 BC 404년까지 7년간 더 이어진 전쟁을 의미한다. 그러나 아테네와 스파르타를 중심으로 그리스의 도시국가들이 나뉘어 BC 460년부터 BC 404년까지 56년간 일어난 전쟁들을 포괄적으로 함의한다. 그리고 이 56년간의 기간 중에는 투키디데스가 펜테콘타에티아의 기준으로 구분한 50년 기간의 후반인 BC 460년 이후의 14년간이 포함된다.

그런데 BC 460년에 스파르타 군대와 아테네와 아르고스 연합군 사이에 아르고스의 오이노이(Oenoe)에서 전투가 벌어진다. 이 전투는 전투 지역의 지명을 따서 '오이노이 전투'로 불린다. 이로부터 펠로폰네소스반도에서 14년간 전쟁이 이어진다. 펠로폰네소스는 그리스 본토의 남부를 이루는 반도이며, 아르고스는 유서 깊은 항구도시 나플리오가 과거와 미래를 연결하고 있다.[2]

제1차 펠로폰네소스전쟁 기간 중에는 BC 451년에 5년간의 휴전을 맺었으나 중간에 이른바 신성전쟁 등 산발적인 교전은 계속 이어졌다. 그리고 BC 446~445년 사이에 아테네와 스파르타는 30년 평화조약을 체결하면서 1차 전쟁은 종식된다.

그러나 평화조약은 체결된 지 14년 만에 파기되고 BC 431년부

---

[2] 펠로폰네소스와 아르고스의 지명에 대한 신화적 유래는 필자의 저서 『그리스 신화와 종교』(서울: 명인문화사, 2021)를 참조할 것.

터 전쟁이 다시 시작되어 BC 404년까지 27년간 계속되었다. 이 기간에 일어났던 전쟁들을 제2차 펠로폰네소스전쟁(때로는 2차전쟁으로 표기) 또는 펠로폰네소스전쟁이나 대전쟁(great war)으로도 부른다.

당시에는 이 국지전이 그리스 전체를 반 세기 이상 내전으로 몰고 갈 '대전쟁'의 서막이 될 것이라고는 아무도 예상하지 못했다. 그리고 이 시기에 대한 역사적 기술은 많지 않다. 특히 오이노이 전투에 대한 기록도 부족하여 전투의 실제성에 대한 의문까지 제기되는 실정이다. 하지만 14년간의 전투를 거슬러 올라가면 오이노이 전투의 개연성은 부정될 수 없다.

사가들은 이를 '1차 펠로폰네소스전쟁'이라고 부른다. 그리고 뒤이어 벌어지는 펠로폰네소스전쟁을 제2차 펠로폰네소스전쟁으로 구별한다. '1차 펠로폰네소스전쟁'의 '1차'는 이후의 전쟁을 2차로 부르기 때문이다.

제2차 펠로폰네소스전쟁

제2차 전쟁은 BC 431년부터 BC 404년까지 27년간 계속된 전쟁을 가리킨다. 전쟁이 27년간 이어지면서 몇 번의 전환점을 기준으로 전반과 후반 또는 제1국면과 제2국면으로 나뉜다.

전반 또는 제1국면은 BC 431년과 BC 430년에 스파르타가 아티카를 침범하여 BC 421년까지 10년간 이어졌던 전쟁이다. 투키디데스는 이 전쟁을 '10년 전쟁'으로 부른다. 일반적으로는 아르키다모스전쟁(Archidamian War)으로 부른다. 아르키다모스전쟁은 스파르타 왕 아르키다모스 2세(Archidamus II)의 이름을 따서 붙여진 것인데, 이 전쟁은 BC 421년에 니키아스 평화조약에 서명함으로써 종결되고 BC 421년 이후 BC 415년까지 6년간은 휴전 기간이었다.

제2국면은 아테네의 시칠리아 원정과 패배까지의 기간이다. 제2국면은 휴전 기간을 제외하고 아테네가 시칠리아의 내전에 개입하고 원정군을 보냄으로써 다시 큰 전쟁으로 확대되는 BC 415년부터 아테네의 패망으로 끝나는 BC 404년까지다.

1차 전쟁은 스파르타와 아테네 또는 두 나라의 동맹국들이 관련되는 비교적 작은 규모의 국지전들이었다. 이 전쟁들은 승패의 순환이 이루어졌다. 그러나 2차 전쟁은 모든 동맹국이 스파르타와 아테네 어느 한 편이 되어 벌인 전면전이었다. 이 전쟁은 승자와 패자가 가려지고 승자가 패자를 지배하는 형태로 전쟁이 종식되었다.

후세의 사가들은 이를 '펠로폰네소스전쟁'이라고 부르고 그의 전쟁의 역사는 『펠로폰네소스 전쟁사』로 세상에 존재한다.

따라서 필자는 BC 460년부터 BC 404년까지 56년간의 모든 전쟁을 포괄하여 '그리스의 대전쟁'으로 명명하고, 가장 핵심적인 사건이었던 '펠로폰네소스전쟁'을 부제로 달고자 한다.

제2장
그리스 폴리스와 동맹

그리스 문명의 전개

여기에서 말하는 그리스는 고대의 그리스다. 특히 BC 6~5세기는 한국의 고조선 시기다. 우리에게는 이 시기에 대한 역사적 기록이 희미하다. 이런 점에서 그리스인은 인류 문명의 선구자다. 따라서 고대 그리스의 모든 도시국가에 나타나는 공통적인 그리스 문명의 발자취를 간략히 되짚는 것으로 그리스가 어떤 나라인가를 알기 위한 단초를 열려고 한다.

그리스 문명은 BC 2,600년경에 출현한 크레타의 미노스 문명으로부터 시작된다. 크레타섬과 주변 에게해 제도의 청동기 문화인 미노스 문명은 크레타섬을 중심으로 1,600년간 이어진다.

미노스 문명의 뒤를 이은 미케네 문명은 BC 1,300년에서 BC 1,200년 사이에 절정을 이룬다. 이 시기에 키프로스와 동부 지역의 해안 도시들도 왕성한 무역으로 번성한다. 그리스인들은 이 해안 도시의 주민들을 '페니키아인'으로, 그리고 자신들을 '가나안' 사람으로 불렀다.

이 지역에서 BC 1,700~1,500년 사이에 현 알파벳 문자의 원형이 발명되었다. 그러나 BC 1,100년대에 광범위한 환란으로 모든 것이 멸망한다. 문명의 멸망에는 지진이나 홍수 또는 가뭄 등의 자연환경, 인구 이동에 의한 전쟁 등 다양한 요인이 작용했을 것이다.

일부 서구 학자들은 그리스 서북부의 그리스 방언을 말하는 사람들의 침입으로 미케네 문명이 멸망한 것으로 본다. 이들은 이 침입자가 도리아인으로 추정한다. 이 주장에 따르면 도리아인은 유럽인의 선조가 되고, 그리스 문명은 유럽 문명의 기원이 되는 셈이다. 그러나 이런 주장은 유럽 문명의 기원을 그리스 문명과 연결시키려는 하나의 가설일 뿐이며, 어쩌면 희망사항에 가깝다.

미케네 문명이 멸망한 BC 1,100년경부터 BC 800년대까지 250여 년 동안을 그리스의 암흑기로 분류한다. 암흑시대 초기에는 구성원들이 평등한 관계에서 마을 공동체 생활을 영위했으나 후기에 이르면서 위계체제가 등장했다. 대표적인 제도가 귀족(aristocrat) 중심의 귀족제(aristocracy)다. 이때 귀족은 유럽의 신분체계에 의한 귀족이라기보다는 '최상의 인물'을 뜻하는 엘리트의 의미에 가깝다.

그리스의 역사는 암흑시대가 끝나면서 재개되었다. 여러 부족들이 현재의 그리스를 중심으로 광범위한 지역에 도시국가를 세우고 이어 식민지들을 개척했다. 또한, 이 시기의 그리스인들은 페니키아 알파벳을 사용하여 전승되는 신화들을 문자로 기록했다. 호메로스의 대서사시인 『일리아스』 등이 대표적인 작품이다.

고대 그리스인들은 이오니아(이오네스)인, 도리아인, 아이올리스인, 아카이아인 등 4개 부족으로 구성되어 있었고 이들이 여러 개의 독립적인 집단을 형성했다. 언어로는 이오니아 방언, 도리아어, 아이올리스어 등 3가지의 주요한 언어가 있었으나 인종 간의 갈등보다는 도시국가들 간의 갈등이 더 심했다.

고대 그리스의 도시국가 간 갈등도 현대나 고대의 모든 갈등처럼 일반 시민보다는 지배자들에 의해 야기된다는 것을 보여준다. 그리스인들은 스스로를 헬레네스(Hellenes) 즉 헬라스 사람으로 부르고, 헬레네스가 사는 곳을 본토와 식민지를 통틀어 헬라스(Hellas)로 칭하였다. 반면에 호메로스는 『일리아스』와 『오디세이』에서 그리스인들을 4개 부족 중의 하나인 아카이아인들로 호칭하고 있다.

암흑시대에 이어 BC 750년부터 250여 년간을 '고풍'이라는 의미의 아르카이크(Archaic) 시대로 구분한다. 고대 그리스 문명과 역사가 열리는 시기이다. 이 지역 사람들은 단일 부족끼리 함께 살거나 이주나 전쟁 포로과정을 거쳐 여러 부족들이 섞여 살았다. 그리고 일정한 지역을 중심으로 형성된 부족집단들에 '폴리스(polis)'라는 새로운 '공동체'들이 등장하면서 그리스의 새로운 문명이 펼쳐진다.

폴리스의 본질

고대 그리스라고 하면 폴리스 즉 도시국가를 떠올린다. 그렇다면 폴리스는 무엇인가? 암흑시대 이후에 그리스인들은 씨족 또는 부족의 자치공동체 형태로 정착했다. 그리고 점차로 공동체의 범위가 넓어지면서 고전 시대로 분류되는 BC 1000년에서 800년 사이에 이르러 그리스인들은 이 공동체를 '폴리스(polis)'로 불렀다. 폴리스는 초기에는 부족국가 형태와 유사했다. 현대에는 이를 '도시국가(city-states)'라고 부른다.

당시에 '폴리스'와 유사한 의미로 사용된 용어들도 여럿이었다. 우선 '폴리스' 주변에 마을이 형성되면서 이 마을들을 아스티(asty)로 불렀다. 폴리스와 차이는 전자가 정치적 현상개념이라면 후자는 단순히 물리적인 공간개념이다.

폴리스는 점차 아스티를 포함하면서 정치적 용어로서 '국가'의 의미로 확대되었다. 그리스 도시국가들은 내륙지역과 대부분 연결되어 있었는데 이런 지역을 '코라(chora)', 즉 도시 또는 영토로 부르면서 폴리스와 함께 사용했다.

코라와 폴리스의 관계는, 폴리스가 지역의 범위나 공동체의 성격 면에서 코라를 포괄하는 상위 개념으로 이해할 수 있다. 폴리스는 도시국가 전체를 의미하는 반면, 코라는 도시국가의 일부인 주변 영토를 의미했다. 특히 폴리스는 평지 가운데 솟아 있는 구릉지를 지칭하는 단어였는데 그곳에 성벽을 쌓으면서 폴리스는 성벽으로 둘러싸인 곳으로 의미가 구체화되었다. 그렇다고 폴리스가 성안 즉 내부만을 의미하는 것은 아니었다.

고전 시대 이전에는 '요새 지역'이라는 의미의 아크로폴리스(acropolis)도 폴리스와 동의어로 사용되었다. 아크로폴리스에는 지배자의 거소 즉 궁전과 성소로서 신전이 마련되었다. 이로써 도시의 면모를 갖추게 되면서 '폴리스'는 분리되어 '도시'로 불리게 되고 아크로폴리스는 점차 성채(citadel)라는 별도의 의미로 분화되었다.

암흑기와 고전기를 거치면서 그리스인은 혈족 또는 부족 공동체로 살아왔다. 부족들 간의 경쟁에서 승자들이 성채들을 중심으로 자치공동체를 세우면서 삶의 터전이 마련되고 도시가 형성되었다. 이러한 도시는 외침을 방어할 수 있는 산을 중심으로 하는 성채를 심장으로 삼았다.

당시에는 농경과 목축 또는 해안의 경우 어업 사회였기 때문에 사람들은 일반적으로 낮에는 들이나 바다에 나가 일하고 밤에는 안전을 위해 도시로 돌아왔다. 도시는 점차 주거지였을 뿐만 아니라 행정의 중심지가 되었다.

그렇다면 그리스의 폴리스는 어떤 형태의 집단이었는가? 폴리스는 현대 웬만한 도시에도 훨씬 미치지 못하는 작은 규모였다. 도시국가들 대부분은 평균 면적이 약 $100km^2$(약 3,000만 평)로 $605km^2$(약 1억 8,000만 평)인 서울의 1/6 정도의 넓이였다. 그리스 도시국가에서 가장 큰 아테네의 경우 $2,500km^2$로 서울의 4배 정도였다.

초기 도시국가들의 인구는 성인 남성을 기준으로 평균 1,000명 이하였다. 강력한 도시국가였던 코린토스의 경우 전체의 국토 면적이 $900km^2$(약 2억 7,000만 평) 정도였고, 고전 시대에 성인 남성의 시민 인구가 1만~1만 5,000명이었다. 자료에 따라 불확실하지만 5세기의 인구를 기준으로 하면 성인 남성이 6만 명에 이르렀다.

그렇다고 폴리스를 '도시국가'로 부르는 것이 도시처럼 규모가 작은 국가를 의미하는 것은 아니다. 그리스의 폴리스와 같은 도시국가 형태는 비단 그리스에만 있었던 것은 아니다. 당시나 그 이전, 이후에도 다른 지역, 예를 들면 남부 메소포타미아의 수메르 도시국가인 우룩(Uruk) 그리고 이집트 등지에도 존재했으며, 19세기 초에 로마제국이 해체되면서 다양한 형태의 도시국가들이 출현했었다.

현대에도 국토면적이 $1km^2$(약 30만 평) 정도에 인구가 10만 명 내외의 국가들도 있다. 모나코나 싱가포르 등도 작은 국가들이다. 그러나 이런 국가들은 흔히 '작은 국가(mini states)' 또는 '극소국가(micro state)'로 불릴지언정 도시국가라고 부르지는 않는다. 한 나라의 수도가 웬만한 소국의 규모보다 훨씬 큰 경우도 있지만, 그렇다고 그 나라를 도시국가라 칭하지는 않는 것과 같다.

폴리스를 도시국가로 부르는 배경은 도시처럼 규모가 작기 때문이 아니다. 모든 국가기관이 도시에 집중되어 있고 구성원 대부분이 도시를 중심으로 생활하는 특성을 가진 국가라는 의미에서 비롯된 것이다.

각각의 폴리스들은 현대 국가의 특성인 상호 독립적이고 배타적인 집단의 특성을 갖게 되었다. 그리고 '마을'과는 구별되는 '정착지' 또는 '공동체'(AP1276a17~27)라는 의미를 내포한다. 또한 추상적 개념으로 정치적 공동체를 가리키게 되고 시민공동체로서 도시국가라는 의미로 보편화되었다. 그리스인들은 각각의 폴리스의 도심으로부터 점점 교외로 흩어졌지만 도심은 여전히 종교행사나 정치활동의 중심이었다.

그리스 각각의 도시국가들은 높은 수준의 종교 공동체(XH 2.4.20-2)로서 많은 종파집단들이 행정관리가 조직한 국가의 축제에 집중했다. 이 축제에 시민들은 그들의 정치적 집단과 부족 및 지역의 단위로 참가했다. 특히 종교는 국가 간의 중요한 소통의 매개체였다. 종교행사에는 각 폴리스들이 전쟁 중에도 일시 싸움을 멈추고 신을 중심으로 함께 모였다.

그러나 사제는 행정관리가 아니었고 외국인 거주자인 메틱스도 시민과 함께 거의 모든 축제에 참가했다. 물론 이들은 낮은 장소에 자리했을 것이지만, 그럼에도 그들이 참여할 수 있는 종교 공동체였고, 심지어는 여성이나 노예도 의식의 참여가 허용되기도 했다.

따라서 폴리스의 특성을 현대 국가의 기준으로 판단하기보다는, 폴리스가 현대 국가의 전형이고 현대 국가가 폴리스의 변형이라는 관점에서 이해해야 한다. 즉 고대 도시국가를 국가와 사회의 융합이고 근대 국가는 이 둘의 분리라는 주장은 잘못된 접근이다. 현대 사회는 국가가 사회의 전반적인 문제를 포괄하기 때문에 국가와 사회를 명확하게 구분할 수도 없고 구분하는 자체가 의미도 없다.

아리스토텔레스는 폴리스를 '헌법에 따른 시민의 공동체'(AP1276b1~2)로 정의함으로써 이를 분명히 나타낸다. 아리스토텔레스는 폴리스의 개념을 폴리테이아(politeia)와 관련 지었다 (AP1276b2-9). 시민공동체로서 '폴리테이아'는 폴리스에서 파생된 단어로 그리스 정치사상에서 특히 플라톤과 아리스토텔레스가 이 용어를 사용했다. 영어로 번역된 플라톤의 저서 『공화정(The Republic)』의 그리스어의 원제는 Politeia다. 우리말로 Politeia는 이미 『국가』로 번역되었다.

시민들은 법을 준수하고 동료 시민들에게 해를 끼치지 않는 한 원하는 대로 살 수 있었다. 폴리스가 시민의 모든 삶을 통제해야 한다는 관념과는 확실히 반대였다. 아테네 사회는 공적 영역과 사적 영역으로 구별되었다. 구별의 기준은 '자격'과 '권리'다. 공적 영역은 모든 시민이 참여할 자격이 있는 영역이고 사적 영역은 모든 시민이 참여할 권리가 있는 영역이다.

이런 점에서 고대 그리스의 도시국가와 인류 역사에서 대표적인 도시국가인 중세의 이탈리아의 도시국가 사이에는 근본적인 차이가 있다. 중세의 도시국가들의 구성원들은 수공예나 사업에 종사할 권리를 가지고 있었다. 그리고 이들이 참여하고 있는 경제조직은 이미 정치적 조직이나 마찬가지였기 때문에 사실상 정치적 권리를 행사할 수 있었다. 왜냐하면 정치조직은 길드와 협회의 경제조직에 바탕을 두고 직접 설립되었기 때문이다. 정치는 이들의 전문적인 조직들을 통해서 장인, 상인, 법관, 의사, 은행가의 활동에 얽혀 있었다.

폴리스의 발전

그리스의 폴리스들은 세월이 흐르면서 늘어났다. 그리스에 도시국가들이 얼마나 산재해 있었는지에 대한 정확한 통계는 없다. 각각의 폴리스들은 강한 독립성으로 인하여 하나의 통일된 국가를 형성하기보다는 필요에 따라 전쟁 또는 동맹체제로 유지되었다.

BC 8세기에서 3세기까지의 그리스 고전기에는 폴리스가 본토에만 200개가 넘었고, 소아시아에서 에게해와 지중해 일대에 건설된 식민지까지 합치면 적게는 1,000개, 많게는 1,500개가 넘은 것으로 전해진다. 줄잡아도 1,000개 이상일 것이다.

육지를 비롯한 지중해와 흑해 연안 전체에 산재해 있는 도시국가들에 대해 플라톤은 "많은 사람들이 습지 주위에 개미나 개구리처럼 살고 있었다"라고 묘사한다 (플라톤, Phaidon. 109B).

도시국가들은 각기 독자적인 행정 및 종교적 지역을 확보하고 이 영역 내에는 소속된 시민이 존재했다. 이 도시국가들은 아크로폴리스나 항구를 중심으로 요새를 설치하고 그 안에 행정기관과 신전을 세웠으며 도시의 중심과 주변의 영토를 보호하면서 발전해 갔다.

고대 그리스의 각 도시국가에서 아크로폴리스로 불리는 구릉지에는 흔히 성채들이 자리 잡았다. 각 폴리스들은 이런 성채들을 중심으로 번성하면서 폴리스의 수호신들을 숭배하기 위한 신전들도 건설했다. 성채는 기본적으로 외부 세력의 침입에 대한 방어를 목적으로 한다.

후대에도 성채는 국가의 전란 시에는 최후의 방어 거점이 되기도 했다. 또한, 가장 성스러운 곳으로 종교의 중심지이며 종교축제의 전당이었다. 동방의 세계에서 제왕의 궁전을 중심으로 성채가 조성된 것과 사뭇 다르다. 아크로폴리스는 왕의 궁전이 아니라 시민공동체의 종교적 성지였던 것이다. '아크로폴리스'는 고대 그리스 폴리스에만 있는 것이 아니라, 다른 서양 도시에서도 자주 등장한다. 일례로 로마도 카피톨리노, 첼리오와 같은 7개의 언덕을 중심으로 발달했던 사실을 들 수 있다.

고대 그리스에 있던 도시국가 중에서 아테네, 스파르타, 코린토스, 테바이, 시라쿠사, 로도스, 아르고스 등이 대표적인 도시국가였으며, 아테네와 스파르타 그리고 코린토스가 빅3 도시국가였다. 그러나 도시국가들 중에서 아테네와 스파르타가 모든 국가들의 중심이었다. 도시국가들은 아테네와 스파르타를 중심으로 각기 보호동맹을 맺으면서 양분되었고 두 국가는 사실상 양 진영의 제국(帝國, Empire)이었다. 각각의 동맹국들은 정치체계를 비롯한 대부분의 제도들을 제국을 따라 정비했다.

BC 4세기의 아리스토텔레스는 "인간은 본성상 도시국가에서 살도록 된 동물"(AP 1253a1)이라고 설파했다. 흔히 이 구절은 '인간은 사회적 동물' 혹은 '인간은 정치적 동물'로 회자된다. 아리스토텔레스는 인간의 삶을 구성하는 다양한 종류의 공동체 조직들 즉 가족, 가정, 종교집단 등이 있지만 폴리스(도시국가)를 최고의 선을 지향하는 가장 권위 있고 중요한 공동체로 인식했다.

아리스토텔레스는 도시국가를 자연적 과정의 산물로 간주한다. 이런 도시국가의 본질적인 존재 이유는 "인간이 살기 위해, 더 잘 살기 위한 것"이다. 여기에서 아리스토텔레스가 폴리스에 대해 그리는 근본적 모습은 목적론적(teleological)이라고 할 수 있다.

그렇다면 인간은 우리가 '도시'라고 부르는 큰 공동체에 우연히 살게 된 것이 아니라 스스로 자연스럽게 그러한 도시를 형성하는 경향이 있는 것이다. 이것은 인간이 성숙해지면서 갖게 되는 자연스러운 최종 목표이며 목적이다.

인간이 도시국가의 형성에 기여하고 도시국가를 통해서 삶을 영위하는 것은 바로 정치다. 이런 점에서 "인간은 본질적으로 정치적인 동물이다"(AP 1253a). 도시국가는 일종의 정치공동체이고 인간은 도시국가를 형성하고 유지하며 영유하는 존재라는 점에서 정치적 동물이다.

또한, 도시국가는 개인과 가정보다 우선하는 공동체다. 따라서 아리스토텔레스에게는 우연이 아니라 천성적으로 폴리스에 적합하지 않은 인간은 자급자족해야 하는데, 그럴 필요를 느끼지 못한다면 인간 이하이거나 초인간적이거나, 짐승이나 신이 될 것이다.

이것은 스미스(Adam Smith)의 분업화 논리와 통한다. 혼자 모든 것을 자급자족하기보다는 각자 분업을 통해서 지식과 상품을 교환하여 효용성을 극대화하는 삶인 것이다. 이를 통해서 인간은 사회의 구성원으로서 공동체적 삶을 영위하며 경제적 필요를 충족한다. 따라서 아리스토텔레스에게 '정치적 동물로서 인간'은 도시국가를 떠나서 혼자서는 살 수 없다.

그런데 아리스토텔레스의 이런 인식에는 누구든지 자신이 속한 도시국가를 벗어나면 이방인이나 노예로 신분이 격하되기 때문에 삶이 어렵다는 의미도 담겨있다. 그의 이런 사고는 도시국가가 아주 폐쇄적이고 편협한 반(反)세계주의라는 것을 의미한다. 이런 관념은 후에 세계주의를 지향하는 스토아철학이 등장하기 전까지는 창의적인 아테네를 아주 폐쇄적 사회로 만들었다.

아리스토텔레스에게는 또한, 인간의 삶에서 소중한 것이 정의이며 이는 곧 선이다. 그리고 도시국가는 선을 추구하는 공동체이기 때문에 정의는 곧 정치적인 문제다. 도시국가는 정치공동체의 조직이며 무엇이 정당한지를 결정하기 때문이다 (AP 1253a.35~).

인간은 위대한 선을 위한 잠재력을 가지고 있지만, 법과 미덕이 없다면 모든 동물 중 최악이 될 수 있기 때문에 정의는 도시의 것이며 도시가 정의실현의 온상이다. 결론적으로 '인간은 정치적 동물'이라는 말은 '인간은 국가의 국민'이라는 의미다.

그리스의 폴리스는 현대적 개념의 국가가 수행하는 전쟁, 외교, 입법, 과세, 공적 자금의 집행 등 다양한 기능을 수행했다. 이런 점에서 대부분의 학자들은 그리스의 폴리스를 국가(state)로 거리낌 없이 이야기한다. 그러나 현대 국가의 기준으로 삼는 영토와 국민과 주권의 기준에서 보면 모든 도시국가가 필요하고 충분한 조건을 갖추었다고 보기는 어렵다.

모든 도시국가들은 영토와 국민을 확보하고 있다. 그러나 적어도 아테네, 스파르타, 코린토스 등 강력한 세력을 가진 폴리스들은 이런 3가지 요소를 확보하고 있었지만, 군소 폴리스들은 배타적인 지배권을 확보하지 못한 경우가 허다했다. 따라서 현대 국가를 기준으로 국가로서의 폴리스를 판단하게 되면 그 수는 현저히 줄어들 수밖에 없다.

그러나 다른 한편으로 현대 사회가 국가의 영역과 사회의 영역이 분리되어 있는 것과는 달리 도시국가는 국가와 사회의 특성이 혼합되어 있다는 점에서, 폴리스는 도시를 중심으로 하는 자치공동체의 성격이 강하다.

신화로 뒤덮였던 고대 그리스의 역사는 두 가지 측면에서 접근해야 한다. 하나는 신화를 바탕으로 접근하는 것이다. 즉 신화가 담긴 역사는 '신화적 역사'라는 범주로 접근하고, 신화가 덜 포함된 역사를 '비신화적 역사', 그리고 신화가 완전히 배제된 역사인 '사실적 역사'로 구분할 수 있을 것이다.

다만 아무리 사실적 역사라고 해도 완전한 사실을 바탕으로 할 수는 없다. 역사는 기본적으로 '과거의 일'이기 때문에 그 '과거의 일'에 대해 당시에 자료를 만들어낸 생산자의 가치가 개재될 수밖에 없기 때문이다.

그리스는 지역적으로 크게 아티카와 펠로폰네소스로 나눌 수 있다. 아티카의 주요 도시국가는 아테네이고 펠로폰네소스의 주요 국가는 스파르타다. 여기에서는 아테네와 스파르타를 나누어 각각 기술하기로 한다.

BC 460년 그리스 내전인 대전쟁의 포문이 열렸다. 아테네와 스파르타의 대전쟁의 시작이다. 그러나 단순히 두 나라만의 전쟁이 아니라 아테네와 스파르타를 맹주로 하는 양 진영의 국가들이 참전한 전쟁이었다. 당시 아테네는 군대의 징발과 물질적 조공을, 그리고 스파르타는 군대의 징발을 동맹국에 요구했다.

이런 점에서 두 나라에 '제국(帝國)'이라는 이름을 붙인다. 그렇다면 아테네와 스파르타는 어떤 나라인가?[1]

---

1) 저자는 『아테네 민주주의와 전쟁』(서울: 명인문화사, 2023)에서 아테네의 정치사회구조와 과정에 대해서 상세히 기술한 바 있다. 그러나 여기에서도 대전쟁을 이해하는 데 아테네와 스파르타의 정치사회구조와 과정에 대해 먼저 이해하는 것이 필요하기 때문에 간단히 약술하기로 한다.

아테네

사회체계

'아테네'는 그리스어로는 '아테나이(Athênai)'다. 이 도시국가의 이름이 아테나이로 지어진 것은 수호신인 '아테나' 여신에게서 비롯된 것이다. '아테나이'가 고대 그리스 당시에는 아티나(Athina)로 불리다가 라틴어를 거쳐 영어식 표현으로 '아테네'로 귀착되었다. 사람에 따라서는 '아테나이'로 표기한다.

아테네는 아티카 지역의 가장 큰 도시국가다. 아티카 주민들은 대부분 아테네의 지배를 받았는데 대전쟁 기간동안 아테네 성벽 안에 모여 살았다. 아티카의 인구는 절정기에는 약 30만 명에 이르렀다. 그러나 대전쟁이 시작될 무렵 아테네의 성인 시민은 1/10정도였다.

현대적인 관점에서 보면 10% 미만의 사람들에게 완전한 시민권이 부여되었으며 이런 추계로 보면 전쟁이 시작될 당시에 아티카 전체 인구 중 참전할 수 있는 30세 이상의 남성 3만 명 정도가 완전한 시민권을 갖고 있었다. 아테네의 시민권은 부계가 시민이면 가능했지만, 페리클레스가 두 명의 아테네인 부모에게서 태어난 사람을 시민으로 인정하면서 시민의 범위가 강화되었다.

시민은 6세기 초 입법자 솔론이 정의하고 명명한 네 가지 계급 중 하나다. 솔론은 계급을 신분에서 재산, 즉 소유한 토지의 생산량을 중심으로 네 계급으로 구별했다.

최고의 상위계급으로는 펜타코시오 메딤노이(pentakosio medimnoi)

가 있는데, 자신의 재산이나 부동산에서 1년에 500메딤노이를 생산할 수 있는 자들이다. 메딤노이는 솔론 시대에 각 사회적 신분에 따른 세금납부를 위한 곡물 양의 단위로 정확한 규모는 알 수 없지만 부동산 면적으로 따지면 최소한 40헥타르 즉 40만m^2(약 12만여 평)의 땅을 소유한 자다.

이 부류들이 차지할 수 있는 공직은 9명의 아르콘과 재무관, 아레오파고스 위원, 400인회 의원, 남성 시민의 총회인 민회 회원이다 (이 당시 아테네의 공직에 대해서는 뒤에서 다시 기술할 것이다).

두 번째 계급은 히페이스(hippeis)로 군마를 가진 기병군사로, 1년에 300메딤노이의 소득을 올릴 수 있는 재산과 함께 군마의 동원이 가능해야 한다. 이 계급도 펜타코시오메딤노이 계급과 마찬가지로 집정관과 같은 고위직에 선출될 수 있는 자격이 주어졌다.

세 번째 계급은 제우기타이(zeugitae)로 주로 자영농 계급이다. 1년에 200메딤노이를 소출할 만한 토지나 재산을 갖춘 시민이다.

네 번째 계급은 테테스(thetes)로 최하층 시민계급이다. 이들은 주로 일용직 빈민으로 자유 시민이었지만 땅이나 다른 소득 자원이 없고, 연소득이 200메딤노이 이하였다. 이들은 민회의 참석과 법원의 배심원의 자격은 주어졌지만 행정관이나 의회(Boule) 의원자격은 배제되었다. 이 계급은 BC 460~450년경인 페리클레스 시대에 공직을 맡을 자격을 확보했다. 테테스는 특정 재산가에게 고용되어 노동을 제공하고 대가를 받았다. 사실상 노예 신분이나 다름없었다.

솔론이 에클레시아나 배심원에 테테스를 실제로 포함시켰는지 여부에 대해서는 의문을 가질 만하다. 이 시대에 귀족과 이런 평민들이 한 자리에서 동등하게 민회의원이나 배심원 일을 한다는 것은 아주 급진적이다. 따라서 과연 귀족들이 이를 받아들였을지에 대한 의구심도 제기될 수 있다.

시민 이외의 나머지 인구는 여성, 어린이, 외국인 거주자(메틱스)가 있다. 당시에 그 숫자는 외국인의 이주에 따라 가변적이었지만 1만~4만 명 사이였던 것으로 나타난다. 마지막으로 노예 계급인데 그 수는 15만 명으로 추산된다.

부모가 모두 아테네 시민인 이른바 성골 신분의 자녀라도 여성은 배심원이 되거나 민회에서 투표권이 없었다. 실제로 존경받는 여성은 정식으로 승인된 행렬이 아닌 이상 공개석상에 나타나서는 안 되었다.

여성은 유산을 상속받아 관리할 수는 있었지만 부동산을 자유롭게 처분하는 권리는 없었다. 메틱스는 아테네에서 부를 누릴 수 있었지만 여성과 마찬가지로 법원이나 의회에서 대표권이 없기 때문에 시민이 그들의 권리를 대신해주었다.

메틱스는 시민권은 없지만 상업활동에 적극 참여했으며 일부는 제조업자, 상인, 은행가로서 부자가 되었다. 반면에 아리스토텔레스마저도 그의 『정치학』(4~7장)에서 노예제도는 자연스러운 것이며 노예들은 살아있는 가재 도구로 여겨졌지만 능력과 상황에 따라 다양한 삶을 살았다고 말했다.

어떤 노예들은 들판에서 고된 노동을 하거나 또는 가정의 집사로 상대적으로 수월한 일을 맡기도 했다. 수완과 미모를 타고난 여성은 매춘부를 하거나 학식을 갖춘 노예는 교사의 역할을 맡기도

했다. 아테네의 노예 출신 철학자들이 바로 그들이다. 또는 적지 않은 숙련된 장인들은 번 돈으로 후일에 노예에서 벗어나기도 했다.

노예들 중에서 고통속에 가장 불행한 삶을 산 노예들은 라우리온(Laurion)의 은광에서 위험한 지하 작업을 수행한 사람들이었다. 라우리온 은광은 아티카 지역에 있었다. BC 1,000년경에 광맥이 발견되었을 것으로 보이는데 아테네인들은 특히 BC 483년에 이 광산에서 채굴한 은으로 대규모 함대 건설 자금을 조달하여 BC 480년 살라미스에서 페르시아인들을 격파하는 원동력이 되었다.

정치구조와 과정

아테네 민주주의를 직접민주주의라고 부른다. 현대 민주주의의 기원으로 보는 아테네 민주주의의 정치구조와 과정은 6세기 초에 일대 전환점을 맞았다. 정치참여의 기준이 신분에서 재산으로 이동되면서 모든 시민들이 정치의 주역이 되었다. 그 중에서 아테네 민주주의를 직접민주주의라고 부르는 것은 '민회(民會)' 때문이다.

민회는 솔론 시대에 시작되어 18세 이상의 시민이면 최하층 계급인 테테스까지 모두 참가할 수 있었다. 민회가 활성화된 것은 클레이스테네스 시대부터다. 민회는 아크로폴리스 서쪽에 있는 언덕의 넓은 광장인 프닉스 광장에서 열렸다. BC 5세기 이후에는 5,000명 이상이 모일 수 있는 넓이로 1년에 10번 열렸으나 페리클레스 시대에는 1년에 40번으로 급격히 늘어났다. 민회의 정족수는 6,000명이었지만 얼마가 참석했는지는 알 수 없다. 아마 4만 명의 시민가운데 5,000명 이상이 참석했을 것이다.

민회는 모든 정책의 최종 결정자였으며 전쟁 여부, 외국과의 조약 서명과 같은 국가의 모든 주요 사항을 결정했다. 민회는 의회 즉 불레의 상임위원장이 주재했다.

귀족인 클레이스테네스는 당시까지 전통적으로 이어오던 부족 중심의 4개 지역을 10개 부족으로 개편했다. 그리고 각 부족지역에 3개씩 30개의 중간 행정구역인 트리티스를 두고 그 밑에 말단 행정구역으로 140여개의 데모스가 있었다.

데모스는 처음에는 기초단위의 행정구역의 의미였지만 시간이 지나면서 '주민'의 의미에서 귀족에 대응하는 평민의 의미로 사용되었다. 여기에서 평민의 지배(demokratos)가 민주주의(democracy)를 나타내게 되었다.

시민들은 18세가 되면 데모스의 구성원으로 등록되고 공직의 피선출권과 추첨 및 투표권이 부여되었다. 그러나 시간이 지나면서 공직자의 자격은 30세 이상으로 높아졌다. 각 부족별로 데모스에서 추첨된 공직후보자는 부족별 트리티스에서 다시 걸러진 뒤에 부족별로 군대의 여단 단위인 필레라는 지역단위에서 1명의 집정관 즉 장군의 후보, 500명의 불레 의원, 6,000명의 배심원을 비롯한 모든 종류의 공직자 1/10을 선발하면 이를 토대로 민회에서 확정했다.

배심원 등 다른 공직자의 선출도 이런 절차를 따랐다. 그러나 한번 추첨된 자는 나머지 모든 시민이 다 한 번씩 선출된 뒤에야 피선거권이 부여되기 때문에 사실상 평생에 한차례 이상을 할 수 없었다.

집정관은 BC 683년 이후로 4개 부족에서 각각 10명씩 40명의 후보를 선출하면 민회에서 1년 임기의 9명을 선출했다. 그 후 클레이스테네스가 부족을 10개로 개편하면서 한 부족당 1명씩 10명의 집정관 즉 장군을 선출하게 되었다.

집정관은 다른 공직자와는 달리 연임제한이 없이 민회에서 추첨이 아니라 선출되었다. 그리고 국가원수에 해당하는 위원장은 순번으로 맡았지만 키몬이나 페리클레스 등은 매년 선출되어 결국 장기집권자가 되었다. 장군은 의회의 임시 회의를 소집할 권한이 있었고, 중요한 시기에 회의를 소집할지 여부에 대한 결정권도 가지고 있었다.

500명의 불레 의원은 10개의 부족에서 상임위원인 프리타니스(prytanis)들을 5명씩 선발하여 프리타네이스(prytaneis)라고 부르는 50명의 상임위원회인 프리타니(prytany)를 구성하여 부족별로 1년의 1/10기간 동안 매일 복무하도록 했다.

프리타네이스는 불레와 민회의 회의를 주선하는 등 국정의 일반적 업무를 다루었고, 국가로부터 급료를 받았다. 프리타네이스는 1년 365일을 10등분하여 앞쪽의 4부족은 36일씩, 그 뒤의 6부족은 35일씩 폴리스 행정과 500인회 즉 의회와 에클레시아 즉 민회의 의장을 맡았다. 고대 아테네는 태음력을 사용해서 1년을 354일로 계산하고 윤달을 더해 365일을 맞추었다.

10개 부족 중에서 프리타네이스를 담당하는 순서는 추첨으로 정했다. 추첨된 상임위원회는 1명의 위원장을 추첨으로 뽑는다. 위원장은 하루의 밤낮 동안 업무를 수행하며, 이 직책은 매년 한 번 이상 맡을 수 없었다.

위원장은 돔 모양으로 된 '톨로스(Tholos)'에 머물면서 국가의 돈과 문서가 보관된 사원의 열쇠 및 국가의 옥새를 맡아 관리한다. 아울러 그가 자신을 제외한 49명의 위원들 가운데 1/3을 지명하여 함께 머문다. 또한, 이들은 의회와 민회의 개최를 준비했는데 의회는 휴일을 빼고 매일 열리고 민회는 각 상임위원회 회기마다 4번 열렸다. 상임위원들이 의회와 민회를 소집할 때 위원장은 상임위원회를 담당하지 않은 9개 부족 출신 중에서 1명씩 9명의 대표를 추첨으로 선정한다. 그리고 이 9명의 대표들 중에서 1명을 대표로 뽑는다.

상임위원회가 이 대표에게 의안을 주면 그는 나머지 8명의 대표에게 나누어 준다. 이를 받은 각 부족의 대표들은 이를 토대로 의회의 일을 처리한다 (AC. 42-44). 민회는 불레의 입법권에 대한 간섭과 제출 법안에 대한 비준 및 법안 발의권, 국가 중요 정책의 결정권을 가졌다.

불레 즉 500인회는 명실상부한 최고의 대의 기관이었다. 공무원을 감독하고 해군 함선(triremes)과 군마와 같은 병무행정 그리고 다른 도시국가의 대사 및 대표자들과 외교업무를 담당했다. 이런 식으로 500인회는 전체적으로 민주주의의 작동 방향을 설정한다.

배심원제는 배심원(陪審員)으로 구성되어 사법 업무를 수행하는 기관을 나타낸다. 대법원 격인 최고재판소다. 민회가 최고 재판기관이었지만 이 지위가 배심원단으로 넘어온 것이다. 클레이스테네스가 개편한 배심원제는 10개 부족에서 600명씩 추첨으로 선출된 6,000명의 배심원들로 구성되었다.

6,000명의 배심원들은 다시 600명 단위의 배심원단으로 나뉘어

10개의 디카스테리아 즉 시민법정별로 재판을 했으며, 배심원들은 재판 당일에 추첨으로 선정되었다. 재판 날에는 아침부터 배심원들이 법정 앞에 줄을 섰고 필요한 인원이 모두 도착하면 법정의 문을 닫았다. BC 403년부터는 출석한 배심원들을 대상으로 추첨을 통해 각각의 법정으로 배정했다.

아테네에는 경찰이나 검사 또는 변호사가 없었다. 본인 스스로 법원에 고발하고 소송을 제기하고 변론해야 한다. 판결은 법정에서 배심원들이 다수결로 선고한다. 재판에서는 어떤 종류의 사건을 기소할 수 있는지, 어떤 것을 말할 수 있고 말할 수 없는지에 대한 규정이 없었기 때문에 아테네 시민들은 종종 배심제를 사용하여 상대방을 처벌하거나 당황하게 했다.

아테네의 배심원들은 추첨으로 선발되었기 때문에 법률 전문가가 아니라 아마추어였다. 재판에서는 사건의 소송당사자에게 제한된 시간 안에 한 차례의 연설 기회를 주고 물시계 즉 클렙시드라(Klepsydra)로 시간을 쟀다.

연설은 원고가 먼저 하면 이어서 피고가 반론하는 형식이었다. 공공 재판의 경우엔 원고와 피고 각자에게 연설 시간으로 세 시간을 주었고 채권 변제와 같은 개인 간 소송에서는 그보다 적은 시간을 허용하였다. 소송 당사자로서 부자는 법정에서 자신에게 유리한 연설가를 고용할 여유도 있었다.

배심원들은 개인 소송에서 소송 가액이 1,000드라크마 미만이면 201명, 그 이상이면 401명의 패널이 담당했고 공적인 기소라면 501명이 판결했다. 그러나 가장 중요한 정치적 사건의 경우 500명

이상이 함께 참여했다.

재판은 민회가 개최되는 날에는 열리지 않았다. 아레오파고스가 살인자를 재판하는 날 등 금기시되는 날에도 열리지 않았다. 연례 축제일도 폐정했다. 민회의 개최 날에 폐정한 것과는 달리 월별로 돌아가면서 개최되는 의회의 개회 때는 문을 열었다. 아테네는 일상 업무일이 195일이었고 이 중에서 40일은 민회에 배정되었다.

월별 축제일은 연중 약 80일이었고 연례 축제일은 약 60일이었다. 금기일은 알려지지 않았으나 약 15일 정도일 것이다. 법원이 월별 축제일에는 개정되었는데, 이것은 평일이 충분하지 않았기 때문이었을 것이다. 이런 점을 감안하면 법원은 아마 1년에 최소 150회에서 최대 240회 열렸을 것이다.

재판은 일몰 전에 완료되도록 규정되어 있었기 때문에 하루 이내에 끝을 맺었고 유죄 확정 판결에는 형벌이 부가되는데, 대개는 소송 당사자가 상대에 대한 처벌 조건을 함께 제시하기 때문에 배심원이 결정하는 어느 한쪽의 승소 여부에 따라 처벌도 확정된다. 원칙적으로 항소 또는 상소는 허용되지 않았지만, 소송 당사자 중 일방이 새로운 증인을 내세워 재심을 청구할 수는 있었다. 재심에서 승소하면 이전의 재판은 무효가 된다.

아테네에는 독특한 형벌제도가 있었다. 이른바 오스트라키스모스(ostrakismos) 즉 도편추방제다. 클레이스테네스가 BC 507년에 도입했다. 도편추방제의 목적은 폭군이나 독재자가 될 염려가 있는 인물에 대해 시민의 투표로 10년간 외국으로 추방하는 것이다.

'도편' 즉 도자기 파편은 어떤 인물의 추방 여부를 결정하는 투표에서 투표용지나 토큰 대신에 깨진 도자기 조각을 사용하여 붙여진 이름이다.

도편추방제의 투표는 1년에 한번 실시되는데 먼저 6번째로 의회의 상임위원회(프리타네이스)를 맡는 부족이 발의하여 의회(500인회)에 상정하여 투표 여부를 결정한다.

의회가 도편 투표를 실시하기로 결정하면 그로부터 두 달 뒤에 민회 즉 시민의 투표가 실시된다. 이 경우는 8번째 부족의 상임위원회가 주관하여 투표 날짜와 장소를 정한다.

투표 장소는 주로 아고라다. 상임위원회는 이곳의 한 쪽에 투표소를 설치한다. 투표소는 나무판자로 울타리를 치고 10개 부족이 출입할 10개의 입구를 낸다. 입구에는 부족의 이름이 적혀 있고 해당 부족은 이 입구로 들어가야 한다.

각 부족의 시민들은 정해진 투표일에 투표소에서 도자기 조각에 자신이 추방해야 한다고 생각하는 인물의 이름을 긁어서 투표함인 항아리에 넣는다.

투표과정과 절차에 관해서는 플루타르코스가 간략히 전해준다. 9명의 아르콘은 불레 의원들의 감시 속에 먼저 총 투표수를 센다. 투표자가 6,000명 이하면 도편추방투표는 정족수 부족으로 성립되지 못한다.

필로코로스(Philochorus)에 따르면 투표자가 6,000명 이상이면, 도편에 적힌 이름별로 표를 분류하고, 어느 특정 인물에 대한 이름이 6000명 이상이 되면 추방이 결정된다. 추방 대상자로 지목된 사람은 결정된 시점부터 10일 이내에 아테네를 떠나야 한다. 추방 기간은 처음에는 10년이었으나 나중에는 5년으로 줄었다.

추방된 사람은 추방 중에도 재산권을 온전히 행사할 수 있었다. 그러나 추방된 자가 중간에 아테네의 땅을 밟은 것이 발각되면 사형이 선고되고 그의 전 재산은 몰수된다.

도편추방제는 '참주'의 등장을 사전에 방지하려는 목적으로 시작되었다. 그러나 시간이 지나면서 정적에 대한 제거의 한 방편이나 너무 많은 권력을 가진 것으로 판단되는 인물들을 추방 대상으로 삼는 경향으로 변질되었다.

의회에서 도편투표를 실시하기로 결정하고 실제 투표가 실시되기까지 2개월의 기간은 정적들 간의 치열한 여론전이 펼쳐진다. 전쟁이 빈번하던 시기에 전쟁의 영향은 여론을 뒤흔들 수 있다. 이 여론전의 과정에서 주도권을 잡는 세력은 반대파의 지도자를 추방하게 된다.

클레이스테네스가 추방제를 도입한 이후 20여 년간 시행에 대한 기록은 없다. 의회나 민회에 제안되지 않았거나 제안된 안건이 부결되었을 수 있고 실제 투표에서 정족수인 6,000명에 이르지 못했을 가능성 등이 고려될 수 있다.

처음으로 적용된 것은 BC 487년이다. 아테네 최초의 참주 페이시스트라토스의 친척인 히파르코스라는 인물이다. 그 후 7명이 이 그물에 걸렸다. BC 417년 알키비아데스가 정적인 안티파네스의 아들 히페르볼로스를 도편추방으로 제거하자 시민들은 도편추방이 위험하거나 불필요한 제도라는 것을 인식하게 되었고, 이를 끝으로 더 이상 시행하지 않았다.

아테네의 정치구조와 과정은 국내외 과두제의 반대에도 불구하고 활발한 민주주의라는 것이 입증되었다. 대략 BC 462년부터 320년까지 140년이 넘는 기간 동안 단 두 개의 단명 과두제 정권, 즉 BC 411년 400인의 모호한 정부와 BC 404년 30인의 억압적인 통치가 단기간에 나타났다가 사라지고 민주주의로 복귀했다. 투키디데스가 자신의 '역사' 말미(8.68.4)에서 "참주가 폐위된 지 거의 100년이 지난 후 아테네 국민의 자유를 박탈하는 것은 결코 가벼운 일이 아니다"라고 언급할 수 있었다.[2]

스파르타

사회체계

'스파르타'의 원래 이름은 '라케다이몬(Lacedaemon)'이다. 고대 그리스 사람들은 스파르타를 '라케다이몬' 또는 '라케다이모니아'라고 불렀다. 이것이 스파르타 도시국가 즉 폴리스의 공식 명칭이었다. 호메로스도 그의 서사시에서 '라케다이몬'으로 표기했다. 헤로도토스 및 투키디데스도 주로 이 이름을 쓰고 있다.

호메로스는 『일리아스』와 『오디세이아』에서 아가멤논을 미케네 왕으로 그리고 그의 동생 메넬라오스를 스파르타 왕으로 칭한다. 그렇다면 미케네는 스파르타왕조의 시발지다.

---

[2] 아테네의 사회 및 정치체계에 대해서는 『아테네 민주주의와 전쟁』(서울: 명인문화사, 2023)에서 자세히 다루었기 때문에 여기에서는 간략하게 기술했다. 더 자세한 내용과 관련 참고문헌은 이 글을 참조하기 바란다.

그러나 현재의 스파르타 유적지인 라코니아(Laconia) 즉 라케다이몬 지역에서는 호메로스가 『일리아스』나 『오디세이아』에 기술한 궁과 일치하는 유적이나 유물이 발견되지 않았다. 따라서 호메로스의 기술이 역사적 사실에 부합한다고 전제하면 라코니아는 현재의 스파르타 유적지가 아니라 미케네 등 펠로폰네소스 지역의 다른 곳일 가능성이 높다.

고고학적 분석결과 스파르타 도시는 BC 10세기~9세기경 출현한다. 호메로스가 기술한 내용과 역사 사이에는 최소한 200년의 시간차가 있다. 이런 정황은 호메로스가 역사적 고증보다는 당시의 상황을 200여 년 거꾸로 거슬러 올라가서 이야기를 전개하면서 당시에 자신이 속한 BC 8세기의 스파르타 왕국을 대상으로 상상했을 가능성이 크다.

스파르타 사회의 계급은 여러 단계의 복잡한 구조이다. 스파르타는 BC 8세기 중후반경에 기존의 4개 촌락인 키노수라(Cynosura), 메소아(Mesoa), 림나이(Limnae), 피타나(Pitana)에 아미클라이(Amyclae)를 더해 5개의 촌락으로 구성된다. 이 5개 촌락의 구성원들은 '호모이오이(Homoioi)' 즉 '동등자' 또는 '동료 관계'인 시민계급을 형성했다. 하지만 문자 그대로의 '동등자'라기보다는 '동료'가 더 적합한 번역일 것이다. 왜냐하면, 이들은 모두가 동등한 정치 사회 및 경제적 권리를 가졌지만, 경제적으로 평등한 것은 아니었기 때문이다.

스파르타의 시민 각자는 노예인 헬로트들에게 농지를 경작하도록 했다. 여기에서 생산되는 농산물로 의식주를 해결하고 나머지는 사회에 제공하면서 시민과 군인으로서 국가와 사회적 책임을 수행했다. 그러나 페르시아와의 전쟁 이후에는 사회가 필요로 하는 자금이나 식량을 기부할 수 있는 시민들이 급격히 줄어들면서 사회에 혼란이 초래되었다.

스파르타도 엄격한 계급사회였다. 첫째 계급은 시민계급으로 조상도 지역의 원주민 출신으로서 말하자면 성골 신분이다. 이들은 스파르타 사회의 특성인 공동 식사에 참가했다. 또한 엄격한 교육과 훈련 과정인 아고게(agoge), 즉 '스파르타식 교육과정'을 완수해야 한다. 아고게를 받을 자격이 있는 사람을 스파르티아테스(Spartiates)라고 불렀다. 그러나 시민계급에 속하더라도 범죄나 특히 전투에서 불명예스러운 행위, 예를 들면 도주나 항복 등을 했을 경우 일정 기간 시민권이 정지나 상실된다.

성골 이외에도 시민이 될 수 있는 예외적인 두 가지 경우가 있었다. 하나는 '트로피모이(Trophimoi)'이다. '수양아들'의 의미인데 외국에서 유학 온 학생을 가리키는 말이었다. 예를 들면, 아테네의 사상가 겸 장군인 크세노폰의 두 아들은 트로피모이 자격으로 스파르타에 거주했었다.

헬로트 즉 포로의 아들 가운데 스파르티아테스 즉 시민권자가 공식적으로 입양하여 비용을 댄 자는 '신트로포스(syntropos)' 자격으로 호적에 등록될 수 있었다. '신트로포스'는 '함께'라는 의미로 시민권자가 비시민권자와 동료로서 동행한다는 의미에서 비롯되었을 것이다. 신트로포스가 이례적으로 훈련 때 잘 해내면, 보증을 받아 스파르티아테스가 되기도 했다.

둘째 계급은 '페리오이코이(perioikoi)'라는 계급이다. 페리오이코이는 '집', '주거'라는 의미다. 이들은 계곡에 거주하고 있던 아카이아인으로 도리아인의 이주를 순순히 받아들인 부류들이다. 이 계급은 시민은 아니지만 자유민이었다. 병역의무는 가지고 있었지만, 참정권은 부여되지 않았다.

셋째, '헤일로타이(Heilotai)'계급으로 '포로가 된 사람'이다. '헬로트(Helots)'라고 부르기도 한다. 헤일로타이는 원래 메세니아와 라코니아의 자유민 출신의 그리스인이었으나, BC 724년에 끝난 제1차 메세니아전쟁에서 패배하면서 신분이 강등되어 노예로 전락한 사람들이다. 이 계급은 국가에 소속된 공유 재산으로 비자유 신분 즉 노예다. 이들은 시민에게 배정되어 농사에 종사하던 농노였으나 소속이 국가였기 때문에 개별 주인이 처분할 수 있는 권한은 없었다.

이들은 결혼생활은 할 수 있었으며 할당된 양의 소출(50%)을 바치면 나머지는 개인 재산으로 축적할 수 있었고 개인이 토지도 가질 수 있었다. 여성 헤일로타이는 가사도우미와 유모로 일하기도 했다. 스파르타인의 생활 방식은 농부, 가사도우미, 간호사, 군인 등 사회 기능을 유지하는 데 필요한 모든 일상적인 작업과 비숙련 노동을 담당한 헬로트가 없었다면 불가능했을 것이다.

그러나 헬로트는 스파르타인에게는 적이었다. 스파르타인들은 이들과 함께 사는 것이 폭탄을 안고 사는 것과 마찬가지였다. 이들은 그리스의 원주민임에도 불구하고 패전시민으로서 노예가 되었기 때문에 자유를 되찾기 위한 반란에 모든 것을 걸 준비가 되어있는 부류였다. 그렇기 때문에 스파르타인들은 교육의 일환으로 일상적으로 헬로트를 살해하는 훈련을 받았다.

그리스의 다른 폴리스에 사는 자유 시민은 평상시에는 각자 생업에 종사하다가 전쟁이 나면 군인으로 참전했다. 그러나 스파르타의 시민은 상시 군인이었다. 평상시에도 군사훈련에 전념하고 농사나 무역 등 다른 육체노동에는 종사할 수 없었다. 이런 점에서 스파르타는 거의 그리스적이지 않았다. 대신 육체노동의 자리는 헤일로타이가 메웠다.

헤일로타이는 스파르타 군대와 함께 비전투원으로 종군하기도 했다. 테르모필라이 전투에서 전사했던 그리스인은 전설적인 300명의 스파르타 전사자뿐만 아니라 테스피아이와 테바이의 병사 수백 명과 수많은 헤일로타이도 있었다. 플라타이아전쟁(BC 479년)에 출병했을 때는 스파르타 병사 1명에 대해 헤일로타이 7명이 장교의 당번병, 병참병 등으로 동원되었다.

헤일로타이와 스파르타 시민 사이는 항상 긴장 속에서 적대적인 관계였다. 투키디데스와 플루타르코스도 스파르타인들이 헤일로타이를 가혹하고 잔인하게 대한 것으로 기록하고 있다. BC 5세기경에 헤일로타이는 스파르타의 시민 남성과 그 가족을 합친 수의 배에 달했다. 헤일로타이보다 수적으로 열세인 스파르타인은 당연히 헤일로타이의 반란을 우려했다.

스파르타인들은 헤일로타이의 반란을 염두에 두고 이를 막기 위해 철저히 짓밟기 위한 조치로 종종 그들을 잔인하고 압제적으로 대했다. 헤일로타이에 대한 감시는 물론 전쟁 훈련용으로 헤일로타이를 살해하는 행위도 장려했다. 이를 '크립테이아(Krypteia)'라고 부른다.

크립테이아의 본질에 대해서는 명확하지 않다. 대체로 일종의 '비밀경찰'이나 '국가보안군'의 성격을 가지며, 젊은 남성들이 헤일로타이를 살해하는 일종의 교육과정을 의미한다. 존립 목적은 불만이 있는 헤일로타이를 처단하는 것이었다. 이 경우는 아무나 살해해도 처벌을 받지 않는다.

메세니아인은 이런 압제에서 벗어나기 위해 BC 685년에 제2차 메세니아전쟁을 일으킨다. 메세니아인은 군장비를 정돈하고, 사전에 아르고스와 아카디아를 동맹국으로 끌어들이는 등 준비를 마치고 궐기했다. 이 전쟁은 아리스토메네스(Aristomenes)가 이끌어 한때는 스파르타의 왕 아낙산드로스가 이끄는 친위대를 물리치고 승리했다. 그러나 10여 년 이상 전개된 전투 과정에서 아카디아군 장수의 배반으로 패전하게 된다.

헤일로타이는 BC 5세기(BC 464~454년)에 제3차 메세니아전쟁을 일으킨다. BC 464년에 큰 지진이 라코니아를 덮쳐 스파르타는 2,000명 이상을 잃고, 많은 가옥이 붕괴되는 사태가 발생하자 이 상황을 이용하여 메세니아인을 중심으로 한 헤일로타이와 페리오이코이 집단이 연합하여 봉기한 것이다.

이들은 메세니아만의 칼라마타에서 북쪽 25km 지점에 있는 이토메 산에 진지를 치고 스파르타군과 대치했다. 대치가 장기화되면서 스파르타군은 아테네에 원군을 요청했다. 아테네는 키몬(Cimon 혹은 Kimon)을 지휘관으로 하는 지원군이 출정까지 했다. 하지만 스파르타는 아테네로부터 불어 닥칠 자유의 바람이 두려워 아테네군을 거부하는 등 전략적 혼선으로 이토메 산을 함락시키지 못했다. 반란군은 장기간 대치하다가 펠로폰네소스에서 철수하는 조건으로 스파르타와 강화를 했다. 그 결과 스파르타는 시민 개병의 군국주의 정책을 채택하고 강력한 군대를 유지한다.

스파르타 사회는 노예에게 절대적으로 의존하는 내부의 사회경제적 결함으로 인해 시간이 지날수록 인구감소와 함께 시민으로 구성되는 군대의 인력부족도 심각한 문제였다. 스파르타는 이런 상황을 보완하기 위해 스파르타 이외의 동맹국들의 군대에 더 관심을 기울였다.

주로 그리스 연안을 따라 반자치공동체를 이루며 살았던 그리스인 라코니아(Laconia)와 메세니아(Messenia) 뿐만 아니라 취약한 북구 국경을 따라 아카디아 및 아르고스를 비롯한 '페리오이코이(perioikoi)' 즉 "주변에 거주하는 사람들"을 스파르타군인들과 함께 최전선 장갑보병부대로 편성했다. 특히 페리오이코이는 스파르타인과 동일한 언어를 사용하면서도 나름의 문화적 정체성을 가지고 있었지만 스파르타에서는 정치나 외교적 발언권은 없었다.

스파르타인은 또한 다양한 경로로 해방된 헬로트들을 정기적으로 군사자원으로 점점 더 충원해갔다. 이 과정에서 이들도 일부의 사회적 특권을 누렸다. 하지만 스파르타인들과는 동화되지 못한 채 '네오다모데스(neodamodes)' 즉 스파르타군에서 장갑보병으로 근무한 한 뒤에도 여전히 해방된 노예로 머물렀다. 그리고 아테네와의 전쟁은 육지가 아닌 바다에서 좌우되었으며 전쟁의 자원은 무엇보다도 스파르타의 전통적인 군사력보다는 페르시아의 돈에 의해 결정되었다.

공동체 사회

스파르타는 시민들이 하나의 공동체를 이루었다. 공동체는 어린이의 교육에서부터 시작되었다. 스파르타의 여러 제도 중에서 교육제도는 현대까지 회자되고 있다. 스파르타의 교육목표는 남자는 용감무쌍한 전사가 되고, 여자는 건강한 남아를 출산하는 것이다. 7살까지는 집에서 아버지에게 기본적인 전투상식과 소양, 철학, 예절을 배운다. 7살이 되면 국가의 공교육기관으로 넘겨져 국가의 직접 통제 속에 놓이게 된다.

스파르타의 공교육제도는 2단계다. 하나는 '아고게'다. '아고게'는 전통적으로 소를 사육하는 데 더 많이 사용하는 언어였지만 인간 교육에 관한 용어로 차용되었다. 아고게의 총 감독관은 소년들의 목자를 뜻하는 파이도노모스(paidonomos)라고 불렀다.

교육과 훈련은 공교육으로 국가부담이다. 왕의 아들 중에서 왕위를 계승할 확률이 높은 왕의 아들들은 아고게를 거치지 않고 따로 군사훈련과 교육을 받는 것으로 아고게를 면제받을 수 있는 특권을 지녔다. 그러나 왕위 계승 순위가 떨어지는 왕자들은 아고게를 수행한다.

학생들은 수용된 공동 막사에서 미래의 군인 취급을 받으면서 학업과 스포츠에서부터 사냥과 전쟁 훈련에 이르기까지 다양한 교육을 받았다. 처음 일주일 동안의 합숙을 통해 적응훈련과정이 끝나면 곧바로 이른바 '스파르타식 훈련'이 시작된다. 교육 시스템의 목표는 특별한 훈련을 거쳐 효율적인 중장보병을 양성하는 것이었다.

하루 24시간 중 거의 10시간을 군사훈련으로 보낸다. 기초체력

훈련, 창술, 방패술, 방진, 검술, 근접전, 박투, 레슬링 등과 인문학과 수사법도 배운다. 하루에 평균 수면 7시간, 식사 1시간이 주어졌다. 2주일에 한 번씩 훈련내용을 시험했으며 대전을 치르기도 한다.

20세가 되면 아고게를 졸업하면서 에이렌(eiren)이란 호칭으로 스파르타 군대의 일원이 된다. 이로부터 10년간 즉 30세까지 군대에 복무하면서 공동숙소에서 숙식을 함께 한다. 엄격한 교육 및 훈련 시스템을 성공적으로 마치고 30세가 되면 모든 남성은 드디어 결혼하여 가정을 꾸릴 수 있고 참정권과 공무담임권이 부여되지만, 전투는 50세까지 참가하며 저녁 식사는 30세 이후라도 꼭 부대에서 공동으로 해야 한다.

소녀들도 국가가 후원하는 공교육을 받을 자격이 있었지만, 소년들처럼 엄격하지는 않았다. 소년들이 군인이 되도록 훈련을 받았다면 소녀들은 미래의 군인을 낳기 위한 훈련을 받았다. 그들은 부모와 함께 살면서 신체를 단련시키는 춤이나 훈련을 받았다. 소녀 교육은 20세가 되었을 때 끝났고, 그 후에 결혼하게 된다.

모든 스파르타 시민들은 상근 군인이었기 때문에 먹고 살기 위해 헬로트를 통제하고 전쟁을 위해 훈련을 이어가는 삶이었다. 결국, 스파르타는 시민들은 어려서는 공동으로 학습하고 커서는 군대 생활을 하면서 가정과 학교 그리고 병영의 레일에서 생활했다. 아울러 노예들을 잔인하게 억압하여 반란을 최소화하는 군국주의체계였다.

스파르타가 도시국가에 머무를 때는 전사계급의 강력한 전투력으로 패권을 장악하는 데 도움이 되었다. 그러나 교육과 훈련은 모든 스파르타 남성 시민을 두부 공장에서 두부를 찍어내듯 똑같은 모양의 전사로 양성했다.

싸우는 것만 배운 소수의 전사들로는 패권을 차지할 수는 있더라도 유지하기는 어렵다. 다원적 사고는 새로운 환경에도 적응이 가능하지만 획일적 사고는 다른 풍조가 밀려오면 쓰러져 버린다. 단일 가치로 경직된 사고는 탄력성이 결핍되어 융통성이 없어진다. 새로운 문화를 수용할 역량이 비축되지 않았기 때문이다.

스파르타는 또한, 경제적 평등을 추구했다. 불평등하고 불공평한 경제조건을 배제하기 위해 평등한 토지 배분을 목표로 했지만 실제로 어떻게 배분되었는가에 대해서는 알 수 없다. 남성 시민은 50세까지 전투에 참가하여 공동생활에 공동 식사를 하기 때문에 별다른 재산이 요구되지 않았고 재분배가 이루어졌더라도 얼마나 큰 의미를 가졌는지도 의문이다.

스파르타의 시민들은 정부가 제공한 농지(kleros)를 가지고 있었으며 헬로트를 이용해 농사를 지었다. 많은 남성이 전쟁에서 부상을 당하고 더 이상 병역을 수행할 수 없게 되면 군대를 떠나 가정으로 돌아와 노예를 관리하며 경제적인 일을 했을 것이다.

스파르타인의 공동식사는 '페이디티아(pheiditia)' 또는 '시시티아(syssitia)'라고 부르는데, 스파르타 남자 시민은 7살부터 50살까지는 사실상 공동생활을 하면서 공동 식사를 하게 된다. 공동 식사는 보통 15명 단위로 했다. 사회에서 신규가입은 기존 회원들로부터 만장일치로 가입 승인이 되어야 참석할 수 있었다. 참석자들은 모두 소정의 음식과 음식값을 각자 매달 지불해야 한다.

공동 식사에서 모든 남자들은 공동으로 똑같은 빵과 똑같은 고기를 먹도록 했다. 부자나 가난한 사람이나 다 같이 한 상에 앉아 같은 음식을 먹었던 것이다. 공동 식사가 스파르타만 갖고 있는 독특한 습관은 아니다. 이미 크레타에서 공동 식사에 관한 흔적을 볼 수 있고 군대 집단에서는 당연하고 보편적이며 종교 집단에서도 흔한 일이었다.

공동 식사는 가정을 사회로 확장하는 동시에 사회의 기능을 가정으로 전이(轉移)시켜 사회의 결속을 강화하는 기능을 하게 된다. 또한, 음식을 획일적으로 동일하게 지정하면서 언뜻 보기에는 평등의 실현 같지만, 개인의 선택권을 말살하는 것이며 개인의 자유나 가족 간의 삶 그리고 개인의 특성을 획일화하는 것이다.

여러 재난이 지나갔지만, 스파르타가 독특하거나 고유한 문화를 남기지 못한 이유 중의 하나는 공동 식사 제도 같은 획일화에도 있을 것이다. 한편 아리스토텔레스는 공동 식사의 결점을 지적한다.

"페이디티아라고 부르는 공동 식사 제도도 처음 도입될 때 입법자가 규정을 잘못 만들었다. 그 비용은 크레타에서처럼 공금으로 충당해야 한다. 스파르타에서는 각자가 비용을 부담해야 하기 때문에 그들 중 일부는 너무 가난하여 비용을 댈 수 없다. 그 결과 입법자의 의도와는 정반대되는 일이 벌어진다. 입법자는 공동 식사 제도가 민주적이기를 바랐지만, 현재 시행되고 있는 규정에 따르면 결코 민주적이 아니기 때문이다. 아주 가난한 사람들은 공동 식사에 쉽게 참가할 수 없고 비용을 부담할 수 없는 사람은 국정에 참여할 수 없다는 것이 그들의 오래된 관행이기 때문이다." (AP 127a26)

공동 식사 제도는 스파르타가 쇠락해 감에 따라 국가 사회의 통제가 느슨해지면서 뼈대는 유지되었으나 내용은 크게 변질되었다. 토지가 소수의 손에 집중되면서 차별이 없던 동등인의 식사 모임이 배타적인 사교 클럽으로 전환된 것이다. 특히 BC 460년대의 대지진과 헬로트의 반란은 중대한 고비였으며 이후 펠로폰네소스전쟁을 거치면서 더욱 악화되었다. 그리고 스파르타의 쇠망과 함께 공동 식사 제도도 사라졌다.

스파르타의 공동제는 결혼 제도에도 파고들었다. 고대 사회는 다들 비슷하지만, 스파르타 여성들도 남성들에 예속되기는 마찬가지였다. 결혼은 신랑이 성숙한 처녀를 몰래 찾아가 관계를 맺는 것으로 시작된다. 이 과정에서 임신이 되면 결혼은 성사되지만 그렇지 않을 경우 두 사람은 은폐 속에서 '없었던 일'이 되어 서로의 명예가 지켜진다. 남녀의 사랑이나 신뢰 그리고 가정이 먼저가 아니라 출산이 먼저인 일종의 '시험 합방'이다.

결혼 풍습에 관해서는 다른 이야기도 전해진다. 처녀와 총각들이 어두운 방 안에서 침묵하며 함께 있으면서 총각이 손을 저어 처녀가 잡히면 그 처녀를 아내로 삼아야 한다는 것이다. 이 경우 남성은 처음 잡힌 처녀가 아닌 다른 처녀와 결혼하는 경우 벌금형이 선고된다. 플루타르코스는 영웅전에서 스파르타의 자녀 출산과 교육에 관해서도 꼼꼼하게 기술하고 있다.[3]

신부를 데려가면 신부의 들러리들이 신부의 머리를 자르는 삭발

---

3) Plutarch, *The Parallel Lives: The Life of Lycurgus* 16. published in Vol. I by Bernadotte Perrin (The Loeb Classical Library edition, 1914).

의식과 신랑의 '망토(manteau)'와 샌들을 신겨주었다. 자녀가 출산해도 스파르타 군대라는 목표에 부합되는지를 검사하여 생사를 결정한다.

우선 남자 아기가 태어나면 가장 먼저 '레스케(Lesche)'라고 하는 곳에 데려가서 검사관인 부족의 장로들에게 보여야 한다. 그리스어 '레스케'는 협의회 또는 대화장소를 의미한다. 소포클레스(Sophocles)는 안티고네(Antigone 160)에서 '엄숙한 공의회(solemn council)'라는 의미로 사용했다. 스파르타에서는 심의와 교제를 위한 만남의 장소, 회의장 또는 클럽의 방의 의미로 사용했다.

스파르타의 모든 부족은 독자적인 레스케를 보유하고 있었는데 여기에서 부족의 장로들은 대부분의 시간을 담소하면서 보냈다. 중요한 것은 이곳에서 장로들이 갓 태어난 아이들의 생사를 결정하였다는 점이다. 검사 결과 아기가 튼튼하면 기르도록 하고 9,000개의 부지 중 하나의 땅을 나누어 준다. 반면에 건강하게 자랄 가망이 없는 아기는 타이게토스(Taÿgetus) 산의 아포테타이(Apothetae) 계곡에다 버려야 한다.

여자들은 갓 태어난 아기를 물이 아니라 포도주로 목욕을 시켜 일종의 체질 검사를 했다. 간질이나 병든 아이는 독한 술에 경련을 일으키고 감각이 느슨해지며, 건강한 아이는 쇠처럼 단련되어 몸에 굳건한 습관이 생긴다고 믿었기 때문이다. 아기를 기르는 부모에 대한 감독도 매우 엄격했다. 손발과 몸을 자유롭게 하기 위해 아기에게 이불을 덮지 못하도록 했고 음식을 가리지 않고 아무것이나 잘 먹는 습관을 길러 주었다.

스파르타의 획기적이고 독특한 제도는 한 남자의 아내와 다른 남성이 잠자리를 같이 할 수 있는 것이다. 물론 이것은 쾌락을 위한 사통이 아니라 건장한 자식을 낳기 위한 수단이다. 스파르타에서 결혼과 출산의 전체 목적은 국가의 자랑스러운 군대를 위해 전사가 될 소년이나 전사를 낳을 소녀를 생산하는 것이다. 크세노폰은 나이 많은 스파르타인 남편이 아내를 위해 젊은 남성 연인을 확보해야 하거나 남성이 다른 남성의 아내로부터 자녀를 가질 수 있다는 내용을 기술하면서, 이를 인구 감소에 대한 반응에서 나온 관행으로 본다 (Xenophon CL 1.9).[4]

크세노폰은 "아내들은 두 가정을 갖고 싶어 하는 반면, 남자들은 혈통과 영향력을 공유하지만, 재산에 대한 소유권을 주장하지 않을 아들을 원한다"(Xen.Const.Lac.1.9)고 전한다. 여성들은 두 남성의 보호를 원하지만, 남성들은 자식만 데려오면서 그 자식에게는 재산 상속을 하지 않으려 한다는 것이다. '아내 공유제'인 동시에 '남편 공유제'다.

젊은 아내와 사는 늙은 남자가 젊은 남자를 데려와 자기 아내와 잠자리를 갖게 하여 자식을 낳으면 자기 아이로 삼는 일도 종종 있었다. 또 남의 아내가 마음에 들면 남편에게 허락을 받고 그 여자를 자기 집에 데려와 자식을 낳게 하는 일도 있었다. 이는 곧 좋은 땅에 씨를 뿌리는 것과 같은 일이라고 생각했기 때문이다. 여기에는 남녀의 정이나 최소한의 성적 쾌락은 배제된다.

---

[4] Xenophon, *Constitution of the Lacedaimonians*, By trans E. C. Marchant and G. W. Bowersock (MA: Harvard University Press, 1925).

어떤 과정으로 두 남녀가 잠자리를 갖든 위협과 강제가 아니라면 그 순간에는 본능적 쾌감을 느낄 것이다. 또한, 목적이 건강한 아기라고 해도 생물학적 부모인 동시에 잠자리를 같이했던 남녀가 그 이후에 사무적 관계로 종결된다는 것은 감정을 배제해야 하는 일종의 고통이 아닐까. 스파르타의 사례는 문화 즉 관습이 인간의 원초적 욕망인 성적 욕망도 통제한다는 사실을 보여준다.

스파르타의 이런 성(性) 및 자녀 출산 문화는 후에 아테네에 건너온다. 아리스토파네스는 BC 392년에 공연된 〈여인들의 민회(*Ekklesiazousai*)〉라는 제목의 희극에서 여성의 집권과 처자 및 재산 공유제, 공동 식사제 그리고 누구나 자유롭게 섹스하되 늙고 추한 여자 또는 남자와 먼저 관계를 하는 '남녀 의무 섹스제'의 도입을 제시했다.

비슷한 시기에 당대의 최고 철학자인 플라톤도 부부의 관계에 대해 '친구들의 것들은 공동의 것'(PR 5.449c)으로 "모든 남자의 모든 여자는 공유하게 되어있다"(PR 5.457d)고 주장한다. 아리스토파네스의 자유 섹스는 개인의 성적 욕망의 자유로운 분출이지만 플라톤의 아내 공유제는 우량아를 생산하는 사회적 목표라는 점에서 다르다.

그러나 플라톤은 "여자고 남자고 아이를 낳을 나이를 벗어나게 되는 때에는, 아마도 자신들이 원하는 상대와 자유롭게 성적 관계를 갖도록 내버려 두어도 된다"(PR 5.461c)는 의견을 나타낸다. 다만 남자들은 그들의 딸과 어머니, 그리고 딸이 낳은 자식들과 관계만을 제외하고, 또한, 여자들도 아들과 아버지, 그리고 이들의 후대와 선대 남자들과 관계만은 제외하도록 한다.

플라톤의 생각은 친구들이나 또는 관료들 또는 군인들 등으로 사람들을 집단화하고 이 집단 구성원들이 부부를 공유하면서 그 범위 내에서 자유롭게 남녀관계를 하도록 하자는 것이며 모르는 남녀가 자유롭게 관계를 갖는 것은 아니다 (PR 5.460.e).

특히 플라톤의 부부 공유제는 후학인 아리스토텔레스에 의해 신랄하게 비판된다. 아리스토텔레스는 이런 공유제를 자신의 저서 『정치학』에서 "국가가 잘 다스려지려면 공유 가능한 모든 것을 공유하는 편이 더 나은지, 아니면 어떤 것은 공유하되 다른 것은 공유하지 않는 편이 더 나은지를 따져보는"(AP 1260b36) 관점에서 평가한다. 그리고 이러한 공유제를 '통일성'으로 보고 이 통일성이 지나치면 국가의 본질에 배치된다고 비판하면서 공유제에 따른 폐해를 우려한다 (AP 1262a25,1262a40).

정치구조와 과정

스파르타의 정치구조와 과정은 초기부터 왕을 중심으로 하는 과두제가 변화 즉 발전되지 않은 채 지속되었다. 초기에 부족장 형태의 군주제로 출발하여 호메로스의 『일리아스』에서 나타난 왕의 위상은 여전히 유지되었다. 왕은 전쟁의 지도자이자 신과 인간 사이의 중개자로서 통치자와 사제의 기능을 동시에 수행했다.

후기에는 두 명의 왕이 권력을 공유하는 '공동 왕' 제도로 운영되었다. 이것은 스파르타가 성립 당시부터 최소한 두 부족 이상의 집단이 공동 통치했을 가능성을 보여준다. 스파르타의 독특한 지배체계인 공동 왕 제도는 신화에 대한 믿음과 조상에 대한 존중 그리고 전통과 관습에서 발전한 문화 등에 의해 영향을 받았을 것이다.

스파르타의 왕정(왕과 집정관), 귀족정(원로원), 민주정(민회)의 요소가 혼합된 제도는 견제와 안정 속에 아테네와는 달리 시민의 정치참여가 제한적으로 제도화되었다. 스파르타의 이런 제도는 그리스에 도시국가가 성립되는 BC 8세기 이후 리쿠르고스(Lykurgus, BC 800년?~730년)의 가르침으로 거슬러 올라간다.

BC 6세기 중반부터 왕은 군 통수권자로 군 지휘권의 단일화를 위해 왕 중 한 명만 전쟁터로 출정했다. 전장에서는 무한대의 권한을 행사하지만, 집정관의 통제를 받았다. 두 왕은 또한, 국가의 최고 제사장이었으며 스파르타 정치에서 늘 중요한 권위를 행사했던 델포이 성소와 소통했다.

BC 5세기 말부터 헤라클레스 자손으로 여겨지는 '아기아다이' 왕가와 '에우리폰티다이' 왕가 출신의 두 왕이 다스렸다. 두 왕가는 동등한 권한을 갖고 어느 한쪽이 거부권을 행사하면 다른 한쪽은 받아들여야 했다. 국왕은 광범위한 사법권을 행사했으나 사법 기능은 헤로도토스 시대(BC 450년경)에 상속녀, 양자 입양, 공공 도로에 관한 송사로 제한되었다.

스파르타에서 행정은 '에포로이(ephoroi)'라는 5명의 집정관이 담당했다. 이 집정관제는 1년 임기로 매년 시민의 선거에 의해 선출되는 시민을 대표하는 기관이다. 집정관의 후보 자격은 여성, 어린이, 노예, 외지인을 제외한 법률상의 스파르타 시민이면 누구나 가능했으나 실제로는 귀족들의 차지였다. 아리스토텔레스는 집정관 제도가 1) 구성원이 민중 전체에서 선출되는 까닭에 생계수단이 없는 가난한 사람들이 선출될 경우 쉽게 매수될 수도 있고, 2) 집정관의 권한은 사실상 참주의 권한 못지않게 막강하여 왕들도 그들에게 아부하지 않을 수 없다는 이유로 비판적이다 (AP 1270b).

집정관들은 이런 정통성을 갖고 왕과 함께 권력을 나눠 가졌다. 집정관들은 1) 군사, 교육, 재산 분배, 2) 풍기문란 등 시민 생활, 3) 신생아 양육 여부 판단(생사여부결정), 4) 왕 해임 권한(매 9년마다 왕의 연임 여부 결정), 5) 민회에서 통과된 입법안에 대한 거부권 행사, 6) 민사 소송 관할 등의 역할을 수행했다.

스파르타는 2명의 왕과 5명의 집정관 외에 왕과 동등한 권한을 갖는 조직으로 '게루시아(Gerousia)'로 부르는 30인 원로원이 있었다. 게루시아는 BC 7세기 리쿠르고스가 제정한 '레트라(Rhetra)', 즉 헌법으로부터 출발되었다 (레트라는 헌법이라는 의미와 델포이 신전의 신탁이라는 의미로 사용되었다). 원로원 위원은 당연직인 2명의 왕과 민회에서 선출되는 60세 이상의 28명 등 30명으로 구성된다. 28명은 귀족들을 대상으로 하지만 시민들로부터도 선출된다. 임기는 종신직이었고 왕은 당연직이다.

플루타르코스는 그의 『영웅전』에서 원로원은 국가의 중요사안에 대해 왕과 동등한 권한을 가지며, 국내의 정치나 외교문제를 심의하고 대법원으로서 왕을 포함한 어떤 스파르타인도 재판에 회부시킬 수 있는 권한도 가졌다고 전한다. 또한, 민회가 열리기 전에 상정할 안건에 대해 미리 심의하고 상정하며 거부권도 행사할 수 있다.

폴리비우스는 스파르타의 정치체계를 왕과 게루시아(원로원) 그리고 민회가 견제와 균형을 이루는 이상적 조합으로 평가하면서 스파르타가 가장 오랜 기간 자유를 누려왔다고 전한다. 폴리비우스의 이런 평가는 아테나이오스(6.273f)와 할리카르나소스의 디오니시오스(Dionysius of Halicarnassus, Roman Antiquities RA 2.13-14, 23, 49) 등에게 영향을 미쳤고 고대 스파르타인의 유명한 단순함과 엄격함은 알렉산드리아의 클레멘트와 같은 교부들에게 초기 수도원 운동의 모델로 상정되었다.

스파르타에도 민회가 존재했다. 민회는 30세 이상의 시민으로 구성되는 의결기구이다. 민회는 완전한 시민권자로서 육군에서 기병과 보병으로 복무한 스파르타의 모든 성년 시민들로 구성되었다. 민회는 당연히 귀족과 평민으로 구성되고, 수는 평민이 더 많았지만, 귀족이 주도했다. 민회는 원로원 위원들과 집정관을 선출했으며 민회의 의장은 수석 집정관이 맡았다. 민회는 원로회의에서 상정한 입법안을 가결하거나 부결할 수 있으나 발의나 발언은 불가능하다.

스파르타의 이런 정치체계는 시민의 참여와 영향력에서 아테네에 비하면 뒤떨어지지만, 안정성에서는 오히려 정치적 혼란을 최소화할 수 있는 제도이다. 따라서 스파르타의 정치상황은 큰 변화 없이 일관성을 가지고 유지되었으며 후일에 로마가 왕정에서 공화정으로 발전하는 데 귀중한 참고가 되었다. 반면에 아리스토텔레스(AP 1270b)는 원로원 의원들을 추대하는 형식의 선출방식이 유치하다고 비판하고 마음도 몸과 함께 늙어 가는데 종신직은 적절하지 않다고 비판한다.

스파르타의 정치체계에 관한 고대 아테네 철학자들의 평가는 아주 긍정적이었다. 플라톤은 스파르타체계가 민주정과 참주정의 장점을 다 지니고 있는 것으로 보았다. 심지어 스파르타의 일부 제도와 관습에 대해 부정적이었던 아리스토텔레스도 민주정과 과두정이 잘 혼합된 체계로 규정하면서 적극적으로 찬사를 보냈다. 스토아 철학자들, 그리고 특히 과두주의자와 귀족주의자들은 스파르타의 정치체계를 이상적인 제도로 보고 쌍수를 들어 극찬했다.

스파르타 신기루

스파르타의 여러 제도에 관해서는 시대와 상황에 따라 평가가 다양하다. 고대 그리스 시대에는 아테네에서도 소크라테스나 플라톤, 그리고 스토아 학파들을 중심으로 스파르타의 체제에 대해 긍정적으로 평가하는 사람들이 많았던 반면에 스파르타의 교육체계와 과정은 비판과 호기심 및 동경의 대상이었다.

플라톤에게 이런 교육은 정신적인 것은 메마르고 육체적인 것만 차고 넘치는 것이다. 아리스토텔레스도 교육은 흉포하고 잔인한 것이 아니라 정당하고 고상한 것을 가르치는 것이라면서 스파르타 교육을 비판한다. 이들은 스파르타가 인간 생활에 필수적인 문화가 결여되어 있다고 지적한다.

아리스토텔레스는 특히 전쟁의 목적으로만 짜인 스파르타 교육과 사회는 정복자를 만드는 데는 탁월하지만, 전쟁을 하지 않는 한 가한 때 시간을 보내는 법이나, 다른 일을 할 줄 모르기 때문에 승리하면서부터 파멸이 시작되었다고 진단한다.

그럼에도 불구하고 현대사회에서 '스파르타식'이라는 말은 강인,

일사불란, 용맹, 검소, 공동생활 등의 의미를 떠올린다. 교육기관이나 집단생활 특히 아고게 즉 '스파르타식 교육체계'는 엄격한 규율 속에서 혹독한 교육과 훈련을 통해 소기의 목표를 실현한다는 의미로 사용된다. 그러나 이는 막연한 동경이나 실체를 모르는 호기심이다. 영화 〈300〉이 현실적인 이미지를 보여주면서 이러한 생각은 신념으로 더욱 굳어졌을 것이다.

스파르타의 이미지는 교육에 대한 찬반은 제기되었으나 대체로 이상적 모델로 인식되었다. 베네치아 공화국의 귀족 중심의 과두제의 모델도 스파르타 정치체계였다. 영국의 입헌군주제 역시 처음 등장했을 당시에는 스파르타체계를 당대 영국 사회의 현실에 맞게 손질한 결과였다. 마키아벨리(Niccolo Machiavelli)와 롤리 경(Sir Walter Raleigh)과 같은 정치가는 왕과 귀족 협의회가 주재하는 대중 의회가 있는 스파르타의 안정적인 '혼합' 헌법에 감탄을 표했다. 계몽주의 사상가들은 특히 스파르타의 토지분배제도와 공동체 생활에서 많은 영감을 받았다.

스파르타의 공유경제는 모어(Thomas More)의 『유토피아(Utopia)』 사상과 훨씬 후에 엥겔스(Friedrich Engels)의 공산주의 철학에 영향을 미쳤다. 18세기 프랑스 루소(Jean-Jacques Rousseau)는 아테네와 스파르타를 대조하면서 교화된 아테네 문화보다 소박한 스파르타체제를 더 높게 평가했다.

스파르타에서 개인 이익을 국가의 이익에 종속시키는 것은 '사회계약'의 원형을 제공한 반면, 스파르타 여성에게 부여된 재산권과 양육권 등의 권리를 토대로 19~20세기 동안 스위스 역사가 바호

펜(Johann Jakob Bachofen)은 모계제의 보편적인 제도의 잔재로 보았다.

히틀러(Adolf Hitler)는 히틀러유겐트(Hitlerjugend)를 통해 스파르타의 아고게 또는 공교육체계에 특별한 매력을 느꼈다. 독일의 히틀러가 스파르타를 이상적인 사회로 칭송했다는 사실이 알려지면서 오히려 스파르타 사회는 파시즘의 원조로 간주되기도 했다.

스파르타의 문화와 제도를 찬사하는 '라코노필리아(Laconophilia)'에 대한 기술들이 어느 정도나 사실에 근접할 수 있을까. '라코노필리아(Laconophilia)'는 스파르타의 문화 및 정치체계에 대한 선호와 예찬을 의미하는 용어로 스파르타인들이 살았던 펠로폰네소스의 한 지역인 라코니아(Laconia)의 스파르타인들의 과묵하고 간결한 언어관습에서 유래되었다.

라코노필리아는 스파르타인들이 전쟁에서 '용맹과 승전', 사회생활에서 '간결하고(Laconic) 고결한' 금욕과 자제, 정치적 삶의 안정적인 질서, 그리고 삼자 혼합 정부의 토대가 되는 헌법에 대한 전형적인 예찬이다.[5] 이에 대해 프랑스의 올리에(François Ollier)는 1933년과 1943년에 두 권으로 출판한 『스파르타의 신기루(*Le Mirage Spartiate*)』에서 고대의 증언이 실제로 철학적 허구임을 논증하기 시작했다.[6]

'라코노필리아'에 대한 의문과 비판을 '스파르타 신기루'로 보는

---

5) https://en.wikipedia.org/wiki/Laconophilia
6) Jonathan M. Hall, *A History of the Archaic Greek World: ca. 1200-479 BCE 2nd* (New York: John Wiley & Sons Inc., 2014), pp. 227-228 참조.

것이다. 올리에는 우리가 스파르타, 특히 고대 스파르타에 대해 알고 있다고 생각하는 것의 대부분이, 스파르타의 정치공동체나 또는 사회적 삶에 대한 초기의 이상화된 이미지가 고대 및 후기 고대 사상가의 계승에 의해 찬양되고, 과장되고, 왜곡된 결과라는 것이다.

이처럼 이념과 철학적으로 다양한 영향을 미친 스파르타의 '라코노필리아'의 배경은 스파르타에서 스파르타인에 의해 제기되거나 기술된 것이 아니라 아테네 작가들의 렌즈를 통해 전달되었기 때문에 실상보다는 그 이미지로 인해 우리의 인식이 굴절되었다. 스파르타를 안정적이고 정의로우며 능력주의의 이상적인 사회로 묘사한 것은 아테네의 민중민주주의에 대응하는 새로운 정치 질서를 수립하기 위한 유토피아적 청사진이 될 수 있었다.

스파르타가 우리의 상상 속에서 인상적인 위치를 차지하게 된 배경은 아마 '역사의 아버지'에 '거짓말의 아버지'라는 이미지가 덧씌워진 헤로도토스의 영향일 것이다. 헤로도토스의 테르모필레 전투에 관한 묘사는 레오니다스와 300명의 스파르타인들의 경외로운 용감성의 상징으로 전해지고 있다. 크세노폰의 『라케다이몬인의 헌법(Constitution of the Lacedaemonians)』과 플루타르코스의 "리쿠르고스 생애(Plutarch's Life of Lycurgus)"라는 제목의 글도 이런 인식을 더한다.

크세노폰은 소크라테스의 동료로 BC 399년 소크라테스가 처형될 즈음에 고향 아테네에서 추방되었고 결국 스파르타 왕 아게실라오스(Agesilaus) 2세로부터 엘리스(Elis)의 영지를 받아 살았다. 크세노폰은 여기에서 스파르타 사회에 대한 심층 분석인 『라케다이몬 헌법』을 쓴다.

플루타르코스는 스파르타와 그렇게 밀접하게 연결되어 있지는 않았지만, 『라케다이몬 헌법』은 플루타르코스가 리쿠르고스의 생애를 저술하는 데 중요한 자료였을 것이다. 플루타르코스가 그의 『영웅전』에서 묘사해낸 스파르타인의 삶은 일종의 신화적인 스파르타의 전형이다.

플루타르코스는 모든 스파르타인들이 전투에서 죽는 것을 가장 자랑스러운 일로 여기는 것으로 기술한다. 토지와 공공 노예의 할당이 평등하게 이루어졌고 공공 식당에서 검소한 식사를 하며 어떤 종류의 부를 과시할 여지도 없었다고 전한다. 플루타르코스는 이런 관습이 리쿠르고스의 전통이라고 믿었다.

그러나 플루타르코스는 그가 기술하고 있는 고전적 스파르타 전성기를 기준으로 하면 500년 이후에 살았다. 그가 기록한 개혁의 모델로 등장시킨 리쿠르고스에 관한 현대적인 증거는 남아 있지 않다. 플루타르코스의 글은 스파르타의 신기루에 깊숙이 박혀 있다. 그러나 다른 저자들의 글과 마찬가지로 스파르타 사회에 대한 플루타르코스의 기술에 어떤 왜곡이 포함되어 있더라도 그의 글은 스파르타 역사에 대한 그 자체로 가치가 있다.

헤로도토스나 플루타르코스 그리고 크세노폰 등의 문헌이 소중한 것은 스파르타가 도시국가의 위세는 아테네를 능가하거나 유사했지만 남겨진 자료가 희소하기 때문이다. 따라서 여기에서 기술하는 스파르타에 대한 정치, 사회 경제, 교육 등에 대한 내용도 주로 스파르타의 "라코노필리아"의 내용이다. 다만 작가들의 글에서 신

▶ 사진 2.1   스파르타 아크로폴리스 입구

스파르타는 고대의 옛 영화와는 달리 지방 중소도시로 전락했다. 아테네가 고대의 유적으로 꽉 들어차고 이야깃거리가 넘쳐나는 대신에 스파르타는 볼거리도 별로 없다. 볼거리가 없다는 사실이 곧 스파르타 문명의 특성이다. 현재 스파르타의 아크로폴리스 자리에는 성문, 성벽, 스토아 등의 흔적을 볼 수 있다. 그러나 이 유적들은 올리브나무들과 무성한 풀들로 덮혀 있다. 안으로 걸어 들어가면 입구에 아고라 터가 나타나지만 남아있는 것은 어느 작은 도시의 성터를 방불케 한다.

기루와 현실을 분별하는 것은 후세의 몫이다.

스파르타의 문제는 아주 오래된 과거의 문제다. 그 당시의 상황을 목도하고 그대로 전한 사람은 없다. 이것은 스파르타뿐만 아니라 상대적으로 자료가 많은 아테네도 크게 다르지 않다. 역사에 대한 찬양이나 과장 그리고 왜곡의 판단은 하나의 자로 잴 수 없는 고무줄과 같다. 이런 가변성은 현대사(現代史)에도 존재한다. 문제는 '역사'에 대해 어떤 관점을 가지고 있는가의 문제이다.

역사가 우리에게 주는 것은 당시의 현상이 가졌던 '의미'다. 우리는 이 '의미'를 현재의 눈으로 보는 것이 아니라 현재의 관념으로 해석하는 것이다. 따라서 당시의 현상이 온전하게 우리의 눈을 덮을 필요는 없다. 어느 하나의 꼬투리만 제공되어도 우리는 완성품을 만들어 낼 수 있다. 설령 '신기루'라도 상상의 조형물을 만들어 현재에 세우면 '역사와 현재의 의미'가 나타날 수 있다.

과거의 역사에 대한 저술들을 '신기루'로 치부하게 되면 눈에 들어오는 것은 사막뿐이다. 후대의 저술가와 외부의 저술가들이 스파르타에 관해 기록한 내용은 '신기루' 여부가 중요한 것이 아니라 우리의 역사에 대한 관념과 해석이 중요한 것이다. 다만 문화 대신 힘을 추구했던 스파르타와 힘 대신 문화를 추구했던 아테네는 오늘날 극명한 대비를 이룬다. 오늘날 스파르타의 옛터는 조용한 폐허지만, 아테네의 자리는 찬란한 문화유산으로 끊임없이 부활하고 있다.

제국과 동맹

아테네의 델로스 동맹

페르시아가 최초로 그리스를 침공한 것은 BC 490년 마라톤 전투다. 페르시아는 이 전투에서 패한 뒤에 준비기간을 거쳐 10년 후인 BC 480년에 대규모 병력으로 다시 그리스를 침공한다. 이에 맞서기 위해 그리스 도시국가들은 BC 481년에 '헬라스 연합'이라는 동맹을 출범시키고 연합군을 결성한다.

페르시아는 BC 479년 플라타이아 전투에서 완패하면서 그리스와 페르시아의 전쟁은 막을 내린다. 이 전쟁의 과정에서 아테네는 새로운 강자로 부상하면서 스파르타의 질시와 도시국가들의 지지를 받는다. 그리스-페르시아전쟁의 종료와 함께 두 강대국의 패권 다툼이 벌어지고 '헬라스 연합'에서 스파르타가 이탈하면서 동맹도 와해된다.

이로부터 그리스의 사자였던 스파르타 앞에 새로운 호랑이 아테네가 등장하면서 헬라스는 아테네 제국과 스파르타로 양분된다. '제국(empire)'은 아테네의 권위에 대해 다양한 방식으로 공물을 제공하는 체계를 이르는 말로 사용되었다. 반면에 스파르타와 관련된 국가들은 이런 조공관계가 아니라는 점에서 제국으로 불리지 않는다.

스파르타가 그리스 동맹에서 이탈하자 스파르타를 따르지 않은 많은 국가는 새로운 강자로 부상한 아테네 편을 들었다. 아테네는 자국 중심의 동맹을 결성하기 위한 목표로 BC 479년과 BC 478년에는 에게해 군사 작전에서 훨씬 더 적극적인 역할을 수행하면서 이오니아 지역의 국가들과 함께 BC 478년에 새로운 동맹을 창설한다. 바로 '델로스 동맹(Delian League)'이다.

'델로스 동맹'이라는 명칭은 현대의 사학자들이 붙인 이름이다. 고대의 자료들은 단순히 '동맹(symmachia)' 또는 '아테네와 그 동맹국'이라고 지칭했다. 심마키아(Symmachia)는 '무언가에 맞서 함께 싸우는 동맹'을 뜻하는 희귀한 단어다. 그리스어 Sym-는 '함께'를 의미하며 -machia는 '싸움'을 의미한다. 심마키아는 군사동맹이었다. 당사자들은 '당신의 적은 나의 적이고 당신의 친구는 나의 친구'라는 데 동의했으며 공격이 발생할 경우 서로를 방어할 뿐만 아니라 모든 공격적인 군사작전에 서로 합류해야 했다.

'델로스 동맹'은 명칭 자체에 신성한 기운이 솟는다. 델로스섬은 에게해의 키클라데스(Cyclades)군도 중의 하나로 길이가 5km 이내이며 폭이 1.3km에 불과한 작은 바위 섬이지만 BC 2,500년경부터 주민이 살았던 긴 역사를 가지고 있다. 델로스섬은 고대의 모든 선원이 지도에 표시해 놓았을 정도로 항해에 중요한 요지였다.

그러나 델로스섬은 무엇보다도 그리스 신화에서 아폴론과 아르테미스가 출생한 가장 성스러운 장소였다. 신화에 따르면 제우스가 헤라와 결혼하기 전부터 사랑을 나눈 레토는 제우스의 자식으로 남매를 낳았다. 아들은 태양의 신 아폴론이고 딸은 달의 신 아르테미스이다. 레토는 자식을 낳을 무렵 질투심이 많은 제우스의 정실부인 헤라의 탄압을 피해 아기 낳을 곳을 찾았지만, 헤라는 레토에게 출산 장소를 제공하면 어느 누구라도 저주를 받을 것이라고 선포했다. 할 수 없이 제우스는 바다 한가운데에 작은 섬 하나를 떠올렸다. 이 섬이 델로스다.

이런 신화는 신성한 섬이라는 명성으로 많은 숭배자를 끌어들이기 시작했으며 비잔틴 시대까지 계속되는 강력한 종교 정체성을 부여했다. 종교 축제가 경제적인 엔진이었던 시대에, 델로스는 수천 명의 순례자를 유치하고 건실한 경제성장을 이룩하였으며, 가장 부유한 상업 중심지 중의 중심지에 우뚝 서서 큰 이익을 보았다. BC 9세기 이후부터 아폴론 성지로 여겨지면서 가장 활발한 무역 중심지의 하나로 발전해 BC 8세기 후 거의 1,000년 동안 강력한 상업 항구였다.

이 섬이 무역 중심지로 성공할 수 있었던 또 다른 배경은 위치상으로 에게해 남부의 키클라데스의 한복판에 있기 때문이다. 에게해의 중요한 상업 중심지인 아테네(Athens), 밀레토스(Miletos), 코린토스(Corinth), 마케도니아(Macedonia), 타소스(Thassos), 사모스(Samos), 밀로스(Milos), 로도스(Rhodes), 크레타(Crete) 그리고 다른 작은 섬으로부터 항해하면서 중간에 만나는 지점이다.

또한, 섬에는 몇 개의 항구가 있어서 항해하는 선박들을 맞는다. 특히 항구는 맞은편에 작은 섬이 풍랑을 막아주고 안으로 둥글게 휘어진 해안선은 파도를 잠재우기에 안성맞춤이다. 델로스는 섬이지만 거주에도 도움이 되는 몇 가지 특징도 있었다. 섬은 연중 내내 작은 포핀스(Poppins)강에서 양질의 물이 공급되었다. 그러나 이 섬은 작기 때문에 수 세기 동안 외부의 위험에 쉽게 노출되었다.

주민들은 이 위험을 신의 가호로 막기 위해 늘 기도했다. 낙소스(Naxos)와 파로스(Paros)가 고대 시대 초기에 델로스를 통제하려 했지만 거의 500년 동안 이 섬을 지배하고 있던 것은 아테네였다. 아테네는 섬을 신의 숭배에 적합하게 만들기 위해 두 번에 걸쳐 '정화'했다.

첫 번째는 BC 540년에 참주 피시스트라토스(Pisistratus)의 지시로 아폴론 신전의 시야 내에서 모든 장례식을 금지하고 주변의 모든 무덤을 파내어 시체를 인근 섬으로 옮기도록 했다.

두 번째 정화는 펠로폰네소스전쟁 6년째인 BC 426/5년에 델포이 신탁의 지시로 섬 전체의 모든 무덤을 제거하고 섬에서의 출생과 사망도 금지했다. 이 정화 직후 델로스 경기의 4년제 축제의 제1회가 열렸다.

델로스 섬은 그 이후에도 여러 차례 운명적인 변화를 겪었다. BC 5세기 말에 성역 주변에는 약간의 집과 농장들이 들어섰다. 그러다가 4세기 말 마침내 마케도니아의 그리스 왕국이 이 섬의 보호자가 되었다.

BC 167년 이후 델로스는 자유항을 선언하고 미트리다테스인들의 상업활동으로 부흥의 기회를 맞았다. 부유한 상인들, 선박 소유주들, 은행들이 몰려들어 호화로운 집을 짓고 예술품을 만들었다. 작은 섬은 세계 최대의 상업 중심지가 된 것이다.

로마 제국의 그리스 정복 이후, 아테네인들이 다시 한번 이 섬을 지배하여 섬에 있던 모든 델로스인을 신속하게 몰아냈다. 그러나 BC 88년과 BC 69년에 로마인들과 이 섬을 관리했던 아테네의 동맹국이었던 폰토스(Pontus)의 왕 미트리다테스(Mithridates)와의 전쟁에서 섬이 파괴되었다. 재난을 당한 델로스는 그로부터 결코 복구되지 않았다. 몇 세기 동안의 주목에서 멀어지면서 인구는 줄어들었다. 3세기경에 작은 기독교 공동체만이 델로스섬을 그의 집이라고 불렀다.

그 후, 델로스는 8세기와 9세기에 여러 차례 노략질을 당했다. 오스만 점령기간 동안 거의 무인도가 되어 해적의 본거지가 되었다. 고대 유적은 또한, 인근 섬 주민들이 건축에 쓰려고 대리석과 석재를 도려냈다. 프랑스의 고고학자들이 1872년에 델로스 발굴이 시작되어 현재도 진행 중이다. 이제 찬란했던 옛 영화의 모습이 연결되고 있다.

오늘날 델로스는 파로스와 낙소스 사이의 미코노스(Mykonos)에서 여객선으로 불과 30분 거리라서 작은 배로 왕래가 가능하다. 델로스섬의 안내서에는 100개의 유적지를 표지하고 있을 정도이지만 유적과 박물관 외에 커피 매점조차도 없는 완전한 고고학 유적지이다. 델로스에서는 유적이라는 이불속에서 지내는 시간이다.

이오니아(Ionia)와 에게해 있는 대부분의 섬 도시국가들과 트라키아와 소아시아의 많은 해안 도시국가들이 델로스 섬에서 회의를 열고 델로스 동맹에 가입하기로 한 것은 BC 479~478년 겨울이다. 이 당시 아테네의 지도자는 테미스토클레스에서 아리스티데스로 이양되는 과정이었기 때문에 아테네의 주도자가 누구였는지는 분명하지 않다.

델로스 동맹의 참가국은 330개 이상으로 전해진다. 이것은 공물 명부에 의존한 불완전한 자료이다.[7] 동맹국은 시간이 지 나면서 변화가 있었기 때문이다. BC 440년에는 172개국으로 나타난다. 대부분의 참가 국가들은 이오니아와 섬들에 있는 국가들뿐만 아니라 서부 아나톨리아 지역에 있는 카리아(Caria) 도시국가와 같은 그리스에 속하지 않는 구성원도 있었다. 반면에 스파르타 혈통인 도리아인들이 정착한 섬인 멜로스와 스파르타의 지도자 테라스(Theras)가 식민지로 만든 테라는 가입하지 않았다.

멜로스는 결국 5세기 초 "멜로스인의 대화"라는 역사적 기록과 함께 아테네가 멜로스의 성인 남성을 모조리 학살하고 여성들은 노예로 삼으면서 종말을 고했다 (이에 관해서는 뒤에서 다시 자세하

---

7) Mark Cartwright, https://www.ancient.eu/Delian-League/.

게 기술할 것이다). 반면에 오늘날 관광지로 유명한 코린토스 섬인 테라는 아르키다모스 전쟁(BC 431~421년)의 초기에는 스파르타 동맹의 회원이었으나 델로스 동맹의 회원으로 이동했다.

약소 국가들이 델로스 동맹의 우산으로 들어온 것은 기본적으로 안보 때문이다. 안으로는 그리스에서 최강의 해군력을 가진 아테네로부터 침략을 피할 뿐만 아니라 아테네가 다른 도시국가들의 공격을 막아주기 때문이다. 밖으로는 페르시아군이 언제 다시 침공할지 우려되었기 때문이었다.

회원들은 동맹에 가입하면서 공동의 적들에 대항하기로 맹세하고 서약했다. 동맹국들은 델로스섬에서 공식적인 회의를 개최했다. 각 동맹들이 지불하는 조공의 금고도 이곳에 보관했다. 그리고 각국은 회의에서 동맹 문제에 관해 표면적으로는 동등한 투표권을 가졌을 가능성이 크다.

그러나 아테네의 의사에 맞서서 반대 표를 주도하는 세력은 없었다. 회원들 사이에 매우 다양한 의견이 있었을 때 아테네가 항상 최종적인 의사 결정자였다. 아테네로부터 가해지는 지속적인 긴장감은 동맹 창설 당시의 동등한 위치가 시간이 지날수록 아테네를 제국의 위치로 굳혀갔다.

동맹국들은 아테네가 외부의 적으로부터 보호해 주는 대가를 지불했다. 아테네에 배를 제공하거나 아테네가 주도하는 해군 함대를 건조하고 유지하는 데 공물을 제공했다. 공물은 적은 금액이 아니었다. 초기 단계(BC 425년)에는 460달란트였지만 이후에 점차 1,500달란트로 인상되었다. 이 금액은 아테네의 장군 아리스티데스(Aristides)가 결정한 액수이다. 돈을 제공하는 대신에 선박 또는 재료(특히 목재) 등으로도 납부했다.

동맹의 가입 및 탈퇴와 공물의 납부가 회원국들의 자율에 맡겨진 것은 아니다. 회원국으로부터의 기여금은 처음에 자유로웠지만 나중에는 아테네의 간섭, 감시, 강압에 의해 좌우되었다. 일부 국가는 탈퇴를 시도하고 탈퇴를 감행하기도 했다. 예를 들면 BC 467년에 낙소스가 동맹을 탈퇴하려 하자 아테네는 섬을 공격하고 자율성을 반으로 줄였다.

타소스는 자국의 광산과 무역기지를 계속 관리하려고 아테네와 의견 충돌을 일으켜 BC 465년 군이 개입하면서 결국 항복했다 (타소스 반란에 관해서는 별도로 기술한다). 아테네는 자신의 통치의 성격과 범위를 유지하고 심지어 확대하기 위해 고안된 점점 더 확고하고 가혹한 조치로 이러한 봉기에 대응했다.

아테네는 이 동맹을 주도하면서 사실상 제국의 길을 굳혔다. 동맹을 점점 더 공격적으로 통제했고, 때로는 무력으로 회원 자격을 제한했으며, 돈, 선박 또는 재료의 형태로 공물을 계속 강요했다. 금고는 공동 금고였으나 관리는 아테네가 독점하여 결국 아테네 차지였다. 아테네는 헬레노타미아이(Hellenotamiae)라는 아테네 재무관 10명을 금고 관리원으로 위촉하여 이 금고를 통제하도록 했다.

델로스 동맹으로 탄력을 받은 아테네는 페르시아를 공격할 수 있는 힘을 갖추게 되었고, 에이온(Eion)전투와 가장 유명한 에우리메돈(Eurymedon) 전투에서 승리하면서 그 진가를 발휘했다. 에우리메돈 전투는 BC 466년에 소아시아의 팜필리아(Pamphylia)의 에

우리메돈강 하구 수륙에서 아테네가 이끄는 델로스 동맹과 페르시아 제국의 아케메네스 왕조 사이에 벌어진 전투이다. 이 전투는 하루 만에 결판이 났다. 아테네의 키몬이 페르시아의 육군과 해군을 괴멸시키고 승리를 거두었다 (이 전투에 대해서는 플루타르코스가 『영웅전』 '키몬전'에 잘 소개하고 있다).

특히 아테네의 지도자 페리클레스 시대에는 동맹의 성과가 뚜렷했는데, 도시국가 간 무역증가, 공동화폐의 도입(아테네 은화), 세금의 중앙집권화, 정부형태의 민주화, 아테네 사법부를 회원국들 시민에게 개방, 에게해의 해적 근절 등이 그 예이다.

페리클레스는 제1차 펠로폰네소스전쟁 중이던 BC 454년에 델로스 동맹의 금고를 델로스에서 아테네로 옮겼다. 구실은 페르시아군의 재침 우려였지만 속셈은 아테네가 동맹의 재정을 보다 강력하게 통제하려는 조치였다.

금고 위치의 변화는 종종 '아테네 제국'의 실현을 위한 아테네의 야심으로 지적된다. 그 이후 페르시아군이 재침하지 않는데도 금고는 계속 아크로폴리스에 묶어 두었다. 아테네에 운반된 금고는 여러 가지 목적으로 사용되었지만 동맹 회원국들의 방위와 관련된 것은 아니었다. 이 돈은 특히 페리클레스가 아테네의 도시 재건과 아크로폴리스의 파르테논 신전의 건축을 비롯해 국방과 관련이 없는 다른 항목들로 지출했다.

아테네는 공식 언어에서 동맹국을 '아테네가 통치하는 모든 도시'라고 부르기 시작했다. 페리클레스는 BC 429년 시민들에 대한 연설에서 "이제 더는 제국을 포기할 수 없다"고 선언하고, 제국을 시작한 것은 나빴을지 모르지만, 그만두자니 위험하기 짝이 없기 때문이라고 경고했다 (TW 2.63.2).

아테네는 자유를 지키기 위한 구실로 동맹국들에게 계속 공물의 납부를 요구했다. 동맹의 재산에 누가 기여했는지, 각 도시국가가 얼마나 많은 재정을 부담했는지를 보여주는 비문도 마련되었다. 동맹국들은 과거 페르시아에게 공물을 낼 때보다 돈이 더 든다는 불평을 하기 시작했고 시간이 지나면서 동맹의 분위기는 더 악화되고 이탈도 늘었다.

투키디데스는 동맹국들이 동맹을 이탈하는 이유가 "분담금이나 함선을 제대로 대줄 수가 없었기 때문이며, 때로는 지원의 부진 등이 이유가 되기도 했다"(TW 1.99)고 분석한다. 페르시아가 후원하는 스파르타에 대한 펠로폰네소스전쟁(BC 432~404년)은 결국 동맹의 해체로 이어졌다. BC 415년의 시칠리아 원정대의 비참한 패배와 다음에 기술하게 될 반항적인 멜로스의 모든 남성에 대한 잔인한 처형은 아테네인의 가치는 물론이고 본성까지 의심스럽게 만들었다.

델로스 동맹은 분명히 아테네와 동맹국들에게 유리한 기구였지만 아테네가 전쟁에서 패한 BC 404년부터 그리스의 다른 도시국가들은 동맹에 남아있을 이유가 사라졌다. 펠로폰네소스전쟁의 승자인 스파르타 지휘관 리산드로스(Lysander)의 지시에 따라 델로스 동맹은 404년 해산되었다.

델로스 동맹은 가장 크고 가장 성공적인 고대 그리스 연합으로 도시국가 들의 다자 동맹체였다. 델로스 동맹의 최고 번성기에 아테네는 700명의 해외 공무원을 배치했다. 델로스 동맹은 처음에는 동맹체계에서 나중에는 아테네의 명령 또는 지배체제로 변형되었다.

독립적인 모든 도시국가의 구성원들은 처음에 공동 협의회에 합류했지만 나중에는 아테네로부터 지시만 받았다. 동맹국들은 독립국에서 종속국으로 전락했다. 충성의 맹세 즉 복종이라는 새로운 단어가 삽입된 것이다. 델로스 동맹의 역사는 아테네가 점차 제국주의의 형식을 실천하는 것을 보여준다. 델로스 동맹의 규칙은 다른 회원국의 공식 수용이나 공식적인 합의에 의한 것이 아니었다. 그럼에도 대부분의 동맹국들은 끝날 때까지 충성을 유지했다.

고대 그리스에는 아마 '제국(empire)'에 대한 단어가 없었을 것이다. 다만 그리스인은 지배, 간섭, 개입, 다른 국가 다른 사람에게 속하는 것을 가지려는 불안정한 욕망 등을 통해서 제국주의에 대한 생각을 간접적으로 표현할 수 있었을 것이다.

투키디데스는 동맹국에 대한 아테네의 지배가 동맹국의 자유로운 동의에 의한 것이라고 시사하지는 않았다. 델로스 동맹의 공언된 목표는 페르시아로부터의 자유를 위한 투쟁으로 시작되었지만 그 목표는 아테네의 욕구를 발전시키고 이오니아 문화를 육성하는 방향으로 변화되었다.[8] 아테네는 BC 377년부터 해상 자위 연맹인 제2아테네 동맹(The Second Athenian League)을 주도했다. 이때에도 델로스 동맹의 일부 기존 회원들은 다시 아테네와 재결합하겠다는 의지를 보였다. 그러나 이미 아테네는 옛 영화를 회복하기

---

8) Christopher Planeaux, https://www.ancient.eu.

에는 너무 노쇠했다.

스파르타의 펠로폰네소스 동맹

'전문적인 용어(technical terms)'로 델로스 동맹을 '제국주의적 동맹(Imperial League)'이라고 한다면 펠로폰네소스 동맹은 '패권적 군사동맹(hegemonic symmachy)'라고 할 수 있다. '심마키아'에 대해서는 앞에서 설명했다. '패권(hegemony)'이라는 단어는 그리스어 hēgemonia(이끌다)에서 유래되었다. 처음에 헤게모니는 고대 그리스 국가가 다른 도시국가에 대한 정치 군사적 지배력을 의미했다.

19세기에 이르러 헤게모니는 더 이상 정치적·군사적 권력에만 국한되지 않고 사회·문화적 권력까지 포괄하는 폭넓은 정의를 가지게 되었다. 그러나 강대국 외교의 맥락에서 1840년대 영어로 사용되면서 현대적으로는 한 국가가 해당 영역 내 일련의 국가에 대해 지배하는 것을 의미한다.

BC 500년에서 BC 300년 사이의 고대 그리스에 공존한 수백 개의 독립된 도시국가들은 델로스 동맹과 펠로폰네소스 동맹과 함께 다양한 형태의 동맹이나 기타 국가 간 관계 및 조약이 발전했는데, 이중에서 펠로폰네소스 동맹이 헤게모니 또는 헤게모니카 심마키아(hgemonika symmachia, 통치 동맹)였다. 스파르타의 '헤게모니'가 아테네의 제국과 다른 점은 조공이나 세금을 내지 않았다는 점이다.

스파르타는 BC 6세기부터 펠로폰네소스 동맹(Peloponnesian League, BC 550~366년)을 통해 펠로폰네소스 지역의 도시국가들을 지배해 오고 있었다. 그리스인들은 이 결사체를 '라케다이몬인들과 그들의 동맹국'이라고 불렀다. 라케다이몬은 스파르타와 그 인근의 그리스 사람을 부르는 용어다. 각 회원국은 스파르타와 함께 동일한 적과 맹방을 갖기로 서약했다.

BC 6세기 중반 그리스에 지역적 불안정이 초래되자 스파르타와 코린토스, 엘리스, 테게아와 같은 펠로폰네소스의 도시국가들은 군사동맹을 맺었다. 그런데 이 동맹이 스파르타를 중심으로 새로운 펠로폰네소스 동맹으로 변형된 배경과 과정은 확실하지 않다. 다만 BC 480~479년 페르시아전쟁 당시에 이루어진 것은 확실하며 어쩌면 그보다 20여년 더 거슬러 올라갈 수도 있다.

당초의 스파르타와 코린토스 등의 도시국가 동맹은 고대 그리스 세계에서 가장 오래되고 가장 오랜 기간 지속된 정치 결사체로서 그리스 도시국가들의 느슨한 연합이었다. 실제로 동맹의 회원국들은 상호조약이 아니라 스파르타와 개별조약으로 묶여 있었다. 따라서 만티네이아인들과 테게아인들이 서로 싸우는 등 현대적 의미의 동맹과는 거리가 있었다.

전환점은 아마 BC 506년경이었을 것이다. 스파르타가 독단적이고 독재적인 왕 클레오메네스 1세 치하에서 아테네에 대한 연합공격 직전에 대다수 동맹국들의 지지를 잃는 바람에 실패한 것이 계기였을 것이다. 스파르타의 클레오메네스 공동왕은 코린토스의 강력한 요구로 기존의 동맹을 나오면서 사실상 새로운 결성에 돌입했다. 이로부터 스파르타는 한 번의 전쟁에 한 명의 왕이 스파르타군이나 동맹군을 지휘했고 스파르타는 동맹의 원정 전에 동맹들의 공식적인 동의를 요구했다.

새로 탄생한 동맹의 이름은 그리스 남부의 펠로폰네소스에 있는 동맹국들의 지리적 위치에서 붙여졌다. 동맹의 가입요건은 스파르타에 공물의 제공이 아니라 스파르타 지휘하에 병력의 제공이었다. 대신 동맹은 스파르타가 펠로폰네소스에 대해 패권적 지배권을 갖는 것을 허용했는데 이 동맹은 BC 4세기까지 이어졌다.

스파르타는 BC 7세기부터 강한 군사훈련을 통해 중무장보병을 양성했다. 군대의 규율은 엄격했고 전투력은 정교했다. 스파르타의 군대는 그리스 모든 지역의 두려움의 대상이었다. 이로써 스파르타는 아테네가 부상하기 전까지는 펠로폰네소스에서 거의 모든 도시국가를 지배하는 정치 및 군사적 패권국가였다.

BC 510년에 이르러 동맹은 펠로폰네소스의 도시국가를 모두 포함했으며, 클레오메네스 1세(Cleomenes I)의 지도하에 메가라(Megara)를 비롯한 도시국가들과 아티카(Attica) 일부의 국가들까지 확대되었다. 동맹의 규모가 컸을 때는 대전쟁 이후 반 세기 이내에 그리스 본토 외곽의 칼키디케(Chalcidice)까지 북쪽으로 확장되었지만 그리스 본토를 벗어나지는 않았다.

다만 펠로폰네소스반도 내의 여러 도시국가들 중에서 나름의 위세를 떨치던 아르고스는 연맹의 회원이 아니었다. 또한 메가라와 보이오티아를 비롯한 일부의 도시도 때때로 연맹으로부터 들락날락했다. 심지어는 코린토스, 만티네이아, 엘리스는 아르고스와 연합하여 BC 421~418년에 맹주인 스파르타에 대해 반란을 일으키기도 했다.

페르시아가 침략하면서 동맹은 그리스 동맹(Hellenic League)으로 확장되어 아테네와 다른 나라들도 포함되었다. 그리스 동맹은 스파르타 섭정왕이었던 파우사니아스(Pausanias)가 주도하다가 그가 소환된 후에 아테네의 장군 키몬(Cimon)이 주도했다. 그리스 동맹의 기간은 짧았다. BC 5세기 그리스가 페르시아와 전개한 마라톤, 살라미스, 플라타이아 전쟁에서 승리한 뒤 그리스 연합군은 페르시아에 대해 거꾸로 반격에 나선다.

그리스 연합은 소아시아 일대 그리스계 도시국가들의 반란을 후원하기 시작하면서 아테네와 스파르타 사이에 반란의 후원 범위를 놓고 갈등이 생겼다. 스파르타는 축소였고 아테네는 확대였다. 소아시아 국가들의 지원 범위를 늘리는 것은 해군의 영향력을 강화하는 것이고 이는 곧 아테네 세력의 확장이다. 아테네가 해군력을 배경으로 소아시아의 그리스계 도시들의 반란을 계속 지원하자고 주장하는 속셈을 스파르타가 모를 리 없다.

반면에 스파르타는 육군이 강세였다. 그러나 육군을 동원해 소아시아 원정에 참여하면 그동안 자주 발생했던 국내의 농노(헬로트)들의 반란이 염려된다. 스파르타는 결국 페르시아전쟁으로 결성된 그리스의 반페르시아 동맹에서 BC 478년에 이탈하게 된다. 펠로폰네소스 국가들도 스파르타를 따라 나갔다.

스파르타가 탈퇴한 것은 아테네가 자신들의 세력을 증강하려는 시도에 대한 우려 때문이었다. 스파르타는 원래의 동맹들을 중심으로 펠로폰네소스 동맹을 다시 조직했다. 파벌이든, 정당이든, 국가든, 더 나아가 국제관계도 외부세력이 등장하면 내부적으로 결속한다. 그러나 그 세력이 사라지거나 약화되면 내부세력이 경쟁하면서 분열하게 된다. '페르시아'라는 외부세력에 의해 결성된 그리스 동맹은 결국 페르시아 세력이 물러가고 스파르타와 아테네라는 대등한 두 세력이 등장하면서 분열된 것이다.

스파르타의 각 동맹국은 스파르타와 동일한 친구와 적을 갖고 스파르타인이 이끄는 곳이면 어디든 따라갈 것을 맹세했다. 그러나 동맹에 가입한 모든 국가는 횡적으로 수평적 관계가 아니라 스파르타를 중심으로 종적인 관계였다. 원칙적으로 동맹 내에서는 각각의 국가들이 어떤 다른 동맹을 결성할 수가 없었다.

동맹국에 전쟁이 벌어지면 스파르타가 동맹 회의를 소집한다. 스파르타가 전쟁을 선포하거나 강화하기 위한 사안을 논의하고 결정할 회의의 소집은 오직 스파르타만이 할 수 있었다. 그리고 현재의 위험에 처한 동맹국을 돕기 위해 다른 동맹국들의 군대를 파견하는 것을 결정한다.

동맹국의 다수로 결정되는 사안은 군사 작전과 새로운 회원 가입에 관한 내용이었다. 동맹국 대표들은 동맹 회의에서 국가의 규모나 지역의 세력에 관계없이 각각 동등한 한 표를 행사했다. 그리고 이 회의에서 다수결로 결정된 내용은 '신이나 영웅이 방해하지 않는 한'(TW, 5.30.3) 모든 국가가 복종할 의무가 있었다. 그러나 여기에는 당연히 반대의견도 있었다.

예를 들면 BC 440년 사모스가 아테네에 대해 반기를 들었을 때 코린토스가 전쟁을 주장하고 결의는 되었지만 전쟁을 준비하는 데 1년이 걸리면서 결의 자체가 사실상 무용지물이 되어버렸다. 또한 이

회의에서 케르키라는 사모스를 지원하는 안건에 반대표를 던졌다.

동맹은 두 개의 운영체계 즉 동맹 회의와 스파르타 의회로 구성되는 동맹위원회에서 관리했다. 동맹국들은 스파르타가 반대하는 정책을 스파르타에게 강요할 수 없었다. 동맹 회의의 결의안들은 스파르타에게는 구속력이 없었고, 오히려 동맹 회의의 중요한 사항의 결정은 동맹 회의가 아니라 스파르타 의회에 위임되었다.

스파르타는 동맹 회의에서 투표도 하지 않았고, 스파르타의 입장은 스파르타 의회가 투표로 채택했다. 스파르타 의회는 자신의 이익에 반하는 행동을 하지 말아야 한다는 조항이 있었다. 따라서 펠로폰네소스 동맹은 문자 그대로 엄밀한 의미에서 '동맹'이 아니었다. 동맹국의 군대는 항상 스파르타의 왕이나 원로 장군들이 지휘했다. 이것은 스파르타가 동맹을 절대적으로 지배하고 있다는 것을 의미한다.

펠로폰네소스 동맹의 회원들은 필요할 때만 군사적으로 기여했다. 스파르타는 동맹국에게 일정 수 또는 일정 비율의 군대를 동맹군의 군대에 파견하도록 요구하는 대신에 장교들이 군대를 징집하고 지휘했다. 다만 국가 군대의 1/3이 요구되는 전시(戰時)를 제외하고 공물을 납부하지는 않았다. 스파르타가 주도하는 전통적인 장갑보병 중심의 전쟁이 아테네처럼 대규모 삼단노선 해군을 유지하는 것보다 비용이 훨씬 저렴했기 때문이다. 그 외에도 동맹국들은 각자 자기 이익에만 관심이 있었기 때문이다 (TW, 1.141.6).

각 도시국가에 요구되는 군대의 정확한 수는 스파르타가 결정했다. 펠로폰네소스전쟁의 위험한 시기에 스파르타는 점령지에 동맹국의 군사 총독(harmosts)을 징발해서 관리했다.

동맹은 보수적이었고 구조는 과두제(Oligarchy)의 특성을 가지고 있었다. 아울러 스파르타는 각국의 정치과정에 은밀한 지원을 통해 대부분의 동맹국의 정치체계도 민주제 대신에 과두제를 채택하도록 유도했다.

펠로폰네소스 동맹은 거의 150년 동안(BC 505~365년) 스파르타가 설정한 2가지 목표 즉, 대외적으로 그리스의 국제 사회에서 강대국으로서 아테네와 대등한 역할과 대내적으로 모든 스파르타인의 삶과 정책에 불안의 요소인 헬로트에 대한 효과적인 통제를 만족스럽게 실현했다.

펠로폰네소스 동맹은 BC 404년 스파르타가 펠로폰네소스전쟁에서 승리한 이후에 그리스 전체에서 지배력을 확보하게 되었다. 스파르타는 회원국에 대해 과거보다 더 엄격한 통제를 가했다. 새로 편입된 국가들에 대해서는 스파르타 정책에 유리한 과두체계를 권장했다. 스파르타는 패권적 권력에 취해 오만해 졌다. 오만은 자신을 과대 평가하고 필요 이상의 야망과 욕망을 만들어 낸다.

스파르타는 BC 400년까지 창검을 안으로 들이댔다. 옛 동맹국을 상대로 전쟁을 벌인 것이다. 그리스 중부와 북부, 소아시아와 시칠리아에서 계속된 스파르타의 야망은, 동맹국들을 또 다른 장기적인 갈등인 코린토스전쟁으로 끌고 갔다.

스파르타는 회원국가들의 국내 문제에까지 직접적으로 개입했다. 스파르타의 대표적인 개입정책은 BC 385년에 만티네아(Mantinea)를 고압적으로 다루고 마을을 나누었으며 BC 381~379년에 전쟁을 벌였다. 스파르타가 전보다 더 야심을 갖게 되면서 BC 382년에는 동맹의 공물을 무기나 병사가 아니라 돈으로 걷게 되었다. 스파르타는 오랜 기간 경쟁상대인 테바이를 압박하면서 테바이인들에게 적대적인 결과를 가져왔다. 그러나 스파르타는 BC 375년 테기라(Tegyra) 전투에 이어 BC 371년의 레우크트라(Leuctra) 전투에서도 패했다.

스파르타의 가장 강력한 동맹국들도 동맹의 효율성에 대한 신뢰가 상실되어 동맹에서 떠나가면서 동맹은 언덕의 내리막길에 브레이크 없이 서 있는 자동차가 되었다. 코린토스, 플레이우스(Phleious) 그리고 테바이 간에 새로운 조약이 체결되면서 펠로폰네소스 동맹은 BC 366년에 사실상 해체되었다. 이어 마케도니아의 필리포스 2세(Philip II)가 BC 338년까지 동맹을 완전히 해산하기로 결정한다. 펠로폰네소스 동맹은 마침내 끝났다.[9]

---

9) Mark Cartwright, https://www.ancient.eu, https://en.wikipedia.org./ 기타 관련 문헌 참조.

제3장
투키디데스의 전쟁사[*]

투키디데스의 전쟁사와 투키디데스

그리스는 암흑기로 불리는 BC 1200~800년 사이의 어느 시기에 10년간 모든 그리스인이 동참한 '트로이전쟁'을 겪었을 것으로 추정된다. '트로이전쟁'은 호메로스의 저작으로 알려진 『일리아스』의 주제다. 이 전쟁은 신이 의도하고 인간이 그에 따라 행동하는 신과 인간의 공조전쟁이다.

작품의 내용이 그리스 신화에 등장하는 신들의 왕 제우스를 비롯해 수많은 신들이 등장하면서 『일리아스』는 신화로 인식되었다. 트로이전쟁이 신화이고 허구라면 여기에 등장하는 사람들도 당연

---

[*] 이 부분을 기술하는 데 Victor Davis Hanson, "Introduction," in Robert B. Strassler(ed.), *The Landmark Thucydides* (A Division of Simon & Schuster, Inc., 1996)의 내용을 참고하였다.

히 존재할 수 없다고 생각되었다. 그러나 19세기에 유적지가 발굴되면서 트로이전쟁은 역사로 평가되었고, 이 전쟁에 등장하는 일부 인물들은 실제 인물과 관련이 있으며, 이 전쟁 또한 아마도 그리스 최초의 국제전이라고 할 수 있다.

그 이후로 닥친 전쟁은 그리스-페르시아전쟁이다. BC 5세기 페르시아의 침공으로 시작되어 50여년간 이어졌던 이 전쟁은 헤로도토스의 저서인『역사』에 기록되어 있다.

헤로도토스의『역사』는 인류 최초의 역사서로 그 나름의 위대한 가치를 지니고 있지만 호메로스의『일리아스』처럼 신들을 역사에 끌어들이고 전언(傳言)이나 소문에 의존하며 과장이 심하다는 비판을 받고 있다. 투키디데스의 전쟁에 관한 역사는 그리스전쟁에 관한 문헌으로는 3번째, 역사가의 문헌으로는 2번째 역사적 문헌이다.

일반적으로 투키디데스가 기술한 전쟁의 문헌을 '펠로폰네소스전쟁사'로 부른다. 그러나 투키디데스는 자신의 책 어느 부분에서도 '펠로폰네소스전쟁'이라는 명칭을 사용한 적이 없다. 그는 자신이 기록한 문헌의 첫 줄을 이렇게 시작한다.

"아테네인 투키디데스는 펠로폰네소스인들과 아테나이인들 사이의 전쟁에 관한 역사를 썼다." (TW 1.1.1)

투키디데스는 자신의 작품에 대한 정확한 이름을 제공하지 않은 채 단순히 '전쟁에 관한 역사'로만 표기했다. '전쟁에 관한 역사'는 결국 '전쟁사'다. 따라서 그가 쓴 전쟁에 관한 역사를 일반적으로 '투키디데스의 전쟁사'로 부른다. 그럼에도 불구하고 이 전쟁의 명칭이 '펠로폰네소스전쟁'으로 굳어진 것은 아마 아티카지역의 아테네인들이 그렇게 부르기 시작한 데서 비롯된 것으로 보인다.

'펠로폰네소스'는 그리스의 반도를 가리키는 지역 이름이다. 따라서 펠로폰네소스전쟁은 펠로폰네소스지역에서 전개된 전쟁이란 의미다. 그러나 펠로폰네소스 전쟁터는 펠로폰네소스 반도뿐만 아니라 에게해의 여러 섬들 그리고 시칠리아뿐만 아니라 그 북쪽까지 걸쳐 있다.

전쟁의 이름은 대개 후세 사가(史家)들의 몫이다. 저명한 역사가인 버리(J. B. Bury)는 펠로폰네소스인들은 이 전쟁을 '아티카전쟁(Attic War)'이라고 생각했을 것으로 추정한다.[1] 역사가들이 아테네 중심의 사고에서 나온 용어를 그대로 동조하는 풍조는 결국 전쟁의 이름을 '펠로폰네소스전쟁'으로 굳혀 놓았다.

그리스의 전쟁은 사실상 BC 460년부터 BC 404년까지 56년간 이어졌다. 이 중에서 펠로폰네소스전쟁이라고 하는 것은 대개 1차 전쟁을 제외하고 BC 431년부터 BC 404년까지로 한정된다. 이 중에서도 투키디데스가 기록한 것은 20년간의 전쟁이다. 그럼에도 펠로폰네소스 전쟁사는 그리스의 56년 내전을 전체를 다룬 대표작으로 인식된다.

투키디데스가 쓰기 시작한 전쟁사 이전의 전쟁, 즉 1차 전쟁에 관한 기술들은 아주 단편적이다. 물론 이 전쟁들은 아테네와 스파르타 두 진영이 총력을 동원한 전쟁들에 비해서는 규모가 작고 기

---

1) J.B. Bury, *A History of Greece to the Death of Alexander the Great* (London: Macmillan, 1900).

간이 짧았을 수도 있다. 그러나 모든 전쟁은 막대한 인명피해와 재산손실을 초래한다. 그럼에도 이런 전쟁들은 상세하게 기록되지 않았기 때문에 구체적 내용을 잘 모르니 관심이 약할 수밖에 없다.

반면에 투키디데스의 전쟁사는 56년의 전쟁의 긴 세월 속에서 이루어진 전쟁들 가운데 불과 20년간의 전쟁에 관한 기록이지만 내용이 구체적이고 상세하다. 투키디데스는 전쟁들의 원인과 과정 그리고 결과는 물론 아테네와 스파르타의 일부 역사와 문명의 흐름도 상세하게 기록했다.

투키디데스의 전쟁사는 "전쟁사가 전쟁을 만들어 냈는지", "전쟁이 전쟁사를 만들어 냈는지"에 대한 반문이 제기될 정도로, 어느 사가도 필적할 수 없을 만큼 전쟁 주인공들의 행태묘사와 전략 및 전술 등을 수려한 문장과 날카로운 필체로 그려내고 있다. 아마 그의 전쟁사가 없었더라면 전쟁 중 상당 부분은 단순히 연대기로 전해졌을 것이다.

다만 그의 전쟁사가 사실에 얼마나 부합되는지는 별도의 문제다. 역사는 어차피 역사가의 숨결이다. 역사가가 역사에 따라 호흡하기보다는 역사가의 호흡에 의해 역사가 숨을 쉰다. 또한 역사는 역사가의 지적 및 판단 능력에 따라 깊이와 방향이 좌우된다. 따라서 인류 역사에 사실에 일치되는 역사의 기술이 존재하기는 어렵다. 역사는 당시의 현실보다는 역사를 기술한 사람의 현실이다. 모든 문헌 특히 역사에 관한 문헌은 기록자에 따라 내용이 달라질 수 있다.

더구나 투키디데스의 전쟁사는 지금부터 약 2,500여 년 전의 일이다. 당시에는 상황에 접근하고 기술하는 방법이 현재보다는 훨씬 미숙할 수밖에 없었다. 특히 30여 년간 육지와 바다 곳곳에서 벌어진 전쟁을 직접 참관할 수도 없다. 기껏해야 참전자의 전언이 기초자료다. 이 전언자가 현장을 완전히 장악하고 사실을 취재할 입장도 아닐 것이다. 그렇다면 전쟁사는 전언자와 그 전언을 기술한 저자가 만들어 낸 것이다.

투키디데스의 전쟁사가 희귀하고 중요할수록 내용의 정확성과 신뢰성에 대한 심층적인 검토가 필요하고 이를 위해서는 저자가 어떤 배경을 가진 어떤 성향의 인물인가를 아는 것이 중요하다. 그렇다면 펠로폰네소스 전쟁사의 저자인 투키디데스는 어떤 인물이며 어떤 상황에서 어떤 배경과 어떤 의도를 가지고 어떤 과정과 방법을 통해 자료를 수집하고 어떻게 판단하고 평가하여 어떻게 기술했을까?

투키디데스는 자신이 속한 아테네의 정치경제와 사회문화 그리고 자신의 위상과 역할에 대해 최소한의 설명이 필요할 듯하지만, 그러나 그의 '역사'에는 그가 장군으로 활동하기 이전의 삶에 관해서는 저자 자신이 철저히 베일에 가려져 있다.

자신이 인정한 질병으로부터의 생존, 전투, 망명에 관한 언급 이외에는 전쟁 기간 중 자신의 경험에 대해 "그 모든 것을 겪었으며 사건을 이해할 수 있는 나이에 이르렀다 (TW 5.26.5)"는 것 외에는 거의 말하지 않은 채 자신을 소개하는 일부 구절을 써 놓았을 뿐이다. 그는 BC 424년 그리스의 북부도시 암피폴리스에 대한 스파르타의 성공적인 공격을 설명하면서 사실상 자신의 이야기에 들어간다.

"그 장소를 방어하기 위해 아테네에서 온 장군 에우클레스는 암피폴리스에서 반나절의 항해 거리에 있는 파로스의 식민지인 타소스섬에 와 있는 트라키아의 사령관으로, 이 '역사'의 저자 올로로스의 아들 투키디데스에게 사람을 보냈다." (TW 4.104.4)

투키디데스는 전쟁 중에 그리스의 테살리아 북쪽 지역인 트라키아의 사령관이었다. 그리고 그의 아버지 이름은 '올로로스(Olorus)'다. 올로로스는 헤로도토스와 플루타르코스의 기록으로 보면 6세기 전반의 트라키아 왕이다. 따라서 올로로스는 왕족이거나 지체가 높은 인물이었을 것이다.

투키디데스는 "자신이 트라키아의 그 지역에 금광을 채굴할 권리를 소유하고 있었고 따라서 본토 주민들에게 큰 영향력을 미쳤기 때문에" 암피폴리스로 가도록 요청을 받았다고 설명하면서 그 지위와 명성을 확증한다 (TW 4.105.1).

그는 BC 430년에서 BC 427년 사이에 아테네를 강타한 혹독한 전염병과 관련하여 "나는 몸소 이 역병을 겪어 보았고 다른 사람이 앓는 것도 직접 목격했다"(TW 2.48.3)고 기술한다. 그리고 자신을 3인칭으로 표기하면서 이 역병은 페리클레스와 수천명의 동료 아테네인을 죽인 재앙(TW 3.87.3)이라고 규정한다.

이것은 전쟁사의 저자가 아테네의 전성기 시절에 아테네인이었다는 것을 나타낸다. 따라서 그가 쓴 전쟁사는 실제로 전쟁 이외에도 5세기 아테네의 많은 정보를 접할 수 있는 귀한 자료다.

더구나 그가 단순한 작가가 아니라 군대의 사령관이었고 많은 재산을 가지고 있었으며 아테네 지배자인 페리클레스를 비롯한 지도자들과의 친분관계 등을 고려하면, 투키디데스라는 한 역사가로서의 인간을 인구학적 관점에서 들여다보기보다는 그가 쓴 전쟁사의 일부분을 통해서 투영해 보는 것이 더 의미가 있을 것이다.

그는 펠로폰네소스 2차 전쟁이 일어난 지 7년 뒤인 BC 424년에 아테네 식민지인 암피폴리스를 스파르타가 점령하는 것을 막기 위해 출항한다. 그러나 시간차로 늦게 도착하는 바람에 기민한 스파르타 장군 브라시다스에게 선수를 빼앗겼다. 그는 탈환에 실패하면서 20년간 추방당한다.

> "암피폴리스의 사령관을 끝으로 이후 20년 동안 조국에서 추방되어 망명 생활을 하는 것도 나의 운명이었다. 나는 이로 인해 양 당사자, 특히 펠로폰네소스 사람들과 함께 있었기 때문에 상황을 더 면밀히 관찰할 여유가 있었다." (TW 5.26. 5)

그는 아테네에서 추방되어 펠로폰네소스지역에 거처를 두었던 것으로 보인다. 그가 머문 곳이 스파르타가 지배하는 지역이었는지는 알 수 없다. 그가 추방당한 것은 직접민주주의의 제안으로 만들어진 법령 때문이다. 클레온은 페리클레스의 생전에는 이렇다할 활동을 하지 못하다가 그가 세상을 뜨자 소피스트의 능력으로 지도자의 반열에 오른 인물이다.

이런 배경 때문인지 투키디데스는 클레온을 '아테네에서 가장 폭력적인 남성'(TW 3.36)으로 묘사한다. 그러나 역설적으로 그에게 추방은 위대한 전쟁사가가 되는 길을 열어주었다. "그래서 나는 지금 10년전쟁 뒤에 불화를 겪고 조약이 파괴되고 뒤이어 전쟁이 시작된 경위를 기술하려 한다"(TW 5.26.5)고 쓰고 있다.

그의 이런 기술을 토대로 하면 투키디데스는 10년전쟁 즉 아르키다모스전쟁의 7년째인 BC 424년까지는 군사령관으로 재직하고 있었다. 그리고 추방되면서 그는 전쟁사를 쓰기 시작했을 것이다. 이 과정에서 BC 440~439년 사이에 일어난 사모스전쟁부터 그 이후의 여러 사건들에 대해서도 간간히 기록한다.

투키디데스의 집필 의도와 방법

"순간의 박수를 받기 위한 작품이 아닌, 영원히 간직할 수 있는 작품으로."(1.22.4)

투키디데스가 전쟁사를 쓴 각오다. 아울러 그는 전쟁 중에 실제 일어난 사건에 대해 우연히 들은 대로 기술하거나 자신의 의견에 따라 기술하지 않고 최대한 엄밀한 검토를 거쳐 기술하는 것을 원칙으로 했다고 전한다 (TW 1. 22.1). 다만 그는 자신의 역사에 로맨스가 없어 관심이 약화될 것을 염려하면서도 이렇게 기대한다.

"과거에 대한 정확한 지식이 인간사 과정에서 반드시 미래에 반영되지는 않는다고 하더라도 틀림없이 닮을 수 있는 미래에 대해 이해하는 데 유용하다고 판단한다면 나는 만족할 것이다."(TW 22.3)

여기에서 투키디데스는 그의 순환적 역사관을 극명하게 드러낸다. 역사적 패턴이 반복된다는 생각과 역사가 순환한다는 생각은 현재에도 건재하다. 예를 들면 케네디(Paul Kennedy)의 『강대국의 흥망』이 이런 내용의 저서이다.

투키디데스도 이런 범주의 역사가였다. 순환적 역사관을 가진 역사가는 미래에 대한 '예측'보다는 '반복'에 방점을 둔다. 미래에 대한 예측은 현재의 상황이 미래에 영향을 미치고 그로 인해 새로운 현상이 나타나는 것을 상정한다. 그러나 '순환'은 단순한 재현이다.

투키디데스의 관심도 미래에 일어날 수도 있는 일을 예측하는 데 있지 않았다. 다만 그는 인간 본성은 변하지 않기 때문에 과거에 일어난 일이 언제나 다시 발생한다는 강한 확신을 토대로 전쟁사를 집필했다. 기독교 성경에도 이런 생각이 명료하게 드러나 있다. "이미 있었던 것이 훗날에 다시 있을 것이고 이미 일어난 일이 훗날에 다시 일어날 것이다. 태양 아래 새로운 것은 없다"(전도서 1:9). 반면에 인간의 성격과 인간의 삶에서 자연의 법칙 및 우연이 빚어내는 역할에 대한 그의 서술은 아주 예리하다 (TW 3.45.5-7; 3.84.1-3).

특히 투키디데스는 아테네와 스파르타를 중심으로 하는 "이 전쟁이 이전의 어떤 전쟁보다 기록할 가치 더 있는 대전쟁이 될 것이며(…), 그리스인뿐만 아니라 거의 인류라고 말 할 수 있을 정도의 대부분의 이방인 세계에서 역사상 알려진 가장 큰 사변"(TW, 1.1.1-2)이라고 예측하고 이에 대한 확신을 갖고 역사를 썼다.

투키디데스는 자신이 기술한 전쟁사가 그의 시대에 일어났던 중대한 사건들(TW 1.1.1)에 대한 정확한 설명 그 이상이라고 강조한다. 아울러 자신의 기록이 확실한 증거를 토대로 객관적 내용이라는 점을 드러내고 싶어한다.

"전반적으로 인용된 증거에서 내가 도출한 결론은 안전하게 신뢰할 수 있다고 믿는다. 확실히 그들은 무슨 주제든 찬양하는 시인의 시구나 사실보다는 청중의 관심을 끄는 매력적인 연대기 작가들의 구성에 의해 방해받지 않을 것이다. 그들이 다루는 대상은 증거의 범위를 벗어났으며, 세월이 흘러 역사적 가치를 상실하고 신화의 영역에 속하는 것들이다." (TW 1. 21)

투키디데스가 어떻게 펠로폰네소스전쟁에 관한 자료를 모으고 정리했는지는 실제로 확인할 수 없다. 그의 전쟁사는 8권의 책으로 나누어져 우리에게 전해지지만, 투키디데스 자신이 이렇게 구분했는지 아니면 그가 죽은 이후 몇 세기 동안 그의 '역사'를 접한 편집자나 출판업자가 한 것인지 알 수 없다. 다른 고대 저자들의 문헌의 경우를 통해서 추정하면 후대에 문헌을 접한 사람들의 손에서 이루어졌을 가능성을 높게 보아야 할 것이다.

그의 전쟁사는 전개되는 사건 중심이 아니라 연속적인 여름과 겨울로 나누어 발생한 순서에 따라 연대기 중심으로 기록되어 있다 (TW 2.1). 따라서 1권에서 무대를 설정한 다음에 이야기는 제2차 펠로폰네소스전쟁 첫 해인 BC 431년 봄 전쟁부터 시작하여 BC 411년 한겨울까지 사건을 순차적으로 기술한다.

그는 8권에서 "이 해 여름에 이어 겨울이 지나고 나면 이 전쟁이 일어난 지 만 21년이 될 것이다"(8.109)라는 문장을 끝으로 그의 역사는 중간에 갑자기 끝난다. 그런데 그는 앞에서 전쟁이 27년간 이어졌다고 쓰고 있다.

"아테네인 투키디데스는 그 이후 역사도, 사건이 발생한 순서대로 배열하되 여름과 겨울로 나누며, 라케다이몬인들과 그 동맹군이 아테네인들의 제국에 종지부를 찍고 긴 성벽들과 페이라이에우스 항을 점령할 때까지 기록했다. 그때까지 전쟁은 모두 합쳐 27년간 지속되었다." (TW 5.26.1)

그는 전쟁이 27년간 이어졌으며 스파르타가 아테네, 구체적으로 아테네의 보루인 성벽들과 페이라이에우스 항을 점령한 것을 알고 또한 이 상황까지 기록했다고 밝히고 있다. 그럼에도 27년간의 전쟁에 대한 사실 중 7년은 기록되지 않은 채 남아 있다. 이것은 전쟁이 끝나는 27년간까지 기록했다는 5권의 기술과 실제 BC 411년에 기술이 끝나는 것과 상호 모순된다. 그렇다면 이런 결과를 가져온 원인은 무엇일까?

투키디데스 '역사'의 7년 미스터리

투키디데스가 전쟁사를 기술할 즈음 아테네 사회는 민주화를 향한 정치변동으로 요동쳤다. 전쟁 발발 1년 전인 BC 461년에 아테네 불후의 지도자로 칭송되는 페리클레스가 등장한다. 친스파르타 장군인 키몬이 실각되어 추방되고 급진파인 에피알테스가 등장하여 정치체계와 과정을 송두리째 개혁하다가 암살당한다. 이 정치의 격변 속에서 등장한 인물이 바로 페리클레스다. 그는 에피알테스를 추종하다가 그의 빈자리를 차지한 민중파 지도자로서 장군이다.

페리클레스는 아테네의 명문가 출신으로 그가 활동하던 시기를

'페리클레스 시대', 그리고 그의 정치개혁을 놓고 '민주주의의 아버지'로 불린다. 그러나 다른 한편으로 그는 아테네를 번영으로 이끌고 민주제도를 확장하고 정착시켰지만 전쟁에 집착하고 독재자의 면모를 보이는 양면성의 지도자였다는 평가를 받는다.

페리클레스가 BC 461년 처음으로 장군이 되면서 BC 429년 역병에 걸려 죽을 때까지 아테네는 전쟁의 연속이었다. '오이노이 전투'는 페리클레스가 장군이 된 다음 해인 BC 460년에 벌어졌다. 특히 이 시기는 그리스와 페르시아 간 전쟁이 끝나고 그리스에 새로운 국제질서가 잡혀가는 과도기였다.

페르시아전쟁에서 연합국으로 함께 싸웠던 스파르타 진영은 그리스와 페르시아전쟁의 승리로 위상이 강화된 아테네가 새로운 맹주로 부상하는 데에 대한 불안감이 고조되었다. 이 격변의 과정에서 그리스인들의 삶에는 많은 변화가 따랐을 것이다.

투키디데스가 장군으로 아테네 정권에 참여할 당시에 아테네는 세력을 확장하면서 광대한 속국을 지배하는 제국주의로 성장하고 있었다. 투키디데스와 같은 부유한 아테네인들은 한때 재산 소유자가 지배했던 과거의 금권지배의 정부 형태에 더 편안함을 느꼈을 것이다. 이런 배경은 투키디데스의 선택이 아니라 태생적인 것이다.

그러나 투키디데스는 BC 424년에 추방된다. 추방되면 아테네에 다시 발을 붙일 수가 없다. 결국 404년까지는 아테네 밖에서 지내야 한다. 다만 재산 몰수는 하지 않기 때문에 트라키아지역에 금광을 채굴할 권리를 계속 소유하고 있었다면 경제적으로는 풍요로웠을 것이다. 그리고 그 지역에 머물거나 이곳 저곳을 다니면서 전쟁에 관한 소문을 듣고 전쟁사를 쓰면서 귀국 때만을 기다렸을 것이다.

그런데 공교롭게도 그의 추방기간 만료와 종전이 같은 시기에 맞물린다. 따라서 그는 추방기간이 끝나면서 종전 즈음에 아테네로 되돌아왔을 가능성이 크다. 그런데 그의 전쟁기록은 이보다 7년 앞에서 종료된다.

여기에서 의문이 제기되는 점은 그의 기록이 전쟁이 끝나기 7년 전인 BC 411년 늦여름까지 20년간 이어지고 중단된 배경이다. 그의 전쟁사에는 그가 종전을 본 것으로 기록되어 있으나 그의 손으로 완성된 것은 27년의 전쟁 중에 7년간의 역사가 완성되지 않은 채 남아 있다.

그가 전쟁의 기록을 이 시점에 그만 두었으면서 전쟁사의 내용에는 종전을 목격한 것으로 기록된 이유에 대해서는 여러 해석이 갈린다. 그가 27년까지의 전쟁에 관한 모든 자료를 모았거나 모두 기록했을 가능성이다. 그런데 BC 411년 이후의 내용이 없는 것은 실제로 20년 기간만 썼거나 그 이후의 기록이 유실되었을 가능성을 중심으로 여러 곡절이 있을 것이다.

투키디데스는 전쟁이 끝나는 기간까지 기록했다 (TW 5). 기술과 전쟁에 대한 전체 설명의 여기저기에서 전쟁의 결과(TW 2.65.12-13)에 대한 지식을 드러낸다. 뿐만 아니라 이런 내용들과 등장하는 인물 그리고 사건도 일반적인 통일성을 이루고 있다. 이런 점에서 보면 그는 27년간의 전쟁 기간 동안 살아 있었을 뿐만 아니라 그로부터 10여 년은 더 살았던 것으로 보인다.

그의 전쟁사는 대략 두 부분으로 분명하게 구분된다. 전반부(1권

5.25.2)는 BC 431년부터 BC 421년까지 소위 아르키다모스전쟁이라고 불리는 첫 10년을 다루고 있다. 여기에는 공식적인 서문(TW 1.1-118.3)이 포함되어 있으며 펠로폰네소스전쟁이 BC 421년 니키아스 평화조약(TW 5.18.1-24.2)과 함께 교착 상태로 끝났다는 판단으로 결론을 내리는 것으로 보인다.

그러나 BC 421년(TW 5.32.1-7) 이후에 다양한 상황으로 갑작스러운 적대 행위가 재개되고, 이어서 시칠리아에서 아테네의 재난이 발생하자(BC 415~413), 투키디데스는 두 번째 서문(TW 5.26)과 같은 것을 삽입한 것으로 보인다.

그가 BC 411년 이후에도 살아있다는 가정에서 보면 그는 27년간의 전쟁사를 구상했을 것이고 BC 404년 아테네의 장성(長壁)이 파괴될 때까지 이어질 수도 있었을 것이다 (TW 5.26부터 8.109까지). 투키디데스가 마무리하지 못한 나머지 7년간의 전쟁에 관한 기록은 플라톤과 함께 소크라테스의 제자인 크세노폰의 『그리스 역사』를 비롯한 사가들의 기록이 보완해 준다.

투키디데스 '역사'의 서술적 특성

'특성'은 두가지 의미가 있다. 하나는 사물이나 어떤 현상이 그 자체만 가지고 있는 고유한 성질이다. 다른 하나는 다른 것들과 비교하여 특별히 다른 것이다. 우리가 대상으로 하는 사물이나 현상의 중요한 요소들을 정확하게 이해하려면 먼저 특성을 알아내는 것이 필요하다.

그러나 특성은 사람마다 선호와 관점이 다르기 때문에 접근하는 방식에 따라 일반화하기는 쉽지 않다. 따라서 각자가 대상을 직접 관찰하거나 읽으면서 나름대로 지적하는 것이 최선이다. 다만 투키디데스의 전쟁사는 오래된 문헌이고 시대적으로 유일한 문헌이며 서술의 대상이 전쟁이라는 점에서 독자들의 이해를 돕기 위해 최소한의 범위에서 특성을 추려 보기로 한다.

여기에서는 투키디데스가 쓴 전쟁사의 내용이나 형식에 대한 전반적인 특성이 아니라 그가 서술하는 과정에서 나타나는 관점이나 표현방식 등에 관한 제한적인 내용 즉 '서술적 특성'을 살펴본다.

서술적 특성은 동시대의 다른 저자의 유사한 문헌이 있다면 이 문헌과의 비교를 통해서 알아낼 수 있다. 다행히 투키디데스의 전쟁사 앞에는 그의 직전 역사가로 '역사의 아버지'로 불린 헤로도토스의 저술이 존재한다. 따라서 두 역사가의 저작에 대한 부분적 비교는 곧 투키디데스의 '역사'에 대한 서술적 특성으로 나타나게 된다.

헤로도토스는 BC 484년 할리카르나소스에서 태어났다. 그리고 BC 440~420년경 『역사(Historia)』를 기록하면서 그리스와 페르시아전쟁의 기원을 추적하려고 노력했다. 헤로도토스가 『역사』를 기록하면서 접근한 방식은 당시로서는 완전히 새로운 것이었으며 적어도 서구 사회에서 그의 『역사』는 새로운 발명품처럼 보였다. 그러나 헤로도토스는 민족지학과 인류학 및 신화에 더 관심을 가지고 있었다

반면에 투키디데스는 당시의 그리스 역사의 전개 과정에서 신을 배제하고 인간의 태도와 행동중심으로 기술했다는 점뿐만 아니라

특히 역사의 구성과 형식의 측면에서 헤로도토스와 다르다.

그러나 투키디데스는 헤로도토스의 『역사』를 비롯한 당시(BC 484~425년) 역사가들의 서술에 대한 동기나 이야기의 출처 등에 대해 비판하지 않았다. 투키디데스는 헤로도토스가 BC 479~478년의 세스토스(Sestos)의 포위 공격에서 중단한 시점부터 자신의 전쟁사를 쓰기 시작한다. 세스토스 포위 공격(BC 479~478년의 가을~겨울)은 BC 479년 아테네군이 페르시아 원정군에 대한 최후의 공격으로 세스토스를 정복한 작전이었다.

투키디데스가 헤로도토스의 『역사』가 다시 쓰이거나 수정하지 않아도 될 정도로 정확하다고 판단했기 때문일까? 아마 투키디데스는 헤로토토스의 전쟁사가 극복해야 할 점을 분명히 알고 있었을 것이다. 아울러 당시에 전쟁사를 쓰는 데 따르는 한계도 분명히 파악하고 있었을 것이다. 그리고 자신이 쓰는 전쟁사도 헤로도토스와는 다르지만 어쩔 수 없는 한계를 가지고 있다는 점에서 두 사람의 작품에 대한 공통점을 인식하고 있었던 것이 아닌가?

그렇다면 이것은 투키디데스가 자신의 작품에 대한 불가피한 한계성을 인정하고 있는 것이다. 그런 차원에서 투키디데스는 나름의 독자성을 확보하기 위해 헤로도토스와는 다르게 신의 작용을 배제하는 대신 인간의 행동에 초점을 맞추었던 것은 아닐까?

이런 점에서 두 역사가는 훌륭한 비교대상이라고 할 수 있다. 일부 후대의 고대 역사가들은 헤로도토스의 발자취를 따르면서도 투키디데스의 전쟁사를 기점으로 헤로도토스를 비판했지만 19세기부터 고고학적 발견은 그의 내용을 상당 부분 지지하면서 그의 명성을 회복시켰다.

다만 그는 『역사』에서 일반적으로 주목할만한 내용을 기술했지만 그의 구체적인 세부 사항 특히 군대의 숫자와 날짜 등의 일부는 회의론으로 보아야 한다는 견해들도 많다. 그렇다고 헤로도토스의 서술이 그를 역사가로서의 평가를 더 이상 낮게 만드는 것은 아니다.

오히려 두 역사가의 차이점은 접근 방법과 그들이 살았던 시대에 기인된다. 헤로도토스의 이국적인 흥미진진한 이야기, 다른 나라의 풍물에 관한 이상한 경험으로 구성된 여행 모자이크는 자유로운 그리스인이 억압적이고 독재적인 페르시아를 상대로 승리를 어떻게 거두었는지, 누가 거짓말을 하고 누가 진실을 말하는지에 대한 전체적인 그림을 형성한다.

여행가인 도리아인 출신 헤로도토스는 믿을 만한 것과 그렇지 않은 것, 지혜로운 것과 어리석은 것 등을 주로 구술 전통에 의존하면서 이를 배격하거나 가공하기보다는 편안하게 받아들인다.

헤로도토스는 자신이 듣는 내용들이 얼마나 정확하고 모든 이야기들이 통합된 전체에 어떻게 결합되어 적합하게 기술되었는지에 대하여 적어도 어떤 체계적이거나 형식적인 방식으로 평가할 필요를 느끼지 않는다. 이런 점에서 헤로도토스는 개인의 주관적인 해석이나 설명 그리고 가치판단을 개입시키지 않고 오히려 원래의 데이터와 문서를 제공하는 가장 현대적인 역사가라는 평가를 받기도 한다.

투키디데스의 전쟁사에도 전투 중에 나타나는 여러 현상들을 초자연적으로 해석하려는 시도에 대한 서술이 나타난다. 뿐만 아니라 펠로폰네소스전쟁 기간 중에 델포이, 델로스, 올림피아 등 신들과 신전들이 빈번히 등장되고 있다 (TW 1.25.1; 1.103.2; 1.1344-135.1; 3.1041-4 5.1.1; 5.05.1-3;5.49.1-50.4).

신성하거나 특이한 일들(TW 1.23.3)에 대한 사회적 관심이 늘어나면서 투키디데스에게도 이에 대한 심리적 관심이 높아질 수밖에 없었을 것이다. 이것은 그리스인들이 그리스와 페르시아의 전쟁을 겪으면서 수세기에 걸쳐 내려오던 신중한 정치적, 군사적 원칙이 무너진 것을 의미한다.

또한 지진, 홍수, 일식, 화산 폭발, 전염병과 같은 자연재해나 정치적 극단주의의 발로, 혁명 등으로 표출된 인간의 재앙이 연속되면서(TW 1.23.3) 당시 아테네 사회는 미신과 종교적 열정에 빠졌고 이들의 배경을 초자연적으로 설명하려는 풍조가 퍼졌다. 그리고 투키디데스도 이런 사조에 영향을 받았을 것이다. 이런 측면이 저자 자신의 역사적 객관성(TW2.28.1; 3.89.5)을 흐리게 했을 가능성도 배제할 수 없다.

그렇다고 투키디데스가 깊은 종교적 신념을 가졌거나 신의 예언들을 그대로 받아들인 것은 물론 아니다. 오히려 그는 전통적인 보수적 가치관을 가지고 종교적인 경건함이 약화되거나 자제력이 없는 미신은 인간 이성을 흐리게 할 뿐이며(TW 2.8.2-3; 2.54.3-5; 7.50.4) 전쟁으로 인해 촉발된 전반적인 사회 제도와 지적 쇠퇴를 가중시킬 뿐이라고 판단한 것 같다.

투키디데스는 헤로도토스와는 달리 운명과 우연 또는 신의 작용으로 현상을 이해하고 설명하거나 추론하는 방법을 지양했다. 그리고 역사는 이런 요인들의 집합을 통해서 자유롭게 추론될 수 있는 것도 아니라고 판단했다. 따라서 역사가는 그가 제시하는 사건에 대한 자신의 해석이 필요하다고 믿었다.

헤로도토스는 국경을 넘어서 이곳 저곳에 대한 여러 이야기를 모아서 전해준다. 대개는 전해들은 이야기들이다. 헤로도토스는 『역사』에서 개별 민족과 문화의 관습에 대한 나름의 탐구와 체계적 설명을 시도했으며 문화가 사람들의 정치적, 군사적 행위에서 수행하는 역할에 더 민감하다는 것을 보여주었다.

반면에 투키디데스의 전쟁사는 정치적, 군사적 문제에 집중하고 있다. 그의 전쟁사는 5세기 후반 펠로폰네소스전쟁에 대한 엄격한 군사 연대기다. 반면에 그는 전투가 계속되는 동안(TW 2.16.1-2.17.1; 4.84.1-4) 그리스 인구의 대다수가 고통을 겪으면서 살아온 농촌지역은 물론 이 지역 주민들의 정서에 대해서는 큰 관심을 보여주지 않는다.

농촌지역 주민들은 전쟁 기간 중에 전쟁물자를 제공한 주인공들이다. 어떤 장갑보병 군대도 장비와 보급품을 운반하는 수하물 군단 없이는 쉽게 행군할 수 없다 (TW 7.75.5). 그럼에도 그가 이런 계급들에게 관심이 약했던 것은 아마 투키디데스의 신분이 왕족 또는 귀족으로 그리고 군의 사령관으로 지내면서 농촌 주민들과 접촉할 기회가 거의 없었기 때문일 것이다.

특히 투키디데스의 전쟁사는 각 도시국가별로 인구의 4분의 1도 채 안 되는 자유로운 남성 시민에 초점을 맞추고 있기 때문에, 여성이나 노예에 대해서도 사실상 거의 언급하지 않고 있어 그들이 전쟁 중에 어떤 삶을 살았는지에 대해서는 깊은 침묵으로 일관한다.

호메로스도 『일리아스』에서 그리스의 청장년 거의 모두가 10년 간의 트로이전쟁에 동원되어 전투에 참가하는 내용은 서술하고 있지만 그리스 여성들의 삶의 모습은 묘사하지 않는다. 후에 작가들은 이런 사회를 약삭빠른 남성들이 가슴이 텅 빈 여성들 사이를 활보하는 내용으로 묘사한다. 투키디데스가 전장(戰場) 이외의 사회에 관심을 가지지 못한 것은 당시의 문화뿐만 아니라 호메로스 서사시의 영향도 한몫 했을 것이다.

다만 그의 전쟁사에 담긴 단편적인 이야기들을 토대로 하면 포위 기간(TW 2.4.2; 3.74.2) 동안 여성이 중요한 역할을 했으며, 특히 아테네 성벽 내부의 대재앙 동안 생계를 유지해야 하는 남성들의 상실로 인해 과도한 고통을 겪었다는 것을 알게 해주고 있다 (TW2.45.2, 2.51.2-5). 또한 노예가 양측의 삼단노선에 최소한 일부 전투력을 제공했으며 이들의 숫자가 늘어나면서 사람들은 이 노예들을 차출한 도시국가에 오히려 해로운 영향을 미친다는 생각을 갖게 되기까지 한다 (TW 1.139.2; 7.27.5; 8.40.2).

설명에는 논리가 필요하다. 니체는 그의 『즐거운 학문』에서 "논리는 비논리로부터 생겨 났을 것이며 이 비논리의 왕국은 아마 어마어마했을 것"이라고 말한다. 학문은 결국 비논리에서 논리를 찾아내거나 비논리를 체계적으로 연결하여 논리를 만들어가는 작업이다.

헤로도토스가 자신의 시대에 비논리의 왕국에서 아무 거리낌 없이 활보했다면 이와는 대조적으로, 젊은 투키디데스는 비논리와 논리를 구별하는 한편 비논리를 논리로 전환했다. 예를 들면 그는 아테네와 스파르타를 맹주로 하는 동맹체계의 틈새에서 약소 국가가 자국의 안보를 위해 강대국과 연대하는 논리를 제시한다. 즉 강대국 A와 S를 배경으로 하는 국가 T의 경우 A가 T를 공격하면 T는 S에게 지원을 요청하고 S가 T를 공격하는 경우 T는 A에게 지원을 요청한다는 프레임으로 설명한다.

당시 아테네 사람들은 소크라테스의 합리주의, 에우리피데스의 사실주의, 소피스트의 논증을 잘 알고 있었고 수사학과 산문 형태에 깊은 관심을 갖고 있었다. 특히 당시 그리스인들에게는 신들이 인간의 사고와 행동을 지배한 다는 것이 절대적 가치였다. 그러나 에우리피데스는 이런 신들의 세계와 거리를 두고 인간들의 세계에 주목하고 있었다. 그는 더 나아가『트로이아 여인들』에서는 "더 이상 신들은 존재하지 않는다"고 선언한다.

투키디데스의 전쟁사는 바로 에우리피데스의 이러한 사실주의에 기초하고 있다. 그러나 아테네의 동시대 사람들은 여전히 신성에 가치를 두고 있었을 뿐만 아니라 소크라테스의 합리주의에 대해서도 양면적인 반응을 보이고 있었기 때문에 투키디데스의 글에 대해서는 호의적이거나 비판적인 양면성을 가질 만하다.

투키디데스는 자신이 쓴 전쟁사는 "당시에 살아있는 목격자들에 의해 검증될 수 있는 기록"(TW 1.22.1-3)으로 자부했지만 객관적 사실과의 부합성이라는 원천적인 문제는 그의 글에 대한 호불호를 떠나 여전히 남는다.

그는 헤로도토스처럼 간단히 "…에 의하면"이라는 전언형식으로 기술할 수는 없었다. 그는 이야기를 선별하고 중요하다고 생각되는 이야기에 대해 심층적으로 추적하고 자신의 해석에 따라 상세하게 기술했다. 그의 『역사』를 접한 5세기 후반 아테네 청중은 당시의 현상에 대해 더 잘 알고 있고 그만큼 더 많은 것을 원하기 때문이었을 것이다.

투키디데스의 전쟁사는 헤로도토스의 그리스-페르시아전쟁에 비해 신비와 흥미와 매력이 무미건조할 정도로 덜하다. 그가 선택한 전쟁 이야기와 정치적 연설은 원인과 결과(TW 1.97.2)를 명시적으로 드러내고, 식별 가능한 연대기를 따르며(TW 5.20.2-3), 종종 인간 경험에 대한 더 심오하고 일반적인 진실로 이어진다 (TW 3.82-84, 5.85-116).

특히 투키디데스는 반 세기 전 그리스 연합군이 외적인 페르시아를 맞아 이루어 낸 고귀한 방어보다 훨씬 더 길고 잔인하며 끔찍한 전쟁(TW 5.26.5)을 경험하고, 여기에서 그는 인간의 갈등은 통제할 수 없고 피할 수 없는 일이었다는 생각을 그의 기술에 나타낸 것 같다.

투키디데스는 문학가가 아니면서도 그의 글에서는 문학적 감성을 드러낸다. 그렇다고 동시대 아테네 극작가인 에우리피데스의 궤변적이고 수사적인 풍조를 따르는 것은 아니다. 예를 들면 아이톨리아(Aetolia)의 전투에서 전사한 아테네인들을 "모두가 인생의 전성기에 있었다. 이들은 이 전쟁 중에 쓰러진 아테네 도시국가의 최고의 전사들"(TW 3.98.4)이라는 묘사는 순직자들을 익명의 불행한 사람들이 아니라 대체불가의 애국자들로 기술하고 있다.

아테네인이 멜로스를 전멸시키는 잔혹한 내용(TW 5. 116.4)에서는 이야기의 일부가 확장되고 아울러 축소된다. 또한 이런 잔학 행위에 대한 서술은 인간 특히 생명에 대한 깊은 연민과 통찰을 예술처럼 꽃피우면서 전쟁사의 범위를 단순한 전술전략에 대한 설명과 전투에 대한 묘사를 넘어 철학으로 확장하고 있다.

미칼레소스 공격(TW 7. 29-30)에 관한 설명은 압축된 만행에 관한 서술을 드러내는 또다른 예다. 아테네가 시칠리아에서 싸우기 위해 트라키아인들을 고용했지만 이들이 늦게 도착하였고 더욱이 아테네가 비용을 지불할 수 없어 집으로 돌려 보내졌다. 이들은 돌아가는 도중에 "적에게 상처를 입히라"는 지시를 받았다. 그런데 이들은 보이오티아의 미칼레소스에 침입하여 천인공노할 만행을 저지른다.

보이오티아 주민들은 자신들의 마을이 매우 하찮고 사람의 발길에서 너무 멀리 떨어져 있기 때문에 전쟁의 소용돌이에 휘말릴 것이라고는 미처 예상하지 못했다. 그런데 BC 413년 여름 아침에 예상치 못한 일이 일어난다. 아테네 사령관 디이트레페스(Dieitrephes)가 트라키아 보조군을 파견하여 마을을 점령한다. 이에 대해 투키디데스는 이렇게 서술한다.

"그들은 누군가가 바다에서 멀리 떨어진 내륙으로 올라와 그들을 공격할 것이라고 예상하지 못했다. (…) 그리고 안도감 때문에 성문도 열어 두었다. 미칼레소스에 들이닥친 트라키아인들은 집과 신전을 약탈하고 주민들을 도살(ephoneuon)했으며, 젊은이와 노년을 가리지 않고 그들과 함께 한 모든 것, 어린이와 여자, 심지어 짐을 싣는 짐승과 기타 생명이 있는 모든 생물들을 차례로 죽였다. (…) 모든 곳에서 혼란과 온갖 형태의 죽음이 지배하고 있었다. 그리고 그들은 가장 큰 남학교에 쳐들어가 교실에 막 들어간 아이들을 모조리 도륙했다. 도시 전체에 닥친 이 사태는 어느 도시에 뒤지지 않을 만큼 크고 더 갑작스러우며 예상치 못한 끔찍한 재앙이었다." (TW 7.29. 3-5)

플라타이아 이야기의 첫 번째 단계의 한 부분을 떠올리게 하는 미칼레소스 이야기는 한 작은 마을에서 일어난 일부사항을 전쟁이 벌어지는 어느 곳에서나 광범위하고 빈번하게 제기될 수 있는 일반적 사건과 결합하고 있다. 특히 "모든 곳에서 혼란과 온갖 형태의 죽음이 지배하고 있었다"라는 구절은 하나로 전체를 이야기하고 전체를 하나로 묶어내어 이야기하는 서술방식이다.

투키디데스의 전쟁사가 제3의 관찰자의 기록으로 흐르는 것만도 아니다. "전쟁 중에서 발생한 어떤 재앙보다 더 동정을 받을 만한 사건이었다"(TW 7.30.3)라는 구절은 전쟁 전체에서 이 참상이 차지하는 실상의 정도를 가늠하도록 하는 저자의 판단에 기초한 설명이다.

투키디데스는 미틸레네(TW 3.37-48)와 멜로스(TW 5.86-111)의 경우처럼 서술에 연설을 포함시키면서 명암을 극명하게 대비시키기도 한다. 페리클레스의 장엄한 장례식 연설(TW 2.35.1-46.2)도 끔찍한 전염병(TW 2.47.3-54.3) 직전에 거행된다. 아테네인이 불운한 멜로스인을 학살한 것(TW 5.116.2-4)은 시칠리아(TW 7.84.2-85.2)에서 일어날 그들의 잔인한 몰살에 대한 공식적인 서막이다.

투키디데스의 이런 서술의도는 강자와 약자, 승자와 패자, 지배자와 피지배자의 입장에서 잔혹 행위를 정당화하거나 방지하는 내용을 통해서 가치판단을 기대하고 있는 것이 분명해 보인다. 또한 긍정과 부정, 강과 약, 옳음과 그름, 악과 선 등의 비교에서는 양쪽에 모두 최대치를 부여함으로써 내용의 본질을 극명하게 드러내 보여주고 있다.

예를 들면 아테네의 막강한 해군은 스파르타의 무적의 장갑보병과 대조된다 (TW 1.18.2-3; 1.142.5-8). 페리클레스와 그 뒤를 이은 클레온과 알키비아데스 같은 후계자들은 강한 지도자와 약한 지도자들(TW 2.65.8-12)을 극명하게 대비시킨다. 장엄하고 화려한 아테네 제국주의의 수도는 펠로폰네소스인(TW 1.141.2-6)의 농경사회와 상반된 조화를 이룬다.

아테네의 시칠리아 재앙은 아테네의 재앙 그 자체였다. 삼단노선과 보병의 심각한 손실은 오히려 작은 부분으로 밀려났고 아테네 제국주의의 우월감과 오만의 위험에 대한 경고를 넘어서면서 인류의 비극으로 연결되었다는 것을 생생하게 전해준다.

> "승리자에게는 가장 영광스러웠지만, 패한 자들에게는 비할 데 없는 대재앙이었다. 아테네인들은 모든 전선에서 패배했고, 그들이 겪은 고통은 엄청났다. 그들의 보병이나 함대나 군대는 모두 파괴되었다. 그리고 그 많던 사람들 중 집으로 돌아온 사람은 거의 없었다." (TW 7.87.5-6)

투키디데스의 이런 기술은 아테네와 스파르타 사이의 전쟁에 대해 단지 그리스인의 경험만이 아니라 인간의 극한 상황에 대한 독특한 시각을 제공하면서 단기간의 조직적인 야만행위(TW 1.23.2-

3)에 의해 심하게 찢어진 관념들 및 실상과 상황들을 대조해서 보여주는 것이다.

전쟁에서 드러나는 이런 현상들은 누구에게나 심지어는 미래 세대에게도 확실히 교육적 가치가 있으며(TW 1.22.4-5; 2.48.3), 여기에도 인간의 본성이 일정하고 예측 가능하며 다소 지속적이고 반복적이라는 점을 여실히 드러나고 있다. 여기에서 저자의 절대적이지는 않더라도 운명론과 결정론적 성향이 엿보인다.

투키디데스 문장의 특성

경제는 재화의 생산과 유통 그리고 소비행위다. 경제는 최소의 비용으로 최대의 효용을 목표로 한다. 그런데 '경제적'이라는 말은 단지 재화의 생산과 소비만을 대상으로 하는 것이 아니라 사회전반에서 최대효용의 법칙을 말할 때 적용된다. 여기에서 '비경제적'이라는 말은 효용성이 떨어지는 것을 나타낸다.

글에도 경제적인 글과 비경제적인 글로 나눌 수 있다. 단적으로 글이 짧으면서도 내용이 정확하고 풍부하거나 길면서도 내용이 부정확하고 부실한 경우로 나누어 경제적인 글 또는 비경제적인 글로 구별한다.

투키디데스의 전쟁사의 압권은 현상을 기술하고 설명하는 문장들의 양과 질이 아주 경제적이라는 점이다. 물론 투키디데스의 글이 가장 이상적인 문장이라고 할 수는 없지만 하나의 단어로 많은 것을 심층적으로 묘사하면서 상상의 폭을 넓히고 감정을 깊게 팔뿐만 아니라 간결한 구절로 다양한 생각을 불러온다는 점에서 대단히 경제적이고 훌륭한 문장이다.

글의 핵심은 사실에 부합하는 정확성이다. 그러나 이 정확성도 작자의 서술 방식과 표현 방법에 따라 해석이 달라질 수 있다. 역사에 관한 글들은 저자의 느낌과 생각 그리고 의도와 목적 등의 여과 장치를 통해서 나오는 결과물들이기 때문에 사실에 부합하는 객관적 정확성은 태생적 한계를 가지고 있다.

투키디데스의 문장도 예외일 수는 없다. 단적으로 말하면 그의 글은 아주 절제된 표현으로 간결하고 깔끔하며 감동적이다. 그렇다고 그의 문장이 이해하기 어려운 것은 아니다. 오히려 그의 언어는 크세노폰(Xenophon)이나 리시아스(Lysias)와 같은 거의 동시대 작가들의 직접적이고 접근 가능한 표현보다 더 기억에 남는 방식으로 표현되었다. 여기에서 주목할 만한 몇 구절을 발췌하여 간략히 토론해 보기로 한다.

"그리하여 내란은 도시에서 도시로 진행되었고, 내란이 마침내 도달한 장소는 이전에 행해진 일을 듣고서 그들의 공격 수단을 훨씬 더 세련되게 강화했는데, 이는 그들이 추진하는 교활한 행동과 잔혹한 보복에서 명백히 드러났다." (TW 3.82.3)

"내란의 행진은 너무나 유혈이 낭자했고, 그것이 가져온 인상은 가장 먼저 일어난 내전 중의 하나였기 때문에 충격은 더욱 컸다. (…) 내란이 도시들에 가져온 고통은 이루 말할 수 없이 많고 끔찍했으며, 이런 고통은 특정 사례의 다양성에 따라 그 증상이 더 심각하거나 더 온건한 형태로 다양할지라도 인류의 본성이 동일하게 유지되는 한 지금까지 일어나 왔고 앞으로도 항상 일어날 것이다. 평화와 번영 속에서는 국가와 개인은 긴급한 필요성에 직면하지 않기 때문에 더 나은 정서를 갖게 된다. 그러나 생활 필수품의 풍요로움을 앗아가는 전쟁은 대부분의 남성의 성격을 노예의 가장 난폭한 주인처럼 주어진 상황에 맞도록 만든다." (TW 3.82.2)

여기에서 '노예의 가장 난폭한 주인'은 대단한 비유다. 그리스어의 원문은 '디다스칼로스(διδάσκαλος)'로 이 단어는 교사(teacher)와 주인(master)의 의미가 있다. 영어번역은 '교사' 대신에 주인 즉 'rough master(난폭한 주인)' 또는 most violent master(가장 폭력적인 주인)으로 번역하고 있다. 우리말 번역서에서 천병희는 이 대목을 '전쟁은 난폭한 교사(敎師)'로 표현했다. 교사는 학생들에게 지식을 가르치는 역할을 하는 인물이다. 이 과정에서 교사의 언행은 학생들에게 영향을 미친다. 따라서 학생들은 은연 중에 교사의 언행을 배운다.

교사가 난폭한 언행을 이어가면 학생들도 그것을 따라하게 된다. 이것은 비단 학교의 교사뿐만 가정의 부모 그리고 주변의 또래 등 관련되는 모든 사람으로부터 영향을 받게 되는데 이것은 곧 교육의 한 영역이다.

전쟁은 생사를 목전에 둔 풍전등화의 급박한 상황이다. 각자가 서로 살기위한 투쟁을 전개하게 되면 법은 아침 햇살의 이슬처럼 사라지고 윤리와 도덕은 먼지처럼 날아가 버린다. 남는 것은 '난폭한 언행'이다. 그리고 이런 언행은 전염병처럼 번진다. 다른 말로 하면 인간은 이런 난폭성을 전쟁에서 배우는 것이다.

이런 점에서 천병희는 전쟁을 통해서 남성들의 성격이 너나 할 것 없이 난폭한 성품으로 변한다는 의미로 '난폭한 교사'로 옮겼을 것이다. 이런 해석을 토대로 하면 표현은 역자의 선택의 문제다. 다만 필자는 여기에서 '교사' 대신 '주인'이 투키디데스의 생각에 더 부합될 것으로 판단한다.

여기에서 주인은 당연히 '노예의 주인'이다. 투키디데스는 '디다스칼로스'라는 단어를 통해서 난폭한 성품이라는 막연한 묘사보다는 노예의 난폭한 주인으로 비유하면서 훨씬 더 경험적으로 공감할 수 있도록 유도하고 있는 것이다. 예를 들면 스토아학파의 대표철학자인 에픽테토스는 노예였다. 그는 난폭한 주인인 에파프로디토스에게 맞아 절름발이가 되었다. 전쟁이 나면 저마다 살아남기 위해 도덕이나 윤리는 팽개치고 사람의 품성이 에파프로디토스와 같은 난폭한 주인처럼 변한다는 의미다.

"강자는 할 수 있는 일을 하고 약한 자는 해야 할 일을 해내야 한다."

멜로스를 침략한 아테네 사령관과 멜로스 대표단의 협상에서 아테네 사령관이 한 말로 표현된 구절이다. 투키디데스의 전쟁사 중에서 가장 유명한 문장이다. '멜로스 대화'로 불리는 이 말은 2,500년 전의 상황만이 아니라 지금까지도 만세불역(萬世不易)의 진리가 되고 있다.

물론 이 표현도 투키디데스의 상상이 만들어 낸 말일 것이다. 투키디데스는 아주 현실적이고 실용적인 인물이다. 힘의 논리를 바탕으로 강자와 약자의 운명을 분명히 하며 우연성과 의외성을 배제한다. 또한 주어진 상황을 묘사하면서 자신만의 독특한 언어와 문장으로 의미를 부여한다.

> "단어의 일상적인 의미를 바꾸어 당시의 상황에 주어진 새로운 의미로 사용해야 했다." (TW 3.82.3)

이 문장은 펠로폰네소스전쟁 중에 작은 도시국가에서 벌어진 내전이 어떤 영향을 미쳤는지에 대한 투키디데스의 상황 묘사의 또 다른 문장이다.

> "무모한 대담함은 충성스러운 동맹자의 용기로 간주되었고 신중함은 비겁함의 핑계가 되었다. 절제는 남자답지 못함의 변명이 되고, 사안을 전반적으로 처리할 수 있는 능력자는 어떤 일도 못하는 무능력자로 인식되었다. 광란의 폭력이 남자 다움의 속성이 되고, 신중한 음모는 정당방어의 수단이 되었다."
>
> "과격파는 항상 신뢰받고 여기에 반대하는 자는 의심의 대상이었다. 음모를 성공적으로 꾸미는 것은 머리가 영리한 것이고 음모를 미리 적발해 내는 것은 더 영리하다는 증거였다. 그러나 이 두 가지 중 어느 하나가 일어나지 않도록 조치를 취하는 자는 당을 전복하려 하거나 두려워하는 것이었다. 요컨대, 범죄를 계획하는 사람을 막는 것, 또는 범죄를 원하는 집단에 범죄의 아이디어를 제안하는 것 그리고 혈연보다도 정파에 대한 유대를 강화하는 것이 동등하게 칭찬받았다. 정파로 연합된 사람들은 모든 것을 거리낌 없이 감당할 수 있는 탁월한 준비가 되어 있었다." (TW 5.82.1-5)

여기서 핵심 문구는 "그들은 단어의 일반적인 의미를 변경했다"는 것이다. 즉, 한 단어를 다른 단어로 바꾼 것이 아니라 그 단어의 의미를 다른 의미로 변경한 것이다. 투키디데스는 구체적인 몇 가지 사례의 제시를 통해서 당시에 해당 도시국가에서 무슨 일이 일어나고 있는지를 사실적으로 묘사해주고 있다.

"그들은 무모한 대담함을 충성스러운 동맹자의 용기라고 불렀다"는 단락의 뒷부분에서 투키디데스는 언어에 무슨 일이 일어났는지 다시 언급한다. "매 순간 변하는 정파의 변덕이 유일한 기준이 되고, 어느 쪽도 종교적 경건함 같은 것은 안중에도 없었으며(…) 유죄판결을 위해 공정한 문구를 사용하는 것은 좋은 평판을 얻었다."

'공정한 문구(εὐπρεπεια δὲ λόγου)'는 품위 있는 언어를 의미한다. 그런데 공정한 언어를 의도적으로 유죄판결을 위해 사용한다면 악의적인 행위를 숨긴다는 의미로 변질되어 허울좋은 미사여구(pretty words)를 의미한다. 미사여구는 목적이나 상황의 요구 사항을 충족하기 위한 표현이다. 그리고 미사여구로 끔찍한 행위를 덮어서 오히려 더 좋은 평판을 얻는다는 것이다. 이것은 사회의 가치가 전도된 것이다.

'충성스러운 동맹자의 용기'는 '무모한 대담함'이라는 사악한 행위를 은폐하기 위한 미사여구다. 투키디데스에게는 자존과 용기를 의미(TW I, 1.84;)하는 '절제'가 비굴함의 변명이라는 특성으로 변한 것이다.

이것은 동의이어(同意異語) 즉 같은 뜻의 다른 단어가 아니라 동어이의(同語異意)즉 같은 단어가 다른 의미로 변화되는 것이다. 본래의 뜻이 변화되어 부적합한 행동에 적용되거나, 다른 의미가 추가되고 뜻을 혼란스럽게 만들어 결과적으로 이 단어들의 가치를 변화시키는 것이다.

"이 모든 악의 원인은 탐욕과 야망에서 비롯된 권력에 대한 욕망이었다. 그리고 한편으로는 국민의 정치적 평등을 외치며, 다른 한편에서는 온건한 귀족정치를 내세우고 말로는 공익을 위하는 척하면서 공익을 자신들의 전리품을 추구했다."(TW 3.82.8)

투키디데스는 자신만의 역사적 탐구방법을 명확하게 설명하면서 고대의 호메로스의 서사시인 『일리아스』나 다른 작가들의 비극, 그리고 특히 헤로도토스의 『역사』 등의 기술과는 보기 드문 솔직함을 나타내고 있다 (TW 1.21-22).

그는 어떤 사람의 느낌이나 의견 또는 증거 없이 전해지는 것은 그대로 믿지 않았다고 강조한다. 탐구와 증거에 대한 교차조사, 기존 문서에 대한 비판적인 평가 등의 객관적 탐구를 하면서 "나에게 약간의 노동력이 들었다"고 주장한다.

이것은 그가 망명으로 인해 여러 현장을 돌아다니며 확인했다는 사실과 군대의 의무에서 벗어났기 때문에 '특히 펠로폰네소스인에 대한'(TW 5.26.5) 심층적인 관찰을 할 수 있었다는 진술을 통해 그의 기록이 당파적이지 않다는 것을 암시한다. 실제 그는 전쟁에 참전한 아테네인과 스파르타인의 주요 인물 모두를 추적했다. 그의 이런 주장은 스파르타 관습과 전통에 대한 그의 예리한 지식(TW 1.20.3; 4.80;5.66.2-72.4)에서 잘 드러나고 있다.

투키디데스의 연설문

투키디데스의 전쟁사에서 특히 빛을 발하는 보석은 '연설문'이다. 그가 쓴 전쟁사에는 연설문과 대화, 편지, 조언 등 직접적이거나 또는 간접적인 담화들을 모두 포함하면 141개에 해당한다.[2]

본문에서 다시 토론하겠지만 이 연설문들은 몇 가지 불확실성을 갖고 있다. 우선 연설문이 수적으로 많을 뿐만 아니라 내용도 아주 다양하기 때문에 고대 역사에서 이런 연설이 공식적으로 행해졌는지 또는 수사학적 관점에서 일반적인 것인지 불확실하다. 특히 투키디데스는 이런 연설문에 대해 이렇게 밝힌다.

> "전쟁 중의 연설에 관해 말하자면 일부는 전쟁이 시작되기 전에 들었고, 다른 일부는 전쟁이 진행되는 동안 들었다. 일부는 내가 직접 들었고 일부는 여러 지역의 병사들로부터 내용을 얻었다. 이 모든 경우에 그 말을 한 마디 한 마디를 기억하기가 어려웠기 때문에, 나는 이야기들을 들을 때마다 전해주는 사람들에게 내가 생각하는 다양한 상황에서 나타난 내용들을 말하도록 했는데, 당연히 그들이 실제로 말한 것 중 최대한 일반적인 의미에 충실하도록 했다." (TW1.22.1)

이것은 투키디데스가 전쟁사의 내용을 구성하는 연설문의 자료 수집에 관한 과정을 밝힌 것이다. 이것은 여러 전쟁에 관한 자료를

---

[2] West, "The Speeches in Thucydides: A Description and Listing," in Stadter (ed.), *The Speeches in Thucydides* (Chapel Hill, North Carolina: The University of North Carolina Press, 1973). 이 중에서 직접적인 연설만을 추려서 41개로 분류하기도 한다. Jebb, "The Speeches of Thucydide," in Harding (ed.), *The Speeches of Thucydides* (Coronado Press, 1973).

수집하고 기록하는 과정에 대해 스스로 세운 나름의 규칙이라고 볼 수 있다. 그러나 현대의 사회과학에서 자료를 수집하고 기술하는 방법과는 다른 모호하고 추상적인 내용이라서 내용을 확실히 이해하기가 애매하다.

투키디데스가 모든 전장(戰場)을 다니면서 취재하고 기록한 것은 물론 아니다. 전투들이 아테네에서 멀리 떨어진 곳이거나 특히 섬과 바다를 중심으로 산발적으로 이루어졌기 때문에 종군취재는 물리적으로 불가능하다. 고도로 훈련된 종군기자도 전쟁의 지휘부의 브리핑을 중심으로 하면서 자신의 관찰로 틈을 메운다. 하물며 여러 전장 그것도 육지와 여러 섬에서 전개된 전쟁을 알기는 쉽지 않다.

투키디데스는 병사들을 상대로 자료를 수집했다고 하지만 병사 개개인은 경험한 것을 주관적으로 말했을 것이다. 투키디데스가 여러 각도에서 교차질문을 통해 사실에 근접하려고 했다지만 질문을 받는 사람들은 기독교 성경에서 말하는 것처럼 "너희는 '예' 할 때에는 '예'라는 말만 하고, '아니오' 할 때에는 '아니오'라는 말만 하는 것"이 아니라 이렇게 질문해도 '네', 저렇게 질문해도 '네'로 답하는 것이 통례다.

이런 점들로 인해서 그의 전쟁사는 아테네와 스파르타가 세운 건물의 골조에 투키디데스가 벽을 막고 내부시설을 한 것으로 보인다. 이런 점에서 그의 전쟁사 전반에 대한 기술과 특히 연설문들이 어느 정도로 사실적인 것인가에 대한 논쟁은 여전히 이어지고 있다.

그렇더라도 투키디데스의 글은 작은 상황에서부터 큰 상황에 이르기까지 전개되는 상황을 대조적이며 시계열적(時系列的)으로 기술하면서 사실에서 벗어나지 않으려는 노력이 두드러지고 특히 인과적으로 설명을 통해서 이를 다시 검증하는 효과를 보이고 있다.

연설의 경우는 아테네에서 행해진 각종 행사 특히 페리클레스의 두 번에 걸친 민회 연설이나 장례식 추모 연설은 아테네로부터 추방 전의 행사였기 때문에 본인이 직접 취재했을 가능성도 있다. 그렇더라도 페리클레스의 연설은 최종적으로 투키디데스의 생각을 통해서 재구성되고 여러 표현들이 동원되어 정리되었을 것이다.

헤로도토스가 연설을 주로 문학적으로 표현하면서 허구성을 담고 있는 데 반해 투키디데스는 훨씬 다른 접근 방식을 채용했다. 즉 연설의 경우 전해주는 사람들에게 "다양한 상황에서 요구되는 바를 말하게 하고 그들이 실제로 말한 내용의 일반적인 의미에 최대한 가깝게 맞추는 것이었다." (TW 1.22.1)

투키디데스는 자료를 수집하고 기술하는 과정에서 자신이 생각했거나 들었던 내용을 그대로 서술했거나 전해진 내용을 신중하게 선별하고 정교하게 다듬고, 수정하고, 세련된 버전으로 만들었을 것이다. 헤로도토스가 '객관'과 '주관'의 담을 쌓지 않고 맘대로 넘나들었던 것과는 달리 투키디데스는 '객관'과 '주관'을 구별하려고 시도했다. 그렇지만 자신이 수정을 넘어 사실상 처음부터 끝까지 직접 쓴 내용들은 주관적이다.

투키디데스의 글이 그의 특별한 역사적 감각에 따라 재구성한 작문이었을 것이라고 해도 그 기록이 역사 속의 특정 연설과 얼마나 부합되는지를 따질 필요는 없다. 현대 사회도 연설은 연설자의 생각과 연설 원고를 작성한 작성자의 생각이 담겨있고 다른 모든 역사의 기록들은 기록자의 의도가 반영되기 때문이다. 그러나 가능한 범위에서 그의 기록에 대한 신뢰성을 생각하는 것은 물론 필요하다.

특히 투키디데스의 전쟁사를 현대의 전쟁사 예를 들면 세계대전이나 한국의 6·25전쟁에관한 기록처럼 사실적 기록으로 생각해서는 안 된다. 오히려 역사라는 관념과 함께 투키디데스가 그리스의 대전쟁 중의 일부를 실화 중심으로 쓴 작품이라는 생각으로 대하는 것이 사실의 추구에 더 유용할 것이다.

호메로스의 『일리아스』는 처음에는 신화로 여겨졌지만 고고학적 발굴과 연구로 인해 이야기의 구조가 역사적 사실로 받아들여졌다. 그러나 『일리아스』를 실화나 논픽션의 범주로 분류하지는 않는다.

마찬가지로 투키디데스의 전쟁사도 투키디데스 스스로가 알거나 믿는 사실을 바탕으로 기술했다. 그러나 그 믿음의 바탕이 되는 자료의 수집 과정을 놓고 판단하면 그가 아는 것과 잘못 알고 있는 것 그리고 믿는 것과 현실과의 차이 등에서 구조적인 한계가 존재할 수밖에 없다. 따라서 그의 전쟁사의 내용이 비록 실제와 현격한 차이가 있을 수도 있지만 역시 논픽션으로 분류하지 않는다.

호메로스의 『일리아스』는 신화적 측면에서 논픽션이 아니고 투키디데스의 전쟁사는 역사적 측면에서 논픽션이 아니다. 이럴 때는 논픽션을 중심으로 한 쪽에는 신화를 다른 한 쪽에는 역사를 놓고 서로 양극에서 가운데로 오가면서 사실을 발라내는 지혜가 필요하다. 이제, 이 위대한 역사가가 그려낸 56년간 대전쟁의 현장 속으로 들어가 보자.

제4장
제1차 펠로폰네소스전쟁

전쟁의 배경과 개요

페르시아전쟁에서 그리스 연합군이 승리하면서 연합군을 주도했던 아테네는 스파르타의 펠로폰네소스 동맹에 맞서 델로스 동맹(Delian League)을 결성하여 그리스의 도시국가들 거의 반을 끌어들인 뒤 맹주로서의 위상을 강화했다. 아테네는 이로부터 오만과 과욕이 넘쳐 스파르타의 경계심과 공포심을 자아냈고 결국 그리스 내 동족 간의 전쟁인 펠로폰네소스전쟁을 유발한다.

전쟁은 단순히 스파르타와 아테네 두 나라만의 용호상박(龍虎相搏)의 형세가 아니라 두 나라를 중심으로 각각의 동맹에 가입된 도시국가들이 동원되었다. 이 과정에서 개별 국가들끼리 국지전을 벌이기도 했지만, 대부분은 스파르타와 아테네가 이 국지전에 개입함으로써 확전으로 치달았다.

또한, 전세에 따라 두 강대국은 다른 동맹국들도 차출하여 연합전을 펼치면서 국지전은 동맹 간 대결로 확산되었다. 이 기간 동안 그리스에는 여러 차례의 크고 작은 전쟁(전투)들이 이어졌다. 전쟁이 벌어지는 동안에는 인간이 상상하고 행동으로 옮길 수 있는 모든 참상이 일어나기 마련이다.

앞의 서론에서도 간략하게 언급했지만, 역사적 맥락의 이해와 연결을 위해 다시 한번 이야기하면 펠로폰네소스전쟁은 대개 1차 전쟁과 2차 전쟁으로 구분된다. 그리고 펠로폰네소스전쟁은 투키디데스가 본격적으로 기술하기 시작한 2차 전쟁을 말한다. 그러나 일반적으로는 1차와 2차 전쟁은 물론이고 이 기간 내에 발생한 모든 전쟁을 포괄하는 명칭으로도 사용된다.

펠로폰네소스전쟁을 기간으로 기술하면 그리스와 페르시아의 전쟁이 끝나고 아테네와 스파르타를 중심으로 그리스의 도시국가들이 나뉘어 BC 460년부터 BC 404년까지 56년간 벌어진 전쟁들을 포괄적으로 함의한다.

BC 446/445년에 '30년 평화조약'이 체결되면서 전쟁이 잠시 멎었다. 이때까지의 전쟁을 제1차 펠로폰네소스전쟁(때로는 1차 전쟁으로 표기)으로 구분한다. 그러나 조약은 14년 만에 파기되고 전쟁은 BC 431년부터 다시 시작되어 BC 404년까지 27년간 계속되었다. 이 기간에 일어났던 전쟁들을 제2차 펠로폰네소스전쟁(때로는 2차 전쟁으로 표기) 또는 펠로폰네소스전쟁이나 대전쟁(great war)으로도 부른다.

2차 전쟁 중에서 전반 10년을 아르키다모스전쟁(Archidamian

War) 또는 제1국면으로 부르는데, 아르키다모스전쟁은 스파르타 왕 아르키다모스 2세(Archidamus II)가 BC 431년과 BC 430년에 아티카를 침범한 이래로 BC 421년까지 10년간 이어졌다. 아르키다모스전쟁은 아르키다모스 2세의 이름을 따서 붙여진 것이다.

이 전쟁은 아테네와 스파르타가 BC 421년에 니키아스 평화조약 (Peace of Nicias)에 서명함으로써 종결되고, BC 421년 이후 BC 415년까지 6년간은 휴전 기간이었다. 그리고 제2 국면의 전쟁은 휴전 기간을 제외하고 아테네가 시칠리아의 내전에 개입하고 원정군을 보냄으로써 다시 큰 전쟁으로 확대되는 BC 415년부터 아테네의 패망으로 끝나는 BC 404년까지다.

1차 전쟁은 스파르타와 아테네 또는 두 나라의 동맹국들이 관련되는 비교적 작은 규모의 국지전들이었다. 이 전쟁들은 승패의 순환이 이루어졌다. 그러나 2차 전쟁은 모든 동맹국이 스파르타와 아테네 어느 한 편이 되어 벌인 전면전이었다. 이런 측면에서 대전쟁이다. 2차 전쟁은 승자와 패자가 가려지고 승자가 패자를 지배하는 형태로 전쟁이 종식되었다.

투키디데스는 그리스 역사를 다루면서 BC 479년의 플라타이아 전투와 BC 431년의 펠로폰네소스전쟁의 시작에 이르는 약 50년의 기간을 '펜테콘타에티아(Pentecontaetia)'로 부른다 (TW 1.118.2). 이 용어는 투키디데스가 '50년간의 설명'이라는 의미로 최초로 사용했다 (TW 1.89-117).

따라서 '펜테콘타에티아'는 그리스가 페르시아와 얽힌 역사가 아니라 헬라인들만의 50년 역사를 의미한다. 오늘날 존재하는 이 시대의 설명은 투키디데스의 전쟁사 외에도 시쿨로스(Diodorus Siculus)의 『역사 비블리오테카』(*Historical Library*, 11.39-12.28)에도 부분적으로 담겨있다.

펜테콘타에티아 기간 동안 그리스에는 여러 차례의 크고 작은 전쟁(전투)들이 이어졌다. 전쟁이 전쟁을 낳았다. 각국의 이해다툼 속에서 조약은 헌신짝에 지나지 않았다. 역사의 열차는 결국 그리스의 대전쟁을 향해 움직여갔다. 시작은 아테네와 스파르타의 패권 다툼이었다.

타소스 반란과 아테네와 스파르타의 패권 다툼

그리스 도시국가들은 강력한 외적인 페르시아를 맞아 거의 대등한 관계에서 단결력을 과시했지만 아테네와 스파르타가 전반적인 지휘권을 갖고 결정적인 승리를 거두면서 특히 아테네의 위상이 크게 올라섰다. 이로 인해 그리스에는 사자(스파르타)에 맞설 호랑이(아테네)가 등장해 그리스 도시국가들을 상대로 패권 경쟁에 돌입했다.

급부상한 아테네가 성벽을 재건하고 해군력을 강화하기 시작했을 때, 스파르타와 동맹국들은 아테네가 너무 강력해지고 있는 것을 두려워했다. 불안정한 사회에서 위험인물이 감시의 대상이 되는 것처럼 불안한 정세의 국제사회에서 개별 국가도 감시나 주시의 대상이 된다. 특히 스파르타는 아테네에 대해 시기와 불안 등이 교차했으나 경계 이상의 "불만을 드러내지는 않았다."(TW 1.92)

강성해진 아테네는 펠로폰네소스지역은 물론 에게해지역의 도시국가들을 복속 시키고 영토를 확장하려는 야심을 드러냈다. 우선 기존 국경을 강화하기 위해 성벽을 재건하기 시작했다. 스파르타는 당연히 이를 반대했지만 아테네는 아랑곳하지 않고 추진했다 (TW 1.89-93). 성벽은 전쟁을 전제로 하는 공격이나 방어의 물리적 장치다. 아테네의 성벽 재건은 결국 스파르타와 일전을 준비하는 것이라는 점에서 스파르타의 경계심은 고조되었다.

스파르타는 또한, 아테네가 민주정치를 추진하는 것도 불안과 불만의 대상이었다. 아테네의 민주화는 군주제적 과두제인 스파르타 정치체계에 위협이 될 수 있다. 스파르타는 아테네 민주 정권의 퇴진을 획책한 반면에 아테네는 민주화를 계속 추진하면서 국제 무대에서 에게해의 주도권을 가지려는 속내를 다져 나갔다. 그럼에도 얼마 동안 아테네와 스파르타는 표면상으로는 우호적 관계를 유지했다. 서로의 힘을 가늠하기 어렵기 때문에 탐색전의 기간이 길어지면서 국제관계의 풍랑도 잠잠했다.

그러나 BC 460년대에 다시 전쟁의 먹구름이 몰려들면서 파고가 일기 시작했다. 진원지는 북쪽 페르시아가 아니라 남쪽 펠로폰네소스였다. 펠로폰네소스반도에서는 각각의 도시국가들이 국경을 사이에 두고 국지전이 일어났다. 도시국가들은 전쟁에 두 강대국 중 하나를 끌어들이기도 하고 두 강대국이 도시국가들을 전쟁으로 밀어 넣기도 했으며 강대국들이 직접 침공을 하기도 했다. 이런 국지전들은 펠로폰네소스전쟁을 향해 출발하는 신호였다.

이런 긴장 상황에서 아테네가 드디어 힘을 행사하기 시작했다. 아테네는 BC 465년에 타소스가 트라키아(Thracia) 본토에서 채굴해 온 은광을 통제하려고 시도했다. 타소스는 에게해 최북단에 위치한 섬의 도시국가로 델로스 동맹의 창립 멤버였다. 그럼에도 아테네는 타소스의 광산을 장악하려고 했던 것이다.

타소스로서는 아테네에게 수익성이 높은 광산을 빼앗기는 것은 심각한 경제적 타격이었다. 나름대로 강력한 해군력을 확보하고 있던 타소스는 이러한 아테네의 강요에 굴종하기보다는 군사적 저항을 선택했다. 동맹국인 타소스를 속국처럼 여기던 아테네의 입장에서는 반란이었다.

반란(rebellion, revolt)은 억압적인 권력에 대한 복종을 거부하고 그에 수반되는 법률을 전복하고 파괴하려고 시도하며 투쟁을 통해 혁명과 독립을 추구하는 집단행동이다. 반란이라는 용어는 지배자 중심의 용어다.

강대국의 지배에서 벗어나려는 시도를 강대국 입장에서는 반란이지만 약소국 입장에서는 독립 투쟁이고 혁명 투쟁이다. 투키디데스가 약소국의 투쟁을 '반란'으로 기록한 것은 아테네 중심적 역사관의 반영이다. 그러나 여기에서는 이런 기술에 따라 '반란'이라는 용어를 사용하기로 한다.

타소스는 초기 전투에서 아테네 해군에 패하고 포위되자 스파르타에게 성동격서(聲東擊西)의 전략으로 아테네 외곽인 아티카 지방을 침입함으로써 자신들을 도와 달라고 간청했다. 스파르타가 아티카를 침입하면 아테네가 이를 방어하기 위해 타소스에서 철군하거나 병력이 분산되는 사이에 타소스는 아테네를 대항하여 이기려는 전략이었다.

스파르타도 그럴 의중을 갖고 돕기로 아테네인들 몰래 약속했다 (TW 1.101.1-2). 만일 스파르타가 아티카를 침범하면 아테네는 타소스에서 회군할 것으로 판단했기 때문이다. 여기에서 한 가지 의문이 제기된다.

아테네는 당시에 스파르타와 함께 공식적으로는 그리스 동맹의 구성원이었다. 그런데 스파르타가 타소스를 돕기 위해 과연 아티카 즉 아테네를 공격할 수 있을까? 이러한 구도는 투키디데스가 사건을 설명할 때 자주 사용하는 전략적 틀(frame)의 한 특징을 보여준다. 강대국 A(아테네)와 S(스파르타)를 배경으로 하는 약소국 T(타소스)가 있을 때, A가 T를 공격하면 T는 S에게 지원을 요청한다. 이때 S는 T를 직접 돕기보다는 A의 본토를 공격함으로써 A가 방위를 위해 T에서 철수하도록 유도할 수 있다. 반대의 경우도 마찬가지다. 투키디데스는 여러 다른 경우에도 이 힘의 논리 구도를 활용하여 사건을 분석한다.

투키디데스는 스파르타가 "그렇게 하기로 아테네 몰래 약속했고 또 그럴 의향도 있었다"고 말했지만 타소스의 경우 스파르타의 아티카 침입은 일어나지 않았다. 이유는 스파르타의 천재(天災)와 인재(人災) 때문이었다. 타소스에게는 야속하게도 이 때 스파르타에 지진이 일어나고 헬로트(helot)는 이 틈을 타 반란까지 일으켰다.

스파르타가 무질서 상태로 빠졌기 때문에 자기 코가 석 자라서 타소스와의 약속은 지켜질 수 없게 되었다 (TW 1.101). 스파르타도 환란을 맞았지만 타소스에게도 불운한 시운(時運)이 닥친 것이다.

타소스는 심각한 고난 속에서 2년 이상을 버텼다 (TW 1.101).

타소스 군대에 전쟁 물자가 부족하여 여인들의 머리를 잘라 밧줄을 만들었다고 전해지는 일화는 아테네의 공격을 막아내려고 절치부심한 타소스의 단면을 나타내 준다.

타소스인들이 이런 처절한 저항을 하게 된 것은 부분적으로 아테네가 엔네아 호도이(Ennea Hodoi)에서 패배했다는 소식에 고무된 배경도 있었다. 엔네아 호도이는 '9개의 길'이라는 의미로 아테네의 식민지인 트라키아의 암피폴리스(Amphipolis)의 옛 이름이다. 여기에서 아테네는 지역 부족에게 패배하고 쫓겨났던 것이다.

그러나 타소스의 이런 저항은 무모함을 넘어 어리석은 행동이었다. 아테네가 엔네아 호도이에서 패배했다고 해서 타소스에서도 패배할 것이라는 기대는 단순한 형식 논리다. 아테네가 엔네아 호도이에서 패배한 것은 여러 전투 중에서 이 곳을 우선순위에 두지 않고 전투에 집중하지 않아서 패한 하나의 사례이지, 아테네 자체의 전력이 한계에 이른 것은 아니었다.

아테네는 타소스가 강력한 해군력을 보유하고 있다는 것을 알고 공격한 것이다. 엔네아 호도이의 침공과는 상황이 다르다. 또한, 타소스는 아테네의 전략지역이다. 더구나 반란을 진압하지 않을 경우 그 영향은 다른 도시국가에 파급될 수 있다. 결코 방기할 수 없는 상황이다.

그런데 타소스인들은 너무 안이했다. 상대방의 전력에 대한 충분한 정보와 대비도 없이 강대국 아테네에 무력으로 저항한 것은 사려 깊지 못한 경솔한 대응이었다. 결국 타소스는 아테네의 키몬이 지휘하는 진압군에 2년간 저항하다가 BC 463년에 무릎을 꿇었다.

아테네는 타소스에게 가혹한 합의 내용을 제시했다. 합의라기보다는 패전국이 감내해야 하는 명령이었다. 타소스는 성벽을 허물고 본토의 분쟁지역에 대한 주장과 함대를 포기하고 아테네에 배상금과 공물을 제공하기로 했다 (TW 1.101). 성벽을 허물고 함대를 포기하는 것은 무장해제와 국방의 포기다.

처음에는 공물이 연간 3달란트였지만, BC 440년 초에는 30달란트로 10배나 증액되었다. 아테네가 다른 지역에서 패배했다는 소식이나 스파르타의 지원 약속을 믿고 반란을 일으킨 타소스 지도부의 판단과 선택이 주는 교훈은 남다르다. 오늘날 타소스는 관광 명소로 각광을 받는다. 그리스 고대 유적과 낭만적인 해변이 고대와 현대를 함께 빚고 있다. 수도인 아테네까지는 310km가량 떨어져 있다.

노예의 봉기에 휩싸인 스파르타는 오히려 그리스 동맹국들에게 지원을 요청했다. 반란군과의 대치상태가 오래 지속되자 아테네에게도 어쩔 수 없이 손을 내밀었다. 아테네는 BC 462년 스파르타의 지원군 파병 여부를 놓고 의견이 둘로 갈렸다.

키몬을 선두로 하는 친스파르타 인사들은 당연히 지원군 파병을 주장했다. 파병파는 스파르타가 약해지면 그리스 전체가 취약해진다는, 이른바 순망치한(脣亡齒寒)논리를 제시해 관철시켰다.

아테네는 스파르타에 대해 우호적인 키몬을 사령관으로 하여 4,000명의 원군을 파견했다. 아테네 군대가 스파르타에 도착했다. 그러나 스파르타 조정의 분위기는 미묘하게 달라져갔다. 아테네인들의 모험적이고 개혁적인 기질이 염려스러웠다. 스파르타인들은 아테네인들이 펠로폰네소스에 머물게 되면 반란군에 설득되어 어떤 정치적 변혁을 하지 않을까 두렵기도 했다 (TW 1.102.3). 스파르타는 아테네 군대가 헬로트와 한패가 되어 오히려 자신들의 적이 될 것을 염려한 것이다. 스파르타인들의 곤경이 아테네에 대한 두려움을 자극하고 극도의 경계심을 만들어 낸 것이다.

두려움과 경계심 또는 자존심은 자신의 힘이 약해지고 자신보다 약하다고 생각했던 상대가 힘이 늘어나 위협적인 존재로 인식될 때 돋아난다. 역경에 처하거나 궁지에 몰리면 이런저런 걱정이 샘물처럼 솟아나 자칫 피해망상증의 포로가 된다.

스파르타는 다른 동맹국들의 파견대는 그대로 둔 채 아테네의 파견단을 귀환 조치했다. 스파르타는 이를 통해 자신감을 내보이고자 했을 것이다. 허장성세(虛張聲勢)였다. 아테네 지원군이 없어도 상황을 충분히 통제할 수 있다는 과시였다. 헬로트의 반란이 10년의 세월을 끈 뒤에 결국 협상으로 타결되었다는 것이 이를 반증한다.

스파르타인들의 이런 태도는 아테네인들에게는 씻을 수 없는 모욕이자 조롱으로 받아들여졌다. 아테네인들이 의심받고 무시당했다고 분개하는 것은 당연하다. 세상의 일은 정해진 것이 없다는 것만 정해진 것이다. 특히 정치는 더욱 그렇다. 사건의 불똥은 친스파르타 정치인 키몬에게 튀었다.

키몬은 아테네에서 떠오르고 있는 신예 정치인 에피알테스와 페리클레스가 이끄는 반대파로부터 거센 비난에 직면했다. 그의 정치적인 위상은 무너졌고(TW 1.101), 추방으로 이어졌다. 이로써 아테네의 친스파르타체제는 허물어졌다. 키몬이 제거된 정치 공간은 에피알테스(Ephialtes)와 페리클레스가 차지했다.

제1차 펠로폰네소스전쟁

아테네 동맹국 아르고스와 스파르타의 전투가 BC 460년 시작되면서 오이노이(Oenoe) 전투의 막이 오른다. 오이노이는 엘레우테라이(Eleutherae) 근처의 보이오티아와 아티카 범위에 속하며 플라타이아와 테바이로 가는 길목이다. 당시 이 지역은 아테네의 한 지방이었다. 호랑이처럼 강성해진 아테네는 오이노이 지방을 복구하고 펠로폰네소스전쟁이 시작되기 전에 요새화했고 BC 460년 오이노이 전투(Battle of Oenoe)가 터진 것으로 전해진다.

오이노이 전투는 BC 460년 아르고스의 오이노이 마을에서 아테네와 그의 동맹국인 아르고스를 한편으로 하여 스파르타와 벌인 전투로 전해진다. 평화협정 속에서 일어난 국지전인 오이노이 전투가 제1차 펠로폰네소스전쟁(1차 전쟁)의 시발점이 되는 것은 이를 계기로 전쟁이 들불처럼 번졌기 때문이다. 타나그라 전투, 오이노피타 전투가 14년간 연속적으로 이어졌다. 사가들은 이 전쟁들을 제1차 펠로폰네소스전쟁이라 부른다.

1차 전쟁은 BC 446년까지 14년간 이어졌다. 아테네는 이 전쟁에서 처음에 우월한 함대를 사용하여 전과를 올렸다. 3년여 동안은 화염이 일지 않다가 BC 457년에 다시 전투가 시작되었다. BC 457년에 아테네는 스파르타 및 스파르타의 동맹국인 코린토스와 다시 충돌상태에 돌입했다. 그러나 이 전투에 대한 자료가 빈약하여 전투의 실재성에 의문이 제기되고 있다.

이 전투에 대한 이야기는 파우사니아스(Pausanias)의 『그리스

안내기(*Description of Greece*)』에 담겨있다. 파우사니아스는 소아시아의 리디아(Lydia) 출신의 그리스인으로 2세기 로마 제국 시대의 여행가이며 지리학자였다. 그는 아티카지역을 시작으로 여러 지역을 돌아보면서 『그리스 안내기』라는 작품을 남겼다. 그는 아르고스의 아고라에 세워진 건축물의 스토아 포이킬레(Stoa Poikile) 즉 건물 복도의 벽화에 나타난 오이노이지역을 아테네와 스파르타 간의 전투로 주장한 것이다. 그리고 이 전투에 관한 그 이상의 다른 언급이 없다. 이런 점에서 오이노이 전투는 펜테콘타에티아의 역사에서 아주 골치 아픈 대상으로 취급된다.

실질적인 전쟁은 아테네 동맹국인 포키스(Phocis)와 스파르타 동맹국인 도리스(Doris) 사이에서 BC 457년에 일어났다 (TW 1.107-8). 아테네와 스파르타를 중심으로 하는 양측의 군대는 보이오티아의 한 지역인 타나그라(Tanagra)에서 격돌했다.

이 전투의 아테네 진영에서는 특이한 일이 벌어졌다. 추방된 아테네의 정치가인 키몬이 이 전투에 참전하기 위해 무장을 하고 아테네 진영으로 왔다. 두 가지 목적이었을 것이다. 하나는 전공을 세워 아테네 민심을 등에 업고 조기 귀국하려는 것이다. 다른 하나는 조국을 위해 싸우고자 하는 충정이다.

그러나 그는 전장에서 퇴출되었다. 출국 명령을 받은 것이다. 이 명령이 현장 지휘관의 독단이었는지 또는 페리클레스의 지시였는지는 알 수 없다. 그러나 키몬의 위상으로 보아 현장의 지휘관이 독단으로 결정하기는 어려운 과제다.

그렇다면 페리클레스의 지시를 받았거나 다른 지휘관들과 협의했을 것이다. 현장의 지휘관들로서는 추방된 자를 전쟁에 참여시키기는 어렵다. 그렇더라도 실제 전투가 벌어진 상황이다. 어차피 기간이 지나면 귀국할 대상이다. 한 사람이라도 아쉽다. 더구나 그는 일개 병사가 아니라 노련한 장수이다.

아테네 정계에서 키몬을 추방시킨 것은 에피알테스와 페리클레스였다. 그러나 에피알테스는 이미 암살되었고, 아테네 권력은 페리클레스의 손에 있었다. 페리클레스는 테미스토클레스의 정책을 옹호하고 계승함으로써 귀족 계급을 배경으로 하는 키몬을 견제했다.

전장에서 키몬을 돌려보낸 것이 페리클레스의 지시였다면, 최소한 타나그라 전투에서는 파벌보다는 나라를 우선하며 나라를 위해서는 정적도 포용했던 테미스토클레스의 정신을 계승하지는 못했다.

권력자에게 권력은 신성불가침 그 이상이며, 때로는 혈육의 정마저 넘어선다는 것이 만고불변(萬古不變)의 진리처럼 보인다. 아무리 인자하고 관용의 정신을 가진 권력자라도 자신의 권력에 조금이라도 손상이 되는 일은 절대 용서할 수 없다. 이것이 권력의 생리다. 아테네의 위대한 지도자인 페리클레스도 이런 권력의 생리에 예외일 수는 없다.

페르시아와의 전쟁에서 아테네의 지도자였던 테미스토클레스는 자신의 해상 정책에 반대한 아리스티데스를 도편추방으로 축출했으나 페르시아의 침공에 대항하여 망명자들을 소환하는 법령을 선포해 2~3년 만에 아테네로 돌아오도록 했다.

마찬가지로 아리스티데스는 살라미스 해전에서 자신을 추방했던 테미스토클레스를 성실히 도와 승전에 기여하고 BC 479년에 장군 직에 다시 선출되어 플라타이아 전투에서 승리를 견인했다. 테미스토클레스의 사례는 국가가 어려움에 봉착했을 때 정적에게 손을 내미는 지도자, 그리고 그 손을 기꺼이 맞잡는 지도자의 모습을 잘 보여준다.

그러나 페리클레스 치하에서는 이런 일이 일어나지 않았다. 키몬은 전장에서 발길을 돌렸다. 그는 떠나면서도 아테네의 승리를 기원했다. 그의 친구들에게 용감성을 통해 그들의 충성심을 증명하도록 당부했다 (플루타르코스, 키몬; TW 17.3-4).

이 전투에서 아테네는 결국 패했다. 키몬이 참전했더라면 패배하지 않았을까? 당시의 전투는 순간의 단순한 전술과 작전이 승패를 좌우하는 경우가 많았다. 전투에 경험이 많고 유능한 키몬이 지휘권을 행사했더라면 패배하지 않았을 것이라는 가정도 가능하다.

이 전투에서 양측은 서로 막대한 손실을 입었지만, 스파르타는 승리하여 아테네의 포위에서 벗어나 귀국했다. 만일 이 전투에서 스파르타가 승리하지 못했다면 스파르타는 고립되어 회복하는 데 상당한 부담을 가졌을 것이다. 이 전투는 제1차 전쟁의 중요한 육상 전투였다. 스파르타는 결국 이 전투에서 스파르타 지상전의 우월성을 다시 입증하는 계기가 되었다.

아테네는 타나그라 전투의 패배를 거울삼아 타나그라 전투 2개월 후(BC 457년) 보이오티아에 대해 기습 공격으로 즉각 반격을 개시했다. 보이오티아와 접경지역 마을인 오이노피타에서 보이오티아에 일격을 가하여 결정적 승리를 거두었다.

보이오티아지역은 현재의 그리스 중앙지역의 일부이다. 위치상으로 코린토스만의 동북부와 에우보이아만(Gulf of Euboea)의 짧은 해안선과 닿아 있다. 남쪽으로 메가리스, 남동쪽의 아티카 그리고 서쪽에 포키스와 접해 있다. 보이오티아는 코린토스만의 북쪽 해안지역으로 국경의 전략적 강점이 있을 뿐만 아니라 정치적으로 중요한 의미를 지녔다. 그러나 좋은 항구가 없기 때문에 해상개발이 빈약했다.

아테네는 이 승리의 여세를 몰아 섬의 강력한 도시국가인 아이기나를 패퇴시키고 섬 국가들을 델로스 동맹의 구성원으로 만들었다. 스파르타가 반대하는 피레우스의 아테네 항구에 장벽 건설도 완료했다.

아테네와 스파르타의 강온대결

페르시아의 지배를 받고 있던 리비아(Libya) 왕 이나로스(Inarus)가 인접 국가인 이집트에서 대항군을 조직하여 BC 460년 페르시아 왕 아르타크세르크세스(Artaxerxes)에 반란을 일으킨다. 이나로스는 이어 아테네에 원군을 요청한다. 페리클레스는 이나로스의 반란을 돕기 위해 이집트와 키프로스 양쪽에 선단을 파견했다. 이것은 아테네가 전선을 그리스 반도에서 페르시아로 확대하는 시도였다.

페리클레스는 키프로스를 공격하는 것이 페르시아에 더 큰 피해를 안긴다고 판단했지만 병력을 키프로스와 이집트로 분산시켜 전투에 돌입했다. 현대의 분산투자기법으로는 "달걀을 한바구니에 담지 말라"고 하지만 대군을 거느린 대국 페르시아와 전투는 전력을 한 곳으로 집중해도 힘겨울 수밖에 없다. 치명적인 전략 실수였다. 전력의 분산이 전력의 약화를 초래한다는 것은 명약관화(明若觀火) 한 일이며, 오만이고 오판이다. 스파르타와 대결 국면에서 동맹국도 아닌 키프로스까지 원군을 보낸다는 것도 만용이다.

아테네는 키프로스섬에서 페르시아 군대를 상대로 몇 년간의 해상 전투를 벌였지만 BC 454년에 완패한다. 아테네와 동맹국들은 각 전쟁터에서 수세에 몰리고 많은 군사력의 손실(TW 1.104-5)을 입었다. 이때부터 아테네는 위축되고 지중해 동부 해역에는 선단을 파견하지 않고 내부 단속에 들어갔다. 델로스 동맹 회원국들의 반란을 염려하여 BC 453년에 델로스에 있는 동맹의 금고를 아테네로 옮겼다.

그리스와 페르시아 사이의 싸움은 BC 450년 이후 가라앉았지만, 아테네는 스파르타뿐만 아니라 페르시아라는 또 다른 적을 만들었고 두 적들은 동지가 되어 아테네의 공동의 적이 되었다. 이런 피아(彼我)의 구도는 후에 펠로폰네소스전쟁에서 스파르타가 승리를 견인하는 하나의 배경으로 작용했다. 아테네의 판단착오와 전략적 실수는 아테네에 커다란 부담으로 돌아오고 있었다.

아테네와 스파르타는 각각 해군과 육군의 강세를 가지고 있었으나 두 나라는 그 동안의 확전에 따른 힘의 한계에 도달해 숨고를 시간이 필요했다. 마주친 손뼉에 따라 두 나라는 BC 451년에 5년간의 휴전을 맺게 된다. 휴전 협정은 페리클레스의 제안에 따라 추방 기간이 끝나 BC 451년에 망명에서 돌아온 키몬의 주도로 이루어졌

다 (Diodorus Siculus, Library 11.86).[1]

이것은 전쟁광으로까지 비춰지던 페리클레스 정치 전략의 일대 전환이었다. 페리클레스는 펠로폰네소스 국가들과 페르시아인에 대한 계속되는 갈등에 키몬이 중요한 역할을 할 수 있다는 것을 깨달았을 것이다. 그러나 키몬은 이 협정을 마무리 짓고 질병으로 세상을 떠난다. 이 휴전 협정으로 아테네는 그 이후 몇 년 동안은 전력을 에게해에 집중할 수 있게 되었다.

또한, 아테네는 페르시아와 '칼리아스 평화조약(Peace of Callias)' 으로 알려진 협정을 맺은 것으로 전해진다. 만일 이런 조약이 실제로 맺어졌다면 아테네와 스파르타의 5년 평화조약보다 2년 후인 BC 449년에 체결되었을 것이다.

이 조약을 '칼리아스 평화조약'으로 부르게 된 것은 아테네의 정치가인 칼리아스가 협상 대표를 맡았기 때문이다. 칼리아스의 평화조약은 BC 4세기의 변론 작가인 디오도로스(Diodorus), 이소크라테스(Isocrates), 데모스테네스(Demosthenes), 플루타르코스 등의 문헌에 나타난다. 그러나 고대 역사가 테오폼포스(Theopompus)는 조약의 존재를 부정하면서 조약에 적힌 글자는 가짜로 날조된 것이라고 주장한다. 즉 사용된 문자는 조약이 합의된 것으로 알려진 이후 반 세기까지 실제 사용되지 않았다는 것이다.

테오폼포스의 주장이 아니더라도 학계에서는 이 조약의 존재에 대한 확실한 근거에 목말라 하면서 조약이 체결되었을 가능성을 희

---

[1] Donald Kagan, *Peloponnesian war* (New York: the Penguin Group, 2003), p. 103.

박하게 본다. 페르시아 왕은 관습적으로 외국인과 조약 체결을 하지 않았다는 점도 조약의 실제에 의문을 제기하는 배경이다.

더구나 투키디데스가 이 조약에 관해 전혀 언급하지 않고 있다는 점은 조약이 맺어졌을 가능성을 더 낮게 만든다. 이곳 저곳의 정보를 열심히 거두어 들였을 그가 그렇게 중요한 뉴스를 낙종했을까? 더구나 실제 조약이 이루어졌다면 페리클레스에게 우호적인 투키디데스가 이를 자세하게 기록했을 것이다.

전해지는 조약의 내용도 의아하다. 디오도로스 등의 문헌에 나타난 핵심은 두 가지이다. 첫째는 이오니아 국가들에게 자치권을 부여하고 침략을 금지한다는 것이다. 이 내용은 아테네에 유리한 내용으로 오히려 페르시아에게 제약이 된다. 이오니아지역은 이미 오래전부터 그리스의 식민지였고 당시는 아테네 동맹국들이었다. 여기에 페르시아가 침략하지 않겠다고 확인한 것이다.

둘째는 아테네는 소아시아, 키프로스, 리비아 또는 이집트에 있는 페르시아의 소유물을 간섭하지 않는다는 것이다. 새로운 내용이 아니다. 이 지역은 이미 페르시아가 지배하고 있는 곳으로 아테네가 간섭할 여지가 없는 곳이다.

승패가 갈린 전쟁 끝에 조약을 맺었다면 승자와 패자 간의 조약은 승자가 주도권을 갖게 된다. 아테네와 타소스의 불평등 조약이 이를 반증한다. 다만 이 전쟁은 패자가 항복한 전쟁이 아니라는 점에서 예외적이지만 승전국과 패전국의 서로 다른 의무와 권리관계가 나타나야 한다. 패전국은 당연히 그에 상응하는 부담이 따라야 함에도 불구하고 칼리아스조약은 누가 승자이고 누가 패자인지 구별이 되지 않는다. 오히려 아테네가 승자이고 주도자로 보인다. 이런 점에서 이 평화조약이 '만들어진 이야기'일 수 있다는 합리적 의심이 제기되는 것이다.

페리클레스는 이집트 원정의 패전에 대한 아테네인들의 여론이 부담이었던 상황이다. 어떻게 피해 가야 하나? 패배에 대한 책임을 아테네에게 유리한 평화조약 체결이라는 성과로 덮어야 한다. 동맹국들에게는 동맹의 목적이 페르시아 침공에 대한 방어라는 점에서 동맹의 목적과 부합된다.

조약의 실체성과 별개로 이 전쟁으로 그리스와 페르시아의 전쟁은 종지부를 찍게 되었기 때문이다. 조약에 따른 실천인지 아니면 두 나라의 내부 사정인지 또는 우연인지는 알 수 없지만 아테네의 페리클레스에게는 유리한 여건이 조성된 것이다. 스파르타에 대해서도 이이제이(以夷制夷) 즉 페르시아를 이용해서 견제할 수 있다.

평화조약이 날조된 것이라면 아주 교활한 계책이다. 정치에서는 충분히 가능한 일이다. 2,500년 전의 교통과 통신 상황에서는 확인도 쉽지 않다. 현대 사회에서도 권력을 이용해서 국민에게 허상을 실상으로 둔갑시키는 일은 비일비재하다.

아테네는 이집트 원정의 패배로 인해 에게해에 대한 통제가 심각하게 흔들리면서 이후 몇 년 동안 델로스 동맹을 재조직하고 동맹국의 지역을 안정시키는 데 집중하지 않을 수 없었다.[2] 스파르타와 5년간 휴전협정을 체결했으나 두 국가의 직접적인 교전 대신에

---

[2] Kagan (2003), pp. 98-102.

두 국가의 동맹국들과 간접적인 국지전은 계속 이어졌다. 아테네는 오이노피타 전투에서 승리하면서 보이오티아와 포키스에 대한 통제권을 확보한다.

아테네는 더 나아가 일종의 종교 동맹인 암픽티오니(Amphictyony)에서 신탁을 받는 델포이를 분리하여 포키스에게 인도했다. 이런 조치의 배경은 아테네가 성소인 델포이 신전의 통제, 즉 프로만테이아(promanteia)를 확보하려는 것이었다.

프로만테이아는 델포이에서 사제에게 신탁을 우선적으로 구할 수 있는 특권이다. 신탁을 받으려면 몇 날 며칠을 기다려야 하는 상황에서 우선권은 대단한 특혜다.[3] 아테네가 이런 특권을 받아내는 데 구실로 내세운 것은 암픽티오니가 친페르시아 행동을 한다는 것이었다. 스파르타도 아테네의 이런 움직임을 보고만 있지 않았다. BC 449년에 군대를 동원하여 포키스와 델포이를 장악하고 포키스에서 분리해 델포이 신전을 독립시켰다.

그러나 스파르타인들이 떠나고 1년 만인 BC 448년에 페리클레스가 아테네군을 이끌고 들어가 포키스에게 델포이의 신탁에 대한 주권적 권리를 회복시켜주었다 (TW I.112. 플루타르코스, 페리클레스 XXI). 델포이를 둘러싼 아테네와 스파르타 대결에서 일단은 아테네가 승리했다.

이 사건을 제1차 신성전쟁(BC 595~585년)에 이어 제2차 신성전쟁(Sacred War, BC 449~448년)으로 부른다. 신성전쟁이라는

---

3) 이와 관련해서는 필자의 졸저 『그리스 신화와 종교』(서울: 명인문화사, 2021)를 참조할 것.

명칭은 성소인 델포이 신전을 두고 벌인 전쟁이기 때문이다. 이 전쟁은 제1차 펠로폰네소스전쟁에서 아테네와 스파르타 사이의 간접적 대결이었다는 점에서 관심이 있다. 포키스의 지배권은 BC 421년까지 유지되었고, 델포이는 니키아스 평화조약으로 독립되었다.

아테네는 보이오티아를 계속 장악했지만 10년이 지난 BC 447년 보이오티아에서 반란이 일어났다. 오이노피타 전투의 패배로 보이오티아에서 추방되었던 보이오티아인들이 BC 447년에 귀국하면서 보이오티아 일부 지역을 차지하기 시작한 것이다. 그리스 본토에서 아테네의 '대륙 제국'의 종말을 알리는 신호였다.

아테네는 페리클레스의 군사적 경쟁자인 톨미데스(Tolmides) 장군을 사령관으로 하여 보이오티아로 진군했으나 코로네아(Coronea) 전투에서 패배하고 보이오티아에 대한 통제권을 포기할 수밖에 없게 되었다. 보이오티아는 패배한 아테네군의 귀국을 안전하게 보장해주는 대신 보이오티아가 델로스 동맹을 탈퇴하는 것으로 합의했다.

아테네가 이 전투들에 패배하면서 에우보이아(Euboea)와 메가라(Megara)가 반란을 일으키는 등 보다 위험한 교란이 꼬리를 물었다. 페리클레스는 에우보이아의 반란을 진압하기 위해 군대를 이끌고 에우보이아로 건너갔지만 스파르타 군대가 아티카(Attica)를 침공하면서 이 곳의 방어를 위해 철군해야 했다. 페리클레스는 협상과 뇌물을 통해, 스파르타 왕 플레이스토아낙스(Pleistoanax)를 설득하여 군대를 아티카에서 철수하도록 했다 (플루타르코스, 페리클레스 XXIII).

플레이스토아낙스는 스파르타로 돌아간 뒤에 뇌물 사건이 드러나면서 벌금형을 선고받았다. 그러나 벌금이 너무 많아 낼 수 없게 되자 망명을 강요당하게 되고 왕의 조언자 클레안드리다스는 처형된다. 스파르타의 위협이 제거됨에 따라, 페리클레스는 50척의 전함에 5,000명의 군인들과 함께 에우보이아로 건너가서 모든 반대자를 분쇄했다.

5년간의 휴전 협정에도 불구하고 도시국가들의 국지전이 계속되면서 그리스는 점점 더 확전의 위기로 치닫는 듯했지만 다행히 이 위기는 '30년 평화조약(Thirty Years' Peace)'에 의해 공식적으로 해소되었다. 이 조약은 아테네와 스파르타 사이의 제1차 전쟁의 종식과 또 다른 전쟁 발발을 방지하기 위해 BC 446~445년 사이의 겨울에 체결된 조약이다. 이 조약은 아테네와 스파르타 사이에 적어도 어느 한쪽이 중재를 원하면 무력 충돌도 배제하는 내용을 담고 있었다.

이 협정에 의해 제1차 전쟁도 종식되었다. 이 조약에 따라, 메가라는 펠로폰네소스 동맹으로 복귀하고 트로이젠(Troezen)과 아카이아(Achaea)는 독립했다. 아이기나(Aegina)는 델로스 동맹에 공물을 제공하지만 가입과 탈퇴가 자유로운 자발적 회원국이 되었다. 또한, 스파르타와 아테네는 상대방의 동맹을 존중하기로 합의했다. 특히 양측은 각자의 제국의 주요 부분을 유지했다. 아테네는 바다의 지배권을 유지하는 반면에 스파르타는 육지의 지배권을 고수했다.

아테네는 이 조약으로 델로스 동맹으로부터 이탈한 에우보이아는 물론 코린토스와 테바이 등 다른 그리스 국가들로부터 닥치게 되는 새로운 위협에 대처할 수 있었다. 자신감을 회복한 아테네는 동맹국들에 대하여 점점 더 많은 공물을 요구하고 정치 및 경제적 통제를 가했다. 델로스 동맹은 점점 더 진정한 아테네 제국이 되어갔다. 이에 따라 아테네의 많은 동맹들은 불만 속에 반란을 일으키기 시작했다.

제5장
제2차 펠로폰네소스전쟁 전초전

투키디데스의 함정

전쟁이 벌어지는 동안에는 인간이 상상하고 행동으로 옮길 수 있는 모든 일이 점철되어 일어날 수밖에 없다. 그러나 투키디데스가 분석한 전쟁의 원인과 결과는 의외로 간명하다.

투키디데스는 펠로폰네소스전쟁을 기술하면서 아테네가 어떻게 "매우 강력해졌는지"(TW 1.89.1)에 주목한다. 그리고 강해진 아테네가 개입된 핵심적인 사건들이 대부분 스파르타를 불안하게 만들어 펠로폰네소스전쟁으로 비화되었다는 것을 강조하려고 했다.

"아테네 세력이 성장하고, 이것이 스파르타를 불안하게 만들어 전쟁은 불가피하게 되었다."(TW 1.23.6)

투키디데스는 제2차 전쟁(BC 431~404년)의 시작을 잠재적 요인과 현재적 요인으로 구분하고 "진정한 원인은 사실 눈에 보이지 않는 곳에 있다고 생각한다"며 잠재적요인을 간명하고 명쾌하게 요약하였다.

그리스-페르시아전쟁 이전까지 아테네는 달이었고 스파르타는 해였다. 그런데 전쟁 이후 달이 반사체가 아니라 발사체로 질적 변화를 일으키면서 해의 자리를 위협했다. 그리스의 맹주였던 스파르타가 긴장할 수밖에 없었다. 비록 같은 헬라인이지만 동물의왕국 같은 냉혹한 경쟁에서 스파르타가 아테네의 세력성장을 좌시할 수 없다는 것을 투키디데스는 꿰뚫고 있었다.

투키디데스의 이런 날카로운 투시는 지금부터 2,500여 년이 지난 21세기에 다시 '투키디데스의 함정(Thucydides's trap)'이라는 표현으로 되살아났다. 앨리슨(Graham Allison)은 『예정된 전쟁』에서 투키디데스가 지적한 전쟁의 배경을 '투키디데스의 함정'이라는 한 마디로 정리했고 이는 세계적인 용어가 되었다.

'투키디데스의 함정'이라는 용어는 아마 토인비(Arnold J. Toynbee)의 '투키디데스의 체험'이라는 어구에서 착안했을 것이다. 제1차 세계대전이 일어났던 1914년 영국의 토인비는 제1차 세계대전이 투키디데스의 '역사'에 나타난 펠로폰네소스전쟁과 같은 모습으로 흘러가는 것을 알고는 이것을 '투키디데스의 체험'이라고 불렀다.

앨리슨은 '투키디데스의 함정'이 21세기 미국과 중국의 관계를 이해하는 데 최선의 렌즈라고 설명한다. 그의 이런 공식은 지금도 국제 정세를 이해하는 하나의 중요한 패러다임으로 자리를 잡고 있다. 영국의 권위지 『파이낸셜 타임스(*Financial Times*)』는 2018년의 '올해의 단어'로 '투키디데스의 함정'을 선정했다.

> "이번 전쟁은 아테네인들과 펠로폰네소스인들이 에우보이아섬을 함락하고 맺은 30년조약을 파기함으로써 일어났다. 앞으로 어느 누구도 왜 헬라스인들 사이에 이런 큰 전쟁이 일어났는지 묻지 않도록, 나는 그들이 조약을 파기하게 된 원인과 그들의 쟁점을 먼저 기술하겠다." (TW 1.23.4–5)

투키디데스는 또한 제2차 펠로폰네소스전쟁의 현재적 요인으로 아테네와 스파르타의 조약파기를 들고 있다. 개인 간의 계약파기는 법원에서 해결한다. 국가 간의 조약파기는 국제사법재판소에게는 버티기 어려운 짐이다. 해결방법은 결국 전쟁이다.

투키디데스가 말하는 30년 조약은 BC 446/445년에 아테네와 스파르타 간에 체결된 30년 평화조약이다. 이 조약은 제1차 펠로폰네소스전쟁을 종결하고 또 다른 전쟁을 막기 위해 맺어진 것이다. 그러나 앞에서 언급한 대로 조약은 14년 만에 파기되고 전쟁은 BC 431년부터 다시 시작되어 BC 404년까지 27년간 계속되었던 것이다.

그리스 도시국가들의 전쟁은 대개는 국가 간의 전쟁에 아테네나 스파르타가 끼어들거나 다른 도시국가들과 연합한다. 그리스 도시국가들은 본토뿐만 아니라 여러 섬에 분포되어 있었다. 이 섬들의 도시국가 중에는 아테네나 스파르타와 끈끈한 동맹관계를 유지하는 경우와 막연한 연고를 배경을 심정적인 동맹 관계에 머물고 있는 경우도 있었다.

국가 간의 동맹체계가 맺어지지 않았을 때의 개별 국가 간의 분쟁은 당사자들의 몫으로 한정된다. 그러나 동맹체계는 개별 국가들의 국경 분쟁이나 국지전도 동맹국들의 연합전과 전면전으로 확전된다.

특히 동맹의 맹주들이 자국의 이익에 대한 집착이나 어떤 야망 그리고 상대 동맹의 맹주에 대한 어떤 의구심이나 불안감을 가지게 되면 '투키디데스의 함정'에 빠지게 된다. 또한, 어떤 도시국가는 다른 맹주를 이용하여 기존 동맹의 속박에서 벗어나려는 반란을 시도하기도 했다.

펠로폰네소스전쟁 중에 일어난 대표적인 사례로는 미틸레네 반란과 멜로스 도시국가의 참혹한 사건이다. 이 두 도시국가의 사례는 인류 역사에서 지금도 회자되고 있다. 이 사건들에 대해서는 뒤에서 상세하게 기술한다.

특히 이 두 사례는 동맹국의 맹주가 상대방의 동맹국에 대해 각자 어느 정도 독자적으로 간섭할 수 있는지에 대한 논쟁을 초래할 수 있지만 결국은 동맹국들보다는 맹주들의 이익이 우선한다는 점을 잘 보여주고 있다. 투키디데스가 특히 펠로폰네소스전쟁의 발발요인으로 지목하는 것은 바로 식민지 작은 섬나라 에피담노스의 분쟁이다.

에피담노스의 분쟁과 전쟁의 도미노

1차 펠로폰네소스전쟁 이후 BC 446/445년에 아테네와 스파르타 간에 '30년 평화조약'이 체결되면서 제1차 전쟁이 막을 내린다. 그러나 BC 441/440년에 사모스(Samos)전쟁과 반란이 일어났다. 사모스는 델로스 동맹에서 특권적 지위를 누리며 아테네에 함선을 제공하는 강력한 해상 국가였으며 BC 440년까지는 아테네에 충성스러운 국가였다.

그러나 이오니아 해안의 작은 도시 프리에네(Priene)의 소유권을 놓고 사모스가 밀레토스(Miletus)와 전쟁을 유발하자 밀레토스는 아테네에 지원을 요청했다. 아테네는 유화정책을 펴면서 처음에는 사모스에게 전쟁을 중지하고 아테네의 중재를 수용하도록 요구했으나 거절당했다. 아테네의 페리클레스는 이 반란에 개입하여 평정했다.

그러나 아테네는 30년 평화조약에 의한 휴전협정을 위반하고 군사 개입을 하는 결과를 가져왔다. 결국 30년 평화조약은 존속 기간인 30년의 절반에도 미치지 못하고 파기되었다. 국가 간의 평화조약이 마치 운동 경기의 작전 타임과 유사했다. 조약이라는 이름이 잠시 전쟁을 멎게 했으나 다시 이어진 것이다. 비동맹 약소국가들은 강대국의 품에서 안보를 위한 치열한 외교전을 전개하는가 하면 허점이 보이면 반란으로 자주권을 확보하려고 시도했다.

다행히 스파르타는 아테네의 군사 개입을 휴전협정 위반이라고 들고 나오지 않고 반란의 진압이라는 내부적인 문제로 치부(置簿)하고 넘겼다. 스파르타가 이처럼 아테네개입의 꼬투리를 물고 늘어지지 않은 것은 '유유상종(類類相從)'이었기 때문이다.

스파르타는 자신들이 지배하고 있는 집단들에게 반란을 억제하는 타산지석(他山之石)이 되기를 바랐을 것이다. 강자는 약자에 대해 자기중심적 가치 기준을 적용하는 것을 당연하게 여긴다.

투키디데스가 제2차 전쟁(BC 431~404년)이 "아테네인들과 펠로폰네소스인들이 에우보이아섬을 함락하고 맺은 30년 조약을 파기함으로써 일어났다"(TW 1.23.4)고 기술한 전쟁의 간접적인 발화지점은 바로 이곳이다.

투키디데스는 이어 휴전협정 파기와 전쟁 선포의 원인을 아주 작은 식민지국가인 에피담노스(Epidamnus)를 둘러싼 분쟁(BC 436~433년)에서 끄집어내는 예리함을 보여준다. 투키디데스의 분석을 전제로 한다면 전쟁에 참여한 세력을 토대로 할 때 아주 작은 지역의 사소한 다툼이 대전쟁의 시발이 된다는 교훈을 주고 있다.

에피담노스는 이오니아(Ionian) 해협의 작은 섬이다. 정치적인 위상으로 본다면 코린토스의 식민지 케르퀴라가 만든 식민지로 코린토스 식민지의 손자뻘이 된다. 이것은 에피담노스가 당시의 그리스 세계에서 차지하는 현 주소 즉 위상이나 존재 가치가 아주 미미하다는 것을 나타내 준다.

그러나 이 작은 섬의 분쟁은 종주국인 케르퀴라를 분쟁의 소용돌이로 끌어들이고 케르퀴라의 종주국인 코린토스를 넘어 결국은 아테네까지 빨려 들어가는 블랙홀이 된다. 그리고 이런 분쟁과 전쟁들이 펠로폰네소스전쟁의 도화선이 될 것으로 예측한 사람이 있었을까? 이제부터 전쟁의 도미노 현상을 하나 하나 추적해 보기로 한다.

레우킴메 전투

케르퀴라(Kerkura)의 식민지 에피담노스는 얼마 동안 번영을 구가했다. 그러나 펠로폰네소스전쟁이 발발하기 몇 년 전에 내부적 갈등과 일리리아(Illyria) 부족에 의해 위기에 봉착한다.

발단은 민주파가 세력을 불려 과두파인 귀족들을 축출하면서 비롯되었다. 축출된 귀족들은 일리리아 부족인 타우란티안스(Taulantians)들과 연합하여 일종의 해적과 같은 공격을 감행하여 민주파와 전투를 벌인다. 내전에 돌입한 민주파와 과두파는 모두 모국인 케르퀴라에게 지원을 요청했다.

케르퀴라는 민주파가 보낸 대사는 공식적으로 만나주지도 않은 반면에 과두파인 귀족들에게는 지원을 약속했다. 귀족들은 케르퀴라에 선조들의 묘지가 있는 등 강한 연고권을 가지고 있었다.

민주파들은 케르퀴라의 지원이 물거품이 되자 방향을 바꾸어 그들의 식민지 설립자인 코린토스의 지원을 기대했다. 지원 가능성 여부를 알기 위해 먼저 델피에서 신탁을 받기로 했다. 신탁은 그들에게 도시를 코린토스에게 넘기라는 답을 내렸다. 어차피 케르퀴라보다 강국인 코린토스가 응징을 벼르고 있으니 차라리 코린토스에게 맡기라는 취지로 해석했다. 아니나 다를까?

코린토스는 케르퀴라가 그동안 오만해졌다며 손볼 기회를 엿보고 있던 차에 이 제안은 덩굴째 굴러들어온 호박이었다. 코린토스는 기다렸다는 듯 즉시 에피담노스에 원정대를 파견했다. 이 소식이 케르퀴라인들에게 전달되었다. 케르퀴라인들은 귀족들 및 일리리안족과 함께 작전을 개시했다. 우선 코린토스 원정대가 도착하기 전에 한 발 빨리 함대를 파견해 에피담노스의 포위에 들어갔다.

에피담노스의 민주파는 코린토스 동맹들의 지원을 받아 75척의 함선과 2,000명의 중장보병으로 원정군을 구성했다. 케르퀴라 군대를 무찌르고 에피담노스의 포위를 해제하려는 것이다. 성공하면

에피담노스에는 민주파 정권이 들어서고 코린토스가 직접 통치하는 실질적인 식민지가 된다.

케르퀴라는 에피담노스의 포위와 함께 다른 한편으로는 코린토스의 지원 선단이 출항하기 전에 서둘러 코린토스에 외교사절을 보내 중재를 요청했다. 우선 식민지 주민들을 에피담노스로부터 철수하고 펠로폰네소스의 중립적인 도시국가의 중재에 맡겨 분쟁을 해결하자고 제안했다.

이에 대해 코린토스인들은 협상 전에 먼저 에피담노스의 포위를 풀도록 요구했다. 케르퀴라는 다시 두 가지 대안을 제시했다. 첫째, 양측이 각기 군대를 철수하고 코린토스는 동시에 에피담노스에 거주하는 코린토스 주민들을 철수한다. 둘째, 양측은 이 문제가 중재 중인 동안에는 현재의 상태에서 머물기로 한다.

코린토스는 이 두 가지 제안 모두를 거부했다. 군대를 철수하는 것은 지정학적으로 케르퀴라에게 에피담노스를 맡기는 셈이다. 그리고 함대를 출항시켰다. BC 435년에 양측의 함선들은 암브라키아(Ambracia)만의 어귀 사이와 케르퀴라의 남쪽 끝에 있는 레우킴메(Leucimme)곶에서 접전했다.

암브라키아만은 후에 악티움 전투(Battle of Actium)가 벌어진 곳으로 잘 알려져 있다. 아우구스투스(Augustus)의 군대가 안토니우스(Antonius)와 클레오파트라(Cleopatra) 군대를 무찔러 두 사람의 사랑을 비극으로 끝내게 만든 곳이다. 레우킴메 전투는 과거에 코린토스의 식민지였던 케르퀴라의 승리로 끝났다. 코린토스인들은 귀국했고 에피담노스의 민주파는 항복했다.

케르퀴라와 코린토스의 국제 외교전

전쟁의 첫 번째 단계는 케르퀴라의 명확한 승리였다. 그러나 코린토스는 패배로 전쟁을 마무리하기에는 자존심이 너무 상했다. 자신들이 세운 식민지와의 전투에서 패배한 것은 치욕이었다. 그것도 다른 식민지와 동맹들의 지원을 받아 구성한 파견단이 패배함으로써 위신이 추락되고 체면이 구겨졌다.

케르퀴라는 레우킴메 전투 이후 거의 일 년 내내 바다에서 코린토스의 동맹국들을 급습하면서 우위에 서서 활개를 쳤다. 반면에 코린토스는 모든 시간을 새로운 배를 건조하고 반격을 가할 준비에 몰두하면서 와신상담(臥薪嘗膽)의 시간을 보냈다.

코린토스인들은 BC 434년 여름에 함선들을 파견하여 악티움(Actium) 주변의 요새 지역에 자리를 잡았다. 반면에 케르퀴라인들은 레우킴메 주변에 주둔했다. 양측의 선단들과 군대는 케르퀴라와 육지 사이의 만을 가로질러 여름 내내 대치하면서 기싸움을 하다가 접전 없이 그해 겨울 초에 각각 빈손으로 귀국했다.

지금까지 케르퀴라는 아테네와 스파르타의 동맹 어느 쪽에도 가입하지 않고 중립을 유지해 왔다. 그러나 코린토스의 침공이 분명해지면서 케르퀴라는 아테네 동맹에 가입하기로 결정하고 아테네에 사절단을 보냈다. 이렇게 되면 코린토스는 케르퀴라를 놓고 아테네와 싸워야 할 처지가 된다.

코린토스도 아테네에 대표단을 파견했다. 코린토스는 이미 스파르타의 동맹국이었다. 코린토스 대표단의 임무는 케르퀴라가 델로스 동맹에 가입하는 것을 저지하는 것이다. 케르퀴라가 델로스 동맹에 가입하면 케르퀴라 해군은 아테네 해군과 힘을 합쳐 코린토스 해군의 활동이 제한될 것을 우려한 것이다. 그뿐만 아니다. 코린토스는 괘씸한 케르퀴라와의 전선이 아테네 더 나아가 델로스 동맹으로 확산되는 것도 신경이 쓰이는 일이다. 아테네는 케르퀴라와 코린토스의 불꽃 튀는 외교전쟁의 안마당이 되었다.

양측은 아테네 민회에서 자신들의 입장을 개진했다. 투키디데스는 양측의 연설을 전하고 있다. 투키디데스가 이 연설들을 얼마나 사실적으로 취재해서 기록했는지는 알 수 없다. 이 때는 투키디데스가 아테네서 추방되기 10년 전이다. 따라서 투키디데스는 군대의 하급 지휘관이었거나 자신의 고향에 있었을 가능성 등 다양한 추정이 가능하다. 다만 그의 서술에 자신이 아테네에서 민회에 참석했다는 내용은 나타나지 않은 점으로 미루어 일반적인 논지는 당시 상황을 토대로 투키디데스가 자신의 생각을 쓴 것으로 보아야 한다. 케르퀴라인들의 연설 내용은 이렇다.

"남들에게 도움을 청하는 사람은 도움을 주는 것이 도움을 주는 자기에게 유리하거나 적어도 손해는 아니고, 도움을 받는 쪽이 변함없이 고마워하게 될 것이라는 점을 보여주어야 한다. 우리가 도움을 청하는 것은 이런 조건을 충족시킬 수 있음을 확신하기 때문이다.

우리가 추구해온 중립주의는 전에는 현명한 정책이라고 믿었지만 지금은 그것이 어리석고 무기력한 정책으로 보인다. 그러나 그것은 나쁜 의도가 아니라 판단 착오에서 비롯된 것이다. 케르퀴라가 과거에 아테네의 동맹이 아니었다는 것은 잘못이었다는 것을 인정한다. 그러나 이제 우리는 강력한 위협에 맞서 우리의 자유를 보존하기 위한 도움이 필요하다.

아테네는 그리스 최강의 해군력을 가지고 있다. 우리는 제2의 가장 강력한 해군력을 가지고 있다. 그리고 코린토스가 세 번째다. 아테네가 지금부터 우리와 합류하면 두 가장 강력한 함대들은 펠로폰네소스 해군에 대해 무적이 될 것이다. 그러나 만일 우리가 코린토스에게 정복되면 아테네는 미래의 전쟁에서 펠로폰네소스 해군에 더하여 그의 지휘를 받게 될 케르퀴라 함대와 싸워야 한다.

전쟁이 발발하는 것은 시간의 문제다. 우리는 어느 장래에 스파르타와 전쟁에서 잠재적으로 아테네의 강력한 동맹이 될 수 있다. 아테네가 우리를 동맹국으로 받아들이면 아테네에 분명히 이익이 된다. 그러나 아테네인들이 이 동맹에 대해 펠로폰네소스 동맹의 대응을 두려워하여 거절한다면, 이 '유화정책'은 아테네를 그들의 적들에게 더 약하게 보이게 만들 것이다. 우리가 공통적인 적을 가지고 있다는 사실은 우리가 우리의 동맹에 충실할 것이라는 가장 큰 증거이다." (TW 1.32-1.36)

케르퀴라는 대부분의 내용을 아테네의 이익에 초점을 맞추고 있다. 그리고 이 논쟁은 누가 옳으냐의 문제가 아니다. 투키디데스의 정치에 대한 현실주의는 더 분명하다. 그는 지정학적인 동맹들은 각국의 공정성이나 정당성과 관계가 있는 것이 아니라 각 참가국의 이익과 관계가 있다고 주장한다. 케르퀴라의 "우리가 공통적인 적을 가지고 있다는 사실은 우리가 우리의 동맹에 충실할 것이라는 가장 큰 증거라는 사실"이라는 주장은 더 현실주의적이다.

한편 코린토스인들은 케르퀴라인들의 충심성을 공격하면서 대응했다. 그들이 개진(開陳)한 논지(論旨)는 이러했다.

"케르퀴라는 충성심이 없는 식민지다. 케르퀴라인들은 모국에 대해 배은망덕(背恩忘德)하다. 그들이 중립국으로 남아있는 것은 케르퀴라 선원들의 불법과 비행을 보호하려는 것이었다. 남들을 악행의 증인으로 부르기 창피했던 것이다.

그들은 우리에게 잘못을 저지르고 위태로워진 지금이 아니라 가장 안전했을 때 여러분에게 접근했어야 했다. 케르퀴라인들은 에피담노스의 전쟁에서 침략자였다. 우리는 7년 전(BC 441년)에 사모스 반란에 대해 아테네 편을 들었다. 아테네의 사모스 반란 처리에 대해 스파르타가 막 전쟁을 선포하려고 할 때 우리는 아테네가 그들의 동맹을 처벌할 권리가 있다고 옹호했다. 우리가 지금 케르퀴라의 식민지를 처벌하려는 것은 아테네가 사모스를 처벌한 것과 같은 것이다.

지금까지는 최고의 관계는 아니었다. 그러나 만일 아테네가 지금 우리를 돕는다면, 우리는 모든 것을 잊고 매우 좋은 친구가 될 수 있다. 그러나 만일 아테네가 지금 케르퀴라인 들을 돕는다면, 우리가 지금까지 좋은 친구였더라도, 그 이후 우리는 첨예한 적이 될 것이다. 만일 아테네가 케르퀴라를 델로스 동맹국으로 받아들이면 코린토스와 아테네 간에는 확실히 평화 대신 전쟁이 뒤따를 것이다." (TW 1.37-43)

코린토스인들은 아테네와 케르퀴라의 동맹 추진에 강력히 반대했으나 케르퀴라인의 주장을 뛰어넘지 못했다. 현실적으로 아테네가 케르퀴라를 동맹으로 받아들이지 않는다고 해도 코린토스가 평화조약에 따라 펠로폰네소스 동맹에서 탈퇴해 델로스동맹으로 이

적할 것도 아니었다.

아테네의 입장은 스파르타와 코린토스를 제어할 수만 있다면 '제로'냐 '플러스'냐의 문제였다. 케르퀴라의 동맹 요청을 받아들이지 않는 것은 하나를 버리고 다른 하나를 얻은 것이 아니라 하나를 잃는 것뿐이다. 그렇다고 스파르타의 동맹인 코린토스가 아테네와 동반자관계를 유지하지도 않을 것이 분명하다.

아테네는 결론을 도출하기 위해 두 차례의 민회를 열었다. 아테네인들도 이 연설에서 케르퀴라의 주장이 아테네에 실익이 있다고 판단했을 것이다. 군중들은 연설에 즉각 반응한다. 아테네인들은 두 번째 회의 후에 케르퀴라인과 손을 잡는 쪽으로 결정했다

군중들은 연설에 반응하더라도 정치지도자는 '여론'이라는 인민들의 반응을 그대로 수용해서는 안 된다. 여론은 "지금 당장의 순간적이고 감정적인 의견"일 뿐이다. "지금 당장"은 곧 과거로 흘러가서 잊혀진다. 지도자는 '지금 당장'이 아니라 '앞으로의 먼 미래'를 보아야 한다. 지도자는 여론을 토대로 미래에 대한 전략적 접근이 필요하다.

아테네는 지금까지 코린토스를 괄시하지 않았다. 펠로폰네소스 동맹과 관계를 악화할 수 있기 때문이다. 그렇다고 케르퀴라인들의 요청을 무시하는 것은 조만간 코린토스가 케르퀴라의 해군을 얻는 것을 의미한다. 그 다음 코린토스는 아테네 해군의 우월성에 도전하게 될 것이다.

아테네가 딜레마를 해결하려고 내놓은 묘수가 이른바 '외교적 혁신(diplomatic innovation)'이라는 프레임의 '방위협정'이다. 완전한 동

맹관계는 양측이 어느전쟁에서나 서로 도와주어야 하지만 방위동맹은 어느 일방이 공격을 받을 경우에만 개입하는 제한적 동맹이었다.

아테네는 케르퀴라가 공격을 받을 때만 개입하는 것이다. 현대의 북대서양조약기구(NATO: North Atlantic Treaty Organization)가 소련으로부터 침공을 당한 우크라이나를 지원하는 형식의 국제관계가 이미 아테네에서는 2,500여 년 전에 시작되었던 것이다. 이것은 케르퀴라의 공격에 아테네나 델로스 동맹이 개입하지는 않겠다는 것이다. 이것은 그리스 역사에서 최초의 완전한 방위조약으로 알려져 있다. 근대 역사가들은 이 사고(思考)가 페리클레스에서 나왔을 것으로 믿는다.

아테네에게 케르퀴라는 이태리와 시칠리아로 가는 해로에 중요한 정기 기항지이며, 주요한 곡물자원을 수입하는 곳이었다. 더구나 제1차 전쟁을 종식한 30년 평화협정 기간은 어떤 중립국이라도 자국의 안보를 위해 어느 동맹이라는 어느 우산 속이라도 들어가서 소나기를 피해야 하는 상황이었다.

평화협정은 태풍 속의 고요에 불과하다. 다가올 폭풍우에 대비해야 한다. 당장 집단안보동맹이라는 항구에 정박해야 한다. 아테네가 제시한 케르퀴라와의 동맹조건에 케르퀴라도 그 이상 아쉬울 것이 없었다. 그들의 일차 목표는 코린토스가 공격하는 것을 막는 것이다. 아테네를 무대로 케르퀴라의 아테네 동맹 가입 호소와 코린토스의 가입 저지에 대한 외교전쟁은 케르퀴라의 승리로 끝났다. 그러나 그 여울 너머에는 코린토스와 케르퀴라 간의 해전인 시보타(Sybota) 전투가 다가오고 있었다.

시보타 전투

전쟁의 첫 번째 단계인 레우킴메 전투에서 승리한 케르퀴라는 코린토스와 전투에 대비하여 시보타섬 인근에 진지를 구축하고 있었다. 코린토스는 1년 전의 패배를 설욕하기 위해 재무장을 하고 BC 434년 여름에 출항하여 악티움 주변의 요새 지역에 자리를 잡았다. 양측은 지루한 대치 속에 탐색전으로 시간을 보내다가 그해 겨울에 접전없이 헤어졌다.

아테네의 페리클레스는 코린토스의 침략에 대비해 BC 433년에 10척의 함대를 케르퀴라에 파견해 케르퀴라의 전력을 보강하도록 했다. 아테네인들은 사실상 동맹국인 케르퀴라를 보호하면서 또 다른 효과를 노리고 있었다. 즉 아테네가 케르퀴라와 동맹을 맺은 것에 대한 스파르타와 코린토스의 위협에 전혀 두려워하지 않고 있다는 것을 과시하려는 것이다. 아테네와 케르퀴라가 동맹을 맺으면 아테네는 코린토스의 적이 되고 전쟁은 불가피하다고 했던 코린토스의 협박에 대한 대담한 대응인 것이다.

아테네 함대의 사령관은 친스파르타 정치인이었던 키몬(Cimon)의 아들 라케다이몬이오스(Lacedaimonius)를 비롯한 3명이었다. 스파르타라는 의미의 그의 이름은 키몬이 스파르타에 대한 친근감을 나타내려고 지은 이름이다. 페리클레스는 함대를 출항시키면서 코린토스가 케르퀴라의 영토에 상륙하려고 시도하지 않으면 코린토스 함대와 교전하지 말라는 밀명을 내렸다.

투키디데스가 페리클레스와 소통하는 관계였다는 점에서 보면 페리클레스의 이런 밀명에 대한 신뢰성은 더 높아진다. 페리클레스의 이런 태도는 아테네의 피해를 최소화하고 코린토스를 지나치게 자극하지 않으려는 계책이었다. 투키디데스는 코린토스인들이 이 계책을 이심전심으로 이해하고 있었는지 여부에 대해서는 알려주지 않는다.

케르퀴라는 아테네 지원 함선들이 오면서 미키아데스(Miciades) 등 3명의 지휘관하에 함선들을 모으고 시보타섬을 작전기지로 삼았다. 케르퀴라의 함선은 110척, 그리고 여기에 아테네 지원함선이 10척이었다. 한편 코린토스는 크세노클리데스(Xenoclides)의 지휘하에 함대를 집결하여 케르퀴라로 항진했다. 코린토스 함선은 동맹군의 배들을 모두 합쳐 150척이었다.

시보타전투의 막이 올랐다. 사실상의 펠로폰네소스전쟁의 주사위가 던져진 것이다. 투키디데스는 이 전쟁이 그리스 도시국가들 사이에 일어났던 과거의 어느 전쟁보다도 가장 큰 전쟁이라고 평가한다. 그리고 이 전쟁은 펠로폰네소스전쟁을 촉발하는 직접적인 촉매 중의 하나가 되었다. 양측의 함선들은 곧 케르퀴라의 남쪽 끝에서 서로 근접했다. 코린토스의 함대는 남쪽의 육지에 있는 키메리움(Chimerium) 항구에서 닻을 내렸다. 반면에 케르퀴라 함대는 아테네 동맹의 배 10척과 함께 시보타섬에서 약간 더 북쪽으로 육지에 더 근접한 곳에 정박했다.

양측은 마주 보면서 각각 전선을 형성했다. 케르퀴라의 진영은 오른쪽에는 아테네 선박들로 포진하고 왼쪽과 중앙은 케르퀴라의 함선이 배치되었다. 코린토스 진영은 오른쪽에 메가라(Megara)와 코린토스의 식민지였던 암브라키오츠(Ambraciots) 군대를 배치했다. 왼쪽에는 코린토스가, 그리고 중앙에는 코린토스의 나머지 동맹국들이 전선을 이었다.

양측의 함대들은 각기 좌측 진영이 상대방의 우측 진영을 공격했다. 따라서 아테네 함선들은 코린토스와의 직접적인 전투가 아니라 메가라와 암브라키오츠 선단과 접전하는 대형이었다. 양측의 배에서는 중장보병이 투키디데스가 '구식'이라고 부르는 방식으로 활과 창으로 싸웠다. 상대방의 선박들을 부딪쳐서 가라앉히는 통상적인 해전 대신에, 병사들이 상대방의 배에 올라 바다에서 본질적으로 '지상 전투'를 전개한 것이다.

아테네 배들은 전선의 일부를 구성하고 있었지만 코린토스 배들이 상륙을 시도하지 않았기 때문에 처음에는 전투에 참가하지 않았다. 왼쪽의 케르퀴라의 배는 코린토스 함선의 우측 진영으로 방향을 잡고, 해안에 있는 코린토스의 캠프로 돌아오는 모든 배를 추격하여 불태웠다.

그러나 코린토스의 좌측 함선들은 아주 잘 싸웠다. 오히려 아테네 함선들을 공격하는 바람에 케르퀴라가 지원을 하는 상황이 되었다. 아테네의 개입에도 불구하고 전투의 결과는 케르퀴라의 피해가 상대적으로 컸다. 70척의 배를 잃었다. 반면에 코린토스의 배는 30척이 난파되었다.

코린토스와 그의 동맹들이 먼저 시보타를 점령했다. 다음날 케르퀴라와 아테네의 연합군이 시보타의 탈환을 위해 항진해 갔다. 그런데 이상한 상황이 전개되었다. 코린토스 함대는 새로운 전투를 위한 열의를 보여주지 않았다.

대신에 그들은 더 다급한 일에 관해 생각하고 있었다. 만약 아테네가 그들의 귀환을 가로막을 구실을 내세울 경우 목숨을 걸고 전투를 해야 한다는 부담을 걱정하고 있었던 것이다. 아테네는 우월한 전술 평판을 가지고 있었기 때문에 아테네 삼단노선 30척이 자신들의 함선 120척을 추격할 경우 패배할 것이 두려웠기 때문이다. 그들은 호랑이 앞의 개였다.

결과적으로 코린토스인들은 아테네인들에게 전시 상황에서 협상자를 보호하기 위해 백기와 같은 고지자(herald's staff) 없이 대사를 보내기로 결정했다. 양측은 전쟁을 계속할 생각이 없다는 것을 서로 털어놓았다. 코린토스인들은 이런 접촉이 자신들이 안전하게 귀국할 수 있다는 것으로 판단하고 안도했다.

양측의 해상 협상을 통해서 시보타 전투는 막을 내렸다. 코린토스는 승리했다고 생각했으나 아테네의 개입으로 승리의 과실은 따지 못했다. 케르퀴라는 자신들이 손실은 컸지만 대규모 함대의 공격에 대해 그들의 섬을 성공적으로 방어했다는 점에서 자신들이 승리라고 주장했다.

아테네의 지원을 받는 케르퀴라와 코린토스의 싸움은 일진일퇴의 공방전을 벌였고 협상을 통해서 전투를 끝내면서 표면적으로는 무승부였다. 코리토스는 케르퀴라에 대한 응징을 통해 묶은 감정은 쏟아냈지만 실리가 없는 이른바 '피로스의 승리'였다.

아테네는 펠로폰네소스 동맹의 가장 중요한 도시국가인 코린토스의 적을 도움으로써 코린토스를 적대국 자리로 밀어 놓았다. 작은 섬나라 케르퀴라는 강대국들의 틈에서 식민지를 탈피하고 독립을 유지하는 지혜와 전략을 보여주었다. 또한, 민주파는 시보타 전투의 승리를 통해서 정권을 장악했으나 케르퀴라인 250여 명이 코린토스에 포로로 잡혀갔다. 그런데 코린토스는 이 포로들을 회유하여 자신들의 주구(走狗)로 만들었다.

코린토스는 BC 427년에 이 포로들을 세작으로 세뇌시켜 케르퀴라로 귀환시켰다. 케르퀴라가 아테네와 동맹을 끊고 코린토스 편으로 돌려놓는 공작을 하려는 획책이었다. 이 귀환 포로들은 프록세니가 도와준 800달란트의 거금을 몸값으로 치르고 석방되었다고 속였다.

고대 그리스 사회에는 프록세니(proxeny) 또는 프록세니아(proxenia)라는 제도가 있었다. 프록세니제도는 국가가 다른 나라의 시민에게 발급하는 위촉장과 같은 것이다. 이것은 다른 나라 시민에게 자기 나라를 위해 봉사해 달라는 요청이다. 다른 나라의 주민 즉 외국인을 명예대사나 홍보대사로 위촉하는 것과 같다. 그리고 이런 직함을 가진 시민을 프록세노이(proxenoi, 복수는 proxenia, proxeni)로 불렀다.

프록세노이는 로마시대의 콘술(consul)과는 약간 다르다. 프록세노이는 자기가 살고있는 나라에서 관련 국과의 관계를 맺지만 콘술은 오늘날의 대사나 공사처럼 정부가 임명하여 해당 국가로 나가서 거주하며 활동하는 것이다. 다만 콘술이 대사와 다른 것은 대사는 파견된 나라에서 국가를 대표하는 유일한 직책을 가진 인물이지만 콘술은 여러 사람이 될 수 있고 공식적으로 국가를 대표하는 것은 아니다. 특히 대사는 국가 간의 외교적 업무를 중심으로 하지만 콘술은 시민들의 일상생활이나 기업의 활동을 중개하고 도와주는 역할을 한다.

　프록세노이는 자신의 국가에서 가진 영향력이 무엇이든 그가 자발적으로 대표하는 나라에 우의나 동맹의 정책을 증진하는 활동하게 된다. 예를 들면 키몬은 아테네에서 스파르타의 프록세노이였다. 프록세노이는 공개적인 사람이다. 현대 사회에서 위장하거나 공개되지 않은 사람으로 활동하는 고정간첩과는 다르다.

　프록세노이는 현재에도 미국에서 살아있다. 1938년에 미 연방법으로 제정된 외국대리인등록법(FARA: Foreign Agents Registration Act)이 그 예다. 이 법은 외국인을 포함해 미국에 거주하는 모든 사람이 외국의 정부나 기업의 이익을 위해 활동할 경우 미국의 법무부에 신고하고 활동에 대해서도 보고하도록 하고 있다. 미국의 정부정책에 영향을 미칠 수 있는 활동을 투명하게 파악하겠다는 취지다.

　프록세노이들은 케르퀴라를 스파르타 동맹으로 넣으려는 목표도 갖고 있었다. 그리고 과두파에 침투하여 민주파와 대립했다. 시민들을 만나 다시 전통적인 중립국가로 돌아갈 것을 선동하면서 아테네와의 동맹 관계를 파기하려는 과두파와 이를 유지하려는 민주파 사이의 대립을 민회를 통해 결정하도록 하는 상황까지 몰고 갔다. 그러나 민회는 논쟁 끝에 표결을 통해 아테네와 방위동맹을 재확인하고 펠로폰네소스 동맹과도 우호관계를 유지하기로 결정했다.

　아테네와의 협정 파괴의 획책에 실패한 귀환 포로들은 다음 공작으로 아테네에 케르퀴라를 예속시키려 했다는 죄로 페이티아스(Peithias)를 재판에 회부하려고 했다. 페이티아스는 민중파 지도자로 불레 의원인 동시에 아테네의 프록세노이였다.

그러나 페이티아스는 무죄 방면되면서 역공을 취했다. 정적 중에서 부유한 5명을 성역에서 포도 덩굴 받침대를 계속 잘라냈다는 죄로 고소해 벌금을 물도록 했다. 귀환 포로들은 신전에 가서 벌금을 분납하게 해달라고 탄원했지만 페이티아스의 제지로 무산되자 동료들을 규합해 불레의사당으로 난입해 페이티아스와 약 60명의 의원들을 살해했다. 페이티아스를 지지하던 의원 소수만 항구에 아직 정박 중이던 아테네 삼단노선으로 피신했다.

귀환포로 세력들은 과두파와 합세하여 일단 현장을 장악하고 아테네에 사절단을 보내 이번 사태가 최선의 선택이었다고 설명했지만 아테네인들은 이들을 모두 반란죄로 체포하여 아이기나(Aegina)섬으로 유폐했다. 그러나 스파르타 사절단과 함께 코린토스 삼단노선이 섬에 도착하면서 전세는 역전되었다.

스파르타 사절단을 등에 업고 과두파들이 민주파를 몰아내고 실권을 장악했다. 민주파는 밤이 되자 반격에 나서서 아크로폴리스와 도시의 고지대 및 항구를 장악했다. 태양과 달을 중심으로 과두파와 민주파가 물고 물리는 싸움을 이어갔다. 도시를 빼앗긴 과두파들은 대신 아고라를 장악했다. 양측의 전면적인 내전이 시작되었다.

양 진영은 산발적인 전투를 하면서 노예들에게 자유를 공약하는 등 여론전을 전개했다. 노예들은 민주파를 지지했다. 날이 밝으면서 다시 전투가 시작되었다. 민주파의 여성들은 지붕에서 기왓장을 던지는 등 용감하게 싸웠다. 결국 전세가 민주파로 기울자 코린토스 함선은 항구를 빠져나갔고 용병들도 떠나갔다.

다음날 아테네 장군 니코스트라토스(Nicostratus)가 함선 12척,

중장보병 300명을 인솔하여 도착했다. 니코스트라토스가 사태를 진정시키고 떠나려 하자 민주파는 후일에 반대파가 또다시 내란을 부추길 때 제지할 함선 5척을 잔류시켜 달라고 요구했다. 대신 자신들의 함선 5척에 케르퀴라인들을 태워 함께 보내겠다고 제의했다.

니코스트라토스가 이를 수용하자 민주파는 그 배에 탈 선원으로 정적들을 선발했다. 이 대상자들은 아테네로 보내질 것을 두려워하고 신전의 성역으로 도주했다. 니코스트라토스가 그들에게 안전을 다시 보장해 주겠다고 제의했지만 받아들이지 않았다. 민주파는 모든 과두파를 살해할 계획을 세웠으나 분별력 있는 니코스트라토스는 이를 제지하자 헤라 신전에 숨어있던 나머지 과두파 지지자들 400여 명을 신전 앞에 있는 섬으로 유폐(幽閉)했다.

아테네와 스파르타의 대리전으로 번진 케르퀴라내전은 아테네의 지원을 받은 민주파의 승리로 일단락되었다. 민주파는 위험에서 벗어나자 반대파에 대한 증오와 분노를 폭발했다. 민주파의 모든 적은 사냥감이었다. 보이는 대로 닥치는 대로 죽였다. 신전 안에서 재판을 기다리던 사람들은 이 광경을 목도하고 서로 죽여주거나 온갖 방법으로 자결했다.

이어 당도한 아테네 장군 에우리메돈(Eurymedon)이 일주일간 머무는 동안 민주파는 적으로 간주되는 사람들은 모조리 죽였다. 아버지가 아들을 죽이기도 하고 채무자가 채권자를 죽이기도 했다. 신전의 탄원자들이 제단에서 끌려 나오거나 학살되었다. 이들에게는 민주 정부의 전복음모라는 죄명이 덮어 씌워졌다.

투키디데스는 내란이 이처럼 잔혹한 양상을 띠었고, 처음 발생했기 때문에 충격적이라고 기술한다. 그러나 이런 잔악한 행위는 앞으로 밀려올 거대한 전쟁에서 발생할 결과들의 시작에 불과했다. 각 국가마다 서로 경쟁 관계인 정파가 존재했다. 그리고 이 정파들 가운에 민주파는 아테네에, 과두파는 스파르타에 각각 도움을 요청할 수 있었다. 투키디데스는 케르퀴라 내전이 보여준 인간의 사악한 모습을 그의 통찰력을 담아 이렇게 기술하고 있다.

"평화 시 같으면 그런 개입을 불러들일 핑계도 없었고 바라지도 않았겠지만, 각 정파가 반대파에게 피해를 주면서 자신에게 유리한 동맹을 맺을 수 있는 전시에는 변혁을 꾀하는 자들이 외부에서 원군을 불러들이는 것은 자연스러운 일이 되었다.

이런 내란은 헬라스의 도시들에 크나큰 고통을 안겨주었다. 이런 고통은 사람의 본성이 변하지 않는 한 잔혹함에서 정도의 차이가 있고, 주어진 여건에 따라 양상이 달라져도 되풀이되고 있으며 언제나 되풀이될 것이다.

번영을 누리는 평화 시에는 도시든 개인이든 원하지 않는데 어려움을 당하도록 강요받는 일이 없으므로 더 높은 도덕적 수준을 유지한다. 그러나 일상의 필요가 충족될 수 없는 전쟁은 사람의 마음을 대체로 그들이 처한 환경과 같은 수준으로 떨어뜨리는 노예의 난폭한 주인이다. (…)

사람들은 행위를 평가하는 데 통상적으로 쓰던 말의 뜻이 변화되어 새로운 의미가 부여되었다. 분별없는 대담함이 충성스러운 지지자의 용기로 간주되었다. 신중함은 비겁한 자의 핑계가 되었다. 온건함은 남자답지 못함의 다른 말이 되고, 문제를 포괄적으로 이해하는 것은 무엇 하나 실행할 능력이 없음을 뜻하게 되었다. 충동적인 열의는 남자다움의 증표가 되고, 등 뒤에서 적에게 음모를 꾸미는 것은 정당방위가 되었다.

과격파는 언제나 신뢰받고, 그들을 반박하는 자는 의심을 받았다. 음모를 성공적으로 꾸미는 것은 영리하다는 증거이고 음모를 미리 적발하는 것은 더 영리하다는 증거였다. (…)

반대편에서 훌륭한 제안을 해도 반대파가 더 우세할 경우 너그럽게 수용하기는커녕 그것이 필요성을 갖지 못하도록 온갖 대비책을 세우곤 했다. (…)

사람들은 대개 착한 바보라고 불리기보다 못된 현자라고 불리기를 좋아하는데, 후자는 자랑스럽게 여기고 전자는 창피스럽게 여기 때문이다.

이 모든 악의 근원은 탐욕과 야심에서 비롯된 권력욕이었으며, 일단 투쟁이 시작되면 이것이 광신 행위를 부추겼다. 여러 도시의 정파 지도자들은 한쪽에서는 대중의 정치적 평등을, 다른 쪽에서는 건전한 귀족 정치를 내세우며 그럴듯한 정치 방향을 표방했다. 그러나 그들은 말로는 공공의 이익에 봉사한다면서도 사실 공공의 이익을 전리품으로 여겼다.

수치스러운 행위를 미사여구로 정당화할 수 있는 자들은 명망이 높아졌다. (…) 이처럼 내란 때문에 헬라스 세계 전체가 도덕적으로 타락했으며, 고상한 성품의 특징인 순박함은 조롱거리가 되어 자취를 감추었다. 세상은 이념적으로 적대하는 두 진영으로 나뉘었고, 두 진영이 서로 불신하는 것이 유행이 되었다." (TW 3.82-83)

케르퀴라인들이 증오심으로 내전의 파장을 이어가던 BC 427년 여름이 끝나갈 무렵 아테네의 에우리메돈과 아테네 함대가 케르퀴라를 떠났다. 이 전쟁은 2년 후에 펠로폰네소스전쟁의 부분이 되면서 케르퀴라는 아테네 편에서 코린토스는 스파르타 편에서 싸웠다.

전쟁은 끝이 없었다. 시보타전투가 끝난 직후, 아테네와 코린토스는 포티다이아(Potidaea)전투에서 다시 싸웠다. 이 전투는 결국 스파르타의 공식적인 전쟁선포를 견인하게 되었다.[1)]

포티다이아 전투

칼키디케(Chalcidice)는 그리스 북부의 마케도니아에 인접한 도시다. 칼키디케의 남쪽에는 3개의 반도가 있다. 이 반도들의 서쪽 가장 끝이 팔레네(Pallene)반도다. 포티다이아는 팔레네지협(地峽)의 육지 끝이면서 에게해로 나가는 관문이다.

반도의 현대 명칭은 카산드라(Kassandra)다. 포티다이아는 BC 479년에 페르시아에 의해 포위당한 적이 있으나 쓰나미가 닥치면서 페르시아군이 퇴각하고 다시 그리스 지배로 회복된 것으로 전해진다.

포티다이아 전투는 시보타 전투와 더불어, 펠로폰네소스전쟁의 또 다른 촉매였다. 투키디데스는 펠로폰네소스전쟁의 방아쇠를 당기는 사건의 하나로 이 전쟁을 인용했다. 이 전투는 BC 432년부터 3년여 동안 포티다이아 근처에서 아테네와 그의 일부 동맹국들을 한편으로 하고 코린토스와 포티다이아 및 여러 동맹국의 군대들이 한편으로 해서 싸운 전쟁이다. 결국 델로스 동맹군과 펠로폰네소스 동맹군의 전초전이었다. 실제 전투는 1년간 전개되었고 나머지 기

---

1) 케르퀴라에 관한 내용은 Stefanos, Thucydides 1.24-1.55: "Epidamnos' dispute between Corinthos and Corcyra and Athens' role," https://medium.com/political-arenas; J. Rickard, "Corinth-Corcyra War 435-431 BC," http://www.historyofwar.org/; https://en.wikipedia.org/. 등의 자료와관련 문헌을 토대로 작성하였다.

간은 아테네군의 포위 기간이었다.

포티다이아는 펠로폰네소스 동맹국인 코린토스의 식민지로서 모국인 코린토스와 친밀한 관계를 유지했다. 코린토스는 약 200km나 떨어져 있는 포티다이아에 매년 고위 행정관을 파견하고 있었다. 포티다이아는 다른 한편으로는 델로스 동맹의 일원으로 매년 아테네에 공물을 납부했다. 이것은 적대적인 두 진영에 한 발짝씩 딛고 있는 양다리 외교였다. 아테네와 코린토스의 관계가 가장 좋을 때에도 어색한 관계가 될 수밖에 없었다. 양쪽으로부터 도움을 받을 수도 있겠지만 그보다는 아테네와 코린토스 사이에 분쟁이 일어나면 고래 등 사이에 낀 새우가 된다.

아테네는 반항적인 포티다이아인들이 트라케에서 광범위한 반란을 촉발시킬 수 있다는 불신과 공포감이 있었다. 특히 마케도니아의 페르디카스 2세(Perdiccas II)는 이미 트라케(Thrace)에서 아테네의 다른 동맹국들을 상대로 반란을 부추겼었다. 아테네 또한, 코린토스가 포티다이아에게 반란을 사주할 수 있다고 의심했다. 의심은 의심을 낳는다. 의심은 대상에 대한 올바른 판단을 저해하는 정상 사고의 블랙홀이 된다. 부부 간의 의심은 이혼으로, 연인 간의 의심은 치정으로 달리듯, 결국 아테네의 불신과 염려는 포티다이아 전투를 불렀다.

코린토스와 케르퀴라전쟁(BC 435~431년) 이후 아테네는 차제에 포티다이아에서 코린토스의 영향력에 쐐기를 박고 종지부를 찍어야 한다고 다짐했다. 특히 아테네는 만일 포티다이아에서 반란이 일어나면 곡물 공급에 차질이 빚어질 것도 걱정되었다. 아테네인들은 포티다이아에게 3가지를 요구했다. 첫째, 코린토스 행정관을 돌려보내고 이후부터는 받아들이지 말 것, 둘째, 아테네에 포티다이아인들을 인질로 보낼 것, 셋째, 팔라네 지협을 향해 남쪽으로 있는 도시 성벽을 해체할 것 등이다.

포티다이아는 아테네에 반기를 들면 마케도니아의 페르디카스왕이 지원해줄 것이라는 사실을 간파하고 있었다. 사실 페르디카스는 이미 칼키디케인들에게 아테네에 대해 반란을 일으키도록 설득하는 시도를 하고 있었다. 아테네도 이런 사실을 모를 리 없다. 아테네의 3가지 요구사항은 이런 시도를 차단하려는 대책이었다.

그러나 포티다이아인들에게 원천적으로 불가능한 일은 코린토스의 행정관 철수다. 이것은 코린토스와 외교관계를 단절하고 배척하는 것이다. 우선 아테네에 대사들을 보내 이 요구의 부당함을 주장했다. 아테네가 거부할 것은 분명하지만 이 과정은 다른 세력들에게 보여주는 일종의 시위효과가 있다. 아테네에 간 포티다이아 대사들은 예상했던 대로 어떤 양보도 받아내지 못했다. 아테네인들은 양다리 중 하나를 절단하려는 확고한 방침을 세우고 있었다.

포티다이아 대사들은 양다리를 기린처럼 길게 늘였다. 아테네에서 스파르타로 방향을 바꿨다. 스파르타에 간 대사들은 만일 아테네가 폴리타이아를 공격하면 스파르타는 아티카를 침공할 것이라는 약속을 받았다. 육상전투에 강한 스파르타는 아티카가 단골 먹잇감이었다. 이 소식이 포티다이아에 전해지면서 시민들은 칼키디케인들과 합류하기로 결정했다. 반란으로 치닫고 있는 것이다. 아테네에서는 이런 상황에 대해 예측을 넘어 확신하고 있었을 것이다.

아테네는 아르케스트라토스(Archestratus)를 총사령관으로 하여 30척의 함선과 1,000명의 중장보병을 포티다이아로 보냈다. 아테네군을 맞은 것은 포티다이아인들과 페르디카스가 합세한 반란군이었다. 현지에 도착한 아테네의 지휘관들은 그들의 군대가 적과 대적하기에 역부족이라는 것을 알고 우선 전력을 하나로 집중하여 포티다이아 대신에 마케도니아의 페르디카스 군을 공격하기 위해 마케도니아 피드나(Pydna)로 향했다.

아테네 원정대의 이 전략으로 포티다이아 도시는 공수의 군대가 없이 잠시 무주공산이 된다. 이 사이에 코린토스는 아리스테오스(Aristeus)를 지휘관으로 1,600명의 중장보병과 400명의 경장보병을 '자원봉사자' 신분을 표방하면서 포티다이아에 파견했다. 전쟁에 주도적으로 참전하여 싸우지 않겠다는 메시지였지만 전투에서 이런 전략은 속임수에 불과하다. 싸우거나 도망하거나 둘 중 하나 외에는 선택지가 없는 것이 전투이다.

아테네는 2차로 칼리아데스(Calliades)의 아들 칼리아스를 사령관으로 하여 2,000명의 중장보병을 추가로 파병했다. 이들은 마케도니아 도시인 피드나를 포위하고 있는 일진 파병단과 합류했다. 아테네 군대는 여기에서 코린토스가 포티다이아를 지원하기 위해 2,000명의 군대를 파병했다는 소식을 받고 이 새로운 위협을 막기 위해 거꾸로 포티다이아로 진군했다.

반면에 마케도니아의 페르디카스는 아테네와의 조약을 파기하고 별도로 포티다이아로 행군했다. 조약의 파기라기보다는 처음부터 교활한 전략이었고 아테네는 다급한 상황에서 전후좌우의 고려 없이 독이든 생선을 물었던 것이다. 페르디카스 기병 200명도 코린토스의 지휘관인 아리스테오스와 합류해 연합군을 형성해 포티다이아로 향했다.

양측은 공방전을 계속했고 코린토스는 아리스테오스가 지휘하는 진영만 승리한 데 비해 아테네군은 다른 모든 전선에서 승리했다. 전쟁은 분명히 아테네의 승리였다. 코린토스와 포티다이아 동맹군은 300명의 전사자를 냈지만, 아테네는 총사령관 칼리아스와 함께 150명의 인명손실을 입었다. 그럼에도 아테네는 승리를 기념하기 위해 승리탑을 세운 뒤에 포티다이아에 대한 장기적인 포위공격을 준비했다.

아테네진영은 처음에 도시 북쪽의 지협 맨 위를 가로질러 하나의 장벽을 쌓았다. 아테네는 칼리아를 대신해 아소피오스(Asopius)의 아들 포르미오(Phormio)의 지휘하에 1,600명의 중장보병을 증파했다. 지금까지 3번째의 파병이다. 이 군대는 포티다이아 남쪽의 팔라네(Pallene)에 상륙해서 지협을 따라 전진하여 도시에 도착하자 남쪽으로 포위 요새들을 건설했다.

포티다이아 도시는 아테네군의 포위로 완전히 고립되었다. 코린토스의 사령관 아리스테오스는 포위된 도시는 더 이상 저항을 기대할 수 없다고 믿고, 시민들에게 우선 가능한 기회에 바다로 대피하도록 조언했다. 그 자신도 500명의 수비대에게 도시를 지키도록 해놓고 도시로부터 도피했다.

아테네의 포위망은 완벽했으나 시간이 가면서 느슨해졌다. 투키디데스는 BC 431년 포티다이아에서 일어난 어떤 중요한 사건도 전하지 않는다. 1년 후 BC 430년 여름에 지금까지의 규모에서 최대의 아테네 군대가 포티다이아에 파견되었다. 4,000명의 중장보병과 300명의 기병 그리고 레스보스(Lesbos)와 키오스(Chios)로부터 100척의 삼단노선과 50척의 배가 동원되었다.

니키아스(Nicias)의 아들 하그논(Hagnon), 페리클레스의 동료 장군인 클리니아스(Clinias)의 아들 클레오폼포스(Cleopompus)가 사령관을 맡았다. 아테네는 모든 전력을 포티다이아에 쏟아부으면서 물량 공세로 포티다이아를 초토화시키거나 질식시킬 기세였다. 그러나 세상일은 작은 돌출이나 순간의 우연이 흐름을 바꾸는 일이 허다하다.

하그논의 군대가 BC 430년 아테네에 창궐한 전염병을 포티다이아를 포위하고 있는 군대로 옮긴 것이다.[2] 하그논은 이런 상황에서 도시를 공격할 수 있는 모든 장비를 사용했지만 성과는 없었고 오히려 전염병으로 4,000명의 중장보병 중 1,050명이 죽었다. 포티다이아 외곽에서 최소한 한 달을 보낸 후에 하그논은 더 이상의 포위를 포기하고 그의 군대를 아테네로 철수했다.

포티다이아인들도 아테네의 포위상태에서 더 이상 버틸 수 없는 극한 상황에 도달했다. 전쟁 2년 말인 BC 430/429년의 겨울에 상황은 더욱 참혹했다. 도시 안에서는 사람 고기를 먹었다는 일부 식인 사례까지 기록되었다. 아테네도 어려움을 겪기는 마찬가지였다. BC 430/429년까지 2년간 지속된 이 포위 공격으로 아테네 재정은

---

2) 전염병에 관해서는 메가라 법령과 페리클레스의 대응에 관한 글을 참조.

바닥이 드러났다. 1년간 군사 활동에 필요한 비용이 1,000달란트에 달해 2년간 비용으로 2,000달란트가 들었다. 또한, 정신적인 피로감이 몰아쳤다. 더구나 에게해 북쪽에서 대규모 군대를 유지해야 하는 상황이 부담을 더 가중시켰다.

서로 버틸 수 있는 힘의 한계에서 결국 포티다이아가 항복했다. 이에 따라 아테네는 이른바 관대한 항복 조건을 들어주었다. 포티다이아 군인들의 부인과 자녀 그리고 지원군들은 자유롭게 도시를 떠나 그들이 원하는 대로 어느 곳이든 가도록 허용되었다. 여성은 한 사람당 2점의 의복을, 남성은 한 벌의 의복을 지참할 수 있었다. 여행을 위한 일정한 액수의 돈도 허용되었다.

이 관용 조건에 대해 아테네에서는 약간의 불평이 나왔지만 아테네는 포티다이아를 그들의 식민지로 유지하는 전과를 올렸다. 그러나 세상사는 항상 양면성과 명암이 엇갈린다. 아테네는 코린토스의 입에 거품을 더 품게 만들었다.

이 전쟁에는 철학자 소크라테스가 아테네 군인으로 참전했다. 플라톤은 여러 대화에서 소크라테스가 포티다이아전투의 참전용사였다는 것을 드러내고 있다. 그뿐만 아니라. 이 전쟁에서 그는 후에 아테네의 정계와 군대를 휘두르게 되는 알키비아데스(Alcibiades)의 생명을 구했다.[3]

---

3) Symposium (219e-221b); J. Rickard, "Siege of Potidaia BC 432-430/29," http://www.historyofwar.org/.플루타르코스는 소크라테스가 알키비아데스와 한 천막에서 지내며 함께 전투를 했고, 전투 중에 알키비아데스가 손을 다쳐 쓰러지자 그의 앞을 막고 서서 적을 물리쳐 그의 생명을 구해주었다고 전한다. https://www.bible-history.com/links; https://en.wikipedia.org/wiki/외 여러 관련 문헌 참조.

제6장
메가라 법령과 제2차 전쟁의 개전

메가라 법령과 스파르타의 위협

펠로폰네소스전쟁의 또 다른 도화선은 메가라 법령(Megarian Decree)이다. 메가라는 그리스의 서쪽지역 아티카에 있는 역사적인 도시이며 아티카 4지역의 하나로 살라미스(Salamis)섬의 반대편인 코린토스 지협의 북쪽, 아티카의 서쪽 끝에 있다. 아테네로부터는 서쪽으로 34km 떨어져 있다. 신화에서는 아레스(Ares)의 아들인 아테네의 판디온 2세(Pandion II)의 네 아들 중의 한 명인 니소스(Nisos)가 지배자였다.

메가라는 초기에 코린토스의 종속 국가였다. 그러나 메가라의 식민지인들은 시칠리아에 있는 시라쿠사(Syracusa)의 북쪽 작은 도시국가인 메가라 히블라이아(Megara Hyblaea)를 세웠다. 메가라는 이어 코린토스와 독립전쟁을 일으키고 후에 두 곳 즉 칼케돈

(Chalcedon, BC 685년)과 비잔티움(Byzantium, BC 667년)에 식민지를 개척했다.

메가라에는 두 개의 무역항이 있었다. 하나는 코린토스만의 서쪽에 있는 페가이(Pegae)항이고 다른 하나는 에게해의 사로닉만(Saronic Gulf)의 동쪽에 있는 니사이아(Nisaea)항이다. 메가라는 직물로 유명하고 말 등의 특산품을 수출했지만 항구를 중심으로 무역이 번성했다.

그리스-페르시아의 두 번째 전쟁(BC 480~479년)에서 메가라는 펠로폰네소스의 동맹국으로 스파르타와 아테네 편에서 싸웠다. 그러나 메가라는 같은 동맹국인 코린토스와 국경 분쟁을 겪게 되면서 펠로폰네소스 동맹에서 탈퇴해 델로스 동맹에 들어왔다. 그러나 메가라는 BC 446/445년의 30년 평화조약이 체결되면서 델로스 동맹에서 다시 뛰쳐나와 펠로폰네소스 동맹에 복귀한다. 아테네는 메가라의 이런 변절(變節)을 배신으로 읽고 응징과 보복을 노렸다.

그러나 만일 아테네가 공개적으로 스파르타 동맹국인 메가라를 공격한다면 평화조약 위반이다. 스파르타와 전쟁으로 번질 수도 있어 오히려 메가라에 대한 응징의 본말이 전도될 수 있다. 아테네가 생각한 응징은 전쟁을 피하면서 메가라를 옥죄는 방법으로 침공이 아닌 경제제재였다. 경제제재는 '메가라 법령'으로 나타났다.

아테네의 페리클레스는 BC 432년에 메가라에 대해 '메가라 법령(메가라 포고령이라고도 표현한다)'을 선포했다. 펠로폰네소스전쟁이 발발하기 직전이다. 법령 선포의 표면적인 이유는 메가라의 신성모독이다. 페리클레스의 이 법령 선포는 30년 평화조약을 위반하는 것이었지만 변명의 구실은 있었다.[1] 메가라가 곡물 수확과 성장의 여신인 데메테르(Demeter)에게 헌납된 성지를 경작하여 도주한 노예들에게 피난처로 주었고, 이런 처사는 불의한 것이라는 주장이었다.[2]

이 법령은 메가라 상인들에게 아테네의 통제를 받는 국경과 항구, 시장에 출입하는 것을 금했다. 이 금지령은 메가라의 경제를 질식시켰고 아테네와 스파르타 사이의 실낱처럼 연약한 평화의 끈을 위태롭게 하면서 긴장을 감돌게 했다.

통상적으로 전쟁을 통해 분쟁을 해결하던 시대에 '경제제재'는 새롭고 독특한 방식이었다. '경제제재'는 현대적 용어다. 아테네의 메가라 법령은 21세기에 현대 국가들이 취하는 조치보다 2,500여 년 전의 일이다. 결국 '메가라 법령'은 사상 최초의 '경제제재' 조치가 되었다.

아테네는 이 조치로 무력 침공이 아니더라도 밉보이는 국가들을 제재할 수 있는 대응 수단이 있다는 것을 모든 국가에게 보여주었다. 더구나 교역 중심 국가인 메가라에게는 심각한 타격이 아닐 수 없다.

그러나 이 법령은 메가라 시민들에게만 한정되었다. 당시에 메가라 무역의 대다수는 메틱스 즉 이방인들이나 외국인들이 담당했다. 이들은 메가라 시민들에게 부과된 제재에 영향을 받지 않는 대상들이다. 따라서 메가라 법령이 실제 메가라에게 얼마나 영향을

---

[1] George Cawkwell, *Thucydides and Peloponnesian War* (London: Routledge, 1997), p. 33.
[2] Terry Buckley, *Aspects of Greek History 750-325 BC* (London: Routledge, 1996), p. 322.

미칠 것인가도 의문이었다. 따라서 메가라가 이 법령을 이유로 전쟁을 주장하기도 어려운 상황이었다.

스파르타는 동맹국들과 협의 끝에 아테네에 사절단을 보내 메가라 법령을 해제하도록 최후통첩을 보냈다. 요구사항은 대단히 도발적인 내용이었다. 메가라 법령의 철회는 물론이고 그보다 훨씬 더 나아가 집권자 페리클레스뿐만 아니라 그의 가문의 즉각적인 추방을 요구했다.

이 요구사항이 충족되지 않을 경우 전쟁이 일어날 것이라는 위협도 뒤따랐다. 아테네가 포티다이아에게 요구했던 사항보다도 더 강한, 타협의 여지가 없는 내용이다. 오히려 아테네가 선포한 법령을 철회하면서도 사정을 해야 하도록 절벽으로 몰고 간 것이었다.

스파르타의 이런 요구사항은 코린토스에 떠밀려 나온 형식적인 행동이었다. 정치적인 제스처일수록 강경하고 현실성이 없는 제안을 늘어놓게 된다. 그렇더라도 한번 내뱉은 말이 흔적 없이 사라지는 것도 쉬운 일은 아니다.

코린토스는 케르퀴라 전투, 포티다이아 전투에서 아테네에 불만이 쌓였고 되받아 칠 기회를 노리고 있었다. 메가라 법령에 대한 반발은 스파르타를 끌어들여 아테네에게 보복을 하는 이이제이(以夷制夷) 전법이다. 코린토스는 케르퀴라가 아테네와 동맹을 맺을 때 전개했던 동맹 논리를 스파르타에 적용했다. 스파르타가 자신들을 돕지 않으면 자신들도 아테네에 전함을 넘기겠다고 위협했다.

스파르타는 동맹국들 중에서 가장 강한 코린토스의 반발을 그대로 넘길 수 없는 처지다. 특히 취약한 해군력으로 인해 코린토스의 해군력이 절대적으로 필요한 상황에서 코린토스의 위협적 반발을 무마하고 메가라의 비위를 맞춰야 하는 벼랑으로 몰린 것이다.

스파르타의 요구사항은 페리클레스보다는 아테네의 반(反)페리클레스 진영과 전쟁을 두려워하는 시민들을 선동하여 페리클레스와 국민 사이의 대립을 부추기려는 이간계의 의도가 분명했다. 아테네의 도편추방제를 염두에 두고 페리클레스를 추방하려는 전략이었다.

아테네도 장군멍군식의 역제안을 했다. 메가라 법령을 철회하는 대가로 스파르타가 그들의 영토로부터 주기적인 외국인의 추방을 포기하고 동맹국의 자치를 인정해야 한다는 요구로 맞섰다. 스파르타에 거주하는 외국인들의 불만과 불안에 불을 당기고 스파르타의 동맹국들에 대한 통제에 불만을 부추기려는 의도였다.

스파르타와 아테네 모두 상대 진영의 정권과 국민, 그리고 동맹국들의 틈새를 벌리려는 이간계를 구사했다. 이 주장들은 스파르타에 의해 당연히 거부되고, 어느 쪽도 기꺼이 양보하지 않고 두 나라는 최후의 해결수단인 전쟁에 대비했다.

상대국에 대한 무리한 요구나 간섭은 오히려 그 나라 국민의 반감을 불러와 내부적 결속을 다지게 만들 수 있다. 연설에 뛰어난 페리클레스도 이 점을 파고들어 받아쳤다. 강압적인 요구에 복종하기보다는 전쟁을 선택하자고 역설했다. 페리클레스는 시민들의 동요보다는 동맹들의 동요가 더 우려되었다. 아테네가 스파르타에 약해 보인다면 제국의 반란이 확산될 수 있기 때문이다. 따라서 그는 "아테네가 그 쟁점에 대해 인정한다면, 스파르타는 앞으로 더 많은 요구를 할 것이라고 주장했다."[3]

양측 사이에 이미 평화가 불안정한 상황에서 BC 431년에 스파르타 왕인 아르키다모스 2세(Archidamus II)는 아테네에 새로운 대표단을 파견하여 스파르타의 요구에 복종하라고 요구했다. 아테네는 이미 스파르타가 적대적인 군사 행동을 시작한 경우에는 스파르타 사절단을 받아들일 수 없다는 결의안을 통과시킨 상황이었다. 스파르타 사절단은 아테네에 들어올 수 없었고 두 나라의 공식적인 대화 채널 자체도 막히게 되었다.

페리클레스의 대응과 전염병의 창궐

아테네의 페리클레스는 다른 한편으로 30년 평화조약을 근거로 메가라 사태의 '중재'를 들고나와 스파르타를 압박했다. 30년 평화조약의 합의 사항에는 스파르타와 아테네가 분쟁은 '중재'에 의해 해결한다는 내용을 담고 있었다. 그러나 이번에는 스파르타가 거부했다. 중재안이 스파르타에게 불리하게 나오면 코린토스가 동맹을 떠날 것이라는 우려 때문이었다. 그럼에도 스파르타는 내심 불안했다. 중재를 거부한 것은 결국 신에 대한 맹세를 위반한 것이기 때문이다. 반면에 아테네는 당당했다. 페리클레스는 시민들에게 이렇게 연설했다.

---

[3] Athanasios G. Platias & Koliopoulos Constantinos, *Thucydides on Strategy* (Turkey: Eurasia Publications, 2006), pp. 100-103.

"(…) 스파르타인들은 협상보다는 전쟁으로 불만을 해결하기를 원하고, 이번에도 항의하는 것이 아니라 명령하고 있습니다. (…) 만약 여러분이 적들의 요구에 양보한다면 당장 더 큰 요구 사항을 들고나올 것입니다. 그들은 우리가 겁을 먹어서 요구를 들어준다고 생각하기 때문입니다. 하지만 우리의 입장을 굳세게 지킨다면 그들은 우리를 동등인으로 대해야 한다는 것을 분명히 알 것입니다. (…) 만약 (…) 우리에게 일방적인 요구를 해온다면, 그리고 우리가 그런 요구에 굴복한다면, 우리는 노예나 다름없는 처지가 될 것입니다." (TW 1.140-141)

메가라 법령을 철회하라는 스파르타의 요청에 아테네가 굴복하게 된다면 사실 아테네는 스파르타가 아테네에게 명령을 내릴 수 있도록 허용하게 된다는 것이다. 이것은 페리클레스의 전쟁 불사론의 표명이었다. 스파르타는 진퇴양난으로 몰렸다. 막다른 골목으로 몰린 스파르타의 선택은 전쟁 선언이었다. 개인이나 국가나 가다 보면 어쩔 수 없이 떠밀려서 마음에 없는 길로 들어서는 경우가 적지 않다.

스파르타가 제시한 개전 명분은 아테네의 억압으로부터 그리스를 해방시키기 위한 것이었다. 정치나 전쟁이나 또는 다른 인간관계에서도 명분은 대부분 창작이다. 명분은 사실과 거리가 멀고 진실과는 더욱 동떨어진 구실일 수 있다. 따라서 명분은 필요한 자가 그럴듯하게 만들어 내는 화장에 불과한 것이다.

명분은 신과 같다. 인간이 신을 만들어 놓고 신의 노예가 되는 것처럼 명분을 만들어 놓고 명분에 밀려 의도하지 않았던 방향으로 떠밀리게 되는 것이다. 명분은 국가를 전쟁의 늪으로 밀어 넣는 악마의 손이 될 수 있고 늪에서 인명을 구하는 천사의 손이 될 수도 있는 것이다. 아테네와 스파르타의 전쟁도 불가피한 사실이 아니라 각자가 만들어 낸 명분의 노예가 된 것이다.

스파르타가 내세운 명분은 델로스 동맹을 토대로 아테네가 제국화 되는 것을 저지해야 한다는 것이다. 여기에는 아테네의 국력이 강화되는 것에 대한 불안심리가 그대로 배어 나온다. 아테네는 페르시아 제국에 대한 방어적인 동맹이었던 델로스 동맹을 아테네 제국으로 전환했기 때문에 정당성을 갖고 있다고 대응했다.

메가라 법령이 어느 정도로 펠로폰네소스전쟁의 발발에 영향을 미쳤는지는 토론의 대상이다.[4] 전쟁의 주요 자료를 제공하는 투키디데스는 전쟁의 원인에 대한 분석에서 메가라 법령을 거의 강조하지 않는다. 투키디데스가 메가라 법령에 대한 경미한 언급에도 불구하고 그 중요성에 대해서는 간과하지 않는다. 즉 스파르타인들이 "아테네가 메가라 법령을 철회하면 전쟁을 피할 수 있다"고 말한 것으로 전한다 (TW 1.139).

그러나 투키디데스는 스파르타인들이 메가라 법령이 선포되기 전인 BC 440년 사모스의 반란 동안에 펠로폰네소스의 동맹으로부터 전쟁 선포를 시도했다고 기술함으로써 메가라 법령과 스파르타의 전쟁 선포의 관련성을 피해가려는 모습이다. 페리클레스의 대응에 대해 다른 판단을 하고 있었기 때문에 슬쩍 넘긴 것은 아닌가. 도널드 케이건(Donald Kagan)도 이 법령은 아테네가 스파르타와 30년 평화조약을 파기하지 않으면서 문제를 해결하려는 시도로 해석한다.

---

4) T. Buckley, *Aspects of Greek History*, 2nd. (London: Routledge, 2010), ch. 17.

메가라 법령의 중요성에 대한 주된 증거는 당시의 고대 극작가이자 풍자 작가인 아리스토파네스(Aristophanes)가 제공한다. 그의 연극 〈아카르나이의 사람들(Acharnians)〉은 그 법령이 어떻게 메가라인들을 천천히 굶어 죽게 남겨두는지 그리고 스파르타인들의 지원을 호소하게 만들었는지를 언급한다. 아리스토파네스의 또 다른 연극인 〈평화(Peace)〉는 메가라에서 전쟁의 신에 의해 어떻게 전쟁이 태동되었는지도 언급한다. 메가라 법령이 펠로폰네소스 전쟁의 몇 가지 요인 중의 하나일 가능성은 충분하다.[5]

스파르타 군대는 이 시점에서 코린토스에 모였다. 스파르타는 아테네가 사절단의 입국을 불허하는 것을 적대적 행동으로 몰아붙였다. 최후의 협상시도가 거부되면서 스파르타의 아르키다모스는 아티카를 침공했다. 그러나 그곳에 아테네 사람들은 없었다. 스파르타의 전략이 아테네 영토를 침범하고 유린하려는 것임을 알고 있는 페리클레스는 사전에 농촌의 인구를 비롯한 이 지역의 전체 인구를 아테네의 성벽 안으로 대피시켰다 (TW 2.14).

이주는 페리클레스의 또 다른 도박이었다. 주민들은 기존의 삶의 터전과 방식을 완전히 바꾸는 것이다. 이곳의 농촌 주민들이 선뜻 응하기는 쉽지 않다. 페리클레스는 주민들에게 전쟁에 대비하여 나가서 싸우기보다는 재산을 성안으로 들여오고 몸을 피하도록 했다. 생명과 재산을 동시에 보존하는 길이다.

---

[5] Sarah B. Pomeroy, Stanley M. Burstein, Walter Donlan and Jennifer Tolbert Roberts, *Ancient Greece: A Political, Social, and Cultural History* (Oxford: Oxford University Press, 1999).

그러나 이주민들은 스파르타군이 아티카로 진격해 오면서 자신의 농토와 작물이 유린되고 파괴되는 것을 보면서 울분이 터지지 않을 수 없었다. 그들은 더 이상 참지 않고 싸우려 했다. 이주민들의 불만과 분노는 곧 페리클레스로 향했지만 표현은 간접적 방식이었다.

이들은 페리클레스가 그들을 전쟁에 빠뜨린 것으로 간주했다. 그러나 이런 압력과 비난에도 페리클레스는 방어 중심의 초기 전략을 수정하지 않았다. 적이 어떤 행동을 유발하도록 유도하지도 않았다. 그는 또한, 자신들의 농장이 파괴되는 것을 지켜보면서 분노한 대중이 무모하게 현장에서 스파르타 군대에 도전할 것을 염려하여 민회의 소집도 피했다. 다수가 모이는 민회는 군중을 장악할 분명한 의제가 있지 않은 경우 자칫 소피스트들에 의해 방향을 상실한 채 표류하게 된다.

페리클레스는 대신 스파르타 군대가 아티카에 남아있는 동안 아테네가 우월한 수단을 활용했다. 어느 경쟁이든 상대방이 우월한 재능이나 무기에 매달리면 힘에 부친다. 자기에게 유리한 수단을 동원하여 상대를 제압해야 주도권을 잡게 된다. 페리클레스는 아테네가 우월한 해군력을 동원해 100척의 함대를 펠로폰네소스 해안에 보내 침탈작전을 전개했다. 기병대도 도시의 벽 가까이에서 황폐화된 농장을 지키도록 했다.

BC 430년 스파르타 군대는 아티카를 두 번째로 약탈했다. 그러나 페리클레스는 위협을 느끼지 않고 침착했다. 응전 대신 방어 집중의 초기 전략을 고수했다 (TW 2.55). 대신에 그는 육지를 비워두고 또다시 100척의 함선을 거느리고 바다로 나갔다. 플루타르코스에 따르면, 배를 항해하기 바로 직전에 태양의 일식 때문에 병사들이 두려워하자 아낙사고라스로부터 배운 천문 지식을 사용하여 그들을 진정시켰다.

BC 430년 여름, 아테네에는 인간이 전혀 예기치 못한 사건이 터지면서 재앙이 닥쳤다. 전염병이 창궐하여 아테네를 황폐화시킨 것이다 (TW 2.47). 병명도 몰랐다. 이 병이 장티푸스로 의심된다는 것은 후의 일이다. 전염병이 아테네 성내에서 발생했다는 것은 농촌에서 대피해온 피난민이 성곽 주변의 불결한 곳에서 혼잡하게 살던 상황과 무관하지 않을 것이다. 어찌 보면 필연적 인재였다.

투키디데스에 따르면 이 역병의 증상은 말로는 다 표현할 수 없을 지경이었다. 시민, 선원, 군인, 노예와 이방인 그리고 페리클레스와 그 아들들을 비롯해 많은 사람의 목숨을 앗아갔다. 목숨을 부지한 사람들도 기진맥진하게 만들었다. 페리클레스 자신도 이를 피하지 못하고 BC 429년에 사망한다.

포티다이아 전투에서도 1,000여 명이 죽었다. 너무나 많은 사람이 죽어가면서 해군 함선의 인원 조달도 어려울 지경이었다. 대략 1/3에서 2/3의 아테네 인구가 사망한 것으로 추정된다. 결국 인적 자원의 고갈은 전쟁에서 아테네 패배의 최종적인 원인이 되었다.

투키디데스가 묘사한 실상을 보면 처참하고 참담하다. 어떤 사람은 지극한 보살핌 속에서 죽어갔는가 하면, 다른 사람은 방치 상태에서 죽었다. 농촌에서 도시로 전입한 사람들은 집이 없어 여름에 숨 막힐 것 같은 오두막에 살다가 걷잡을 수 없이 마구 죽어갔다. 죽은 사람의 시신이 겹겹이 쌓였고 반쯤 죽은 사람들이 거리에서 비틀거리거나 물을 마시려고 우물가에 떼 지어 모여 있었다.

그들이 거처로 정한 여러 신전에는 그 안에서 죽은 사람의 시신으로 가득 찼다. 신전에서 죽는다는 것은 신에 대한 불경이고 모독이다. 그러나 엄청난 재앙에 압도되어 자신이 어떻게 될지 알 수 없는 처지인지라 사람들이 종교나 법률의 규범 따위에는 무관심해졌다 (TW 2.52). 투키디데스는 여기에서 인간이 평상시에는 종교나 규범 또는 법을 들먹이지만 극한 상황에 처하면 동물적 본능을 드러낸다는 것을 지적한다.

신은 결국 살아있을 때, 살 수 있다는 희망이 있을 때 갖는 어쩌면 사치스러운 존재다. 절망 앞에서, 죽음 앞에서 신은 경배의 대상에서 벗어나는 거추장스럽고 불필요한 존재라는 것을 극명하게 나타내 준다.

아테네 인구는 급격히 감소하고 심지어는 외국인 상인들조차도 전염병으로 벌집 들쑤셔 놓은 것 같은 도시에서 일하는 것을 거절했다. 전염병의 공포가 널리 퍼지면서 스파르타인들까지도 아티카 침공을 포기하고 전염을 우려해 적군과의 접촉 자체를 위험하게 생각했다.

국토가 유린당하고 전쟁과 역병에 동시에 시달리자 아테네인들의 생각은 변해갔다. 스파르타와 평화조약이 맺어지기를 원했다. 실제로 사절단을 파견했다. 그러나 아무 성과도 없었다. 완전히 절망감에 빠졌다. 절망감의 배출구는 페리클레스였다. 페리클레스를 비난하는가 하면 자기들이 당한 불행을 모두 그의 탓으로 돌리기 시작했다. 그에게 분통을 터뜨렸다. 페리클레스는 절벽을 뒤로 하고 섰다. 물러설 곳이 없었다.

그는 정공법으로 정면돌파를 시도했다. 그럼에도 그가 민회를 소집한 것은 용기를 북돋우어 주고 노여운 마음을 달래 그들이 자신감을 되찾게 해 주기 위해서였다 (TW 2.59).

그는 시민들에게 역설했다. 국가가 똑바로 서야 개인도 설 수 있다. 굴복하고 예속될 것이냐, 위험을 무릅쓰고 버텨낼 것이냐, 하나를 선택하라면 위험을 무릅쓰는 것보다 위험을 피하는 것이 더 비난받는다고 설득했다. 이런 그의 연설은 일시적으로 시민들의 분노를 누그러뜨리고 기름 대신에 물로 불을 잠재울 수 있었다.

그러나 그의 내부의 적은 포착된 기회를 놓치지 않고 고양이가 쥐를 낚아채듯 기민하게 덤벼들었다. 중우(衆愚)들을 선동하여 그의 장군직을 박탈하고 15~50달란트로 추정되는 벌금을 부과했다.

그러나 그의 빈 자리는 너무 컸다. 시민들은 BC 429년에 그를 장군으로 다시 뽑았다. 그는 아테네 군대의 사령관으로 복직되었고 모든 군사 작전을 주도했다. 다시 한번 그는 권력을 장악한 상태에서 전염병으로 두 자식들에 이어 자신도 전염병을 비켜 가지 못했다.

스파르타도 아테네가 장성을 중심으로 철통 같은 수비를 하는 바람에 아티카의 육지로 침공하는 것에 한계를 느꼈다. 더구나 우월한 해군력에 대한 불안감이 고조되어갔다. 아테네 입장으로서는 다행스러운 일이다. 결국 스파르타는 아테네를 치기 위해 페르시아에 도움을 요청할 수밖에 없었다.

동일 민족 간의 내전을 이민족을 끌어들여 국제전으로 확전시키는 처사였다. 물론 이 이야기는 디오도로스에 의해서만 기록되었다 (Diodorus, World History 12.41.1). 투키디데스도 스파르타인들이 동쪽으로 대사를 보냈다는 것을 나중에 인정한다. 그러나 투키디데스는 스파르타 사절들이 아테네인들에 나포되었기 때문에 목표를 달성하지 못한 것으로 전한다 (TW 2.67).

약소국 플라타이아의 비극

아테네와 스파르타 간의 30년 평화조약의 효력 기간이 반이 남아 있는 상황에서 아테네에 의존했던 약소국 플라타이아가 아르키다모스 전쟁에서 스파르타와 테바이에 짓밟혔다. 아르키다모스전쟁은 스파르타의 아르키다모스 왕이 BC 431년에 테바이를 앞세워 아티카(Attica)의 플라타이아(Plataea)를 공격한 것에서 시작되어 BC 421년까지 10년간 이어진 전쟁을 나타낸다.

테바이는 소포클레스의 유명한 비극 〈오이디푸스 왕〉의 무대다. 테바이는 페르시아전쟁 때 페르시아 편에 가담했던 반(反)헬라 도시국가였고, 이 때문에 그리스와 페르시아전쟁 끝에 아테네로부터 지도부가 처형되는 등 호된 응징을 당했다. 이런 연유로 테바이는 페르시아전쟁 후에 스파르타의 새로운 동맹의 품에 안겼다. 반면에 플라타이아는 페르시아전쟁 때도 그리스 연합군 편에서 분투한 도시국가이며 아테네의 오랜 동맹국이다.

헤로도토스에 따르면 플라타이아는 "스파르타의 손에 자신을 맡기겠다"고 제안했다. 그러나 스파르타는 이 제안을 거절하고 아테네와 동맹을 맺도록 제안했다. 플라타이아에 욕심을 내는 보이오티아와 아테네 사이의 갈등을 조장할 이간책이다.

플라타이아와 아테네가 이 제안을 수용하여 동맹을 맺자 테바이가 먼저 플라타이아를 제재하기 위해 군대를 보냈다. 당연히 아테네가 이를 제지했다. 여기에 코린토스가 끼어들어 중재하면서 테바이와 플라타이아 사이의 경계가 설정되었다.

코린토스의 중재로 아테네 군대가 귀국하자 기다렸다는 듯이 보이오티아가 습격했다. 그러나 다행히 아테네가 개입하여 보이오티아를 물리침으로써 플라타이아는 이웃의 예속을 피하고 자유를 유지할 수 있었다.

플라타이아는 이 은혜를 갚기 위해 마라톤 전투에서 아테네의 편에서 싸웠다. BC 479년 플라타이아는 페르시아의 제2차 그리스 침공 때도 그리스 연합군에 가담하여 용감하게 전투에 참여했기 때문에 스파르타와도 같은 동맹이었다.

그러나 페르시아전쟁 때 페르시아편에 섰던 테바이가 침공한 것이다. 이 침공은 이미 예고된 수순이었다. 테바이는 아티카에서 세력 확장을 꾀하면서 오랫동안 플라타이아를 먹잇감으로 침을 흘렸지만 매번 뜻을 이루지 못했다. 그런데 페르시아와 전쟁이 끝난 뒤 동맹을 맺은 스파르타가 등을 떠민 것이다.

이런 상황에서 투키디데스의 전쟁사는 300명의 테바이 군대가 야간에 도시를 기습적으로 함락시키려고 시도하면서 펠로폰네소스 전쟁의 불티가 되었다고 설명한다. 아르키다모스 2세가 직접 지휘하는 스파르타군과 테바이군이 연합하여 BC 429년부터 BC 427년까지 2년간 플라타이아를 포위했다.

플라타이아는 아테네에 구원군을 요청했다. 그리고 2년간이나 결사 항전으로 버텼다. 아테네의 지원을 믿고 기다렸기 때문이다. 그런 기대와 희망이 없었다면 합리적인 조건에서 전쟁을 마무리했을 것이다. 그러나 아테네는 현장에 나타나지 않았다. 독 안에 든 쥐를 그대로 둔 채 비겁하고 수치스럽게 꽁무니를 뺀 것이다.

플라타이아가 테바이와 스파르타 및 펠로폰네소스 동맹군들에 단독으로 맞서 싸운다면 백전백패라는 것은 뻔하다. 패전 후에 수많은 인명이 희생되는 것도 분명하다. 페르시아와의 전쟁에서 페르시아 편을 들었던 테바이 지도층도 전쟁이 끝난 후에 그리스 연합군에 의해 처형되었다. 테바이가 이에 대한 보복을 벼르고 있을 것도 분명하다.

그런데 동맹국 아테네는 플라타이아의 예고된 비극을 외면했다. 아테네가 한 일은 도주한 플라타이아인들을 수용하고 유례가 드문 시민권을 준 것이 전부다. 현대적 개념으로 보면 국경을 열고 난민을 받아준 것이다. 도대체 어찌 된 일인가?

페리클레스의 철저한 지상 수비전략 때문이었다. 아테네는 이미 이 당시로부터 33년 전인 BC 460년대 후반부터 15년여에 걸쳐 도시의 중심을 돌벽으로 둘러싸기 시작했고 BC 445년경에는 세 번째 성을 쌓아 피레우스 항구로부터 아테네 도심까지 이었다. 페리클레스는 아테네에 대한 침공에 대비하여 성 밖의 아티카 주민들을 모두 성 안으로 이주시켜 아티카를 스파르타군의 전쟁놀이 마당으로 내줬다.

스파르타군은 텅 비어 있는 농촌을 무차별적으로 파괴했다. 아테네 군대가 격분하여 나올 것으로 기대하는 유인책이었다. 그러나 아테네는 응전하지 않았다. 처음부터 불리한 스파르타와 지상전을 피하려 했던 것이다.

아테네는 아티카 주민들의 집과 재산 그리고 농작물을 모두 잃으면서도 주민들의 생명을 보호하는 것이 최선이라고 생각했다. 집을 버리고 간단한 가재도구만 들고 성 내로 들어와 성곽 주변에서 피난 생활을 하고 있는 농촌 주민들은 생활 여건이 조성되어 있지 않은 열악한 환경에 집단 수용됨으로써 질병과 사고에 그대로 노출되었다. 페리클레스가 전략적으로 아티카 농민을 이주시킨 아테네 도시도 비참해졌다.

페리클레스는 강박관념 속에 전후 좌우를 보지 못했다. 자신을 보고 아테네 정치권을 보고 아티카 농촌의 아테네 주민들만 생각했다. 동맹국인 플라타이아 주민들은 외면했다. 더구나 동족이고 동맹이며 아테네가 마라톤 전투에서 위기에 처하고 그리스와 페르시아전쟁에서 힘겹게 버틸 때 적극적으로 동참해준 국가였다. 여기에서 국제 사회의 동맹의 본질과 한계 그리고 냉혹함이 보인다. 국가 간의 동맹은 자국의 이익이 침해되지 않은 전제에서 협력이 시작된다는 것이다.

플라타이아는 보급품이 바닥나서 더 이상 버틸 수 없게 되어 스파르타에게 공정한 재판을 받는 조건으로 항복하고 도시를 넘겨주었다. 스파르타의 5명의 재판관들은 기소는 하지 않고 "이번 전쟁에서 스파르타인들과 스파르타의 동맹군들에게 도움을 준 적이 있는 지만 물었다"(TW 52.3).

스파르타와 테바이를 비롯한 펠로폰네소스 동맹군에 저항하고 교전한 플라타이아인들의 대답은 당연히 '없다'일 수밖에 없다. 전쟁에서 적군에게 도움을 주었다면 이적행위다. 재판이 아니라 일방적으로 사형선고를 내려놓고 최후진술을 말하라는 것이었다.

결국 200명 이상의 플라타이아인들과 함께 아테네인 25명은 처형되었고 여성들은 노예가 되었다. 그로부터 약 1세기 후인 BC 338년, 마케도니아의 필리포스 2세가 플라타이아를 '페르시아에 저항하는 그리스의 용기의 상징'으로 재건하고 그의 아들 알렉산더 대왕은 BC 335년에 테바이를 완전히 멸망시켰다.

페리클레스는 대신 바다를 통해 함대로 보복했다. 그렇지만 이런 전략은 근본적인 대책이 될 수는 없었다. 이런 전략은 너무나 고비용이었다는 것이 곧 드러나게 되었다. 아테네의 삼단노선 군함 한 척에는 200여 명의 노잡이가 필요했다. 이들은 하루에 1드라크마(drachma, 원래 고대 그리스어는 '드라크메'지만 로마식 표현인 드라크마로 널리 통용되어 드라크마로 표기한다)를 받았다. 그렇다면 함선 한 척에 지급되는 급여는 한 달에 6,000드라크마로 1달란트에 해당한다.

아테네는 전쟁 첫 해의 8개월 동안 130척의 함선에 1,040달란트, 그리고 12개월 동안 70척의 함선에 840달란트 등 모두 1,880달란트, 그리고 포티다이아를 포위하는 데 군사에 지급금으로 420달란트를 합쳐 총 2,300달란트를 지출했다.

투키디데스가 알려주는 동맹국들로부터 매년 들어오는 평균 공물은 600달란트(TW 2.13.3)다. 크세노폰(Xenophon)은 국내외 수입을 1,000달란트로 전한다. 전쟁 개시 당시에 아테네는 6,000달란트의 전쟁 자금이 있었다. 매년 1,000달란트가 들어온다고 해도

BC 430년 봄에 4,700달란트 이상이 남아있기는 어렵다. 아테네가 페리클레스의 전략에 따라 전쟁을 계속했다면, 전비지출이 배를 넘기 때문에 전쟁 4년째에는 전쟁을 포기할 수밖에 없었을 것이다.

투키디데스는 직접적으로 비판하지 않지만, 페리클레스의 행태에서는 인민 독재의 성격이 드러난다. 그는 델로스 동맹 자금을 아테네 도시재건사업비로 지출했다. 농촌 주민을 강제로 도시로 이주시켰다. 라이벌 키몬을 배척하여 아테네를 적전 분열의 내부 혼란으로 몰고 갔고 스파르타를 전략적으로 이용했다.

그러면서도 전쟁에서 신축적인 공수전략 대신에 어느 하나의 전략, 예를 들면 육상의 경우 수비 중심의 전략과 해상의 경우 과도한 고비용구조, 그리고 선택과 집중 대신에 의욕과 욕심으로 전력을 분산시켜 피해를 가중시켰다. 그럼에도 그의 강력하고 일관된 추진력은 아테네인 및 동맹국들을 결속시키고 강화하는 데는 유효했다.

그는 위기상황을 배경으로 하여 빈약한 정보를 가진 시민을 언변으로 설득하면서 정책을 밀었고, 스파르타와 중재와 타협의 노력 대신에 시민을 선동하여 전쟁으로 몰고갔다. 아테네는 속으로 골병이 들어가고 있었지만 아테네인들의 전의는 꺾이지 않았다.

페리클레스의 퇴장과 클레온의 등장

나우파크투스는 코린토스만의 북쪽 해안에 있는 해군의 전략적 요충지다. 펠로폰네소스전쟁 중에는 아테네의 중요한 해군기지였다. 나우파크투스를 점령하는 것은 코린토스만에 접근을 통제하는 전략적으로 중요한 의미가 있다. 아테네가 리움(Rhium)전투 또는 칼키스(Chalcis) 전투(BC 429년)에서 승리하고 1주일 만에 나우파크투스 전투가 발발했다.

리움 전투는 펠로폰네소스 동맹들이 여러 나라에서 47척의 삼단노선을 동원하여 공격을 개시하고 아테네는 20척으로 맞섰지만 아테네가 승리했다. 스파르타 측은 배의 숫자로는 두 배 이상 많았으나 대부분 수송선을 개조한 배였다. 반면에 아테네의 배는 전투를 위한 함선이었다. 특히 스파르타 배들은 여러 국가에서 징발되어 여러 명이 지휘를 맡았다. 전투경험도 적었다. 반면에 아테네는 노련한 포르미오(Phormio)가 지휘했다.

포르미오는 10여 년 전 포티다이아에 파견되었을 당시에 자신의 사비까지 털어 병사들의 식량을 제공하는 등 청렴한 지휘관으로 활약했다. 그럼에도 그의 정적들은 시민조사위원회를 통해 그가 원정 중에 취한 행동들을 꼬투리 잡아 100미나의 벌금을 물렸다. 금의 무게로 환산하면 2억 3,000만 원 정도이다.

그는 체납자가 되어 시민권을 박탈당하고 산 속 가족 농장으로 들어갔다. 그가 세상을 등지고 사는 중에 그리스 서해안 지방의 아카르나니아 사람들이 그를 용병 대장으로 초빙했지만 그는 거절했다. 아테네는 이 사실을 알고 포르미오가 자칫 다른 곳으로 갈지 모른다며 벌금을 탕감해 주고 그의 시민권을 회복시켜줄 계책을 마련했다.

우선 그를 디오니소스 축제의 신전준비 담당관으로 임명한 뒤에 공적 자금 중에서 100미나를 준비 비용으로 지급하고 그 비용으로 그의 벌금을 납부토록 했다. 대신 디오니소스 신에게는 싸구려 선물을 바치는 것으로 정리했다. 그는 이 곡절 끝에 시민권을 회복하고 장군으로 선출되어 이 전투를 지휘하게 된 것이다.

해전의 명장인 포르미오는 이 전투에서 삼국지의 제갈량이 동남풍을 이용한 것처럼 바람의 방향을 적절히 이용하여 승리를 거두었다. 그러나 제갈량은 AD 3세기 초(181~234년) 인물이다. 포르미오가 최소한 500여 년 앞선다. 아테네는 리움 전투에서 승리했고 패배한 스파르타는 충격에 빠졌다.

더구나 스파르타에게는 코린토스만의 나우파크투스에 있는 아테네의 기지가 눈에 가시였다. 아테네는 이 곳을 기반으로 코린토스의 해군을 저지하고 있었다. 따라서 스파르타는 우선 이 기지를 점령하고자 했다.

스파르타는 나우파크투스의 해전 준비를 위해 펠로폰네소스 동맹국들 가운데 코린토스와 메가라 등 8개국으로부터 모두 77척의 배를 모은 뒤 스파르타의 크네모스(Knemus)를 비롯한 동맹국의 장군들이 지휘를 맡았다. 그러나 스파르타는 이 전투에서도 패했다. 나우파크투스에서 아테네의 승리는 코린토스만과 그리스 북서쪽에서 아테네에 도전하려는 스파르타의 시도를 허물었다. 이런 승리의 여세를 몰아 아테네는 제해권을 점점 강화해 나갔다.

한편 전쟁을 지휘하던 페리클레스가 전염병으로 사라진 자리는 새로운 리더십의 공간이 마련되었다. 등장한 인물은 클레온(Cleon)이었다.[6] 클레온은 귀족이었음에도 상인 계급을 대표하는 아테네

---

6) https://www.livius.org.

장군이었다. 그는 BC 431년에 펠로폰네소스 동맹의 침략자들과 아티카 전투를 거부하고 수비에 전념하는 페리클레스의 전략에 강력히 반대했다.

주민을 성 안으로 대피시키고 방치한 성 밖의 농촌지역들이 스파르타에 초토화되는 상황에서 그의 주장이 관심을 끄는 것은 당연하다. 그는 이를 통해 페리클레스의 반대자로 부상했다.

BC 430년, 페리클레스가 펠로폰네소스에 대한 원정에서 실패하고 도시가 전염병으로 황폐화되었을 때, 클레온은 페리클레스의 통치 자체에 대한 반대에 집중했다. 정책에 대한 반대에서 전면적인 정권 투쟁으로 전선을 확대한 것이다.

클레온은 강경한 대변인이자 신랄한 비평가였다. 그는 아래는 공무원에서부터 위로는 페리클레스에게까지 비판과 비난의 화살을 쏘아 댔다. 페리클레스가 전염병으로 죽기 1년 전인 BC 430년에 그의 공금 사용의 실책을 밝혀내 공직에서 한동안 물러나 있도록 했다. 그런데 정적이 전염병으로 BC 429년에 급작스럽게 죽으면서 과녁이 사라졌다.

클레온은 재야의 비판자에서 일약 조야의 공인된 대변가이자 민주주의 지도자로 변신해 아테네의 정치를 지배하게 되었다. 그는 거칠고, 세련되지는 않았지만 자연스러운 웅변과 강력한 목소리로 카리스마가 넘쳤다. 아테네 인민 대중의 감정에 어떻게 대처할 것인지를 알고 있었다. 전형적인 데마고고스(Demagogos)이고 포퓰리스트(Populist)였다. 이런 인물일수록 민족주의자의 옷을 걸친다.

클레온은 진영 논리로 피아를 갈랐다. 그의 지배원리는 대척점의 자리에 귀족과 스파르타를 놓고 맹렬하게 증오심을 일으키는 것이었다. 그는 가난한 배심원단에 대한 임금을 인상함으로써 아테네인들의 생계를 도왔다.

배심원제는 더 가난한 아테네인들에게 생계 제공의 한 수단의 기능도 담당하고 있었다. 이를 통해 그는 가난한 시민들의 강력한 지지를 구축했다. 그는 이런 부문에 필요한 재원을 마련하기 위해 BC 425년에 '동맹국'의 공물을 두 배로 높였다.

그러나 그는 BC 422년에 암피폴리스(Amphipolis) 전투에서 스파르타의 명장 브라시다스(Brasidas)와 함께 죽었다. 평화 대신에 전쟁을 외쳤던 이들이 죽으면서 평화에 대한 주요 장애물이 제거되었다. 그리고 BC 421년에 아테네와 스파르타 간에 니키아스 평화 조약이 체결되었다.

투키디데스와 희극작가 아리스토파네스는 클레온의 특성을 매우 부정적 시각에서 묘사한다. 그를 무원칙하고 전쟁 광인으로 낙인 찍어 버린다. 투키디데스는 전쟁사에 등장하는 모든 사람 중에서 클레온을 '아테네에서 가장 폭력적인 남성'(TW 3.36)으로 묘사하는 등 가장 비판적으로 취급한다.

아리스토파네스는 주로 『기사(The Knights)』와 『말벌(Wasps)』(664-712)에서 그를 언급한다. 『기사』에서는 그를 '뱀장어 낚시꾼'으로 비유한다. "뱀장어 낚시꾼들은 잔잔한 물속에서는 아무것도 잡지 못한다. 그러나 만일 그들이 끈적끈적한 점액을 퍼트려 놓는다면 낚시는 잘 된다. 마찬가지로 난세에서 당신은 오직 당신의 주머니만을 챙긴다"(기사단 864-867). 그리고 『말벌』(특히 664-

712)과 다른 연극에서 그에 대해 가장 많이 언급한다.

투키디데스 및 아리스토파네스가 클레온을 비판적으로 묘사하는 것은 클레온과의 악연에서 빚어진 것이다. 투키디데스가 지역 군사령관이었을 때 전투가 벌어지고 있던 섬에 그의 배가 스파르타 군함보다 늦게 도착했던 일로 군사 무능력으로 기소되고 추방되었다. 클레온이 제안한 법령의 올가미에 걸린 것이다.

작가인 아리스토파네스도 클레온에 대해 원한을 가졌다. 클레온이 정부 위원회에서 그를 공개적으로 비난했기 때문이다. 클레온은 아리스토파네스가 연극 〈바빌로니아인〉에서(현재는 소실됨) 국가적으로 대단히 위험한 도시에 외국인이 존재하는 정책과 제도를 조롱했다는 이유로 그를 비난했던 것이다.

두 작가가 물려준 묘사를 토대로 할 때 클레온이 이들을 부당하게 대했을 개연성은 뚜렷하다. 그러나 이들의 클레온에 대한 부정적 묘사가 오로지 악연에 따른 반감 때문이라고 간주하는 것은 성급하다. 클레온이 빈약한 증거로 시민을 선동함으로써 아테네에 불신의 감정을 조장했다는 비판을 고려하면 그에 대한 부정적 기술이 정당화될 수도 있다. 클레온은 도시를 감시하기 위해 고용된 과격한 정보원으로부터 들은 내용을 가지고 시민들을 선동했던 것이다. 그렇지만 아리스토파네스나 투키디데스 모두 그들의 기술이 편향된 증거나 사고에 의한 것이라는 의심을 벗어나지는 못했다.

제7장
미틸레네 반란의 비극

미틸레네 반란과 전투

미틸레네(Mytilene, 그리스 발음은 '미틸리니'지만 '미틸레네'로 널리 일반화되어 그에 따른다)는 레스보스(Lesbos)섬 최대의 도시국가였다. 그리고 델로스 동맹의 일원으로 아테네가 제국으로 변하기 전에는 레스보스와 함께 중요한 자치 국가였다. 현재 레스보스섬은 남쪽으로 바로 밑에 있는 키오스(Chios)섬과 함께 에게해의 대표적인 섬이며 미틸레네는 이 섬의 수도이자 항구이며 북 에게해의 거점 도시이다.

레스보스는 델로스 동맹의 다른 국가들과 몇 가지 점에서 달랐다. 델로스 동맹의 회원국이지만 과두제였고 자신의 군함을 독자적으로 관리하면서 아테네가 다른 국가와 싸울 때 공물 납부 대신 함대를 보냈다. 이런 특징들은 다른 동맹국들에 비해 특전이었다. 그럼에도 미틸레네는 아테네 제국의 지배를 벗어나 레스보스섬에 존재하는 5개의 도시국가를 하나로 통일하려는 야심을 가지고 있었다. 아테네가 미틸레네인들이 권력을 강화하려는 시도를 좌시하지 않을 것임은 불을 보듯 뻔하다.[1]

아테네의 지배에서 벗어나려는 미틸레네는 BC 430년에 펠로폰네소스 동맹에 가입을 신청했지만 스파르타는 이 요구를 거부했다. 메가라 법령, 케르퀴라의 전쟁, 포티다이아 봉쇄 등이 모두 동맹 관계의 조정에서 비롯되었기 때문에 스파르타는 분명한 이익이 없는 한 멀리 떨어진 섬의 작은 도시국가로 인하여 분쟁의 소용돌이에 빠져 허우적댈 이유가 없었을 것이다.

미틸레네의 독립 계획은 진전을 보지 못했다. 배후 세력을 확보해 놓지 않은 상황에서 델로스 동맹을 탈퇴하는 것은 앉아서 아테네의 철퇴를 맞는 길이다. 그러나 스파르타의 거절은 펠로폰네소스 전쟁이 발발하기 이전이다. 이런 상황에서 펠로폰네소스전쟁 발발은 그들에게 기회였다.

미틸레네는 스파르타가 평화 시에는 거절했지만 전쟁 시에는 받아 줄 것으로 판단했다. 어차피 전쟁에는 한 자루 칼, 한 척의 배라도 긴요하다. 더구나 적군이 아군으로 넘어오면 한 자루의 칼, 한 척의 배가 실은 두 배가 된다. 특히 스파르타에게는 레스보스섬을 차지하여 아테네가 장악하고 있는 에게해의 교두보로 만들 수 있다.

아테네에는 전염병이 창궐하고 있었다. 절대적인 지도자 페리클레

---

[1] Donald Kagan, *Peloponnesian war* (New York: the Penguin Group, 2003), pp. 100-101.

스가 이 전염병으로 죽은 지 1년이 지났다. 인적, 물적 자원도 부족했다. 미틸레네의 지도자들은 아테네의 이런 정황이 반란을 위해 신이 준 기회로 판단했다. 미틸레네 지도자들은 권력에 대한 욕망으로 무모해지고 자기중심적 상황 판단으로 희망의 노예가 되어 있었다.

미틸레네는 펠로폰네소스 동맹으로부터 지원을 요청하기 위해 BC 428년에 올림피아에 사절단을 보냈다. 그러나 스파르타는 그해 여름에 올림피아에서 열리는 올림픽 축제 때까지 미틸레네에 관한 결정을 미루었다. 스파르타가 지원에 소극적인 것은 아테네를 의식하는 배경 외에도 반란에 대한 계획이 스파르타가 아닌 보이오티아로부터 비롯되었기 때문이다.[2] 보이오티아는 이미 BC 428년부터 미틸레네의 반란 계획에 동참한 것으로 보인다.[3] 펠로폰네소스 동맹의 맹주가 들러리나 서는 입장에 자존심이 상했던 것이다.

미틸레네인들은 펠로폰네소스 동맹의 지원을 기대하면서 반란 준비에 들어갔다. 성급한 조치였다. 일단 김칫국을 먼저 마시고 떡을 기대하는 꼴이었다. 도시를 요새로 구축하고 항구들을 점검하며, 해군을 증원하고 전함도 추가로 건조했다. 장기전에 대비해 여분의 곡식도 수입했다. 생필품과 용병은 폰토스(Pontus)에서 주문했다. 폰토스는 흑해 연안 아나톨리아 지방 북동부에 있던 옛 왕국의 이름이다. 오늘날 터키의 영토에 위치한다. 고대 그리스인들은 아나톨리아 북동부지역을 폰토스라고 불렀다.

반란 준비는 주위의 관심을 끌기 시작했다. 정보원들은 아테네

---

[2] Kagan (2003), p. 102.
[3] Kagan (2003), p. 100.

에 세부 사항 보고를 시작했다. 정보는 여러 출처에서 나왔다. 레스보스섬 내의 경쟁 도시국가인 메팀나(Methymna)와 에게해의 북쪽 섬인 테네도스(Tenedos)인들 그리고 그 도시에서 아테네의 이익을 대표하는 미틸레네인들의 집단들이 이 소식을 아테네에 넘겼다. 프록세노이(proxenoi)를 맡은 일부 미틸레네인들도 아테네에 정보를 넘겼다.

머나먼 길에 소식은 어떻게 전달했을까? 지금처럼 빠르고 편리한 통신이나 교통수단이 있었던 것이 아니었다. 전서구(傳書鳩) 즉 훈련된 비둘기의 다리에 통신관(通信管)을 끼고 그 안에 서신을 넣어 전달하는 방법이 그 당시에 사용되었을까? 가장 확실한 것은 사람이 직접 배를 타고 가는 것이다.

미틸레네를 중심으로 하는 레스보스섬의 반란 추진은 섬의 모든 도시국가는 물론 모든 사람의 지지는 받을 수 없었다. 레스보스섬의 미틸레네를 비롯해 다른 4개의 도시국가 중에서 안티사(Antissa), 에레소스(Eresus) 및 피르라(Pyrrha) 등 3개 국가는 과두체계로 반란에 뜻을 같이했다. 그러나 메팀나(Methymna)는 레스보스에서 미틸레네와 경쟁적인 도시국가이다. 정치체계도 민주체계로 아테네에 동조적이며 델로스 동맹의 회원국이었다. 인근 테네도스(Tenedos)섬도 아테네에 계속 충성하고 있었다 (테네도스는 현재 터키령으로 보즈자아다[Bozcaada]로 불리는 곳이다).

메팀나와 테네도스는 왜 반란을 거부했을까? 아테네에 대한 충성의 문제였을까? 레스보스섬의 다른 도시국가들에 비해 아테네에 대한 충성심이 강할 수는 있다. 그렇다고 그 충성심이 전부는 아니다. 국제 사회에서는 국가 이익이 최우선이다. 우선 정세의 판단에서 반란 성공률이 낮다고 보았을 것이다. 반란에 성공해도 레스보스의 입장에서는 결국 아테네에서 스파르타로 맹주만을 옮기는 것이다.

더욱이 섬나라에게는 해상 강국의 보호가 필요하다. 이 점에서는 스파르타보다 해상 강국인 아테네에 기대는 것이 유리하다. 그뿐 아니다. 특히 메팀나에게는 또 다른 걱정이 있다. 반란에 성공해도 주도권은 미틸레네가 차지한다. 아테네나 스파르타 대신 담 하나를 사이에 두고 사자 대신 여우의 통제를 받아야 한다. 멀리서 사자의 감시와 가까이서 여우의 통제를 받는 것 중에서 차라리 멀리 있는 사자의 감시가 편할 수 있다.

아테네는 미틸레네의 반란 준비 계획이 전달되자 포기를 종용했지만 나름대로 전쟁 준비까지 해 놓은 상황이라 미틸레네는 듣지 않았다. 아테네는 미틸레네에 대해 군사적 대응의 필요성을 운명으로 받아들이고 함선 40척을 미틸레네에 파견했다. 아테네 함대의 지휘관은 미틸레네에게 항복하고 성벽을 허물 것을 명령했다. 미틸레네 군은 이 명령을 거부하고 전투를 개시하는 듯하다가 갑작스레 휴전과 협상을 요구했다. 아테네 사령관은 휴전에 동의했다. 싱거운 접전이었다. 무엇인가 이상했다. 아테네 사령관은 미틸레네의 협상 대표들에게 아테네로 가도록 했다.

그러나 지극히 정상적이지 않은 배경에는 분명히 곡절(曲折)이 담겨있기 마련이다. 미틸레네 정부의 내심(內心)은 화해가 아니라 시간을 벌려는 지연 전략이었다. 펠로폰네소스 동맹의 가입과 지원을 요청했을 때 올림픽 축제가 열리는 여름까지 기다리라는 말을 들었기 때문에 이 때에 스파르타와 보이오티아와 협상의 결실을 맺으려고 시간을 끄는 것이었다.[4]

아테네로 간 미틸레네의 협상 대표들은 레스보스에서 아테네 함대를 철수한다면 계속 충성을 하겠다고 제의했다 (TW 3.4). 속뜻은 아테네가 메팀나를 포기하라는 것이다. 반란을 진압하러 간 아테네가 레스보스에서 함대를 철수하면 미틸레네는 당장 메팀나를 장악할 것이다. 그리고 곧 펠로폰네소스 동맹의 힘을 얻게 되면 독립을 선언할 것이다.

아테네가 미틸레네의 얕은꾀를 간파하지 못할 리가 없다. 미틸레네가 메팀나를 장악하는 것을 방치하면 아테네의 동맹국가들은 아테네에 공물을 납부하고 충성할 의미가 사라지게 된다. 동맹국을 보호해 주지 못하는 아테네의 요구를 누가 받아들이고 충성하겠는가? 제국의 지배자로서 아테네의 위상은 흔들릴 것이기 때문에 미틸레네의 제안을 받아들일 수 없다. 미틸레네인들도 이 정황을 왜 모르겠는가? 수용이 원천적으로 불가능한 요구 사항을 제시하는 것은 협상의 결렬을 염두에 둔 명분 쌓기용이다. 협상결렬을 시민들의 분노로 연결하여 반 아테네전선의 단합을 유도하려는 전략이다. 아테네는 거절했고 협상은 빈손으로 끝났다.

미틸레네 협상 대표가 레스보스로 돌아와 이 소식을 전하자 메팀나와 테네도스를 제외한 레스보스의 모든 시민은 분노했고, 반란

---

4) Kagan (2003), p. 101.

주도자들은 이런 여론에 기름을 부으며 공개적으로 아테네에 전쟁을 선포했다 (TW 3.5-6 참조). 미틸레네는 군대를 소집하여 아테네의 진지를 공격했다. 전투는 치열했고 전투 결과는 미틸레네의 승리로 끝나는 듯했다. 그러나 그들의 전투 성과는 여기까지였다.

그들은 승리의 여세를 몰아 아테네군 진지를 초토화해야 한다. 현지 지리를 잘 아는 주민들에게는 야간 전투가 오히려 홈그라운드의 이점을 살릴 수 있다. 그런데 미틸레네 지도부는 기선장악을 승리로 오판하고 야간 전투에 임하지 않은 채 함대로 퇴각했다. 반면에 아테네군에게 이 전투는 반면교사(反面敎師)가 되었다. 아테네군은 수적으로 열세였다. 원정군이 갖는 한계다. 증원군이 필요했다. 그들의 동맹국에게 증원 부대를 요청했다.

미틸레네군은 두 번째 공습을 시도하기 전에 감나무에서 입을 벌리고 있듯 펠로폰네소스로부터 증원군이 오기만을 기다리면서 호기(好機)를 무위(無爲)로 흘려보냈다. 미틸레네 과두 정부의 지도자들은 여전히 의존적 태도에 빠져 있었던 것이다. 그동안의 방위는 아테네에 의존해 왔다. 이제는 펠로폰네소스 동맹 그리고 스파르타의 몫으로 생각하고 있었다. 그렇지 않고서야 어떻게 적을 패퇴시킬 절호의 기회를 스스로 포기할 수 있는가?

권투선수가 그로기 상태의 상대를 놔두고 자기 코너에서 두 손을 번쩍 드는 꼴이다. 그 당시에 마오쩌둥(毛澤東)이 있었다면 일침을 가했을 것이다. "혁명은 저녁 파티도, 그림을 그리는 것도, 자수를 놓는 것도 아니다." 미틸레네 장군들은 삼단노선 안에서 승리를 자축하는 선상 저녁 파티를 열었던 것은 아닌가. 자신의 의지와 힘으로 사생결단을 하겠다는 각오가 없이 반란 성공 후에 권력의 향유에 대한 환상으로 가득 차 있었던 것은 아니었나? 그렇다면 그 반란은 이미 실패로 가는 무모한 모험이다.

아테네 진지를 공격한 직후, 미틸레네에 당도한 것은 미틸레네가 고대하는 스파르타와 보이오티아 그리고 테바이로부터 지원군이 아니라 사절단이었다. 이들은 반란 전에 출발했지만 1차 전투가 끝난 후에야 뒤늦게 도착해 삼단노선에 몰래 들어왔다. 그리고 미틸레네인들에게 삼단노선 한 척으로 자신들과 함께 사절들이 올림피아로 가자고 권유했다.

선택의 여지가 없는 미틸레네인들은 그대로 따랐다 (TW 3.5). 이들은 아테네 군인들의 눈을 피해 험난한 항해를 거쳐 펠로폰네소스로 갔다. 펠로폰네소스 동맹들은 BC 428년 8월에 올림픽 제전을 마치고 제우스(Zeus)의 성소에서 회의를 열고 있었다. 미틸레네 사절들은 여기에서 이렇게 말했다.

"전시에 한 국가가 반기를 들고 이전 동맹국을 배반한다면 그 국가를 동맹국으로 받아들이는 국가들은 당장은 쓸모가 있으니 반가워하겠지만 그 국가가 이전 친구를 배신했으니 멸시할 것입니다. 이러한 판단은 부당하다 할 수 없습니다. 만약 배신한 국가와 배신당한 국가가 정책과 의도가 같고, 힘과 자원에서 대등하며, 배신할 만한 이유가 없다면 말입니다. 그러나 우리와 아테네인들의 경우는 다릅니다. 따라서 어느 누구도 우리가 평화 시에 그들에게 존중을 받다가 어려울 때 그들을 배신했다고 우리를 멸시해서는 안 됩니다.

우리는 무엇보다도 여러분과의 동맹을 추구하는 만큼 먼저 정의와 정직에 관해 논하지 않을 수 없습니다. 양쪽이 서로 정직하게 대하지 않고 서로 생각이 같지 않으면 개인 간의 우정도 국가 간의 협력도 공고할 수 없다는 것을 알기 때문입니다.

생각이 다르면 행동도 달라지게 마련이니까요. 우리가 아테네인들과 처음 동맹을 맺은 것은 페르시아전쟁이 끝난 뒤 여러분은 철수하는데 그들은 그대로 머무르며 남은 일들을 처리해주면서부터였습니다. 그러나 우리가 동맹을 맺은 것은 아테네인들이 헬라스인들을 노예로 만들기 위해서가 아니라 헬라스인들을 페르시아에서 해방하기 위해서였습니다.

아테네인들이 우리의 독립을 존중하며 지도하는 동안에는 우리도 기꺼이 따랐습니다. 그러나 그들이 페르시아에 대한 적대감은 점점 늦추고 동맹국을 노예로 삼는 데 점점 열을 올리자 우리는 겁이 나기 시작했습니다. 하지만 동맹국은 표가 분산되어 단결해서 대항하지 못하고 우리와 키오스인들을 제외하고는 모두 노예가 되었습니다.

우리는 명목뿐인 자주독립국가로서 그들의 군사작전에 군대를 파견했습니다. 그러나 지금까지의 여러 선례를 보면서 우리는 지도자로서 아테네를 더는 신뢰할 수 없게 되었습니다. 우리와 같은 동맹에 가담한 국가들을 예속시킨 것으로 미루어 언젠가 그럴 수만 있다면 우리들 남은 동맹국에도 같은 짓을 하지 않으리라고 보기 어려울 것입니다.

(…) 동맹의 유일한 담보는 서로에 대한 두려움입니다. 그래야만 어느 한쪽이 맹약을 위반하고 싶어도 공격해봤자 유리할 것이 없다고 생각하고 그만두기 때문입니다. (…) 전시에는 그들이 우리를 두려워하여 좋은 관계를 유지하기 위해 최선을 다하지만, 평화시에는 처지가 바뀝니다. 다른 사람들의 경우 대개 호의가 신뢰를 공고하게 해 주지만 우리의 경우에는 두려움이 안전을 보장해줍니다. 우리의 동맹은 우호관계보다는 두려움에 의해

유지되기 때문입니다. 따라서 어느 쪽이든 먼저 안전에 자신감이 생기는 쪽이 동맹을 이탈할 것입니다. (…)

(…) 여러분은 우리를 동맹국으로 받아들이고 신속히 원군을 보내, 도와주어야 할 자들은 도와주되 적에게는 타격을 가한다는 것을 보여 주어야 합니다. (…) 부디 우리 동맹군이 되어 주시고, 우리 혼자 목숨을 건 모험을 하지 않도록 우리를 버리지 마십시오.

우리가 성공하면 모든 헬라스인들에게 혜택이 돌아갈 것이나, 여러분이 우리의 요구를 거절하여 우리가 실패하면 그 피해는 모두의 몫이 될 것입니다. 그러니 여러분은 헬라스인들이 요구하고 곤경에 빠진 우리가 바라는 그런 사내대장부가 되어 주십시오." (TW 3.8-14)

미틸레네인들의 연설은 자기중심의 아전인수(我田引水)다. 다만 펠로폰네소스 동맹국들의 공동의 적인 아테네를 헐뜯는 내용은 구미가 당겼을 것이다. 스파르타와 그의 동맹국들은 아테네와 일전을 앞둔 상황에서 다른 선택의 여지가 없었다. 결국 표결을 통해 미틸레네를 비롯한 레스보스섬의 도시국가들을 동맹으로 받아들이고 반란을 지원하기 위해 즉시 아티카를 공격하기로 결정했다 (TW 3.15).

아티카가 공격당하면 레스보스의 병력을 빼낼 것으로 기대한 것이다. 스파르타는 모든 동맹국에게 각기 코린토스 지협으로 파견단을 보내 함께 모인 다음에 아티카로 진격하도록 했다 (TW 3.15-16). 제일 먼저 스파르타 파견대가 도착했다. 그리고 배를 코린토스만으로부터 지협을 가로질러 항해하기 시작했다. 육지와 바다를 동시에 공격하기 위한 준비였다.

스파르타가 매우 열심히 이 일을 하는 동안 다른 동맹국들은 그들의 파견대를 느리게 천천히 보냈다. 동맹국들의 군대는 이미 5월 초에 한 달 간의 아티카 침공에 참전했었다 (TW 3.15.2). 동맹국들은 계속되는 군대 소집에 지쳐 있는 데다가 각 가정마다 수확이 한창 진행 중이었다.

아테네의 대응

아테네는 펠로폰네소스 동맹이 아티카에 대한 공격을 준비하는 것은 아테네가 아주 유약하다는 확신에서 비롯되었다는 것을 간파했다. 그들이 오판했다는 것을 보여 주어야 한다. 특히 펠로폰네소스의 위협 때문에 레스보스섬으로부터 함대를 빼 내오지 않아도 문제없다는 것을 과시할 필요가 있었다. 펠로폰네소스 해안을 습격할 100척의 삼단노선을 준비했다.

위기의 국면에서 아테네인들은 자유를 확보하고 제국을 건설한 정신의 강인함과 결단을 보여 주고자 했다. 이것은 대단한 확신과 능력의 과시지만 다른 한편으로는 아테네의 자원들을 한계 상황에 이르게 하는 부담스러운 일이었다. 아테네는 결국 현재의 재정적 위기 상황에서 계속되는 전쟁의 비용을 지불하고 인력을 동원하기 위한 극단적인 3가지 조치를 취했다.

첫째, 시민들에게 특별세(eisphora)또는 직접세를 부과했다 (TW 3.19). 고대 그리스인들에게 이런 조치는 최후의 수단이었다. 특별세는 전쟁이나 재정위기 때 부유한 아테네인에게 부과하는 부유세를 말한다. 특별세의 부과는 아테네 민회의 의결로 이루어진다. 이 세금은 솔론 시대에 이미 존재했던 것으로 보이지만 사실상 이런 세금이 아테네인들에게 부과된 것은 처음 있는 일이었다.[5] 투키디데스에 따르면 특별세는 BC 428/7년에 최초로 200달란트가 부과되었다.

둘째, 동맹국가들의 공물액수를 상향조정했다. 동맹국가들의 부담이 가중되었다. 아테네는 새로 평가한 내용에 따른 공물을 수납하기 위해 12척의 배를 출항시켰다. 이런 정책은 당연히 저항을 촉발시켰다. 이 배를 지휘하는 장군 한 명이 아나톨리아(Anatolia) 서쪽지역에 있는 카리아(Caria)에서 살해되는 일까지 발생했다.[6]

셋째, 아테네에 거주하는 모든 남성에게 총동원령을 내렸다. 함대의 선원으로 근무할 수 있는 테테스(thetes)가 충분하지 않았다. 대신 제우기타이(zeugitae)와 메틱(metic)이 노잡이로 보충되었다.[7] 이런 신분의 구분은 BC 594/593년 이전에 시작되어 BC 322년까지 이어졌다. 테테스는 사회적으로 계급이 가장 낮은 신분의 시민이다. 이들은 주로 임금 노동자이거나 1년 생산량이 200메딤노이(medimnoi) 이하인 자들이다.

메딤노이는 마른 곡물을 담는 용량의 단위이다. 1메딤노이의 가치가 어느 정도인지는 확실하지 않지만 5인 가족의 1년 생활비가 약 25메딤노이로 추산된다. '200메딤노이 이하'는 이들의 생산량의 최고치일 뿐이다. 이에 해당하는 시민들의 실제 평균 생산량의

---

5) Kagan (2003), pp. 104-105.
6) Kagan (2003), p. 104.
7) Kagan (2003), p. 103.

중앙값은 알 수 없다. 따라서 생활비를 제외하고 충분한 재산을 비축하는 것으로 추정하기는 어렵다. 테테스는 민회에 참석할 자격과 시민법정의 배심원이 될 수 있었다. 그러나 불레(Boule) 즉 의회 의원이나 장관직은 허용되지 않았다. BC 460~450년경에 에피알테스(Ephialtes)와 페리클레스(Pericles)는 이들에게도 공직의 문을 활짝 열어주었다.

제우기타이는 1년에 200메딤노이 이상 가치의 상품을 생산할 수 있는 사람들이다. 이 용어는 '멍에'라는 그리스어 '제우고스(zeugos)'에서 유래했다. 현대 학자들은 제우기타이는 황소의 멍에를 좋아하거나 밀집군단에서 함께 멍에를 메었던 사람 즉 그들 자신의 중장병기를 가진 사람을 의미하는 것으로 간주한다.

제우기타이는 아테네 군인에서 중장보병으로 근무할 수 있지만 스스로 장비를 조달할 수 있어야 한다. 따라서 200메딤노이 이상을 생산해도 중장비를 구입하고 세금을 납부하는 데 상당한 돈이 들어갔을 것이다. 솔론의 개혁시대에 이들은 하위의 정치적 직위에 오를 수 있는 자격이 인정되었다. 이들의 신분은 BC 457/456년에 정부의 9명의 장관인 아르콘까지 가능한 신분으로 향상되었다.

메틱은 아테네에 거주하는 외국인이다. 아테네의 시민권이 없을 뿐만 아니라 다른 그리스 도시국가의 시민권도 갖지 않은 사람들이다. 즉 헬라인이 아니다. 시민권은 현재의 미국처럼 속지주의가 아닌 혈통주의였기 때문에 메틱은 그리스에서 태어났어도 부모가 시민권자가 아니면 시민권을 취득할 수 없었다. 가족의 몇 세대가 도시에 살았는지에 관계없이, 도시국가가 특별한 혜택으로 시민권을 부여하지 않는 한 시민이 되지 못했다. 그러나 BC 480년대에는 아테네로 이민 온 자는 아테네 시민이 될 수 있었다.

메틱은 시민으로서의 어떤 권한도 없으면서 시민과 같은 의무를 이행했다. 이들은 정치공동체에서 아무런 역할이 없었다. 배심원 및 의원이 될 수도 없었고 민회의 참석도 배제되었다. 아티카(Attica)에서 자신의 부동산을 소유할 수도 없었다. 다만 메틱은 다른 사람을 기소하고 시민처럼 재판을 받을 수는 있었다. 메틱이 유죄 판결을 받으면 재산은 압수되고 노예로 팔렸다. 모든 메틱들은 그들이 살고 있는 지방 공동체인 데모스(demos)에 등록하고 시민을 후원자 또는 후견인으로 지명해야 했다. 후원자가 없는 메틱은 특별 기소에 취약했다. 그럼에도 시민과 마찬가지로 병역을 수행해야 했고 세금도 납부했다.

메틱은 메토이키온(metoikion) 이라고 불리는 세금을 냈다. 메틱 남자들과 그들의 가정에 대해서는 1년에 12드라크마(drachmas), 독립된 메틱 여성에게는 6드라크마가 부과되었다. 이 외에 메틱을 포함하여 비아테네인들이 아고라에서 물건을 팔려면 크세니카 텔레(xenika tele)라는 또 다른 세금을 내야 했다.

그러면 이들은 그렇게 차별적인 아테네에 왜 왔나? 돈을 벌기 위해서다. 그러다 보니 이들은 아테네 경제에 필수적 존재가 되었다. 도시국가별로 메틱의 체류 기간은 다양했다. 대개는 한 달이고 아테네도 마찬가지였을 것이다. 그렇다고 기간이 경과하면 출국해야 하는 것은 아니다.

메틱들은 경제적 제약보다는 문화적인 배경으로 인해 주로 사회적 지위가 낮았다. 일부는 가난한 장인이거나 해방된 노예였다. 다른 일부는 도시의 가장 부유한 주민이 되었다. 그러나 도시의 사회경제적 생활에는 완전히 통합될 수 있었다.

플라톤의 『국가』는 메틱의 가정에서 대화가 벌어지는 것으로 시작된다. 그러나 시민으로서나 메틱으로서의 화자의 신분은 결코 언급되지 않는다. 고대 그리스어에서 메틱은 '변화' 혹은 '거주'를 나타냈다. 이 단어는 프랑스어로 '메테크(métèque)', 즉 프랑스에 이민 온 사람들이라는 외국인 혐오증의 용어로 소생했다. 이 의미는 민족주의 작가 모라스(Charles Maurras)에 의해 19세기 후반 대중화되었다. 이 경멸적 감각은 프랑스 언어로 현재까지 남아 있다.

총동원령하의 아테네 함대는 펠로폰네소스 해안을 따라 마음대로 여기저기를 휘젓고 다녔다. 아테네의 이런 반응은 스파르타인들에게 의외였다. 스파르타인들은 레스보스인들이 진실을 말하지 않은 것으로 생각할 수밖에 없었다. 더구나 펠로폰네소스 근처에서 30척의 배가 스파르타 근처의 육지 이곳저곳을 유린한다는 소식과 함께 동맹들이 나타나지 않아 당황스러웠다. 스파르타군은 결국 동맹군들을 기다리다가 귀국했다 (TW 3.16).

스파르타의 개입

아테네의 100척 함대의 기세에 눌렸던 스파르타는 1년 동안 숨 고르기에 들어갔다. 그러면서도 전염병과 전쟁에 시달리는 아테네를 옥죄는 일은 육지와 바다에서 계속 이어갔다. 1년 후인 BC 427년

여름이 왔다. 스파르타는 드디어 여러 동맹국들로부터 레스보스에 보낼 함선 42척이 모아지자 알키다스(Alcidas)를 사령관으로 임명하여 출항시켰다. 아테네의 미틸레네에 대한 포위를 풀고 아테네에 대한 반란을 지원하기 위한 것이다.

다른 한편으로 스파르타와 그들의 동맹국으로 구성된 연합군은 아티카를 공격했다. 이 공격에는 어린 아들 플레이스토아낙스(Pleistoanax)를 왕위에 앉히고 섭정을 하고 있던 파우사니아스(Pausanias)의 조카인 클레오메네스(Cleomenes)가 사령관이었다. 이번 스파르타의 침공은 3년 전인 BC 430년의 침공에 비해 파괴가 더 심해(TW 3.26) 아티카지역이 초토화되었다. 아테네도 과거보다 이 공격을 심각하게 받아들였다. 스파르타는 이 공격과 함께 레스보스로 떠난 함대가 목적을 달성했는지에 관한 소식에 귀를 쫑긋 세우고 있었다.

이와 비슷한 시기에 레스보스에서 미틸레네와 그들의 동맹들은 반란에 동참하지 않는 메팀나에 대한 공격을 시작했다. 이들이 공격을 개시하면 메팀나의 도시 내부에서 반란을 일으키기로 내통한 세력이 있었다 (TW 3.18). 그러나 막상 닥쳐보니 약속된 배반은 나타나지 않았다.

배반은 영악한 자들이 특허를 낸 전유물이다. 흔히 눈동자 굴림이 빠르고 안테나가 예민하다. 아테네 군대의 움직임을 이미 알고 있었다면 어느 쪽에 줄을 서야 할 것인가를 판단했을 것이다. 오히려 메팀나는 미틸레네의 공격을 격퇴했다. 미틸레네가 일단 물러가자 메팀나는 보복으로 미틸레네 동맹국의 하나인 안티사(Antissa)

를 공격했으나 패배했다. 아테네인들은 일련의 이 사건들을 보고 포위를 강화할 시점이라고 판단했다.

아테네는 BC 428년 가을 초, 미틸레네를 포위하기 위해 에피쿠로스(Epicurus)의 아들 파케스(Paches)의 지휘하에 1,000명의 중장보병을 파견했다. 이 새로운 군대는 미틸레네를 완전히 봉쇄할 수 있는 세력이었다. 그들은 도시를 에워싸고 핵심적인 위치에는 요새를 설치했다. 항구는 이미 봉쇄했고 포위선은 철통 같았다. 지상 전투에서 레스보스군도 격파했다. 미틸레네는 아테네의 군대가 설치한 요새에 둘러싸여 육지와 바다로부터 고립되었다.

겨울이 끝나 갈 즈음에 스파르타의 장군 살라이토스(Salaethus)가 미틸레네에 도착했다. 그는 미틸레네에게 펠로폰네소스군이 아티카를 침략하려 한다는 것과 봄이 되면 42척의 함선이 그들을 지원하기 위해 도착할 것이라고 전했다.

이 소식에 미틸레네인들은 사기가 진작되었다. 미련을 가졌던 아테네와 협상할 생각은 아예 털어버렸다. 살라이토스의 말대로 스파르타는 아티카를 침공했다. 그러나 레스보스로 온다는 함대는 도착하지 않았다. 식량 공급선이 막히고 식량이 고갈되었다. 빠져나갈 수도 없는 궁지에 몰렸다. 살라이토스의 소식이나 위무(慰撫)는 사지(死地)의 섬 주민들에게는 거의 도움이 되지 않았다.

미틸레네에게 남은 유일한 희망은 알키다스가 지휘하는 스파르타의 42척 함대였다. 그러나 이 함대는 BC 427년 여름까지 항구에서 떠나지도 않은 채 머뭇거렸다. 미틸레네는 살라이토스가 와서 함대가 오는 중이라고 전했을 때 저항 의지가 살아나는 듯했다. 아테네의 포위선을 몰래 빠져나가도록 하자는 계책을 제시했을 때 풀이 죽어 있던 사기가 오르는 듯했다. 그러나 이것은 순간이었다. 정신이 물질을 지배할 상황은 이미 지나버렸다. 스파르타로부터 어떤 실질적 도움이 없는 한 의지나 사기는 거품일 뿐이다. 오히려 상대적 허탈감은 깊은 좌절의 뜰을 지나 자포자기의 수렁에 빠질 수 있다.

스파르타가 알키다스를 사령관으로 하여 42척의 배를 미틸레네로 출항시키면서 스파르타는 지상전뿐만 아니라 해전에도 개입한 모양을 갖추긴 했지만 모든 일에서 중요한 것은 타이밍이다. 이 출항 계획은 스파르타가 아티카를 침공하면 아테네인들은 아티카에 집중하게 될 것이고, 알키다스의 함대에는 충분한 주의를 기울일 수 없을 것이라는 전제에서 출발된 것이었다.

스파르타의 전략은 바다에서 미틸레네로 함대를 보내고 지상에서 아티카를 공격하는 양동작전(陽動作戰)인 동시에 동쪽에서 소리를 내고 서쪽에서 적을 치는 성동격서(聲東擊西)였지만 실기(失機)했다. 아테네는 이런 전략에 익숙하게 길들여 있었다. 오히려 미틸레네에 화력을 집중했다. 지상전에 가담했던 스파르타 연합군은 더 이상 버티고 싸울 의미가 퇴색되었다. 결국 퇴각해서 각자의 도시국가로 흩어졌다.

한편 레스보스에서 아테네 함대와 맞서도록 파견된 펠로폰네소스 동맹의 스파르타 알키다스는 펠로폰네소스 해안을 도는 데 아주 많은 시간을 허비했다. 그의 함대는 천천히 그리고 조심스럽게 전진했다. '천천히'는 시간을 보내려는 지연 술책이었고 '조심스러움'은 겁에 질린 것으로 보였다. 일부러 꾸물댄 것이 아니면 그렇게 오랜 시간이 걸릴 상황이 아니었다.

알키다스는 아테네의 감시망을 피해서 몰래 펠로폰네소스반도를 빠져나와 델로스에 도착했다. 이오니아 해안의 에리트라이(Erythrae)에 이르는 데 며칠을 흘려보냈다. 에리트라이는 레스보스섬 남쪽에 있는 소아시아의 작은 반도로 앞으로는 키오스섬과 마주하고 있다. 상당 기간 아테네의 종속국이었으나 BC 453년경에 공물 납부를 거부하고 델로스 동맹에서 탈퇴했다.

알키다스는 에리트라이에서 미틸레네가 항복했다는 소식을 들었다 (TW 3.29). 알키다스에게는 귀가 번쩍 뜨는 기다렸던 낭보였을 것이다. 엘리스(Elis)에서 파견된 지휘관이 미틸레네로 가서 아테네인들을 공격하자고 제의했다. 제의를 받기 전에 명령을 내렸어야 할 당연한 수순이다. 아테네는 최근에 이 도시를 점령했기 때문에 경비는 약화되고 갑작스러운 공격에 취약할 것이라는 설명도 첨가했다. 그리고 이렇게 강조했다. "우리는 위험에 몸을 사려서는 안 된다. 전쟁에서 근거 없는 공포는 오히려 하나의 기회이다. 훌륭한 장군은 이 공포들로부터 자신을 지키고 적에 대해서는 공격의 기회로 삼는다는 것을 명심해야 한다"(TW 3.30-33).

그러나 알키다스는 고개를 저었다. 그런 유혈 행동은 시도하고 싶지 않았다. 아테네에 대한 반란을 조장할 기지로써 이오니아 도시의 어떤 섬을 포위하자는 의견도 나왔다. 그러나 그는 이것도 거절했다. 그렇다면 그가 바라는 것은 무엇인가?

미틸레네의 전황에 대해 알게 된 알키다스의 우선 목표는 아테네 함대와 충돌 없이 귀국하는 것이 분명했다. 그는 방향을 엉뚱하게 잡았다. 이오니아 해변의 남쪽으로 항해하기 시작했다. 사실은 도주였다. 이오니아 해변에 있는 성소인 클라로스(Clarus)를 떠날 때 그의 함대는 아테네의 연락선에 발견되었다. 연락을 받은 아테네의 함대는 그를 추격하기 위해 미틸레네에서 출발했다.

알키다스는 추격자들을 피해 달아나기 시작했다. 에페소스(Ephesus)를 출발하여 스파르타에 안전하게 도착할 때까지 전속력으로 달렸다. 바다에 정지하거나 육지에 정박하지도 않았다. 알키다스를 추격하던 아테네 함선은 레스보스로 되돌아왔다. 그리고 도시에 남아있던 반란군을 모두 진압했다 (TW 3.35).

알키다스는 미틸레네가 포위당한 것을 알고 구원하기 위해 출항했었다. 이 과정에는 당연히 전투가 벌어진다. 포위 속에서 미틸레네가 함락되고 군인과 주민의 생사가 경각에 달렸다는 것을 그가 모를리 없다. 그런데 항복한 뒤 며칠이 지나서, 그것도 레스보스섬으로 오다가 에리트라이에서 머뭇거리고, 결국은 전투를 피해서 펠로폰네소스로 되돌아갔다. 그것도 아테네 함선의 추격에 줄행랑을 쳤다. 투키디데스는 알키다스의 이런 행태의 배경에 대해 특별한 심층적 보도를 하지 않았다.

알키다스가 어정쩡한 행동을 취한 것은 면밀한 전략의 소산이었을 것이다. 알키다스가 손자병법을 알리는 없지만 사람의 생각은 대개 비슷하다. 손자(孫子)는 "적보다 능력이 우세하면 전쟁을 하고 적보다 능력이 열세면 도망쳐야 한다"고 가르친다.

알키다스는 스파르타가 아티카를 공격하여 아테네가 당황하여 미틸레네 함대를 철수시키면, 무혈입성하여 생색을 내며 숟가락만들려고 했을 것이다. 그런데 오히려 아테네의 증파된 1,000명의 중장보병이 도시를 포위했던 것이다.

스파르타는 처음부터 몇 가지 경우의 수를 가지고 있었을 것이다. 손자병법으로 설명하면 '인리이제권(因利而制權)'이다. 아군에게 유리한 쪽으로 구사하는 변화무쌍한 임기응변의 전략 전술이다. 병법에서 임기응변은 상황변화를 좇아 재빨리 그에 부응하는 전략 전술을 구사해 계속 주도권을 쥐는 것을 말한다.

손자는 승산이 서지 않으면 싸움을 피하라고 가르친다. 플랜 A는 당연히 무혈입성이거나 전투를 승리로 이끄는 것이다. 그러나 알키다스는 처음부터 플랜 A는 난망하다는 것을 알았을 것이다. 그 다음은 당연히 플랜 B다. 이런 가정은 알키다스가 늦장을 부리며 상황이 다 끝난 뒤에 그것도 현장이 아니라 현장의 부근에 잠시 머물다 줄행랑을 친 행태에서 확연히 드러난다.

미틸레네의 항복과 생사의 길

현대전은 가공할 무기와 거대한 군대의 대결이기 때문에 내부요인으로 승패가 좌우되기는 쉽지 않다. 그러나 고대 세계에서 불과 수천명이나 수백명의 군대가 창검으로 겨루는 전쟁은 내부요인이 운명을 가를 수 있다. 미틸레네와 아테네의 전투에서 미틸레네가 무릎을 꿇은 것도 결국은 내부의 요인이었다.

포위에 갇혀있던 미틸레네는 처음에는 살라이토스가 떠벌려 놓은 스파르타의 구원 함대에 희망을 걸고 있었다. 하지만 올 시간이 지나도 나타나지 않자 초조 해졌다. 시간이 지날수록 촛불이 꺼져 가듯 실낱 같던 희망의 불빛마저 사라졌다. 어쩌면 그 불빛은 애초부터 망상이 만들어낸 신기루가 아니었던가.

초여름에 들어서면서 포위망 안의 미틸레네인들 진지는 식료품도 고갈되었다. 셰익스피어가 햄릿(Hamlet) 3막 1장에서 '사느냐 죽느냐, 그것이 문제로다'라고 한 말대로 절체절명(絕體絕命)의 상황이다. 살라이토스는 이제 햄릿의 독백을 하면서 최후의 수단을 강구해야 할 상황에 처했다.

그가 생각한 것은 탈출이라는 도박이었다 (TW 3.27-28). 그는 아테네의 포위선을 뚫자고 제의했다. 그리고 자신이 군대를 이끌겠다고 했다. 살라이토스는 주민들에게 중장병기를 공급했다. 그들의 대부분은 지금까지는 단지 경장병기로 무장되어 있었다.

시민들은 중장병기라는 무기가 자신들의 손에 들어오자 태도가 돌변했다. 정부의 명령에 불복하면서 남아 있는 식료품의 배분을 요구했다. 이들은 만일 이 요구를 들어주지 않으면 아테네인들과 타협을 보겠다고 위협했다 (TW 3.27). 타협은 사실상 항복이다. 항명이고 반란이었다. 계급 사회에서 어떻게 이런 반란이 가능했을까? 미틸레네인들이 이렇게 돌변한 배경은 무엇인가?

주민들이 동요했을 가능성은 충분하다. 굶주림에 허덕이고 있는 상황에서 중장병기로 무장하는 것도 쉬운 일이 아니다. 더구나 목숨을 거는 전투를 해야 한다. 모든 전투는 다 목숨을 건다. 여기에는 희망이 있어야 한다. 그러나 이번은 상황이 더 암담하다. 참담한 결과가 뻔하다. 그러니 정부가 보유한 식량을 고르게 배분하라는 요구는 당연하다. 여기까지는 호소이고 요구이다. 그러나 단서 조항이 문제다. 요구가 관철되지 않으면 항복하겠다는 것은 항명이며 이적 행위이고 반란이다.

아테네에 대한 반란을 주도했던 과두정부 지도자들은 오히려 국민으로부터 반란에 직면했다. 이것을 놓고 '반란의 아이러니'로 불러야 하나. 정부 당국자들은 이것을 막을 수 없다는 것을 알아차렸다. 결국 다음 수순은 평화조약이었다. 다만 그들이 참가하지 않은 상황에서 평화조약이 맺어지는 것은 확실히 그들에게 치명적이 될 것이라고 판단했다.

약자에게 허세를 떠는 자일수록 강자에게 비굴하며 자기 살길을 찾는 데는 쥐새끼처럼 약삭빠르다. 정부의 관리들은 아테네 사령관 파케스(Paches)와 접촉하고 항복했다. 무모한 시도는 허무한 결말로 끝났다. 자신들의 힘도 제대로 판단하지 못했다. 장단기 계획도 없었다. 펠로폰네소스 동맹의 지원에 대한 기대는 막연한 반면에 확실한 것은 권력욕뿐이었다.

그들이 제시한 항복의 조건은 미틸레네의 대표들이 아테네에 가서 사건의 전말을 설명을 할 때까지는 미틸레네인들의 어느 누구도 투옥되거나 노예가 되거나 사형 집행이 되지 않는다는 것이었다. 아테네 사령관 파케스는 이 조건을 수용했다. 대신에 아테네가 결정하는 처벌은 무엇이든 받아들이기로 동의하는 전제였다. 미틸레네인들은 자신들의 사정을 설명하기 위해 아테네에 대사를 보냈다.

아테네의 장군 파케스는 미틸레네를 완전히 제압한 후에 그의 군대 대부분을 아테네로 되돌려 보냈다. 반란에서 특별히 비난받을 만한 과실이 있는 것으로 확인된 미틸레네인들과 체포된 스파르타 장군 살라이토스도 아테네로 압송했다. 살라이토스는 아테네에 도착 즉시 처형되었다. 그는 플라타이아에서 아직도 포위되어 있는 펠로폰네소스인들을 철수시키겠다는 등 살기 위해서 발버둥치며 여러 제안을 했지만 소용없었다 (TW 3.36).

미틸레네의 포위 작전은(BC 428~427년) 아테네가 레스보스섬의 반란을 제압하면서 아테네의 힘을 다시 한번 보여 주는 계기가 되었다. 이 사건은 다른 동맹국들에는 분명히 타산지석(他山之石)이 되었다. 동맹국들이 반란을 엄두도 내지 못하게 만들었다.

아테네는 BC 427년에 항복한 미틸레네인들의 처리 문제로 민회를 열었다. 투키디데스는 미틸레네 반란 사건 및 항복한 미틸레네인들의 처리를 둘러싼 아테네의 논쟁을 정리했다. 그는 이 논쟁에 대한 기술을 통해서 아테네 시민들이 가지고 있는 전쟁과 반란에 대한 정치 및 이념적인 성향에 대한 그의 견해를 나타낼 수 있는 중요한 기회로 사용한다.

아테네인들은 미틸레네인들이 다른 나라처럼 속국도 아닌데 반란을 일으켰다는 점에 특히 분노했다. 아테네인들이 특히 격분한 것은 반란이 펠로폰네소스 동맹의 함대를 이오니아 영해로 오게 했다는 것이었다. 정상적인 상황에서는 스파르타 함대는 절대로 지나갈 수 없으며 지난 20년 동안에 걸쳐 적의 어떤 함대도 항해하지 않았다는 것이다.

아테네 민회는 또 다른 반란이 두려워 급히 미틸레네에 있는 남성들뿐만 아니라 아테네에 와있는 모든 남성에게 사형을 선고했다.

여성과 어린이는 노예로 팔려 가도록 했다. 이렇게 되면 미틸레네 도시국가에는 성인 남성은 사라진다. 여성과 어린이만 남는다. 한 도시국가의 모든 남성을 모두 참살한 사례는 전무후무하다.

아테네의 민회는 일종의 군중집회다. 군중집회는 십중팔구 선전 선동에 좌우되어 의제는 감정이 결정한다. 그러나 이미 그런 결정이 내려졌다. 투키디데스에 따르면, 결정이 내려진 후에 민회의 결정을 수행하기 위한 명령을 전달하기 위해 삼단노선이 미틸레네로 급파되었다. 일촉즉발(一觸卽發)의 상황이다. 이 배가 레스보스섬에 도착하면 처참한 인간도륙이 벌어진다.

군중집회가 끝나고 군중이 대중으로 돌아가게 되면 각자 지난 일을 되돌아보게 된다. 다행히 아테네인들은 하룻밤을 지내면서 자신들이 무슨 일을 저질렀는지를 되새기기 시작했다. 그들의 행동이 전례 없이 잔인했다는 것을 깨달았다. 이런 결정 과정으로 어림잡아 1만 명을 죽였다면 아마 아테네인은 만고(萬古)의 야만인으로 각인되었을 것이다. 아테네인들이 한 국가의 주민 전체를 죽이는 것이 얼마나 흉악하고 가혹한 처사인지를 알아차린 것은 아주 다행스러운 일이었다 (TW 36.4).

다음 날 해가 뜨면서 아테네의 분위기는 미묘하게 변화되면서 술렁거렸다. 아테네인들은 그들이 바로 어제 가결한 조치의 참혹함을 재고하기 시작했다. 항복조건으로 아테네에 파견되어 있던 미틸레네 대표단은 이런 기류를 재빠르게 감지했다. 상황을 반전시키기 위해 민완(敏腕)하게 움직였다. 현재 상황에서 가장 중요한 일은 민회를 다시 소집해서 어제의 결정을 번복하는 것이다. 다행히 일말의 가능성이 점지 되고 있지 않은가.

대표단은 아테네의 친 미틸레네 인사들과 접촉했다. 아테네 불레(Boule)의 집행부인 프리타네이스(Prytaneis)에게 민회의 소집을 요구해주도록 설득했다. 여론의 촉각이 발달한 당국자들도 이를 받아들였다. 다시 민회가 열렸다. 미틸레네인들의 운명을 결정할 논쟁이 다시 시작되었다.

미틸레네인의 생사를 건 논쟁

미틸레네인과 멜로스인의 운명을 결정한 대논쟁들은 아테네 민주주의 역사에서 가장 유명한 논쟁들(debates) 중의 하나로 전해진다. 특히 아테네 민회의 논쟁은 1만여 명의 성인 남성을 처형하고 1만여 명 이상의 성인 여성을 노예로 삼으며 그들의 자녀들을 노예로 하기로 결정한 법령을 그대로 집행하느냐 아니면 뒤집어서 관용을 베푸느냐의 상반된 논쟁이었다. 과연 상반된 주장에 동원되는 논리와 증거는 무엇인가?

이 논쟁은 민회에서 대립되는 연설들의 내용이지만 기록자는 투키디데스다. 아마 어떤 내용이나 단어들은 실제 현장의 언어일 수도 있지만 결국은 투키디데스의 문장이다. 이 논쟁은 강경한 내용과 온건한 내용의 양단의 줄기로 전개되었다.

이 두 주장을 대표하는 인물은 클레온(Cleon)과 디오도토스(Diodotus)였다. 클레온은 당시 아테네의 저명하고 영향력이 막강한 장군이며 정치인이다. 반면에 디오도토스는 투키디데스가 소개한 내용 이외에는 알려지지 않은 인물이다. 투키디데스도 그의 개인적인 정보는 전하지 않는다. 다만 그는 에우크라테스(Eucrates)의 아들로 알려져 있다. 그러나 그의 아버지로 등장하는 에우크라테스에 관한 확실한 정보도 없다. 학자들은 '에우크라테스'라는 이름을 추출하여 두 명으로 압축해서 관련성을 추론했지만 가능성이 희박한 것으로 보고 있는 실정이다.

디오도토스의 아버지에 대한 정보가 없는 것은 그가 명문 귀족도, 아테네의 장군도, 이름있는 정치인도, 또는 소피스트나 철학자도 아니었다는 의미이다. 디오도토스도 마찬가지였다. 그의 정체성은 그의 인구학적 배경보다는 투키디데스가 전하는 그의 주장이다. 즉 그는 BC 427년에 미틸레네의 반란이 실패한 후에 미틸레네인의 모든 성인 남자를 죽이고 여성과 어린이들은 노예로 삼자는 클레온의 제안에 반대자였다는 것이다.

그는 또한 아테네에서 페리클레스의 정책을 지지하면서 온건 노선을 대표하는 것으로 보였다.[8] 어느 사회든 조용한 민중 속에는 늘 세상을 새롭게 바라보면서 용기를 갖고 그 주장을 펴는 사람이 존재한다. 디오도토스는 바로 그런 부류의 인물이었을 것이다.

투키디데스가 전한 논쟁은 이틀간 이어졌다. 첫째 날은 아테네인들이 화가 치밀어서 미틸레네의 전체 남성을 죽이고 여성과 어린이들은 노예로 삼자고 결의한 집회였다 (TW 3.36). 둘째 날은 투키디데스가 '미틸레네의 논쟁'으로 부른 격론이 벌어지고 전날의 결정이

---

8) Kagan (2003), p. 109.

번복된 회의였다. 이 집회는 아테네인들이 취해야 할 행동의 과정을 재평가하기 위해 개최되었다. 논쟁은 전날 결정한 내용을 지지하는 사람들과 온건한 처벌을 요구하는 사람들 간에 벌어졌다.

연설은 클레온이 포문을 열었다. "아테네인 가운데 성격이 가장 난폭했으며, 이 당시에 인민에게 가장 큰 영향력을 행사하고 있었던"(TW 36-6) 그는 민주주의의 가치에 의문을 품는 것으로부터 연설을 시작했다.

"개인적으로 나는 민주주의가 다른 사람들을 지배할 능력이 없다는 것을 관찰할 수 있는 아주 충분한 기회를 이미 가졌다. 그리고 나는 여러분이 지금 미틸레네인들에 대한 여러분의 마음을 어떻게 변화시키고 있는지를 볼 때 그것을 더 확신한다.

여러분은 일상에서 음모를 꾸미는 일이 없기 때문에 동맹국도 같은 태도로 대한다. 동맹국들은 마지못해 복종하며 (…) 그들이 여러분에게 복종하는 것은 그들의 충성심이 아니라 오직 여러분이 더 강하기 때문이다.

가장 걱정스러운 일은 (…) 집행되지 않는 좋은 법을 가진 국가보다 엄격하게 집행되는 나쁜 법을 가진 국가가 더 낫다는 사실을 알지 못한다는 것이다. 영리한 불복종보다 무지한 충성이 더 유용하다. 재능 있는 사람들보다 평범한 사람들이 공무를 더 잘 처리한다. 지식인들은 법과 논쟁에서 승리하는 것보다 현자가 되는 것을 좋아한다. 일반 민중은 지식인들보다 법을 더 지혜롭게 생각한다. 일반 민중은 너무 똑똑한 연설에 관심이 없다. 우리는 서민을 따라야 하고 영리함에 넋을 잃어서는 안 된다.

시간이 지나면 가해자를 향한 피해자의 분노는 무디어질 것이고 피해를 당했을 때 바로 응징해야 가장 합당한 처벌이 이루어진다. 이 말을 반박하는 자는 (…) 여러분을 오도하기 위해 그럴듯한 논리를 전개하도록 뇌물을 받았을 것이다. 아테네는 훌륭한 미사여구를 개발하여 스스로 피해를 당했다. 여러분이 개최한 수사(修辭) 경진 대회는 나쁜 습성을 만들었다. (…)

가능한 것이 아니라 그럴듯한 것이 훌륭한 연설로 여겨진다. 여러분은 당신의 눈으로 직접 본 것보다 연설에서 제시된 것이 더 확실하다고 생각한다. (…) 여러분은 재치 있는 말이 입 밖에 나오기도 전에 훌륭한 연설가의 핵심에 갈채를 보낸다. 그러나 여러분은 그것이 어떤 결과를 가져올지를 내다보는 데는 느린 편이다.

(…) 반란은 억압받는 사람들이 일으킨다. 미틸레네인들은 억압받지 않았다. 그러나 그들은 우리의 가장 나쁜 적들과 연합했다. 그러므로 그들은 반란의 죄가 아니라 배반의 죄다. (…) 그들의 번영은 그들을 오만하고 무모하게 만들었다. 그들은 자신들의 이웃 나라들이 반란을 일으켰다가 예속되어 고통받는 것을 보고도 배우지 못했다. 지금까지 누리던 행복에 도취되어 망설이지 않고 위험 속으로 뛰어들었다. 자신들의 미래를 과신하고 또 그들 뜻대로 이루어질 수 없는 실력 이상의 희망을 품고는 우리에게 선전포고를 했다. 그들은 정의보다는 힘을 더 중시하기로 작정한 것이다. 너무 큰 행운은 만용과 무모함으로 이어진다. (…) 만일 여러분이 스스로 반란을 일으킨 사람들을 어쩔 수 없이 반란한 것으로 대우한다면 모든 사람은 스스로 반란할 것이다.

그러므로 우리는 어떤 이유에서라도 반란에 대한 희망을 주어서는 안 된다. 우리는 반드시 미틸레네인들을 처벌해야 한다. 그들에게 반란을 할 수 있다는 생각조차 못 하게 만들어야 한다. (…) 그러므로 우리는 그들 모두를 죽이기로 한 앞서의 결정을 고수해야 한다. (…) 그들을 용서하는 것이 그들의 호의를 얻는 것이 아니다. 그것은 그들의 반란 권리를 인정하는 것과 마찬가지이다. (…) 만일 그들이 이기면, 그들은 여러분을 제거하려 할 것이므로 여러분이 이겼을 때 여러분은 그들이 여러분을 대하는 것과 같게 그들을 대해야 한다." (TW 3.37-40)

클레온은 군중에게 "자신에게 반역자가 되지 말 것"(TW 40-7)을 촉구하면서 연설을 마쳤다. 클레온의 연설은, 법의 일관된 집행은 비록 그 법이 부당해도, 질서를 유지하기 위한 유일한 길이라고 주장한다. 그의 주장에 반대하는 연설자에 대해 집중적으로 비판하며 아테네인들은 궤변가의 웅변으로 지칠 대로 지쳐있다는 것을 은연중 내비치고 자유언론의 가치에 의문을 제기했다. 클레온의 연설 다음에 투키디데스는 디오도토스(Diodotus)의 연설을 전해준다. 그 요지는 이렇다.

"나는 미틸레네인들에 대한 우리의 결정을 다시 심의하자고 제안한 사람들을 비난하지 않는다. 중요한 문제들에 대한 거듭된 논쟁을 반대하는 것도 찬성하지 않는다. 성급함과 분노는 현명한 결정을 가로막는 두 가지 장애물이다. 졸속은 사려 깊지 못한 것이다. 분노는 마음이 잘못 형성되고 좁은 것이다.

토론은 행동하기 전에 필수적이다. 만일 누가 어떤 일에 토론을 원하지 않으면 두 가지 이유 때문일 것이다. 첫째는 어리석다. 그는 미래에 대해 숙고할 다른 길이 없기 때문이다. 둘째는 개인적 이익의 속셈을 가지고 있다. 그는 여러분들에게 어떤 끔찍한 일을 하도록 설득하고자 하면서 선량한 주장 대신에 중상모략을 하기 때문이다.

뇌물을 받았다고 반대자를 비난하는 것은 모든 것 중에서 가장 나쁘다. 그것을 막아낼 수가 없다. 어떤 사람이 설득에 성공해도 여전히 의혹이 남는다 (…) 사람들은 그가 어떤 것을 취득하려는 것이라고 의심한다. (…)

그래서 공개적으로 아테네에게 가능한 이익이 될 수 있도록 하는 사람이 없다. 이런 의심들은 국가에 해악이다. 그런 의심을 두려워하여 올바른 조언을 하는 사람이 나타나지 않을 것이기 때문이다. 솔직하고 좋은 조언도 나쁜 조언 못지않게 의심을 받게 된다. 그 결과 최악의 정책을 권하는 연설가도 속임수로 민중의 환심을 살 수 있는 것처럼, 훌륭한 조언을 하는 사람도 신임을 받으려면 거짓말을 하지 않을 수 없다.

훌륭한 시민은 반대자들에게 겁을 주는 것이 아니라 공정한 논쟁을 통해서 이겨야 한다. 현명한 국가는 (…) 조언이 받아들여지지 않는다고 해도 그를 처벌하지 않으며 불명예를 안겨주는 일도 없다. 그러면 성공한 연설가는 더 높은 명예를 바라고 인기를 끌기 위해 신념에 배치되는 발언을 하려 하지 않을 것이다. 성공하지 못한 연설가도 아부하는 발언으로 군중의 환심을 사려고 하지 않을 것이다.

연설가는 평민보다 더 책임감을 가져야 한다. 평민은 결정에 책임을 지지 않는다. 그들의 결정은 연설가의 조언에 따라 만들어진다. 평민들은 스스로 결정하거나 책임을 지기보다는 하나의 나쁜 결과에 대해 연설가를 비난한다.

나는 미틸레네인이 심각한 과오를 저질렀다는 것을 입증할 수 있어도 우리에게 이익이 되지 않으면 그들을 사형에 처하라고 권하지 않을 것이다. 그들이 용서받을 만하다는 것을 입증할 수 있어도 우리의 이익이 되지 않으면 그들을 용서하자고 권하지 않을 것이다. (…) 이곳은 무엇이 옳은지 그들과 따지는 법정이 아니라 어떻게 해야 그들이 우리에게 유익해질 수 있는지를 논의하는 자리다.

개인이든 공동체든 인간은 누구나 실수하게 마련이며 그것을 막을 법은 없다. 전에는 가장 중대한 범죄에 대한 처벌도 지금만큼 엄중하지 않았다. 범죄가 계속되고 세월이 흐르며 사형이 일반화된 것 같다. 그럼에도 사람들은 여전히 범죄를 저지른다. 따라서 사형은 범죄를 막는 데 영향을 미치지 못한다.

빈곤은 사람들을 대담하게 만든다. 돈은 교만과 자만심을 통해 사람을 더 탐욕스럽게 만든다. 운명(Tyche)은 사람들에게 모험을 부추긴다. 도시들은 특히 이런 동기들에 민감하다. 도시 공동체가 이런 욕망에 유혹되다보니 개인들도 덩달아 자신들의 능력을 과대평가하여 더 큰 희망을 갖도록 만든다.

인간이 일단 무슨 일을 하기로 작정하면 법의 힘이나 다른 억지력으로 그것을 막기는 불가능하다. 그러므로 우리는 사형의 효과를 과신하고 잘못된 결정을 내려서도 안 되고, 자신들의 잘못을 신속히 회개하고 속죄할 기회도 주지 않음으로써 반란자들이 절망감에 빠지게 해서도 안 된다. 우리는 온건한 벌을 내리는 방법을 찾아야 한다 (…) 법의 엄격한 적용은 그들을 억누르는 데 영향을 미치지 못할 것이다.

(…) 클레온은 사형이 정당하며 유리하다고 주장하지만 이번 경우 그 두 가지가 동시에 만족될 수 있을 가능성은 희박하다. 만일 우리가 그들 모두를 처벌하면 한번 반란이 있었던 다른 도시들의 민주주의자들은 장래에 우리를 지지하지 않을 것이다. 왜냐하면 그들은 반란을 시작한 모든 과두제 관료들과 함께 처벌받게 될 것을 알기 때문이다. 나는 동정이나 공정성을 주장하는 것이 아니라 아테네의 이익을 주장하는 것이다. 미틸레네인들을 살려 두도록 하자. 그리고 주모자들의 처벌도 충분한 시간을 갖고 천천히 하자. 자신의 적에 대해 현명한 정책을 받아들이는 사람들은 힘과 어리석음으로 적을 공격하는 자들보다 더 강력하다." (TW 3.42–48)

디오도토스는 기록된 역사에서 이번 한 번만 나타난다. 디오도토스는 연설의 초기 부분에서 자신의 논쟁 상대인 클레온을 상당히 의식하는 면모가 보인다. 아테네에서 최고의 영향력을 가진 클레온의 주장을 논박하는 부담이 담겨있다. 따라서 그는 "성급함과 분노가 … 현명한 권고에 두 가지 가장 큰 걸림돌"이라는 말로 반론의 필요성과 당위성을 역설한다. 또한, 연설자는 정당한 대우를 받아야 한다는 점을 강조한다.

이미 민회에서 확정된 내용을 뒤집으려는 그의 논리는 상대방에 대한 비난보다는 논박을 통해서 자신의 주장을 담대하게 개진하는 쪽으로 모아진다. 그는 미틸레네인의 처형에 대한 클레온의 주장을 인용하면서 사형의 형벌이 정말로 반란의 억제 또는 반대의 정당한 억제 수단인지 의문을 제기했다. 또한, 미틸레네인에 대한 처리의 문제는 미틸레네인의 죄에 대한 문제가 아니며, 아테네가 복수할지 여부의 문제로, 무엇이 아테네의 최고의 이익인지에 관한 문제라고 주장했다.

그는 인간이 어떤 일을 하기로 작정하면 법의 힘이나 다른 억제력으로 막기는 불가능하다고 전제하고 사형의 효과를 과신하고 잘못된 결정을 내려서도 안 되기 때문에 오히려 회개하고 속죄할 기회를 주는 것이 낫다고 주장하면서 온건한 벌을 내리는 방법을 찾을 것을 주문한다.

특히 그는 격정주의를 배격한다. 미틸레네의 남성들을 모두 죽이는 것이 아테네에 이로운가 아니면 그들을 살려 두고 공물을 받는 것이 이로운가라는 문제를 던진다. 민회에 대해 온건한 처리를 주장하면서 제국 전체를 통해서 제국의 잠재적 친구들을 소외시키는 것을 반대하도록 요구한다. 그는 아테네인에게 무엇이 옳고 정당한지에 대한 근본적인 문제에 대해 묻고 적극적인 처벌보다는 온건한 방법을 찾도록 제안하면서 아테네인에게 동맹을 창출하기 위한 노력으로 미틸레네인에게 죽음을 피하게 하도록 촉구하면서 연설을 맺었다.

투키디데스가 전한 모든 연설을 망라하여, 그가 기록한 클레온과 디오도토스의 논쟁은 많은 학술적 분석의 주제가 되어 왔다. 이러한 연구의 목표는 그 당시에 아테네 내부의 정치와 미틸레네 반란의 상황 모두를 더 자세히 설명하려는 것이다. 또한, 그가 기술한 연설들은 연설 그 자체뿐만 아니라 당시의 역사적 상황을 고찰하며 많은 토론의 대상이다.

미틸레네의 포위작전이 BC 428년부터 1년간 진행되었다는 점을 감안하면 미틸레네인들에 대한 민회판결은 투키디데스가 추방된 BC 424년 이전에 개최되었을 것이다. 그렇다면 민회 의제의 중대성으로 보아 많은 시민들이 참석했을 것이고 투키디데스도 이 시민들 속에 있었을 가능성을 유추해 볼 수 있다.

연설자들은 각자의 진영별로 내용을 밤새워 준비했을 것이다. 클레온과 디오도토스 두 사람의 연설내용이 법철학과 민주주의 이론에 전문적 조예가 담겨 있기 때문이다. 가정적으로 디오도토스는 미틸레네인들의 조력도 받았을 가능성도 있다. 그리고 투키디데스가 현장에 있었다면 핵심내용을 기록했을 것으로 생각할 수 있다. 그러나 그가 현장에 있었던 것이 아니고 전해 들었거나 자신의 머리에서 나왔다면 투키디데스는 법 및 철학과 민주주의에 대단한 이론가다.

투키디데스는 연설의 내용을 전하기 위해 그가 자신의 방법을 설계한 유명한 구절에서 "나는 여러 연설의 기회 때마다 연설자가 해야 할 내용을 나름대로 작성했다. 물론 그들이 실제로 했음직한 일반적 말의 내용에 가능한 한 가까이 이르도록 한다"고 진술한다 (TW 1.22).

이 말은 투키디데스가 연설이 이루어진 상황별로 그 상황에 맞는 내용의 연설을 자신이 기술했다는 것을 의미한다. 투키디데스의 이 연설을 분석하는 여러 역사가는 투키디데스가 하고 싶은 말을 연설자가 한 것처럼 말하고 있는 것으로 정리한다. 그리고 투키디데스의 서술내용이 실제로 행해졌을 가능성이 있는 연설의 기본적 의미를 유지한다는 결론에 도달한다.

찬반에 대한 연설이 끝난 후에 민회의 다음 차례는 의제에 대한 표결이다. 표결결과 근소한 차이지만 어제의 결정은 다행히 뒤집혔다 (TW 3.49-50). 클레온의 제안에 따라 파케스가 주동자로 지목하여 아테네로 보낸 미틸레네인들만 처형하는 것으로 결정했다. 아테네에 와있는 미틸레네 대표들은 초주검에서 겨우 한숨을 돌렸다. 그러나 그것이 끝이 아니었다. 또다시 애간장이 탔다. 어제의 결정을 전달할 전령의 배가 이미 떠났기 때문이다. 새로운 결정을 전달할 전령의 배가 전날 떠난 배보다 늦게 도착하여 사형이 집행되면 만사는 허사다.

미틸레네 대표들은 지혜롭고 기민하게 움직였다. 전령들에게 만일 새로운 결정을 갖고 새로 떠날 배가 어제 떠난 배를 따라잡아서 형집행을 막게 되면 선원들에게 꽤 많은 보상을 하겠다고 제안했다. 수정된 명령서를 지닌 배도 즉시 미틸레네로 떠났다. 전령들은 보상보다도 자신들의 행동이 수많은 사람의 목숨을 살린다는 사명감과 책임감이 떠올랐을 것이다. 이런 상황에서 어느 누구나 최선을 다하지 않을 수 없다.

사람의 능력은 어찌 보면 극한 상황에서는 무한하다. 그러나 직접적인 이해관계가 없는 일에 단지 사명감과 책임감만으로는 무한한 능력을 발휘하기가 쉽지 않다. 이런 때는 보상을 제시해야 한다. 이런 점에서 미틸레네 대표들의 행동은 아주 적극적이고 영리한 대응이었다.

삼단노선의 노잡이들은 하루 앞서서 떠난 첫 번째 배를 따라잡으려고 진력했다 자신들에게 1만여명의 미틸레네인들의 목숨이 달려있다는 것을 새기고 있었다. 노잡이들은 교대로 자면서 주야로 노를 젓고, 노를 저으며 식사했다. 만 하루 뒤에 출발했음에도 두 번째 배는 첫 번째 배 바로 뒤를 따랐다.

첫 번째 배는 내키지 않는 임무를 받았다. 자신들이 미틸레네에 도착하면 1만여 명의 목숨이 사라지게 된다. 항해를 서두를 이유가 없다. 오히려 늦게 도착하는 것이 그들의 생명을 조금이나마 연장하는 것이다. 반면에 두 번째 배는 만일 첫 번째 배보다 늦게 도착하여 형이 집행된다면 자신들의 노력이 헛될 뿐만 아니라 죄책감에 사로잡히고 보상도 날아간다는 무거운 사명감과 책임감이 짓누른다. 결국 이들은 앞의 배를 따라잡았다.

두 번째 배가 미틸레네에 막 도착했을 때 이미 하루 먼저 떠난 배로부터 첫째 날 결정된 명령서가 파케스에 전달되었다. 그리고 파케스는 미틸레네인들 앞에서 첫째 날 결정된 명령문을 막 읽고 있었다. 다 읽고 나면 처형이 시작된다. 아직은 명령문을 읽고 있는 중이라 명령이 효력을 발생하기 직전이다. 두 번째 배에서 둘째 날의 새로운 명령문을 전달했다. 미틸레네인들은 목숨을 구했다. 부녀자와 아이들도 노예를 면했다.

아마 이런 아슬아슬한 시차는 투키디데스가 극적 효과를 노리려는 의도를 갖고 긴박한 상황으로 몰고 간 문학적 재능의 발로일 것이다. 사령관 파케스가 첫 번째 배가 전한 명령서를 받았어도 당장 처형하지는 않았을 것이다. 나름대로 고뇌하고 사형집행의 전략을 세우려면 상당한 시간이 필요하다.

미틸레네인도 모든 남성을 몰살할 것으로는 생각하지 않았을 것이다. 그런데 실제 처형이 시작되면 그들이 순순히 목을 내놓았을까? 1만여 명을 처형하는 과정에서 처형당할 사람들이 어차피 죽을 목숨이라고 판단되면 목숨을 건 저항을 할 수 있다. 그렇다면 또 다른 전투가 발생한다.

그러나 아테네로 압송된 주모자들은 재판 없이 처형되었다. 투키디데스는 처형된 숫자가 1,000명이 조금 넘었다 (TW 50-1)고 전해준다. 그러나 이 숫자는 불확실하다. 예를 들면 삼단노선에는 선원 200명이 승선한다. 이 중에 170명이 노를 젓는다. 그렇다고 삼단노선으로 이들을 태워가지는 않았을 것이다. 1,000명이 넘는 사람을 호송하려면 삼단노선으로도 5척이 넘어야 한다. 더욱이 이들은 당연히 선상반란을 일으킬 것이다. 아테네에 압송되어 처형된 숫자는 실제 30명에 근접했다는 주장이 있다.[9]

미틸레네의 시민들은 처형은 모면했으나 반란에 가담한 자들에게는 가혹한 처벌이 부과되었다. 레스보스의 전체 섬은 아테네의 충성스러운 동맹국 메팀나 소유의 땅을 제외하고 3,000필지로 분할되었다. 이 중에서 300필지는 성역화되어 신들에게 할당되고 나머지는 아테네인들에게 추첨으로 배분되었다.

아테네인들은 배정받은 땅을 레스보스인들에게 1년 단위로 임대했다. 임대료 중 10달란트는 매년 아테네 금고로 납부했다. 나머지는 아테네 식민지의 경비로 보조해 주었다.[10] 미틸레네는 아테네가 직접 통치했다. 미틸레네의 과두제는 제거되고 민주주의가 수립되었다. 성벽은 허물어졌고 배도 압수되었다. 레스보스를 장악하면서 아테네는 몇 가지 당면한 문제에 돌파구가 생겼다. 아테네인 일부가 레스보스로 이주했다. 레스보스의 수비대원을 아테네로부터 차출했다. 이런 정책들로 아테네의 과잉인구도 어느 정도 해소시켜 주었다.

---

9) www.wikipedia.org.
10) J. Rickard, "Siege of Mytilene, 428-427 BC" (16 June 2011), http://www.historyofwar.org/.

제8장
아테네의 주화파와 주전파의 갈등과 멜로스인의 학살

피로스 전투

페리클레스가 사망한 후에 급부상한 매파인 클레온이 권력을 장악하면서 아테네는 주전파가 득세하기 시작했다. 주전파는 페리클레스의 보수적이고 방어적인 전략에서 스파르타와 그 동맹들에게 전쟁을 부르는 공세적인 전략으로 전환했다. 클레온은 영리한 신임 장군인 데모스테네스(Demosthenes)가 지휘하는 군대를 바탕으로 펠로폰네소스에서 해군 공습으로 기세를 올리면서 여러 전투를 이어갔다.

아테네는 군사 활동을 보이오티아(Boeotia)와 아이톨리아(Aetolia)까지 넓혔다. 미틸레네의 반란을 진압한 여세를 몰아, 펠로폰네소스 주변의 요지들을 요새화하기 시작했다. 이 과정에서 BC 425년 필로스(Pylos) 반도에서 전투가 발발하게 된다.

필로스는 현재 메세니아(Messenia)의 나바리로(Navarino) 해협이다. BC 425년 여름에 아테네 함대 40척이 출항했다. 이 함대는 에우리메돈(Eurymedon)과 유명한 희곡작가인 소포클레스(Sophocles)가 지휘했다. 시칠리아에서 피토도로스(Pythodorus)를 지원하고 케르퀴라에서 민주파를 도우라는 지시를 받고 출항한 것이다.

이 함대에는 데모스테네스가 고문으로 함께 탔다. 데모스테네스는 아카르나니아(Acarnania)작전과 암브라키라(Ambracia)의 승리로 상종가를 치고 있었다. 그는 당시에 공식 직함은 갖고 있지 않았으나 BC 425년 즉 그 해의 여름부터 임기가 시작되는 선출직 장군이었다.

함대가 대양에 이르자 데모스테네스는 숨겼던 그의 계획을 털어놓았다. 필로스에 정박하고 요새를 설치하기를 원했다. 그는 "이곳이 항구에 인접해 있고 다른 곳보다 유리하다"(TW 4.3.3)고 생각했다. 그러나 에우리메돈과 소포클레스는 이 계획을 거부했다.

그런데 날씨는 데모스테네스편이었다. 폭풍우가 몰아쳐 아테네 함대가 필로스에서 해안으로 밀리는 바람에 출항이 어렵게 되었다. 데모스테네스는 이곳을 요새화하자고 다시 제안했으나 장군들은 또 거부했다. 데모스테네스는 부대의 지휘관과 부대원에게 직접 호소하려 했으나 마찬가지로 거절당했다. 폭풍우가 계속되고 기다리는 동안 지루함이 파도처럼 밀려왔다. 무엇이라도 해야 하는 상황에 이르자 데모스테네스는 지루함을 피하기 위해 장병들을 요새화 작업으로 유도했다. 요새가 완성되고 방어진지가 구축되었다. 폭풍우가 그치자 아테네 함선 60척은 케르퀴라를 향해 떠났다. 대신 데모스테네스가 5척의 삼단노선과 약간 명의 병력을 넘겨 받아 새로 구축한 필로스의 요새를 지키기로 했다.

스파르타는 필로스에 있는 아테네군의 존재에 관심이 별로 없었다. 곧 떠날 것으로 생각했기 때문이었다. 그러나 데모스테네스와 그의 부하들이 이 장소를 고수하려는 것이 분명해지자, 아티카를 침공해 황폐화시키고 있던 스파르타 왕 아기스(Agis)는 필로스에 대한 대응을 위해 아테네 영토에서 15일 만에 침략을 중단하고 귀국했다. 그가 귀국하자마자 스파르타군대는 즉시 필로스로 이동하면서 펠로폰네소스 주변의 동맹국에 군대를 파견하도록 징발령을 내리고 케르퀴라에 있는 함대도 즉각 필로스로 항해하도록 했다.

데모스테네스에게는 5척의 삼단노선 및 수비대 외에 메세니아에서 보낸 배와 40명의 중장보병이 보강되었다. 데모스테네스에게는 아마도 약 600명의 군인이 있었을 텐데, 이 중 90명만이 중장보병이었다. 그는 스파르타 함대의 접근 소식을 듣고 두 척의 삼단노선을 소포클레스와 에우리메돈의 아테네 함대에 보내 자신의 위험을 알렸다.

데모스테네스는 자신의 군대가 수적으로 열세인 것을 알고 남아 있는 세 척의 삼단노선을 해안으로 끌어 올렸고, 선원들에게 닥치는 대로 어떤 무기라도 무장하도록 독려했다. 그는 스파르타군이 반도의 서남쪽 모퉁이를 공격할 것으로 예상했다. 방어벽이 가장 약하고 상륙하기에 가장 적합한 곳이기 때문이다. 그는 군대 중에서 가장 많은 인원을 육지와 인접한 요새에 배치하고 60명의 중장보병과 소수의 궁수를 선발하여 공격이 예상되는 곳으로 집중 배치했다.

데모스테네스의 예상은 적중했다. 스파르타군은 데모스테네스가 예상했던 곳으로부터 시작하여 수륙 양면으로 공격해 들어왔다. 그러나 이미 대비가 완비된 곳이라서 방어가 가능했다. 또한, 해안은 지형의 구조상 접근이 어려워 스파르타군은 삼단노선 43척 가운데 몇 척만 접근할 수 있었고 한 번에 43명 중 3명밖에 해변으로 오르지 못했다.

접전은 3일간 이어졌다. 스파르타 사령관 브라시다스(Brasidas)는 배를 바위가 많은 해안으로 몰아넣어서 군인들을 상륙시켜 아테네군을 후방에서 공격하도록 했지만 방어선을 뚫지는 못했다. 스파르타군은 공격에 대한 성과가 없자 공격 대신에 포위망을 짰다. 아테네군대가 "준비가 부족하고 식량이 달려서"(TW 4.8.8) 함락시킬 수 있을 것으로 판단했기 때문이었다.

한편 소포클레스와 에우리메돈 함대는 데모스테네스가 보낸 2척의 함선을 자킨토스(Zacynthus)에서 발견했다. 자킨토스는 이오니아 군도에서 세 번째로 큰 섬으로 아테네의 동맹이다. 이들은 데모스테네스의 전갈을 듣고 급히 기수를 필로스로 돌렸다. 스파르타의 포위 공격 준비가 진행되는 동안, 아테네의 50척의 강력한 삼단노선 함대가 자킨토스로부터 다음날 저녁 때에 필로스에 도착했다. 그 사이에 스파르타군은 항만 입구를 봉쇄하지 못해 아테네군은 항구를 드나들 수 있었다. 넓이가 1,280m, 수심이 60m라서 봉쇄하기에는 역부족이었다.[1]

---

1) Donald Kagan, *Peloponnesian war* (New York: the Penguin Group, 2003), p. 140.

양측은 치열한 접전을 이어갔고 아테네군이 항만을 장악하면서 필로스 해협에서 필로스만 초입에 있는 아주 작은 섬인 스팍테리아에 상륙한 스파르타의 420명의 중장보병과 헤일로타이들을 에워쌌다. 스팍테리아는 펠로폰네소스의 필로스만 초입에 있는 짠물 밖에 나지 않는 아주 작은 황량한 섬이다. 스파르타는 에피타다스(Epitadas)를 지휘관으로 하여 중장보병을 섬으로 파견했다. 그러나 데모스테네스가 스파르타군을 무찌르고 항만을 완전히 장악했다. 아테네는 추가로 전함 20척을 보내 섬의 봉쇄를 강화했다. 데모스테네스는 초기에 스팍테리아의 스파르타인을 굶기려고 시도했다. 그러나 섬을 완전히 봉쇄할 수는 없었다. 스파르타군은 아테네의 봉쇄선의 빈틈을 뚫고 식량과 물을 공급하는 사람에게, 자유인이면 보상을, 헤일로타이라면 자유를 주었지만 스파르타군의 상황은 더 나아지지 않았다.

스파르타인들이 스팍테리아섬에 고립되면서 스파르타정부는 충격과 공포에 빠졌다. 불과 420명이 봉쇄로 발이 묶인 것에 대해 스파르타 전체가 들썩이는 이유는 무엇인가? 사실 이 420명 가운데에는 스파르타 정부의 기반이 되는 스파르타 엘리트계급 120명이 포함되어 있었다. 120명은 스파르타 엘리트계급 전체의 10%에 해당한다.

스파르타는 이 들을 구출할 수 없다고 판단되자 즉시 휴전을 제의했다. 모든 스파르타 함대는 아테네에 항복했으며, 스파르타 대사가 항구적 평화를 추구하기 위해 아테네에 파견되었다. 이 협상이 실패했을 때를 대비해, 아테네는 스파르타 함선 60척을 담보로 잡았다.

아테네에 도착한 스파르타 대사들은 아테네의 민회에서 자신들의 평화 조건을 제시했다. 아테네가 좋은 조건으로 스파르타와 평화를 이루기 위해 이 기회를 잡아야 한다고 역설했다. 그러나 아테네의 클레온은 이런 제의를 조롱으로 응대했다. 그는 메가라에 대한 통제권을 아테네에 부여하고 스파르타는 몇몇 중요한 동맹을 포기하도록 강요하는 훨씬 더 엄격한 조건을 요구했다. 그는 BC 445년의 30년 평화조약에서 아테네가 강요당해 양보한 것을 회상했다.

스파르타가 이러한 제안은 비공개로 논의하자고 요청했다. 클레온은 스파르타인들이 명예로운 것을 이야기하고자 한다면 공개된 민회에서 제시하라고 요구했다. 그러나 스파르타에게는 자칫 자신의 동맹에 대한 배신행위가 될지 모를 일을 공개적으로 할 수는 없었기에 협상을 포기하고 귀국했다. 필로스의 휴전 협정은 아무 성과 없이 끝났다. 아테네는 스파르타가 조건을 위반했다고 주장하면서 담보로 잡았던 배들의 반환도 거부했다. 양쪽 모두 스팍테리아섬에서 들려오는 전투 개시의 초침 소리에 귀를 기울이게 되었다.

스팍테리아 및 암피폴리스 전투와
투키디데스의 추방형

스팍테리아 전투는 BC 425년에 아테네와 스파르타 사이에서 싸운 펠로폰네소스전쟁의 지상 전투다. 필로스 전투와 뒤이은 평화 협상이 실패하면서 스팍테리아섬에 계속 발이 묶여 있는 스파르타 군인들도 풀려나지 못하고 있었다. 아테네는 단기간에 항복을 받아낼 것으로 기대하고 고자세를 취했지만 시간이 길어지자 초초해졌다. 만일 교착 상태가 신속히 해소되지 않으면 겨울이 온다. 아테네군이 오히려 식량과 물 부족에 곤란을 겪게 되었다.

매사는 목표대로 진행되지 않으면 우려와 불만이 터져 나오게 된다. 아테네에서는 자신들의 실책을 알아차리기 시작했고 평화 제안을 거부했던 클레온에게 책임을 넘기는 여론이 일기 시작했다. 봉쇄를 신속히 풀어야 한다는 의견마저 속출했다. 이런 상황에서 데모스테네스가 요청한 증원군 파견을 결정하기 위해 민회가 열렸다.

민회는 클레온과 그의 정책을 공개적으로 비난하는 자리로 바뀌었다. 이 틈에서 협상파인 니키아스가 스팍테리아 습격을 위한 증원군 요청에 반대했지만 민회는 증원군 파견을 결정하면서 니키아스와 클레온 사이에서 오락가락하던 지휘권은 클레온에게 넘어왔다.

클레온은 데모스테네스를 동료 지휘관으로 임명하여 소수의 경장보병과 400명의 궁수만을 데리고 20일 안에 작전을 성공적으로 마무리하겠다며 떠났다. 물론 현장에는 메세니아 등 동맹국 병사와 기존의 아테네 군대를 포함하여 1만 명 남짓의 군대가 진을 치고 기다리고 있었다.

클레온은 스팍테리아에 대한 공격을 시작했다. 작전과 지휘는 데모스테네스의 계획대로 추진되었다. 약한 방어 지점에 강력한 군대를 상륙시키고 해변가를 습격하면서 내륙으로 이동하여 공격했다. 아테네군이 압도적으로 우세한 전력으로 스파르타군을 포위하는 바람에 스파르타군은 퇴로도 차단되었다. 스파르타군은 전투에 지치고 허기로 인해 이제 더 이상 버틸 힘이 없게 되자 본국에 전령을 보내 명령을 기다리기로 했다. 클레온도 시체보다는 살아있는 포로가 더 가치가 있기 때문에 이들에게 시간을 주었다.[2]

스파르타에서 온 대답은 "스파르타인은 불명예스러운 일을 하지 않는 한 자신의 운명을 스스로 결정하라(TW 4.38.3)"라는 것이었다. '불명예'라는 단서는 항복하지 말고 끝까지 싸우라는 요구다. "자신의 운명을 스스로 결정하라"는 것은 아무도 "책임을 지지 않겠다"는 책임 회피의 답변이었다. 이에 따라 군사들은 항복했다. 420명 중 128명이 죽고 292명이 살아있었다. 이 가운에 120명은 스파르타의 엘리트계급이었다.

투키디데스는 스파르타인들의 체포에 대해 "전쟁 중에 일어난 일 중에서 그리스인들에게 가장 경악스러운 사건"(TW 4.40)으로, 케이건(Donald Kagan)은 "결과는 그리스의 세계를 흔들었다"[3]고 묘사한다. 그리스 세계에서 스파르타인의 미덕은 어떤 경우라도 항복이 아니라 싸우다 죽은 것이었기 때문이다. 이 전투 결과로 BC 425년부터 BC 424년까지 장군으로 선출된 클레온의 인기는 치솟았고 영웅으로 추앙되었다. 아테네의 위상도 높아졌다. 클레온은 강화된 아테네의 위상을 배경으로 동맹들이 납부하는 공물도 인상했다.

아테네가 스파르타의 중장보병을 체포한 사건은 전쟁에서 세력의 균형을 근본적으로 바꿨다. 아테네는 스파르타가 아티카를 침략하면 체포된 자들을 처형하겠다고 위협하면서 전쟁 선포 이래 연례적으로 발생한 침략은 중단되었다. 아테네는 높아진 명성과 자신감을

---

2) Kagan (2003), p. 152.
3) Kagan (2003), p. 152.

가지고 이니셔티브와 전쟁을 추구했다. BC 425년 이후, 스파르타는 전략을 바꾸었다. 그동안 육군은 노예들의 반란을 염려하여 국외의 장기체류를 지양했지만 이제 아테네 성 밖의 농촌 대신에 아테네 제국의 북쪽을 공격하기로 했다. 스파르타의 지휘관인 브라시다스는 BC 424년 12월 초에 동맹국 군대와 헤일로타이들을 이끌고 트라케(Thrace)에 있는 아테네의 식민지 암피폴리스(Amphipolis)를 점령했다. 인근에는 은광이 있었는데 이 은은 아테네의 전쟁자금으로 공급되었으나 이제 스파르타 자금으로 바뀌게 되었다.

아테네는 투키디데스가 지휘관으로 군대와 함께 파견되었다. 그러나 그는 현장에 너무 늦게 도착했다. 그가 현장에 도착했을 때는 이틀 전에 이미 브라시다스가 암피폴리스를 점령한 뒤였다. 투키디데스는 이로 인해 클레온이 제정한 법에 따라 군사적 무능력자로 기소되었다. 판결은 20년의 추방형이었다.

인간 만사는 새옹지마(塞翁之馬)인가. 만약 투키디데스가 추방되지 않고 계속 전장을 누볐다면, 수많은 장군들처럼 이름 없이 사라졌을지도 모른다. 수많은 전쟁에서 수많은 장군들이 목숨과 함께 이름 석 자도 잊혀지는 상황에서 그는 전장을 벗어나 자신이 처한 역경에서 자신의 역할을 모색했다. 결과적으로 그는 추방 기간 전쟁터를 누비며 양측 목격자들을 면담하고 전쟁의 모습을 기술했다. 이것이 바로 『펠로폰네소스 전쟁사』다. 그의 전쟁사는 헤로도토스의 역사와 함께 고대 그리스 역사의 유일무이한 필수적 자료이며 불후의 저작으로 평가되고 있다.

이 당시 클레온은 필로스와 스팍테리아 전투의 승리에 고무되고 칭송에 들떠 있었다. 춤추는 고래가 된 그는 자신을 냉정하게 통제하지 못한 것 같다. 샘물처럼 분출하는 욕망과 오만에 사로잡히면 늦추고 머무는 것을 치욕을 여긴다. 그는 투키디데스가 놓친 암피폴리스를 탈환하기 위해 BC 422년에 직접 출정했다. 그러나 이번에는 스파르타 장군 브라시다스에 의해 허를 찔렸다. 결국 클레온은 스파르타 지휘관인 클레아리다스(Clearidas)에게 자신의 목을 바쳤고 스파르타의 지장인 브라시다스도 부상으로 여기에서 죽으면서 암피폴리스는 장군들의 죽음의 땅이 되었다.

니키아스 평화조약과 매와 비둘기의 대립

평화 대신에 전쟁을 외쳤던 아테네와 스파르타의 호전적 매파들의 사망으로 평화에 대한 주요 장애물이 제거되면서 다시 평화조약에 대한 여론이 형성되었다. 스파르타 왕 플레이스토나크스(Pleistoanax)와 아테네 장군 니키아스(Nicias)의 주도로 BC 421년에 니키아스 평화조약이 체결되었다.

　니키아스는 아테네 귀족 가문의 후손으로 귀족 진영의 저명한 정치 지도자인 동시에 장군이었다. 그는 은광까지 소유한 부유한 보수파의 대표자로서 종종 클레온과 충돌했다. 클레온과 알키비아데스(Alcibiades)와 같은 인기 있는 지도자들의 강경한 반스파르타 정책의 회오리 속에서도 굳건히 친스파르타 입장을 포기하지 않았다. 그는 장군으로서 역량과 함께 신중함과 조심성을 겸비했다. 그러나 그의 지나친 신중함은 호기(好期)를 실기(失機)로 날려버리는 우를 범하기도 한다. 그에게는 전공(戰功)의 운이 따르지는 않았다. 전투에서 이렇다 할 승리를 거두지는 못했다. 그렇다고 재앙을 겪지도 않았다. 그러나 그는 10년간 장군으로 선출되었다. 권모와 술수, 모함과 배척이 난무하는 아테네 정치판에서 내놓을 만한 전투업적이 없는 그가 장군으로서 장수할 수 있었던 것은 바로 그의 신중함이었다. 그는 살얼음판의 정치에서는 과격함보다는 온건함이, 성공보다 실수가 없는 것이 개인의 정치생명에는 더 안전하다는 것을 보여주고 있다.

BC 427년에 니키아스는 살라미스(Salamis)맞은편 메가라(Megara)와 가까운 섬인 미노아(Minoa)를 공격했다. 그러나 섬을 장악하지는 못했다. BC 425년클레온은 니키아스를 지나치게 조심스럽게 일처리를 한다고 공격하고, 아테네가 대담한 장군들을 가지고 있다면 스파르타로부터 필로스를 확보할 수 있다며 비판했다.

그러나 그의 온건하고 조심성 있는 태도는 결국 평화협정의 산파역할을 했다. 유능제강(柔能制剛)의 전형으로서 그는 클레온이 죽으면서 스파르타와 평화협정의 필요성을 민회에서 역설하여 지지를 이끌어 냈다. 그리고 평화조약을 이루어 냈다.결국 그는 평화조약에 자신의 이름을 넣는 영광을 안았다.

니키아스는 자신이 반대하는 일이라도 결정되면 순응했다. 온건한 인물의 특성이다. 그는 시칠리아의 원정에 반대했다. 그럼에도 그는 원정에 동참했다. 그리고 지나친 신중함으로 승기를 패기로 만들고 결국 아테네에 대재앙을 초래했다. 그도 시라쿠사에서 잡혀 동료장군 데모스테네스와 함께 처형당했다. 이 상황은 뒤에서 다시 기술할 것이다.

플레이스토나크스와 니키아스 두 사람은 협상에서 아테네가 지배하고 있는 메가라의 중요한 항구 도시 니사이아(Nisaea)와 테바이의 통제하에 남아있는 플라타이아를 제외하고는 전쟁 중에 정복한 모든 것을 반환하기로 결정했다. 암피폴리스는 아테네로, 스팍테리아에서 잡힌 포로는 스파르타로 귀환시키기로 합의했다.

양국은 상대편의 동의 없이는 다른 나라들과 평화조약을 맺을 수 없도록 했다. 아테네는 아리스티데스 시대(BC 530~468년) 이후에 받아온 동맹국의 공물을 계속 받되, 이들에게 동맹국이 되도록 강요할 수는 없도록 했다. 공물은 기존 질서지만 새로 동맹국이 되도록 강요하는 것은 양국이 관련되는 상대적인 문제이기 때문이다. 아테네는 또한, 스파르타에서 노예 반란이 발생한다면 스파르타의 원조에 동의하기로 했다. 스파르타의 모든 동맹국도 평화에 서명하기로 합의했다.

그리스 전역의 신전들은 모든 국가의 참배자들에게 개방하고 특히 델피의 신전에는 자치권을 부여하기로 했다. 이로써 델피의 아폴로 신전은 독립성을 갖게 되었다. 양측 17명의 대표는 50년 동안 지속될 조약을 지지한다는 맹세를 했다. 그러나 협상 막판에 아테네의 주요 목표인 암피폴리스는 제외되었다. 스파르타 장군으로 암피폴리스 2차 전투에서 아테네의 클레온을 살해했던 클레아리다스가 반환조항을 제외하자는 구절을 받아 낸 것이다.

한편 펠로폰네소스 동맹국인 보이오티아, 코린토스, 엘리스, 메가라 등 4개국이 이 조약을 거부하면서 반발하고 나섰다. 이 틈에 코린토스의 관리가 아르고스의 관리를 부지런히 만났다. 아테네와 스파르타가 각기 소속된 동맹국가들을 보호하기보다는 동맹국들 위에 군림하면서 노예화를 촉진할 것이라는 이유였다. 동맹은 공동의 적이 존재해야 서로 필요하고 존중하며 상의하게 된다. 그러나 적대적인 두 강대국이 동맹을 맺게 되면 그에 소속된 동맹국들은 복종 이외에 다른 탈출구가 없다. 결국 아르고스와 코린토스는 제3의 동맹 결성을 시도하기에 이른다.

그러나 아르고스와 코린토스는 동상이몽(同床異夢)이었다. 코린토스는 스파르타를 통해 아테네를 견제해야 할 입장이었다. 아테네와는 그동안 여러 지역에서 충돌해온 적이었다. 그런데 스파르타가 아테네와 한 편이 되면 코린토스가 설 땅은 사라지게 되는 셈이다. 따라서 코린토스에게는 평화조약이 깨져야 한다. 코린토스의 속내는 스파르타가 평화조약을 파기할 수밖에 없는 상황을 만들어 가는 것이었다. 코린토스의 판단으로는 아르고스와 동맹이 결성되면 스파르타가 우려할 것으로 생각했다. 이를 이용하여 아테네와의 평화조약을 파기하도록 하려는 전략이었다. 이것은 반아테네 동맹이 강화되고 아테네를 위협할 수 있는 길이기 때문이다. 코린토스는 스파르타와의 거래 품목이 필요했던 것이다.

코린토스는 아르고스를 부추겼다. 새로운 동맹의 결성을 제안한 것이다. 펠로폰네소스를 지배하겠다는 야망을 가져온 아르고스는 코린토스의 부추김에 군침이 돌았다. 아르고스는 들뜬 마음으로 제3세력의 기치를 내걸었다. 여기에 제일 먼저 가담한 나라는 스파르타 공격을 두려워하던 만티네아(Mantinea)였다.

아르고스를 꼬드기며 추진 상황을 지켜보던 코린토스는 만티네아의 가담을 보고서 엘리스의 등을 떠밀었다. 코린토스는 엘리스가 순순히 들어가자 어느 정도의 세력이 확보되었다고 판단했다. 그리고 이제는 밖에서 남의 등을 떠미는 것보다는 안에서 팔을 끌어당기는 편이 더 효과적이라고 판단하고 스스로 합류했다.

여기까지는 순조로운 듯했다. 다음 목표는 테게아를 끌어들이는 것이었다. 테게아가 넘어오면 펠로폰네소스 동맹국들이 요동칠 것으로 예상했다. 코린토스도 스스로 야망의 덫에 감염된 것이다. 그러나 여기에서 제동이 걸렸다. 메가라와보이오티아는 일찌감치 거부했었다.

이 나라들이 망설이는 주된 이유는 아르고스의 정치체계 때문이었다. 아르고스는 민주제를 택하고 있었다. 과두제인 이 나라들이 민주제와 동맹을 맺게 되면 자칫 민주제의 전염으로 과두체제가 흔들릴 수 있다. 국가의 이익보다 정권의 이익이 우선이었다. 체제보호가 중요했던 것이다. 테게아도 결국 말을 듣지 않았다. 이렇게 되면 참가국 수가 아주 제한되어 스파르타에 맞서기가 불가능하다.

스파르타는 BC 421년 선거를 통해서 5년마다 선출되는 새로운 감독관(Ephor)들이 탄생한다. 이들은 두 명의 왕들과 권력을 공유하는 막중한 직위다. 감독관들 중에서 새로 등장한 클레오불로스(Cleoboulos)와 크세나레스(Xenares)는주전파들로 니키아스 평화조약의 파기를 원하고 있었다. 그러나 다른 감독관들은 스파르타가 아테네와 평화조약을 맺은 요인 중의 하나는 오히려 아르고스의 위협 때문이라고 생각하고 있었다. 따라서 스파르타는 아테네와의 조약 파기보다 우선 아르고스 동맹을 파괴할 수순으로 펠로폰네소스에 있는 만티네아가 차지한 파라시아(Parrasia)를 공격하여 독립시키고 요새를 파괴했다. 아르고스에 대한 압박이었다.

제3의 동맹결성은 코린토스가 설계한 상황과는 엉뚱한 방향으로 흘러갔다. 자칫하면 아무 소득도 없이 스파르타와 척을 지게 될 수도 있다. 그렇다면 아테네는 물론 스파르타로부터 왕따가 된다. 코린토스는 영악할 정도로 자신의 힘을 잘 저울질했다. 코린토스는 아르고스 동맹의 창설에 열을 내다가 슬그머니 꼬리를 내리고 꽁무니를 뺐다.

그 이후 사태는 오히려 코린토스가 바라는 대로 진행되었다. 스파르타와 아테네는 평화조약의 이행을 둘러싸고 갈등이 고조되었다. 원인은 서로 땅뺏기 싸움이었고 아테네는 민회를 의식하고 스파르타는 동맹국들을 의식한 오기였다. 아테네와 스파르타의 내부가 각각 주전파와 주화파로 나뉘어 갈등이 격화되면서 이미 금이 간 니키아스 평화조약보다는 새로운 동맹에 대한 기대와 전쟁에 대한 불안감이 솟아올랐다.

BC 420년 아테네, 아르고스, 엘리스, 만티네아가 동맹을 체결하였고, 다음 해인 BC 419년 아르고스가 에피다우로스를 침공해 점령했다. 에피다우로스(Epídauros, 또는 에피다브로스[Epídavros])는 펠로폰네소스반도의 동부에 위치한 고대 그리스의 항구 도시이다.

스파르타와 아테네 및 아르고스의 긴장 관계는 높아져 갔다. 스파르타의 미적지근한 태도에 다른 동맹국들은 불만과 불신 그리고 회의(懷疑)에 빠졌다. 반면에 아테네는 스파르타가 전쟁을 재개할 것이라는 공포에 휩싸였다. 이러한 기류는 BC 418년의 장군 선출 결과를 변화시켰다. 주전파인 알키비아데스가 제외되고 주화파인 니키아스와 그의 동료들이 선출되었다.

주화파의 등장은 아테네 시민들이 전쟁을 기피한다는 증표이다. 그러나 민심은 깃털이다. 미풍에도 방향 없이 떠다닌다. 아테네 민심도 금방 변했다. 주변 국가에서 전쟁이 일고 스파르타가 공격적 자세를 취한다는 소문에 아테네 기류는 불과 1년 사이에 주화파인 니키아스와 주전파인 알키비아데스가 모두 장군으로 선출되는 결과로 이어졌다. 아테네는 주화에서 화전양면으로 가다가 다시 주전파가 부상하고 있는 시그널이 작동되기 시작한 것이다.

주전파의 선봉장은 야심만만한 알키비아데스였다. 알키비아데스는 아테네의 정치가이자 장군이었다. '알키비아데스'라는 이름은 스파르타에 기원을 둔다. 알키비아데스의 가문은 스파르타의 프록세노이(proxenoi)로서 아테네에 왔다.[4] 그는 아테네 정치가인 클레이니아스(Cleinias)를 아버지로, 고대 귀족 가계인 알크메오니다이(Alkmeonidai)출신의 어머니 데이노마케(Deinomache)의 아들로 태어났다.

페리클레스의 어머니도 이 가문 출신이다. 따라서 알키비아데스는 페리클레스의 외조카다. 페리클레스의 동료 장군이었던 그의 아버지가 코로네아(Coronea) 전투에서 BC 447년에 전사하자 페리클레스가 보호자가 되어 알키비아데스는 삼촌인 페리클레스의 집에

---

4) Kagan (2003), p. 211.

서 어린 시절을 보내면서 일찍부터 아테네 정치에 눈을 뜨게 되었을 것이다. 게다가 그는 출중한 외모로 귀족 가문의 여성들로부터 선망의 대상이었다.

플루타르코스는 알키비아데스가 소크라테스의 제자이자 친구였다고 소개한다. 소크라테스는 모처럼 좋은 꽃을 피울 열매가 익기도 전에 떨어지는 것을 막기 위해 그를 늘 가까이에서 지켜보았다. 알키비아데스도 다른 모든 사람은 경멸하면서도 소크라테스만은 두려워하고 존경하였다. 그는 재능 있는 미남이며 부자로서 사치스러운 생활 방식과 느슨한 도덕으로 유명하다.

플루타르코스는 알키비아데스가 "좋은 환경에 둘러싸여 있었고 사람들은 그에 대해 비난하거나 듣기 싫은 말을 하지 않았으므로 그는 진실한 충고와 비난을 들을 기회가 거의 없었다"고 기술한다.

알키비아데스는 BC 420년에 30세 이상에 자격이 부여되는 장군이 되어 15년 연속 장군의 지위를 유지했다. 의회의 의제를 제안할 수 있는 아테네의 영향력 있는 군사위원회의 위원이기도 했다.

알키비아데스는 장군으로 임명되자 곧바로 100년 동안 지속될 아테네, 아르고스(Argos), 엘리스(Ellis), 만티네아(Mantineia)와의 동맹을 주선했다. 플루타르코스는 이를 계기로 펠로폰네소스반도에 있는 아테네 동맹국들이 힘을 합치게 되었고 스파르타에 대항하여 아테네와 멀리 떨어진 만티네아에서 전쟁이 일어나게 되었다고 기술한다.

플루타르코스에 따르면 알키비아데스는 니키아스가 아테네 시민들에게는 물론 아테네와 경쟁하고 있던 나라로부터도 존경을 받고 있다는 사실 때문에 몹시 불안해했다. 그 당시 아테네가 전쟁을 시작한 것은 페리클레스인 반면에 휴전을 성사시킨 것은 니키아스라고 하여 '니키아스의 평화'라는 말까지 생겨났다. 알키비아데스는 자기의 경쟁자가 이름을 떨치는 것을 보자 질투를 느끼게 되었고 그가 세운 평화조약을 뭉개려는 시도를 하게 된다.

그러나 그의 경쟁심은 일관된 규칙에 의한 것이 아니었다. 그의 명예심은 정의와 진실이 아니라 사치스럽고 위선적인 것이었다. 그는 뛰어난 재주와 높은 교육을 자기 마음대로 세상을 살아가는 무기로 사용했다. 그는 권문세가의 아들로 자라면서 양지만 알지 음지를 몰랐다. 그는 고난과 역경을 헤쳐본 경험이 없다. 이런 그에 대해 플루타르코스는 "경쟁심과 명예심은 그가 가진 많은 정열 중에서도 가장 돋보이는 것이었다"고 묘사한다.

따라서 그는 펠로폰네소스전쟁 당시에 나름의 이유가 있지만 나라를 등지고 이편 저편으로 오락가락하여 교활한 배신자라는 평판을 얻었다. 그는 적도 많고 찬미자들도 많은 고대 아테네의 역사에서 가장 다채로운 지도자 중의 한 명이었다. 알키비아데스의 행적은 전쟁의 전개 과정에서 함께 드러나게 된다.

알키비아데스는 주전파의 선두에 서자 새로운 변화를 추구했다. 변화의 가장 큰 동인은 전쟁이다. 온건하고 소극적인 니키아스는 스파르타와의 평화를 지속하면서 현상의 유지를 바랐다. 결국 아테네는 두 지도자가 국가정책을 둘러싸고 반목하면서 정책추진은 교착상태를 벗어나지 못했다.

사회가 혼란스러우면 민심이 흉흉해지고 별별 인물이 튀어나오며 각양각색의 일들이 벌어진다. 이 틈을 비집고 등장한 인물이 선동가인 히페르볼로스(Hyperbolus)다. 그는 혼란스러운 국면을 이용해 자신의 입지를 강화하고 클레온의 뒤를 잇겠다는 야심을 가지고 있었다. 아리스토파네스(Aristophanes)는 BC 421년에 공연된 『평화』에서 히페르볼로스를 민회의 지배자로 불렀다. 그러나 투키디데스는 그를 '비열한 악당(scoundrel)'으로 칭했다 (TW 8.73.3).

어느 사회나 주류세력이 존재하지 않고 이념이나 이익에 의해 호각지세(互角之勢)로 대립하면 제3세력이 출현하거나 선동가가 사회를 어지럽히게 된다. 이들은 대중을 선동하고 대중들과 영합해서 자신들의 입지를 강화하려고 획책하다가 결국은 마른 논의 송사리 신세가 되기 때문에 대개는 지속되지 못하고 일시적이다. 히페르볼로스도 이런 아류였다.

알키비아데스는 니키아스의 평화조약에 반대하고 그 비준 이후 수년 동안 펠로폰네소스전쟁을 재개하려고 시도했다. 이런 그의 태도는 니키아스와 점점 더 격렬한 경쟁과 반목을 불러일으켰다. 두 사람의 정치적 대립은 곧 아테네 정치의 불화였고 분열이며 파국의 길이었다. 아테네인들은 이 파국을 해소하려면 알키비아데스나 니키아스 둘 중 한 사람이 물러나야 한다고 생각하게 되었다. 히페르볼로스는 이 여론 속을 헤집고 들어가 이들 중 한 명을 10년 동안 추방하는 도편투표로 몰고 갔다.

BC 416년 3월에 도편투표가 실시되었다. 두 사람의 지지세가 혼전 양상이었기 때문에 둘 다 불안한 상황이었다. 상황 판단이 예리하고 행동이 기민한 알키비아데스가 선수를 치고 나왔다. 니키아스와 협력하여 오히려 히페르볼로스를 추방하기로 합의했다. 투표결과는 알키비아데스와 니키아스 대신 선동가인 히페르볼로스가 추방되어 BC 411년 사모스 반란 당시에 살해되었다. 그는 조직화된 지지세력도 없이 자신의 웅변에 모래알 같은 군중이 반응하자 고무되어 도편추방제라는 도끼로 제 발등을 찍은 것이다.

아테네인 사이에서는 히페르볼로스를 추방시킨 결과를 놓고 도편추방제가 조롱당했다며 추방제의 무용론이 제기되었다. 아테네의 저명한 인물들에 대한 독재를 막기 위한 도편투표가 일개 하찮은 인물을 추방하는 데 사용되었다는 점에 자괴감을 갖게 된 것이다. 결국 아테네인은 더 이상 도편투표를 하지 않기로 했다. 결국 이 도편투표는 아테네에서 실시된 마지막 투표였다. 잠자고 있다가 4반세기 만에 재개된 도편추방제는 이를 계기로 막을 내리게 된다.

도편투표가 실시된 이후 알키비아데스와 니키아스는 다시 장군에 선출되었다. 두 사람의 세력이 여전히 쌍벽을 이루고 있다는 증표다. 그러나 두 사람 모두 언제까지나 열차의 레일 위를 달리며 평행선을 이루기보다는 어떤 정거장이 필요했다. 니키아스가 추구하는 스파르타와의 평화조약은 이미 플러그가 뽑힌 전자기계였다. 알키비아데스는 펠로폰네소스 동맹의 재편을 통해서 스파르타를 고립시키려고 시도했으나 허사가 되었다.

스파르타의 어정쩡한 행동은 평화파인 니키아스의 입지를 축소하고 아테네의 전쟁파가 부활하는 계기를 만들었다. 히페르볼로스가 대표적 인물이었으나 도편추방되는 바람에 주전파는 알키비아데스가 대표하게 되었다. 아테네의 주전파들에게는 멈추지 않은 동력이 필요했고 그것은 곧 전쟁이었다. 그 먹이감이 외딴 섬의 멜로스(Melos)였다. 여기에서 멜로스인에 대한 전대미문의 처참한 도륙 사태가 벌어진다.

멜로스인의 대화와 대학살

멜로스(Melos, 혹은 Milos) 사태는 비록 2,500년 전의 일이지만 오늘날까지도 국제정치학에서 힘의 논리를 설명하는 '정치 현실주의(Political Realism)'의 가장 오래되고 적나라한 사례로 인용된다. 정의나 명분보다 국익과 힘이 우선한다는 아테네의 논리는 제국주의의 본질을 꿰뚫는 통찰을 제공한다.

강국의 국내 정치 탈출구로 약소국이 당하는 피해, 강자와 약자의 위치의 차이에서 약자의 대응, 인간의 잔인성, 국제 정세에 대한 면밀한 진단의 긴요성, 중립 및 비동맹 외교의 한계, 국제 사회에서 명분과 실리 외교, 극한 상황에서 인간이 어떻게 삶을 영위할 수 있는가 등 생각에 따라 아주 많은 것들을 떠올리게 한다.

멜로스는 에게해의 키클라데스(Cyclades)에 속해 있으며 크레타해(Sea of Crete)의 바로 북쪽에 있다. 키클라데스 군도의 가장 큰 섬은 낙소스(Naxos)이다. 멜로스는 주변에 파로스, 산토리니, 델로스가 모여 있다. 키클라데스 중에서 멜로스는 유일하게 델로스 동맹에 가입을 거부한 섬이다. 그들은 아테네의 공물 납부자 명단에 포함되어 있지만 독립을 유지했다. 멜로스는 스파르타와 같은 도리안 종족이라서 오히려 스파르타와 특별한 관계를 갖고 있었다. 이런 연고로 그들은 표면적으로는 중립을 유지했으나 스파르타에게 안전을 위탁하고 있었다.

아테네는 BC 426년에 멜로스의 교외를 급습하고 공물을 요구했다가 거절당했다. 아테네 입장에서는 키클라데스의 작은 섬 하나가 자신들의 권위에 복종하지 않는 것이 괘씸했다. 이를 그대로 방치하면 다른 섬들도 딴 생각을 가질 수 있을 것을 우려했다. 더구나 멜로스와 동족인 스파르타가 이 섬을 에게해의 교두보로 확보하면 해상 작전에 걸림돌이 될 수 있다.

스파르타와 평화조약이 맺어진 지 5년이 지난 BC 416년에, 아테네는 다시 3,400명의 군대로 멜로스를 침범했다. 아테네의 공격은 최근 스파르타의 조약 위반과 공격적 행동에 강력한 성동격서의 메시지를 보내는 것이다. 이 원정에 당시의 아테네 실세들이었던 니키아스나 알키비아데스는 직접 참가하지 않았다. 대신 주전 멤버가 빠진 채 1군이 아니라 2군인 티시아스(Tisias)와 클레오메데스(Cleomedes)를 보냈다. 이 작전 자체의 의미를 평가절하하면서 아테네 해군의 위용을 과시하려는 것이다.

아테네는 스파르타와의 관계를 끊고 자신들과 동맹을 맺자고 요구했다. 그렇지 않으면 파괴될 것이라고 경고했지만 멜로스는 이 요구를 거절했다. 결국 아테네 군대는 도시를 포위하고 그해 겨울에 도시를 장악했다. 아테네는 더 이상의 군사 행동 대신에 협상을 통해 복속시키고자 했다. 우선 멜로스에 사절단을 보내 자발적으로 아테네에 항복하여 평화롭게 사태를 해결할 것을 종용했다.

멜로스 관리들은 우선 아테네 사절단이 대중 앞에서 연설하는 것은 허락하지 않았다. 시민들이 항복하라는 설득에 동조할 것을 걱정했을 것이다. 대신 사절단이 정부대표들과 회동하도록 준비했다. 이때 아테네의 사절단과 멜로스의 대표들 간에 오고 간 대화가 바로 '멜로스인의 대화'다. 멜로스인의 대화는 투키디데스를 통해 전해진다 (TW 5.85-113). 이 대화 내용은 국제 정치에서 강대국과 약소국이 힘을 바탕으로 한 대결에서 어떻게 대처하는 것이 가장 지혜로운 해법인가에 대한 귀중한 교훈으로 여겨지고 있다.

> 아테네인: (…) 여러분은 먼저 우리의 이 제안에 따라 대화를 할 것인지를 말해 달라.
>
> 멜로스인: 조용하게 서로 의견을 교환하자는 여러분의 합리적인 제안에 우리는 이의가 없다. 그렇지만 여러분이 실제로 군대를 이끌고 와 있다는 것은 그런 제안과 명백히 모순된다. 우리가 보기에 여러분은 이 논의의 재판관으로 여기에 와 있는 것 같다. 그래서 결국 우리가 옳다는 것을 증명해도 복종하지 않으면 이 협상의 결과는 전쟁이며 우리가 복종하면 여러분에게 예속될 것이다.
>
> 아테네인: 여러분이 눈앞의 현실에 근거하여 여러분의 도시를 구할 방법을 강구하기 위해서가 아니라 여러분의 장래에 관해 제멋대로 억측을 늘어놓기 위해 여기에서 우리를 만난 것이라면 우리도 회담을 중단할 것이다.
>
> 멜로스인: 사람들이 우리처럼 곤경에 빠지면 무슨 말인들 못 하고 무슨 생각을 못 하겠는가. 그건 당연하고도 이해할 수 있는 일이다.
>
> 아테네인: (…) 여러분은 우리 양쪽이 의도한 바가 무엇인지를 감안하여 여러분이 얻을 수 있는 것을 얻도록 해 보라. 세상에서 흔히 말하듯이 정의는 힘이 대등할 때의 문제이다. 실제로 강

자는 할 수 있는 것을 관철하고, 약자는 거기에 순응해야 한다는 것 정도는 여러분도 우리 못지않게 알 것이다.

멜로스인: 여러분이 바른 길을 도외시하고 득실에 관해서만 논의하자고 하니 하는 말인데, 우리가 보기에는 보편적인 선이라는 원칙을 지키는 것이 여러분에게 이익이 될 것이다. (…)

아테네인: (…) 지금 우리가 여기 온 이유는 우리 제국의 이익을 위해서이며 우리가 말하고자 하는 것은 여러분의 도시를 구하기 위해서라는 점을 분명히 하는 것이다. 우리는 힘들이지 않고 여러분을 우리 제국에 편입시키고 싶다. 양쪽의 이익을 위해 여러분이 살아남기를 바란다.

멜로스인: 여러분이 우리의 주인이 되는 것이 여러분에게 이익이 되듯 우리가 여러분의 노예가 되는 것이 어떻게 우리에게 이익이 될 수 있다는 말인가?

아테네인: 여러분은 항복함으로써 무서운 재난을 면하고, 우리는 여러분을 살육하지 않고 살려 두는 것이 이익이기 때문이다.

멜로스인: 여러분은 우리가 어느 쪽에도 가담하지 않고 적대적이 아니라 호의적인 중립 국가로 남는 것을 용인할 수 없다는 말인가?

아테네인: 용인할 수 없다. 여러분의 호의가 여러분의 적대감보다 우리에게 더 위험하다. 여러분의 호의는 우리가 무력하다는 증표로, 여러분의 증오심은 우리가 강력하다는 증거로 우리 속국들에게 받아들여질 테니까.

멜로스인: (…) 지금 중립국이 몇 나라인데, 그들을 모두 적국으로 만들기를 원하나? 그들이 여기서 벌어지는 일을 보고 나면 머지않아 여러분들이 자신들에게도 쳐들어올 것이라고 생각할 것이다. 그것은 곧 여러분이 기존의 적국 수를 더 늘리고, 그럴 의도가 없던 나라들을 본의 아니게 여러분의 적국이 되게 강요

하는 결과가 되지 않을까?

아테네인: (…) 우리에게 위협이 되는 것은 여러분처럼 아직도 굴복하지 않는 섬 주민이나 우리 제국의 억압에 이미 분개한 자들이다. 그런 자들이야말로 무모한 행동으로 그들 자신과 우리를 모두 명백한 위험에 빠뜨릴 가능성이 가장 많은 자들이다.

멜로스인: 그렇다면 여러분이 제국을 유지하기 위해, 여러분의 속국들은 거기에서 벗어나기 위해 그런 극단적인 모험을 하는데, 아직 자유를 누리는 우리가 노예가 되기 전에 온갖 수단과 방법을 강구해 보지 않는다면 그야말로 야비하고 비겁한 자가 되는 것이다.

아테네인: 잘 생각해보면 그렇지만도 않다. 여러분은 대등한 상대와 싸우는 것이 아니므로 체면을 세운다든가 치욕을 면하는 따위의 문제와는 아무 상관이 없다. 이것은 여러분이 살아남느냐 하는 문제이며, 그러기 위해서 여러분은 여러분보다 압도적인 강자에게 저항에서는 안 된다.

멜로스인: 하지만 때로 승패는 수의 과다보다 운에 따라 결정된다는 것을 알고 있다. 그리고 우리가 항복하면 우리의 희망은 모두 사라지지만 우리가 행동하는 동안에는 우리가 바로 설 수 있다는 희망이 남아 있다.

아테네인: 희망, 그것은 위험한 위안자다. 다른 재원을 충분히 갖고 희망에 기댄다면 희망 때문에 해를 입기는 해도 파멸하지는 않을 것이다. 그러나 가진 것을 한 판에 모두 거는 사람은 망한 뒤에야 희망이 무엇인지 알게 된다. 그래서 희망이 무엇인지 알고 조심할 수 있을 때는 이미 그들에게 남은 것이라고는 아무것도 없다. (…)

멜로스인: 여러분도 알겠지만 우리가 귀국의 힘과 아마도 월등한 행운에 맞서 싸우기는 어렵다는 것을 물론 잘 안다. 하지만 우리

는 불의에 대항해 정의의 편에서 있는 만큼 신들께서 우리에게도 여러분 못지않은 행운을 내려 주시리라 확신한다. 그리고 우리의 미약한 힘은 스파르타의 동맹이 보충해 주리라 믿는다. (…)

아테네인: (…) 우리가 알기에 여러분이나 다른 누구도 우리와 같은 권력을 잡게 되면 우리처럼 행동할 것이다. 따라서 우리가 신들에게 불이익을 당할 것이라고 두려워할 아무런 이유가 없는 듯하다. 스파르타인들이 명예심 때문에서라도 여러분을 도우려고 올 것이라는 여러분의 기대에 관해서 (…) 여러분의 순진함에 감탄하면서도 여러분의 어리석음에 동정을 금할 수 없다.

멜로스인: (…)

아테네인: 도움을 요청 받은 국가가 믿는 것은 도움을 요청한 나라의 호의가 아니라 월등한 실력이다. 스파르타인들은 특히 그 점을 중요시한다. 아무튼 그들은 자국의 군사력도 불신하여 이웃 나라를 공격할 때 수많은 동맹군을 데려간다. 따라서 우리가 제해권을 장악하고 있는 한 그들이 섬으로 건너오는 일은 아마 없을 것이다.

멜로스인: (…)

아테네인: (…) 여러분이 살아남기 위해 협상하겠다고 해놓고는 이토록 긴 논의를 하면서도 이렇게 말하면 살아남을 수 있겠구나 싶은 것은 한 마디도 말하지 않는 것에 놀라움을 금할 수 없다. 여러분의 주된 논거는 미래의 희망과 관계가 있는 데 반해, 여러분의 현재 실력은 지금 여러분과 대치할 세력에 맞서기에는 너무 미약하기 때문이다. (…) 대등한 자에게는 양보하지 않고 강자는 존중하고 약자는 온건하게 대하는 자들이 대개 성공하는 법이다. 우리가 밖에서 기다리는 동안 이점을 숙고하기 바란다. (…)

아테네 사절단은 이 말로 마무리를 했다. 멜로스인들은 이에 대해 다음과 같은 답변을 내놓았다.

"아테네인들이여. 우리의 결정은 처음과 똑같다. 우리는 우리가 700년을 살아온 이 도시의 자유를 이토록 짧은 순간에 박탈당하지 않을 것이다. 지금까지 우리 도시를 지켜 주신 신들의 호의와 스파르타인들의 도움을 믿고 우리는 이 도시를 구원해 보겠다. 그러나 우리도 조건을 제시하겠다. 우리는 여러분이 우리를 친구로 중립국 시민으로 받아들이고 양국의 이해의 가장 부합하는 조약을 맺은 다음 우리나라를 떠나기를 요청하는 바이다." (TW 5.112)

아테네인들은 회의장을 떠나며 다음과 같이 말했다.

"여러분의 결정으로 미루어 짐작하건대 미래의 일을 눈앞에 있는 것보다 더 확실한 것으로 간주하고, 단지 그렇게 되기를 바라기 때문에 불확실한 것을 현실로 보는 사람들은 세상에 여러분밖에 없는 듯하다. 하지만 여러분이 스파르타인들, 신들의 호의, 희망이라는 세 가지를 믿고 거기에 더 많이 걸수록 그만큼 더 깊이 추락하게 될 것이다."

'멜로스인의 대화'는 투키디데스가 20년 기간으로 추방당한 지 8년 후의 일이다. 정황상으로 추방에 따른 마음의 번뇌도 많이 소진되었을 것이다. 대신 『전쟁의 역사』를 기술하는 데 정진했을 것으로 생각할 수 있다. 그러나 투키디데스는 많은 소회(所懷)를 안고 다녔을 것이다. 아테네인이 멜로스인에게 말하는 내용에서 이런 복합적인 감정과 그의 현실주의가 극명하게 드러난다.

"여러분의 주된 논거는 미래의 희망과 관계가 있는 데 반해, 여러분의 현재 실력은 지금 여러분과 대치할 세력에 맞서기에는 너무 미약하기 때문이다. 미래의 일을 눈앞에 있는 것보다 더 확실한 것으로 간주하고, 단지 그렇게 되기를 바라기 때문에 불확실한 것을 현실로 보는 사람들은 세상에 여러분밖에 없는 것 같다."

이 대화도 투키디데스가 쓴 것이다. 투키디데스가 에게해 한복판의 작은 섬까지 가지는 않았을 것이다. 아테네의 참전자로부터 전후의 사정을 들었을 것이다. 그리고 긴 대화가 오갔다는 이야기와 그 이후의 전말을 통해 대화의 내용을 구성했을 것이다.

동물의 왕국을 보면 치타가 사슴새끼를 잡아 앞발로 톡탁치며 이리 저리 굴린다. 사슴새끼는 항의성 소리를 지르며 대드는 시늉을 한다. 그러나 결국은 치타의 먹이가 된다. 아테네인과 멜로스인의 대화는 치타의 먹이감이 되어있는 사슴새끼의 모습을 떠 올리게 한다.

멜로스는 결국 항전을 결정했다. 처음에 멜로스인은 잘 싸웠다. 아테네는 증원 부대를 파견해야 했다. 이 상황에서 멜로스 진영에서 배신자가 생겼다. 전세는 멜로스에게 불리하게 전개되었다. 멜로스인은 어쩔 수 없이 항복했다. 아테네는 남자는 모두 죽이고 여자와 아이들은 노예로 팔기로 결의하고 그대로 집행했다.

이 결의는 알키비아데스가 제안 혹은 지지하는 것으로 전해지는데, 니키아스나 다른 누가 이에 반대했다는 증거도 없다.[5] 이 상황에서 디오도토스와 같은 인물은 나타나지 않았다. 거의 비슷한 상황이다. 오히려 미틸레네는 반란을 일으켰다. 반면에 멜로스는 아테네에 복종하지 않는다는 이유로 침략을 당한 것이다. 그러나 멜로스는 스파르타와 같은 혈족이다. 당연히 스파르타 편에 서야 한

---

5) Kagan (2003), p. 249.

다. 그러나 스파르타는 야속하게 몸을 사렸다. 그리고 아테네는 전형적인 약육강식을 자행했다.

멜로스 지도자들도 무모했다. 자유,목숨을 건 용감한 전투는 정신적으로는 고귀하다. 그러나 전쟁에서 지면 죽거나 노예가 된다. 항복을 통한 얼마간의 굴종의 삶은 자유와 항전의 기회를 다시 잡을 수 있다.목숨이 사라지면 아무것도 존재하지 않는다. 강경파의 선명한 주장은 늘 정당성을 갖는 듯하지만 힘을 바탕으로 하지 못하면 공허한 메아리다. 한때의 비굴함으로, 힘없는 여성들과 어린 자녀들을 보호할 수만 있다면 그 길을 택해야 한다.

아테네인들은 이 섬에 500명의 아테네인을 이주시켜 식민지로 만들었다. 남편을 잃은 여인들은 이 500명의 아테네인들의 노예가 되어 점령자들을 섬겼거나 다른 곳으로 팔려 갔다. 도대체 목숨이 그렇게 모진 것인가. 아테네인들의 야만성에 대한 비판은 당연하지만 약소국의 지도자는 위기의 상황에서 전후 좌우로 생각을 거듭해야 한다. 아테네가 작은 섬나라 멜로스를 무자비하게 제압한 것은 두 가지 의미다. 첫째는 스파르타에 대한 무력시위다. 둘째는 델로스 동맹의 다른 폴리스에게 타산지석의 우회적인 압력이었다.

멜로스의 참사에 대한 파장은 그리스 세계에 큰 충격을 주면서 바다의 파고처럼 그리스 세계로 퍼져 나갔을 것이다. 눈으로 보는 것보다 소문이 더 과장되게 마련이다. 소문을 듣는 순간 아테네에 대한 증오와 저항과 복수심이 복받쳤을 것이다.

아테네가 내세우던 민주주의와 해방의 명분은 스스로 저지른 잔혹 행위 앞에 빛을 잃었다. 이 사건은 아테네 제국에 대한 동맹국들의 불신을 키웠고, 훗날 시칠리아 원정이라는 파멸적인 선택을 하게 되는 아테네의 도덕적, 전략적 오만의 전조가 되었다

아테네인들은 만고(萬古)에 씻을 수 없는 죄악을 저질렀다. 인간의 감춰진 야만성과 약육강식의 동물적 본성을 극명하게 드러냈다. 수치스러운 역사는 일시적으로 가려질 수는 있지만 영원히 감춰질 수는 없다. 멜로스섬의 골짜기 곳곳에 널려 있는 바위나 윤회를 거듭하는 나무나 풀들은 당시의 참상을 나그네에게 전해주고 있다.

멜로스 도심에서 버스로 30여 분 거리의 플라카(Plaka)의 지역 박물관은 단편적이나마 당시의 기록들이 역사의 증거를 보여주고 있다. 그리스 방문 중에 가장 회한(悔恨)이 넘치는 곳이다.

제9장
아테네의 시칠리아 원정

시칠리아 원정과 아테네의 정치적 갈등

'시칠리아 원정'은 시칠리아를 정복하려는 아테네의 시도에 관한 명칭이지만 실제는 '아테네의 원정'으로 서로 적대관계에 있는 아테네와 스파르타를 중심으로 각각의 동맹들이 참가하여 시칠리아의 동남쪽 모퉁이인 시라쿠사에서 벌어진 대전쟁이다. 시칠리아는 고대 그리스어로는 '시켈리아', 영어로는 시칠리다. 그러나 '시칠리아'로 널리 불리고 있어 혼란을 줄이기 위해 그대로 따른다.

'시칠리아'라는 이름은 선사시대의 종족이던 시칸족과 시켈족 등에서 유래하는 것으로 전해진다. 이들이 BC 1100년경에 이탈리아 본토에서 뗏목으로 메시나 해협을 거쳐 이 곳에 도착하여 거주함으로써 시칠리아라는 이름이 생겼다고 한다. 현재의 시칠리아섬은 지중해에서 가장 큰 섬으로 이탈리아의 20개 지역 중 하나이다. 시칠리아는 이탈리아반도 남쪽의 중앙 지중해에 위치해 있으며 좁은 메시나 해협에 의해 분리되어 있다. 시칠리아의 그리스 문명은 시라쿠사에서 비롯된다.

시라쿠사는 BC 734년경에 그리스인들 특히 코린토스인들이 시칠리아에 세운 도시국가다. 원래 고대 그리스에서는 시라쿠사이로 불렸다. 시라쿠사는 라틴어에서 유래된 영어 발음이다. 여기에서는 범용화된 시라쿠사로 표기한다. 시라쿠사는 시칠리아섬의 동남쪽 모퉁이에 위치하고 있으며 이오니아해 옆의 시라쿠사만 옆에 있다.

시라쿠사는 스파르타 및 코린토스와 동맹을 맺고 마그나 그라키아 즉 이탈리아 남부와 시칠리아 전체 지역에 영향력을 행사하는 부유한 도시국가였다. BC 5세기에는 아테네에 버금가는 국가 규모였다. 현대에 이 도시는 유네스코에 세계 유산으로 등록되어 있다. 시라쿠사는 성경 사도행전(28:12)에도 바울이 머물렀다고 언급되어 있다.

당시에 시라쿠사는 시칠리아의 맹주로 아테네 인구에 버금가는 2만 5,000명의 도시국가였다. 시라쿠사의 역사가 시칠리아의 역사로 보일 정도로 강력한 세력이었다. 시라쿠사는 스파르타와 동맹관계였으며 코린토스와 깊은 유대관계를 갖고 있었다. 시라쿠사는 오르티기아섬을 중심으로 발전했다. 오르티기아섬은 현재 시라쿠사 땅과 2개의 다리를 놓아 육지로 변했다. 오르티기아는 시칠리아섬의 일부인 시라쿠사섬의 섬인 셈이다. 그리스인들은 BC 734년에 오르티기아섬에 식민지를 세웠다. 오르티기아는 당시에 시라쿠사의 중심이었다. BC 6세기경에 세워진 것으로 보이는 아폴론 신전이 여기에 있다.

오르티기아섬은 확장되면서 시라쿠사의 내륙으로 뻗어 나갔다. 시라쿠사 내륙의 고고학 공원에는 그리스 고대 극장이 있다. 이 극장은 1만 6,000명이 수용될 수 있는 시칠리아 최대의 극장으로 BC 5세기의 유적이다. 이 극장의 특징은 언덕을 파서 그 위에 돌로 의

▶ 사진 9.1   시라쿠사 유적지의 두 극장

그리스형은 반달모양이지만 로마형은 원모양이다.

자를 만든 것이 아니라 돌을 깎아 내려가면서 의자를 만들어 무대까지 이어지게 한 것이다. 따라서 다른 극장들은 수많은 돌을 놓아 만들었지만 이 극장은 하나의 돌로 이루어졌다.

반면에 인근의 로마시대의 원형 경기장은 돌을 쌓아 만들었다. 그리스 극장은 연극을 공연하고 관람하는 곳이라서 무대는 객석 앞에 있는 반원형이다. 반면에 로마의 원형 경기장은 사람이나 동물들의 시합이 목적이라 무대가 중앙에 있고 객석은 360도의 원형으로 이루어져 있다. 또한, 조각공원에는 펠로폰네소스전쟁 이후에 만들어진 디오니소스 귀로 명명된 동굴과 이른바 천국의 채석장 등 유적들이 있다.

시라쿠사는 BC 4세기에는 참주인 디오니시오스 1세가 지배하고 있었다. 그는 하급관리로 시작해서 BC 409년의 카르타고전쟁에서 무훈을 세운 뒤에 BC 406년에 최고 군사령관으로 선출되고 다음 해에 참주가 되었다.

그는 시칠리아에 있는 여러 도시와 이탈리아 남부를 정복하고 시라쿠사를 서부 그리스의 가장 강력한 식민지로 만들었다. 그러나 그는 가장 나쁜 폭군의 예로 간주된다. 반면에 폭군답지 않게 그는 예술의 후원자라는 양면성을 지니고 있었다. 여기에서 디오니시오스 1세를 거론하는 것은 플라톤이 그를 철인왕으로 만들어 철인정치를 구현하려던 사연 때문이다.

플라톤은 40세가 되던 해에 2년간 남부 이탈리아와 시칠리아를 여행한다. 그리고 시라쿠사에서 디오니시오스 1세의 처남인 디온을 만난다. 디온은 플라톤의 철학에 열렬한 관심을 가지고 있었다.

플라톤도 디온이 자신의 철인통치의 이념을 구현해 줄 재목으로 여겼다.

플라톤은 아테네에 아카데미아를 BC 387년경에 설립하고 이어 디온의 초청으로 시칠리아를 2~3차례 더 방문한다. 그러나 이 당시의 플라톤의 행적에 대해서는 알려진 것이 없다. 60세이던 BC 367년에 시켈리아로 와달라는 디온의 요청을 받고 찾아간다. 디오니시오스 1세가 죽고 뒤를 이은 나이 어린 참주 디오니시오스 2세를 가르쳐 철인정치를 구현할 좋은 기회라는 것이 그 이유였다 그러나 디온은 모반 혐의로 추방당하고 플라톤은 귀국길이 막힌다. 우여곡절 끝에 아테네로 돌아오지만 2년을 허비한다. 4년 뒤에 디오니시오스 2세의 초청으로 다시 시라쿠사를 방문하지만 자기의 목적을 이루지 못한다.

그런데 그리스 문명의 전문가인 보나르(Andre Bonnard, 1888~1959년)는 그리스 문명에 대한 그의 역작인 『그리스 문화(*Civilisation Grecque*)』(한국에서는 『그리스인 이야기』로 번역됨)에서 흥미 있는 이야기를 기술하고 있다. 즉 플라톤이 시라쿠사에서 쫓겨나 노예시장에서 팔리는 신세가 되었다는 것이다.

플라톤은 디오니시오스 1세에게 철학을 주입시켜 그가 강조하는 '철인 왕'으로 만들려는 시도에 디오니시오스 1세가 격분해서 플라톤을 스파르타의 배에 태워 아이기나섬에 버렸다는 것이다.

플라톤은 여기에서 노예시장에서 팔리는 신세가 되었고, 웬 너그러운 사람이 그를 알아보고 산 다음에 철학의 세계로 돌려보냈다는 것이다. 이 이야기가 과연 개연성이 있는가? 2,500년 전으로 타임머신을 돌려보자. 당시 아이기나는 스파르타 동맹의 일원이었으나 아테네와 해상 전투에서 패해 아테네의 지배하에 아테네인들이 이주하여 살고 있었다.

플라톤은 시칠리아에서 와서 몇 년을 아테네에 지낸 뒤 다시 2~3차례 시칠리아를 방문한 것으로 알려졌다. 디오니시오스 1세가 플라톤을 이 섬에 버렸다면 그 시기는 플라톤이 3번째 방문 때였을 것이다. 그리고 노예시장에 팔리는 수모를 당했다면 플라톤의 행적이 가려진 2~3년간을 노예와 관련시키는 것이다.

만일 플라톤이 노예로 팔렸다면 시라쿠사의 관리가 플라톤을 추방 형식으로 이 섬에 내려놓았거나 노예상인에게 넘기도록 지시를 받고 따랐거나 그 관리가 개인적으로 플라톤을 노예로 팔았을 가능성이다.

그대로 내려만 놓았어도 노예로 팔릴 개연성은 충분하다. 당시에는 사람을 납치해서 시장에 노예로 파는 일이 예사였기 때문이다. 이때 어떤 사람이 플라톤을 알아보고 값을 치르고 아테네로 돌려보냈다는 것이다. 플라톤을 알아보고 돈이 있는 인물이라면 충분히 개연성이 있다. 플라톤은 전쟁포로나 이방인이 아니고 아테네 시민이라서 노예시장의 매물대상은 아니기 때문에 돈을 주고 풀려나면 바로 자유인이다.

그런데 여기에서 제기되는 의문이 있다. 디온이 이 사실을 모르고 있었을까? 디오니시오스 1세가 어떤 음모를 품고 저지른 일이 아니라면 굳이 숨길 일이 아니다. 더구나 자신의 성정을 이기지 못했거나 자신의 리더십에 대한 도전이나 비판이 원인이라면 오히려 성동격서의 전략으로 공개했을 것이다. 그렇다면 당연히 디온이 말렸을 것이다. 디온이 죽은 것은 BC 354년이기 때문에 당시 디온은 디오니시오스의 각료로 신임을 받고 있었다. 만류할 상황이 못되었다면 비밀리에 사람을 보내 섬에 내리자마자 보살피도록 했을 것이다.

그러나 플라톤은 디오니시오스 1세가 죽고 그 아들이 참주가 되었을 때 60세의 나이로 다시 그곳을 찾는다. 이런 전후의 정황으로 추정하면 플라톤이 노예로 팔렸다는 이야기는 행적이 드러나지 않는 기간을 그렇게 연관시킬 수는 있다고 하여도 개연성은 높지 않다. 더욱 궁금한 것은 플라톤이 고르기아스를 통해서 참된 정치가와 불의에 관해 토론하면서도 이와 관련된 언급이 없다는 것이다.

아테네의 매파와 비둘기파는 이전투구의 갈등으로 시간을 보내고 있었다. 멜로스에서 피 맛을 본 아테네의 주전파는 또 다른 먹잇감을 찾고 있었다. 주전파에게 평화는 곧 고립이다. 전쟁을 해야 가치가 인식된다. BC 416년 겨울에 주전파에게 때아닌 낭보가 날아들었다. 시칠리아의 작은 도시국가 에게스타와 렌티니로부터 아테네에 긴급한 지원 요청이 온 것이다. 두 나라는 수십 년 동안 아테네의 동맹국이었다.

에게스타는 시칠리아의 북서쪽 모퉁이 위치하여 BC 7세기부터 중요한 무역의 도시국가로 BC 5세기 중엽에 번영의 절정에 도달했다. BC 458년에 아테네와 상호 협력 조약을 맺었으나 시칠리아 남서해안에 있는 셀리노스와 경쟁 관계가 지속되면서 BC 416년에는 전쟁으로 치달았다.

셀리노스는 재빨리 시칠리아의 맹주 시라쿠사에 지원을 요청했다. 마찬가지로 에게스타도 아테네에 지원을 요청했다. 셀리노스가 시라쿠사에게 지원을 요청하고 에게스타가 아테네에 지원을 요청면서 아테네가 이 요청을 받아들이면 아테네의 시칠리아 상대는 셀리노스에서 시라쿠사로 확대된다.

에게스타는 아테네의 참전을 유도하기 위해 금고와 신전에 군자금은 충분히 비축하고 있다고 떠벌렸다. 아테네 민회는 에게스타에 사절단을 보내 전쟁 상황과 전비가 실제로 준비되어 있는지를 현장답사를 통해 확인하도록 했다.

에게스타인은 아프로디테의 신전에 있는 봉헌물들을 보여주고, 만찬에는 금, 은잔들을 즐비하게 늘어놓아 사절단의 눈을 어리둥절하게 만들고 마음을 움직였다. 그러나 눈가림이었다. 이 금과 은붙이들은 여러 지역에서 빌려온 것들이었다.

에게스타인은 아테네 사절단에게 함선 60척의 한 달 전쟁 비용으로 은 60달란트(24억 원 정도)를 건넸다. 은 60달란트는 금으로 환산하면 10달란트 조금 넘을 것이다. 미리 뇌물 공세를 취한 것이다. 에게스타인은 아테네 사절단을 아주 잘 주물러 보낸 것 같다. 이들은 아테네 민회에 엄청난 양의 재물을 보았다고 보고했다.

아테네 민회는 기왕지사 60달란트를 받은 만큼 그 돈에 해당하는 60척의 함선을 파견하기로 결정했다. 잘못 문 미끼였다. 민회는 알키비아데스와 니키아스 그리고 라마코스를 전권 장군으로 임명했다. 주화파인 니키아스는 자신의 의사에 반해 선출되었다 (TW 6.8.4). 라마코스는 여기에서 처음 등장하는 인물이다. 라마코스는 BC 435년경부터 군사활동을 시작해 BC 420년 중반에 명성을 높인 중도파 인물이었다. 라마코스를 끼워 넣은 것은 주전파인 알키비아데스와 주화파인 니키아스 사이에서 중심을 잡도록 한 취지였다.

아테네 민회는 1차 회의 4일 후에 2차 회의를 열었다. '함대의 장비를 신속히 갖추고 장군들의 추가 요구 사항을 결정'하려는 것이었다. 여기에서 니키아스는 아테네인들의 마음을 바꿔보려고 원정의 반대 논리를 제시했다. 1) 위험한 적들이 아테네 가까이에서 아테네를 공격할 준비가 되어 있는데 시칠리아에서 새로운 적과 싸우기 위해 함대를 보내는 것은 무모한 짓이다. 2) 시칠리아의 정복은 훨씬 어려운 일이고 정복한다고 해도 너무 멀어서 장기적으로 안전하게 유지하기도 어렵다.

반면에 알키비아데스는 다음과 같은 논리로 참전을 강력히 주장했다. 1) 시칠리아가 분열되고 약하기 때문에 쉽게 정복할 수 있으며 후에 카르타고를 지배할 발판이 될 것이고 지중해 전체를 통제할 수 있는 교두보가 될 것이다. 2) 최악의 경우라도, 아테네는 우월한 해군력을 보유하고 있기 때문에 스파르타가 아테네를 위험에 빠트리지는 못할 것이며, 그런 경우 함대와 군대는 시칠리아에서 언제든지 회군할 수 있다.

니키아스는 아테네인들을 설득하여 원정을 취소하도록 마지막 노력을 기울이면서 이번에는 설득의 전술을 바꿨다. 시라쿠사를 패배시킬 수 없다는 주장 대신에, 원정에는 대규모의 육군과 해군력이 필요하다는 논리를 내세웠다. 그만한 육군과 해군을 확보할 수 없으니 원정을 단념해야 한다는 취지였다. 그러나 니키아스의 주장은 오히려 긁어 부스럼을 내는 역효과를 가져왔다.

민회는 전제 조건을 건너뛰고 '가능하다'는 내용에 관심을 가졌다. 민회가 신중한 니키아스조차도 원정 규모를 늘릴 경우 시칠리아의 정복이 가능하다고 믿는다면 그렇게 해야 한다고 결론을 낸 것이다. 6,000명의 군대와 60척의 배가 출정하는 것으로 원정이 확정되면서 아테네의 분위기는 고무되었다. 투키디데스는 그 상황을 이렇게 묘사한다.

> "모두들 출항하고 싶은 욕망에 사로잡혔다. 장년층은 자신들이 공격하러 가는 도시들을 정복하거나 적어도 그런 대군이 해를 입지는 않을 것이라고 생각했다. 청년층은 새로운 나라들을 보고 새로운 경험을 하고 싶었으며 자신들은 무사히 귀환할 것이라고 확신했다. 일반 병사들은 당장에는 일당을 받고 제국을 키워 놓으면 앞으로도 항구적으로 일당을 받고 근무하게 될 일이라고 생각했다."(TW 6.24.3)

그런데 시칠리아 원정의 출정 날짜 전야에 심각하고 기이한 사건이 터졌다. BC 415년 6월 7일 아침 아테네인들은 충격에 싸였다. 도시 전역의 '헤르메스' 신의 머리가 잘려 나간 것이다. 헤르메스는 행운과 풍요, 여행의 신이다. 그리고 큰 직립 남근상이 있는 동상인 '헤르마이' 신의 동상도 손상되었다.[1]

당시의 모든 지역과 마찬가지로 아테네 함선의 선원들도 늘 미신적인 운명에 의존하고 있었다. 헤르메스가 여행자의 후원자 신이었기 때문에 출정을 앞둔 선원들은 동요할 수밖에 없었다. 그렇다

---

1) 헤르메스에 관해서는 필자의 『그리스 신화와 종교』(서울: 명인문화사, 2021)를 참조.

면 이는 원정을 저지하려는 음모의 일단이 분명하다. 아테네인들은 이 사건을 심각하게 받아들였다. 이 사건을 "변혁을 통해 아테네의 민주주의를 전복하려는 음모의 서곡으로 보았기 때문이다"(TW 6.27).

아테네인들의 이런 정서에 부채질을 한 것은 알키비아데스의 정적들이었다. 정적들은 알키비아데스가 돈 많은 귀족 신분을 배경으로 방종하고 방탕한 생활을 해왔다며 이 사건과 연루시켰다. 설상가상으로 알키비아데스는 음주 파티나 향연 중에 엘레우시스의 의식을 모독했다는 더 심각한 비판에 직면했다.[2]

결국 알키비아데스는 여러 다른 사람과 함께 용의선상에 오르게 되었다. 그러나 전후 사정을 감안하면 알키비아데스가 그런 일을 할 이유가 없다. 신상 훼손 사건은 오히려 출정을 방해하는 요인이다. 그렇다면 그 배후 세력은 시칠리아 출정을 반대하는 세력 즉 주화파일 가능성이 크다.

알키비아데스는 즉각적인 재판을 요구했다. 자신의 무죄를 입증하겠다는 결의였다. 어차피 재판은 실체적 접근을 통한 법률적 판단이 아니라 배심원단이 담당한다. 영리한 알키비아데스는 자신이 아직 대중들의 지지를 받고 있으며 자신의 군대가 아테네에 있는 상황에서 재판을 받는 것이 유리하다고 판단하고 재판 일정을 독촉했다.

그러나 정적들은 원정대의 출발을 연기할 수 없다는 구실로 재판을 미뤘다. 핑계였다. 훤히 들여다보이는 얕은 수다. 알키비아데

---

[2] 그리스 신화에서 엘레우시스는 엘레우시스 도시의 영웅이다. 엘레우시스에 관해서는 최한수 (2021) 참조.

스와 그 세력들이 바다로 나간 뒤에 자기들 입맛에 따라 재판을 하려는 속셈이었다.

아테네 함대의 출정

원정대는 BC 415년 여름에 피라이오스 항을 뒤로하고 북쪽으로 향했다. 그동안 그리스 도시국가의 어느 원정대보다 큰 규모였다 (TW 6.31). 선단 규모는 삼단노선 134척이었다. 이 중에 아테네 함선은 60척이고 나머지는 동맹국에서 보낸 배들이었다. 아테네는 일단 에게스타로부터 받은 은화 60달란트로 건조한 배를 출항시켰기 때문에 군선 건립에 추가 비용은 들지 않았다.

중장보병은 아테네인 500명을 포함해서 5,800명이었다. 그 외에 경장보병 1,300명, 기병 30명 등 전투원이 7,100여 명이었다. 이 외에 삼단노선 승무원은 아테네의 700명을 비롯해 여러 나라에서 많은 인원이 참가했다. 또한, 30척의 수송선에는 식량, 군수품, 석공, 목수, 성벽 건축 도구들이 적재되었다.

원정군은 시칠리아에 도착해서 우선 군자금을 확인했다. 돈은 얼마든지 있다던 말은 속임수였다. 그러나 에게스타인들은 지혜로웠고 아테네는 우둔했다. 몇 사람을 속이면 거짓말쟁이 사기꾼이지만 대중을 속이면 정치꾼이며 자기 나라를 위해 다른 나라를 통째로 속이면 애국자다.

돈은 고작 30달란트뿐이었다. 이미 받은 은 60달란트는 한 달치 전비였다. 첫 번째 사절단이 왔을 때 에게스타인들은 속임수를 썼던 것이었다. 그렇다고 대군을 이끌고 철수할 수도 없는 일이 아닌가. 속은 사람이 문제이지 속인 사람이 나쁘다고 할 수 없는 상황이었다. 제우스를 비롯한 많은 신, 그리고 헤라클레스도 목적 달성을 위해 속임수를 썼다. 그리스 신화에서 속임수는 때로는 거짓말이나 부정직이 아니라 지혜의 일종이었다.

장군들은 진퇴양난의 상황에서 난감해졌다. 대처 방안을 놓고 의견도 삼색으로 갈렸다. 니키아스는 원정의 목표 지점인 셀리누스로 전군(全軍)을 이끌고 가자고 주장했다. 여기에서 에게스타가 전군을 위한 군자금을 대면 재고해 보고, 아니면 그들이 요청한 60척의 함선 유지비를 요구하며 힘으로든 합의로든 에게스타와 셀리누스 사이의 평화조약이 성사될 때까지 기다려보자는 의견이었다. 대부분의 군대를 시라쿠사 북쪽에 있는 카타니아에 진지를 구축하고 기다리면서 관망하는 정책을 유지하기를 원했지만 결국은 싸움을 피하자는 것이었다.

알키비아데스는 스파르타 편의 도시국가를 제외한 모든 지역에 전령을 보내 군량과 병력을 받아내자는 의견을 냈다. 그리고 셀리누스가 애게스타와 평화조약을 맺지 않고 시라쿠사가 렌티니의 재건을 받아들이지 않을 경우 시라쿠사와 셀리누스를 공격하자고 제안했다. 이것은 알키비아데스가 시칠리아 원정을 통해 아테네 동맹에 대한 자신의 영향력을 확대 강화하려는 의도를 노골적으로 드러낸 것으로 볼 수 있다. 그러나 자기 지갑을 열고 억지로 돈을 꺼내가는 사람에게 호의적일 사람이 있을까? 동맹들은 당연히 불만을 표출하고 이런 소문은 아테네 정가에 전파되었을 것이다.

라마코스는 시라쿠사에 대한 즉각적이고 직접적인 공격을 선호했다. 그는 모든 군대는 처음에 가장 두려운 법이며 모습을 드러내는 데 시간이 걸리면 사람들은 사기가 되살아나서 나중에 실제로 군대를 봐도 우습게 보인다고 강조했다. 주민들이 아직 준비가 되지 않아 전전긍긍하면서 두려워하고 있을 때 신속히 도시를 기습공격해야 승리할 가능성이 가장 많다고 강조했다. 그는 정치적 고려나 외교적 교섭이 아닌 순수하고 단순한 자신의 군인 경험을 토대로 한 제안이었다. 현대 학자 Donald Kagan은 세 사람의 제안 가운데 라마코스의 전략이 먹혀들 가능성이 충분하다고 평가한다.[3]

그러나 라마코스의 제안이 채택될 수 있는 상황이 아니었다. 라마코스는 공동 사령관이라고 해도 경륜이 제일 짧고 권위가 제일 약했다. 알키비아데스는 자기 도취적이라서 자기 제안 이외는 거들떠보지도 않는다. 라마코스는 아무것도 하지 말고 되어가는 대로 지켜보면서 기다리자는 니키아스의 무사주의(無事主義)가 싫었다. 그래서 무엇이라도 하기 위해 알키비아데스의 의견에 동조했다. 결국 알비아데스의 제안이 아테네군의 전략이 되었다.

시라쿠사에 아테네 함대가 공격해 온다는 소문이 전해졌다. 그러나 시라쿠사는 반신반의했다. 시라쿠사인들이 아테네 함대의 침공 사실을 인정한 것은 함대가 레기움에 도착한 뒤였다. 레기움은 이탈리아 본토 끝자락으로 시칠리아와 가장 가까운 지점이다.

원정군은 레기움에서 카타니아를 거쳐 시라쿠사로 내려오게 된

---

3) Donald Kagan, *Peloponnesian war* (New York: the Penguin Group, 2003), p. 270.

다. 따라서 라마코스의 제안대로 시라쿠사인들이 방어 준비를 하기 전에 서둘러 공격했더라면 기선을 제압하고 항복을 받아냈을 가능성은 충분하다.

시라쿠사는 전쟁 준비도 안 되어 있을 뿐만 아니라 실제 해군 장비 등은 아테네 함대에 비해 조족지혈(鳥足之血)이었다. 아테네 원정군은 알비아데스의 전략대로 주변 지역을 돌며 외교전 또는 무력행사를 통해 일부 지역을 근거지로 확보했으나 대부분의 도시는 동조하지 않아서 별 소득이 없었다.

알키비아데스의 망명

아테네의 알비아데스의 정적들은 시칠리아 원정군이 해상으로 나가자 곧바로 신상 훼손 사건에 대한 조사를 본격화했다. 이른바 목격자라는 사람들을 등장시켜 진술을 받아내고 매수된 증인의 증언이나 조작된 증거를 토대로 인민재판을 준비하고 있었다. 알키비아데스를 재판에 회부해 처형하려는 수순이었다. 그리고 관용선 살라미니아호를 시칠리아에 파견했다. 알키비아데스 및 밀고자가 지목한 사람들을 호송하려는 것이었다.

그러나 현장에서 이들을 체포할 경우 동행하는 군인들이 저항할 것은 뻔하다. 특히 알키비아데스가 동원한 아르고스와 만티네아인들은 그가 체포되어 압송되면 철수할 것이 분명하다. 정적들은 머리를 기민하게 굴렸다. 호송관들에게 현장에서 체포하지 말고 임의 동행 형식으로 데려오라고 지시했다.

알키비아데스가 카타니아로 가자 살라미니아호가 기다리고 있었다. 그는 살라미니아호의 선원들로부터 아테네에 대한 이야기를 듣고 아테네는 자신의 처형장이라는 것을 직감하고 순간적으로 기지를 발휘했다. 자신의 배에 함께 소환된 사람들을 태우고 살라미니아호를 따라가겠다고 약속했다. 그러나 알키비아데스 일행은 이탈리아의 투리지역에 이르러 호송선을 따돌리고 육로를 통해 펠로폰네소스로 건너갔다. 망명한 것이다. 법원은 궐석 재판을 통해서 사형을 선고하고 재산도 압류했다.

신상 훼손이 어느 배후 세력의 주도면밀한 공작이었다면 어차피 사건은 영구 미제로 남게 된다. 패거리들의 술주정이었다면 해프닝이다. 그러나 알키비아데스의 정적들은 처음부터 사건의 결말을 정해놓고 형식적인 절차를 통해 한 편의 드라마를 만들었다. 증거는 합리화의 자료였다. 증인은 잘 기용된 배우였고 이들의 진술은 짜맞춰진 대본이었다. 어느 경우이든 사건의 본질은 조작이라는 비판을 피하기 어렵다.

알키비아데스의 입장에서는 36계가 최선으로 판단했을 것이다. 이미 그물망에 걸려든 자신이 아무리 결백을 주장해도 망을 피해 갈 수 없다는 것을 판단하고 죽음 대신에 전쟁 상대국인 스파르타로 피신한다. 파스칼의 말대로 국경 하나를 넘으면 역적이 충신으로 부활한다. 스파르타로 간 알키비아데스는 스파르타인에게 자신을 유용한 인물로 인식되도록 노력했다. 소크라테스의 동료였던 크세노폰에 따르면, 알키비아데스는 아테네인들에게 포위된 시칠리아 사람들을 돕기 위해 스파르타의 장군인 길리포스를 파견하도록 자문하는 등 활동했다.

니키아스의 지휘

니키아스와 알키비아데스는 1년 전의 도편추방투표에서 절묘하게 손을 잡아 둘 다 추방을 면했었다. 두 사람의 경쟁은 무승부였다. 시칠리아 원정 결정은 알비아데스의 판정승이다. 그러나 두 사람은 3인 공동 지휘관으로 선임되어 결과적으로는 승부를 다시 원점으로 돌렸다. 더욱이 '공동지휘권'은 니키아스의 성품으로 보면 허울뿐이고 알키비아데스의 단독 지휘권이나 마찬가지였다. 그런데 알키비아데스가 아테네의 소환에 불응하고 스파르타로 달아나면서 니키아스는 최후의 승자가 되었다. 이제 그는 전쟁 지휘의 확실한 주도권을 쥐게 되었다. 그러나 평화주의자의 전쟁지휘권은 교전을 통해 승리를 낚은 것이 아니라 대기(待機)를 통해 세월만 낚다가 그 자신이 적에게 낚였다.

그는 스파르타와 BC 421년의 평화조약을 성공시킨 데 대해 대단한 자부심을 가지고 있었을 것이다. 그가 침략의 선봉장으로 피비린내 나는 교전을 한다는 것은 스스로의 자가당착(自家撞着)이라고 고뇌했을 수도 있다. 그렇다면 평화협정을 통해서 전쟁을 끝낼 전략을 구사했어야 한다. 시라쿠사와도 교전이 아닌 교섭을 통해서 갈등을 평화적으로 해결하고자 했다면 그에 상응하는 전략이 필요하다. 가장 중요한 것은 강력한 군대를 배경으로 상대를 벼랑 끝으로 몰고 가서 요구사항을 관철하는 것이다. 니키아스에게는 무적의 함대가 있다. 오르티기아섬을 먼저 봉쇄하여 내륙과 연결을 차단하면 시라쿠사는 모든 것이 두 동강이 나서 제대로 힘을 발휘하기 어렵다. 이를 위한 원정군의 최대 무기는 선공(先攻)이다.

그럼에도 니키아스는 필요한 어느 조치도 취하지 않았다. 간헐적으로 세작들로부터 입맛에 맞는 정보를 듣고 감나무에서 감이 입안으로 떨어지듯 시라쿠사가 스스로 두 손 들고 찾아올 것으로 기대하면서 차일피일 시간을 보냈다. 결국 그는 공격은커녕 적으로부터 멀리 떨어진 해안을 돌면서 시간을 바다에 버리며 기회를 죽였다. 니키아스의 안이하고 우유부단한 태도는 결국 시라쿠사에게 전쟁을 준비하고 군대를 동원할 수 있는 시간을 벌어 주는 결과를 가져왔다.

니키아스는 여름이 다 가도록 시라쿠사에서 꿈쩍도 하지 않았다. 플루타르코스는 니키아스 군대가 역으로 시라쿠사인들의 조롱거리가 되었다고 전한다. 더 나아가 사기가 높아진 시라쿠사인들은 아테네군을 공격하기로 결정하고 선수를 치기 시작했다. 아테네 함대의 침략에 망연자실(茫然自失)했던 때와는 상황이 급반전되었다.

시라쿠사인들의 조롱으로 내부에서 동요가 일자 니키아스는 더 이상 세월의 흐름만 바라볼 수는 없게 되었다. 그는 시라쿠사를 치기로 마음먹고 카타니아를 떠나서 시라쿠사로 항해하며 무방비 항만을 공격했다. 니키아스의 항만공격은 순조로웠지만 기병대가 약했기 때문에 지상전을 통해 승리를 마무리 짓지는 못했다. 카타니아에서 시라쿠사까지는 에트나산을 중심으로 해안선이 이어지고 있다. 따라서 현지의 기병대가 에트나산 계곡으로 들어가면 외지인

이 추격하기는 쉽지 않다.

니키아스는 곧 낙소스로 퇴각했다. 원정군은 출발 당시를 기준으로 하면 중장보병과 전투원이 1만 3,000여 명, 그리고 아테네 승무원 700명과 동맹국에서 파견된 승무원을 합치면 1,000명은 되었을 것이다. 그렇다면 시라쿠사 인근에는 1만 4,000여 명의 대군이 안전하게 정박해서 오랜 시간을 보낼 마땅한 섬이 없다. 그는 병사들에게 필요한 군수품을 조달하기 위해서는 낙소스가 적지라고 판단했을 것이다.

낙소스는 디오니소스가 수호자다. 디오니소스는 포도주와 풍요, 다산과 황홀경, 죽음과 재생의 신이다. 낙소스에는 디오니소스에 대한 각별한 신앙이 있다. 디오니소스는 아테네 영웅 테세우스가 크레타에서 미노타우로스를 죽이는 데 도움을 준 아리아드네를 데리고 탈출한 뒤 그녀를 낙소스섬에 버리고 떠나버린다. 이후 디오니소스가 그녀에 반해 둘은 사랑에 빠진다. 낙소스는 이들의 사랑의 보금자리다. 현재 낙소스에는 아폴론 신전과 꽃, 과일 및 곡물을 포함한 수확 이미지를 담고있는 데메테르 신전과 함께 디오니소스 사원이 있다.

낙소스는 풍요로운 섬이라는 이미지를 준다. 신과 일종의 미신에 대한 신심이 남다른 니키아스가 낙소스를 주둔지로 정한 것은 나름대로 이런 배경이 작용했을 것이다.

니키아스는 겨울을 이곳에서 무위도식(無爲徒食)으로 시간을 보냈다. 아테네의 1만 4,000여 명의 대군이 작은 섬 낙소스에 머무는 것은 낙소스에게는 제국의 갑질이다. 오히려 시라쿠사 군인들이 아테네군 진지를 간헐적으로 공격했다. 드디어 병사들은 니키아스에 대한 불만을 터트렸고 이 불만은 곧 비난으로 번졌다. 그러나 니키아스는 실제 전투에서는 용맹스러웠다. 다만 결정하는 시간이 길었기 때문에 호기를 상실하는 것이 문제였다.

제10장
아테네의 시칠리아 원정 패배

스파르타의 아테네 공격

아테네군은 알키비아데스가 빠진 자리를 라마코스 중심으로 재편하고 시라쿠사에 대한 공격을 개시했다. 양측은 일진일퇴의 공방전을 벌였다. 자신들이 차지한 지역에는 서로 요새를 구축하여 방비했다. 그러나 양측의 전투에서 KO 펀치는 나오지 않았다. 포인트 중심의 전투로 시간이 이어졌다.

전황은 대체적으로 아테네 우세였다. 이 과정에서 아테네의 지휘관 라마코스가 전사했다. 사령관이 전투에서 전사했다는 것은 지휘라는 핑계로 뒤에 물러서서 엉거주춤한 것이 아니라 치열한 전투 전면에서 용감하고 장렬하게 싸웠다는 반증이다. 전황이 아테네의 우세로 드러나자 지금까지 조마조마한 마음으로 관망하던 주변의 여러 부족이 아테네 쪽으로 줄을 서기 시작했다. 보급품을 보내고 자발적으로 동맹군이 되었다.

반면에 시라쿠사는 펠로폰네소스로부터 아무런 도움이 없자 자신들이 전쟁에서 더는 승산이 없다고 생각하고 유일한 지휘관인 니키아스와 교섭하면서 항복 조건을 논의하기 시작했다 (TW 6.103.3). 이때의 시라쿠사 진영의 상황을 투키디데스는 이렇게 묘사한다.

"(…) 궁지에 몰리고 전보다 더 엄중하게 포위된 자들에게서 예상할 수 있듯 그들은 니키아스에게 수많은 제안을 했으며, 시내에서는 더 격렬한 토론이 벌어졌다. 그런 불행을 당하자 그들은 서로 의심하기 시작했다. 그리고 자기들이 이 지경이 된 것은 자신들을 지휘하던 장군들이 불운 또는 음모 탓이라며 장군들을 해임하고 대신 새 장군들을 선출했다." (TW 6.103.4)

인간들은 경쟁이나 전쟁에서 승리하면 서로 자기 공치사에 바쁘지만 패배하면 서로 남 탓을 하기에 정신이 없다. 전투 중에 '음모'를 들먹이며 장군들을 교체하는 것은 패전으로 달리는 자중지란이다. 니키아스도 시라쿠사에 박아 놓은 세작들로부터 시라쿠사가 곧 항복할 것이라는 정보를 받고 있었다. 전쟁은 마무리 국면에 접어드는 듯했다. 이제 전군에게 총동원령을 내리고 항복을 받아낼 기세로 압박할 차례다. 이렇게 하면 협상의 칼자루를 쥐고 유리한 조약을 맺을 수 있다. 그럼에도 불구하고 니키아스는 좋은 패를 쥐고서도 자만심에 빠져 더 이상의 실행 계획 없이 시간을 허비하고 있었다.

아테네가 시칠리아에 대규모 원정단을 보내 놓고 있는 사이에 스파르타 왕 아기스 2세는 스파르타 동맹군들과 함께 BC 413년 봄에 데켈리아를 점령하고 요새화했다. 아테네는 지형적으로는 평지에 자리 잡았지만 산들로 둘러싸여 있다. 동쪽은 히메토스와 펜텔리콘, 서쪽은 아이갈레오스 그리고 북쪽은 파르네스이다. 데켈리아는 아테네 북쪽으로 21km의 거리인 테바이에서 아테네로 가는 중요한 길목이다. 페르시아의 마르도니오스 군대가 BC 479년에 아테네를 재점령할 때도 데켈리아를 경유했다.

아테네는 에우보이아로부터 가축과 곡물 등을 운반해 올 때 파르네스를 거쳐 데켈리아를 통과해야 했다. 그런데 스파르타가 데켈리아를 요새화하고 아테네인들이 그들의 땅을 사용하는 것을 막았다. 어쩔 수 없이 바다를 통해 수니온곶을 거쳐야 했다. 이렇게 되면 운송비용이 더 들 뿐만 아니라 시간도 훨씬 길어진다. 아테네는 심각한 경제난에 직면하면서 자신의 동맹국들에게 더 많은 공물을 요구했다. 제국내에서 더 심각한 긴장과 더 많은 반란의 위협이 증가하는 것은 불을 보듯 뻔하다.

데켈리아가 스파르타 손에 들어가면서 아테네의 노예 2만여 명이 데켈리아로 도주했다. 이 노예들 가운데는 우수한 장인들도 포함되어 있었다. 이 사태에 대해 디오도로스 등 다른 고대의 역사학자들은 '데켈리아전쟁'으로 부르지만 투키디데스는 이 사태가 전쟁이라는 것은 인정하면서도(TW 7.19) '데켈리아전쟁'라는 표현을 사용하지 않고 '이오니아전쟁'으로 부르기도 한다.

투키디데스는 스파르타가 데켈리아를 점령한 것은 아테네의 변절자 알키비아데스로부터 아이디어를 얻은 것으로 기술한다. 그러나 스파르타가 데켈리아의 중요성을 스스로 알아차리지 못했을 가능성은 희박하다. 그러나 당시에는 알키비아데스의 조언에 따른 것이라는 소문이 돌았고, 알키비아데스가 행동으로 몰고 가도록 충동질했을 개연성은 충분하다. 알키비아데스가 조국을 떠나 적국으로 달아나고 어느 정도의 이적 행위를 하는 것은 살기 위한 피치 못할 행위라고 하더라도 나름의 지켜야 할 선이 있어야 한다. 이 선을 넘은 알키비아데스의 행태는 교활한 기회주의자의 이적 행위였다.

그는 스파르타 민회에서 연설했다. "진정한 애국자는 조국에서 부당하게 쫓겨났는데도 조국을 공격하기를 망설이는 사람이 아니라, 조국을 사랑하기 때문에 조국을 회복하기 위해서 수단과 방법을 가리지 않는 사람이다"(TW 6.92.4). 논리는 방향이 좌우한다. 조국을 등진 조국의 배신자가 적국에서 하는 전형적인 궤변이다. 인간이 살아남기 위해 자신이 추구하는 가치를 허물면 무슨 짓이든 할 수 있다는 것을 보여준다.

궤변에는 거짓말이 따르게 된다. 그는 이어간다. "만약 내가 여러분에게 적으로서 큰 손해를 입혔다면 나는 또한, 친구로서 여러분에게 그에 해당하는 많은 이익을 안겨줄 수 있다"(TW 6.92.5). 은근히 자신의 역량을 드러내는 교묘한 속임수다. 그는 더 나아가 "여러분은 위험한 일이나 힘든 일에 주저 없이 나를 이용하기 바란다"(TW 6.92.5)는 비굴한 말도 덧붙인다.

위험한 일이나 힘든 일에 주저 없이 이용되겠다면 자존심을 팽개친 매춘부의 홀림이나 노예의 굴종이다. 스파르타인들이 이 배신자의 언행을 어느 정도 믿을까? 배신자는 영원한 배신자다. 저쪽의 배신자가 이쪽의 배신자가 되는 것은 시간 문제이다. 배신자는 이용물일 뿐이다. 이용가치가 있을 때까지만 인정된다.

알키비아데스는 스파르타인들의 인정을 받고 더 나아가 스파르타인들 사이에 영향력이 있는 인물로 자리잡는 것이 필요했다. 그는 민주주의가 불합리한 제도라고 혹평하면서 아테네의 민주제에 대한 비판을 통해서 스파르타의 과두제를 추켜세웠다. 그는 아테네의 시칠리아 원정이 동맹국을 보호하려는 것이 아니라 시칠리아와 이탈리아 전 지역을 정복하고 그 힘으로 펠로폰네소스지역을 차지하려는 속셈이라는 주장으로 스파르타인들을 자극했다.

이 주장은 실은 자신의 생각이었고 시칠리아 원정의 충동자는 바로 자신이었다. 그는 스파르타가 시라쿠사에 지원군을 보내 아테네를 패퇴시키고 더 나아가 펠로폰네소스에서 전면전이 벌어지기를 기대했다. 자신이 그 틈새에서 새로운 기회를 잡을 수 있다고 판단했을 것이다. 막다른 골목에 몰린 사람은 판이 흔들려 어떤 변화가 야기되는 상황에서 자신의 역할을 찾아낼 수 있다는 망상에 허우적대기 때문이다.

아테네군에는 동맹국들이 보낸 650명의 기병이 보강되었다. 니키아스는 드디어 BC 414년 3월 시라쿠사를 포위했다. 그러나 포위공격 도중 니키아스는 병이 들었다. 그럼에도 시라쿠사인들의 떨어진 사기는 오르지 않았다. 시라쿠사인들의 의제는 협상전략에서 항복 여부에 대한 논쟁으로 비화되었다. 이것은 항복의 가능성을 열어놓고 있는 것이다.

스파르타는 시라쿠사를 보호할 필요가 있었기에 지원할 계획을 세우고 있었으나 현지에서는 좋은 소식 대신에 나쁜 소식이 이어졌다. 그럴수록 스파르타에 얹혀 있는 알키비아데스는 스파르타가 시라쿠사의 저항을 이끌 원군을 보내도록 재촉했다. 알키비아데스에게는 자신을 처형하려는 아테네에 대한 보복인 동시에 사실상 니키아스에 대한 도전이다. 그렇다고 스파르타가 배신자의 말을 듣고 고주일척(孤注一擲)의 '올인'할 수는 없다.

이런 상황에서 스파르타가 꺼내든 카드는 길리포스를 지휘관으로 원군을 파견하는 것이었다. 알키비아데스의 훈수도 있었지만 길리포스는 스파르타 시민으로서 성골이 아니라 열등한 시민인 모타크스로 알려졌다. 모타크스는 스파르타 남성과 노예계급인 헬로트 여인 사이에 출생한 자로 스파르타에서는 '이복형제'로 불렸다. 길리포스의 아버지인 클레안드리다스가 스파르타 부인 외에 노예와 관계에서 길리포스를 낳았다는 의미다. 그의 어머니가 헬로트 출신이었다. 더구나 클레안드리다스는 스파르타 왕 플레이스토아낙스의 자문관이었으나 아테네로부터 뇌물을 받아 추방되었다. 이런 존재는 전쟁에 나가서 죽더라도 아까운 인물이 아니다. 길리포스가 인솔하는 병사에도 완전한 시민은 넣지 않았다. 함선도 코린토스 배 2척과 라코니아 배 2척이었다.

길리포스는 BC 414년에 현지로 출발했다. 길리포스와 코린토스 사령관 피텐이 각각 함선 2척씩을 인솔했다. 이들은 아테네 함대를 피해서 이탈리아 남부의 로크리를 거쳐 히메라로 향했다. 니키아스는 이 정보를 알고 있었다. 니키아스는 이들이 로크리에 도착했다는 소식에 4척의 배를 보내 중간에 차단하도록 했으나 너무 늦어서 실기했다.

그렇더라도 끝까지 추격해서 나포하든지 침몰시켜야 했다. 싸움에서 씨는 자르고 물은 말려야 한다. 니키아스는 길리포스 군대를 너무 얕잡아 보았다. 자만에 빠져 너무 안일하게 대처했다. 이는 시칠리아 원정 전체를 통틀어 가장 결정적인 전략적 실수였다. 아테네의 압도적인 해군력으로 충분히 막을 수 있었던 단 4척의 배가, 결국 시라쿠사의 저항 의지를 되살리고 펠로폰네소스 동맹군 전체를 끌어들이는 나비효과를 일으켰기 때문이다. 길리포스의 배를 도중에서 차단했더라면 단 4척의 배는 아무 힘도 쓸 수 없었을 것이고 당시의 사정으로 보아 전세는 판이하게 달라졌을 가능성이 크다.

길리포스는 오히려 히메라에서 인근 지역 도시국가들로부터 지원군을 얻어 보병 3,000명과 기병 200명으로 불려서 시라쿠사로 향했다. 길리포스의 도착은 단순한 증원을 넘어, 패배 직전이던 시라쿠사에 새로운 리더십과 승리의 희망을 불어넣는 전환점이 되었다. 풀이 죽어있던 시라쿠사인들의 사기는 증폭되었다. 코린토스인들, 스파르타인들, 그리고 펠로폰네소스 동맹의 다른 도시국가 사람들은 아테네인들을 쫓아내려는 희망에서 시라쿠사에 더 많은 지원군을 보냈다.

도박의 베팅이 강자에게 몰리는 것처럼 동맹군들이 길리포스에 몰려들었다. 길리포스가 지휘하는 스파르타 군대와 시라쿠사와 그들의 동맹국들은 육지에서 아테네군을 결정적으로 궁지에 몰아넣을 수 있었다. 길리포스는 시라쿠사인들에게 아테네가 철수할 때 격퇴할 수 있도록 해군을 준비하도록 주문했다.

그럼에도 아테네는 시칠리아에 또 다른 100척의 배와 5,000명의 병력을 보냈다. 다만 시칠리아 원정을 앞두고 모집했던 1,300명의 트라케 용병들은 그대로 되돌려 보냈다. 도착이 늦은 데다가 아테네의 열악한 재정 사정으로 수당 지급이 어렵게 되었기 때문이다. 대신 아테네는 인솔 책임을 맡은 아테네 장군 디에이트레페스에게 이들이 아테네로부터 되돌아가면서 항해하는 중에 해안가에서 적군에게 되도록 많은 피해를 입히도록 하라는 지시를 내렸다.

전쟁에서 배제된 용병들은 노략질을 하면서 여러 지역을 거처 BC 413년에 미칼레소스에 도착했다. 고대 도시 미칼레소스는 보이오티아 동부에 자리 잡고 있는데 도시국가로서 BC 6~5세기에 번영했다. 미칼레소스에 상륙한 트라케인들은 태평스럽게 생활하는 주민들을 무자비하고 끔찍하게 학살했다. 투키디데스는 이때의 상황을 이렇게 기술한다 (이에 관해서는 앞에서 이미 언급했지만 이 사건이 발생한 시기와 상황이 여기에 해당하기때문에 다시 반복한다).

"트라케인들은 시내로 쳐들어가 집과 신전을 약탈하고 노소 불문하고 주민을 도륙하기 시작했다. 아이든 여자든 만나는 족족 죽였고, 짐 나르는 가축과 다른 생명체도 보이는 족족 죽였다. 이들은 두려워할 것이 없을 때는 야만족 중에서도 가장 피에 굶주린 부족이기 때문이다. 그들은 사방이 아비규환이고 온갖 형태의 죽음이 널브러져 있는 것으로도 모자라,그곳에서 가장 큰 학교로 쳐들어가 교실에 들어간 아이들을 모조리 살육했다. 그리하여 지금까지 겪은 어떤 재앙보다 더 크고 더 갑작스럽고 더 무시무시한 재앙이 모든 도시를 덮쳤다." (TW 7.29)

트라케인들의 만행을 전해 들은 테바이인들이 긴급 출동해서 이들을 진압했다. 이 과정에서 트라케인들 1,300명 중 250명이 살해되었다.

　스파르타의 길리포스는 몰려드는 펠로폰네소스 동맹군들과 함께 지상전에서 아테네군을 격파하면서 승승장구했다. 아테네군은 지치고 해이해지고 승리에 대한 기대나 희망이 식으니 싸울 의욕도 잃어갔다. 아테네 지휘관 니키아스는 아테네에 전갈을 보냈다. 자신은 건강이 좋지 않으니 명령을 면제해달라며 자신을 소환하고 군대를 증원해 달라고 요구했다. 참으로 염치없는 짓이었다. 아테네 민회는 니키아스 소환은 거부하는 대신에 증원군 파병과 함께 지휘관으로 노련한 데모스테네스를 급파했다.

　데모스테네스는 전함 73척과 중장 보병 약 5,000명을 인솔해 BC 413년에 현지에 도착했다. 그는 도착하자마자 시라쿠사에 즉각적인 공격을 제의하면서 만일 패배한다면 아테네로 돌아가지고 주장했다. 니키아스는 이 계획에 또다시 반대했으나 군대는 데모스테네스 편을 들었다. 데모스테네스는 공격을 개시했다. 처음에는 잘 싸웠으나 승리를 눈앞에 두고 보이오티아군과 맞닥뜨려 무너졌다.

　데모스테네스는 완전 철군을 주장했다. 이 상황에서는 철수가 정답이었다. 그러나 공격을 반대했던 니키아스는 퇴각도 거절했다. 이는 현실적인 군사 전략가(데모스테네스)와 개인의 신앙 및 정치적 안위에 얽매인 지휘관(니키아스)의 치명적인 충돌이었다. 데모스테네스가 패배를 인정하고 손실을 최소화하려 한 반면, 니키아스는 '월식'이라는 징조에 발이 묶이고 아테네로 돌아갔을 때의 책임 추궁을 두려워하여 군 전체를 파멸로 이끌었다. 이는 리더 한 사람의 비합리적인 신념이 어떻게 조직 전체를 무너뜨리는지를 보여주는 대표적인 사례다. 플루타르코스에 따르면, 그가 거절한 것은 만일 그가 아테네 의회의 승인을 얻지 않고 철군하면 아테네 의회가 그에게 어떤 책임을 부과할지에 대한 두려움 때문이었다. 철저한 복지부동에 보신주의였다. 그는 결국 전쟁의 책임에서 비켜서서 현상을 유지하다가 아테네로 돌아가는 보신책을 생각하고 있는 것이 분명했다.

시라쿠사가 동맹국들로부터 증원을 받으면서 전세는 역전되고 아테네의 입장은 점점 악화되어 갔다. 니키아스는 마침내 포위 공격을 끝내기로 결정했다. 그러나 그는 철군 명령을 내리는 대신에 BC 414년 가을에 아테네 민회에 편지를 보냈다. "여러분은 반가운 소식을 듣기 좋아하지만, 나중에 예상과 다른 결과가 나오면 보고자를 비난한다. 그래서 나는 사실대로 보고하는 것이 더 안전하다고 생각했다." (TW 7.14.4)

이 편지에서 나타난 것처럼 그는 자신의 안위가 우선이었다. 그렇다고 그의 보고가 '사실대로'인 것도 아니다. 예를 들면, 그의 편지에 "여러분은 군대도 장군들도 아무런 잘못이 없었다고 확신해도 됩니다"(TW 7.15.1)라는 구절이 이를 반증한다. 모든 잘못은 니키아스 자신에게 있었는데도 그는 이를 덮고 넘어가고 있다. 그리고 만약 그가 "정직하게 자신의 판단으로는 승리의 가망이 없다고 말했다면 아테네인들은 철수에 동의했을지도 모른다."[1]

---

1) Donald Kagan, *Peloponnesian war* (New York: the Penguin Group, 2003), p. 295.

월식

니키아스는 1년가량을 기다리다 결국 어쩔 수 없이 철군하기로 결정했다. 아테네 군대가 막 철수하려던 때 월식이 일어났다. BC 413년 8월 27일 밤 9시 41분에서 10시 30분 사이였다.[2] 미신적인 태도를 가진 니키아스는 이것이 신으로부터의 경고라고 믿었다. 그는 점성가가 정해준 대로 9일씩 3번을 경과하기 전에는 철군을 논의조차 하지 않겠다고 했다(TW 7.50.4). 군대가 퇴각하려면 달이 다시 찰 때까지 한 달을 더 기다려야 하는 것이다. 이 기간 동안 니키아스는 모든 일을 제쳐 놓고 신에게 제사를 지내는 일에만 몰두했다.

 니키아스는 원정 초에 시칠리아에 도착해서 곧바로 공격했더라면 손쉽게 이길 싸움을 질질 끄는 바람에 시라쿠사에게 대항을 준비할 시간을 벌어주더니 이제는 퇴각할 시기에 전열을 완비한 시라쿠사군에게 공격의 기회를 마련해 주고 있었다. 아테네 군대가 퇴각 명령을 기다리는 동안 시라쿠사 군대는 계속해서 더 강해지고 전투의 가장 강한 무기인 자신감이 넘쳐났다. 그들은 아테네 배를 공격하기 시작했고 항구의 출입구를 막았다.

니키아스는 육지로 후퇴하는 대신 봉쇄를 깨고 바다로 도피하기 위한 최후의 노력으로 아테네 전체 함대를 발진시켰다. 처음에는 배수지진(背水之陳)으로 싸웠다. 그러나 선박으로 빽빽하게 들어찬 항구에서 아테네 선원은 우왕좌왕할 수밖에 없었고 시라쿠사 군대는 끊임없이 공격을 퍼부었다. 투키디데스는 해안에서 패퇴하면서

---

2) Kagan (2003), p. 310.

그 자리에서 죽어가는 장병들의 처참한 모습과 그들을 둔 채 떠나는 아테네 군인들의 참담한 모습을 이렇게 전한다.

"어느 모로 보나 통탄스런 광경이었다. 함선을 모두 잃고 퇴각하는 단순한 상황만이 아니었다. 그들의 큰 포부가 사라졌다. 자신들과 아테네 국가가 위기에 빠져 있었다. 그러나 막상 군영을 떠나자니 눈에 보이는 것은 슬픈 장면이요 마음에 떠오르는 것은 슬픈 생각뿐이었다. 시신은 묻히지 못했고 각자는 아는 친구가 시신 사이에 누워 있는 모습이 보이면 슬픔과 두려움을 동시에 느꼈다. 그리고 환자든 부상자든 산 채로 뒤에 남겨진 자들은 살아남은 전우들에게 죽은 자들이 당했던 고통보다 큰 고통을 안겨주었다.

산 채로 뒤에 쳐진 사람들은 전우든 친척이든 보는 사람이면 누구에게나 큰 소리로 자신들을 데려가달라고 간청하면서 애통해했고 절망감에 휩싸였다. 그들은 같은 천막을 쓰던 전우들이 떠나가는 것을 보면 목에 매달려 안간힘을 다해 따라가다가 체력이 소진되면 반복해서 신을 부르고 부르짖었다. 전군은 눈물바다가 되었고 이런 절망과 연민 때문에 그들은 이미 눈물을 흘리기에는 너무나 큰 고통을 당했고 또 그들 앞에 놓인 불확실한 미래에 더 많은 고통을 당할 것을 두려워하면서 적국을 떠나고 있는데도 좀처럼 발이 떨어지지 않았다." (TW 7.75)

이것이 전쟁의 실체이고 패전의 실상이다. 아테네 군대는 바다가 막히는 바람에 배로 탈출하려는 마지막 희망도 잃었다. 남은 유일한 선택은 땅으로 퇴각하는 것이었다. 시라쿠사군이 항구에서 승리를 축하하는 동안 무사히 탈출할 수 있는 최선의 기회는 즉각적인 퇴각이었을 것이다. 그러나 니키아스는 여전히 갈피를 잡지 못했다.

시라쿠사의 첩자로부터 시라쿠사가 매복을 준비했다는 첩보를 받았다. 속임수였다. 정보에는 역정보가 있다. 허위 정보다. 전쟁에는 이런 정보가 난무한다. 따라서 정보 라인을 다변화해야 한다. 그렇더라도 객관적 판단능력이 없으면 우왕좌왕하다가 모든 것을 잃게 된다.

니키아스가 첩자에 속아 아테네 군대가 머뭇거리는 동안 시라쿠사군은 그들의 잠재적 탈출로마저 차단했다. 참으로 어이없는 일이었다. 아테네 군대는 육로를 통해 다른 더 우호적인 시칠리아 도시들로 철수하려고 시도했지만 도시들이 이미 분열되어 성공하지 못하고 결국 무릎을 꿇게 되었다.

4만 명의 사람들이 도시의 이민자들처럼 해안에서 각자의 짐을 가득 싣고 적대적인 사람들로 가득 찬 도시로 들어갔다. 뚜렷한 목적지도 충분한 음식도 없고, 궁극적인 생존 가능성에 대한 믿음도 없이 두려움에 고통스러워하며, 무감각한 절망이나 침묵에 빠지거나 혹은 인간과 신을 향해 막연한 분노를 터트렸다.

하지만 이 중에서도 가장 끔찍했던 건 황량한 해안에 두고 온 많은 부상자와 병자들이었다. 그들은 자신들의 친척과 전우가 떠나갈 때 큰 소리로 통곡하며 슬퍼하거나 그들의 옷자락에 매달려 스스로 일어설 수 있게 될 때까지만 잠시라도 함께 데려가 달라고 애원했다."[3]

---

3) 아서 스탠리 리그스 지음, 김희정 옮김, 『시칠리아 풍경』 (부산: 산지니), pp. 145-146.

항복

최후의 퇴각은 데모스테네스와 니키아스가 이끄는 두 그룹으로 나뉘었다. 데모스테네스의 그룹은 먼저 포위되었고 항복했다. 6,000명이 포로로 잡혔다 (TW 82.6). 니키아스 군대는 화염 속에서 계속 후퇴했다. 결국, 나머지 아테네군은 아시나로스 강을 건너면서 공격을 받았다. 아시나로스강은 시칠리아의 동해안으로 시라쿠사와 40km 떨어진 헬로로스 사이의 작은 강이다. 도강으로 퇴로를 열려고 하던 아테네군은 강둑에서 시라쿠사군과 펠로폰네소스군에 무참히 도륙되었다. 그 상황에서도 갈증을 풀기 위해 동료들의 피로 물든 강물을 서로 마시려고 다투는 기막힌 모습까지 나타났다.

"일단 강에 도착하자 그들은 강물 속으로 뛰어들었다. 이제 질서는 종적을 감추었다. 그들은 저마다 먼저 건너려 했지만, 적군이 공격해 고삐를 늦추지 않아 강을 건너기가 이미 어려워졌다. 그들은 무리를 지어 건널 수밖에 없었기 때문에 서로 걸려 넘어지기도 하고 발에 밟히기도 했다. 더러는 그 자리에서 자신의 창이나 다른 장비에 목숨을 잃기도 하고 더러는 화물에 뒤얽혀 하류로 떠내려가기도 했다.

시라쿠사인들은 맞은편에 있는 가파른 강둑에 자리 잡고 위에서 아테네군을 향해 활을 쏘거나 창을 던져 댔다. (…) 펠로폰네소스인들이 (…) 강 쪽으로 내려와 주로 강에 있는 자들을 도륙했다. 그러자 물이 오염되었다. 그럼에도 아테네인들은 온통 피로 물든 흙탕물을 계속 마셔 댔다. 대다수는 그런 물을 마시려고 서로 싸우기까지 했다. 마침내 수많은 시신이 강바닥에 겹겹이 쌓이고 군대의 일부는 강에서 죽고 일부는 간신히 강을 건너

기병대에 살육되자 니키아스는 길리포스에게 항복했다."(TW 7.84-5)

아테네는 시칠리아에서 완패했다. 이길 수 있는 전쟁에서 처참하게 무너져 무릎을 꿇었다. 이기지는 못했더라도 신속하게 퇴각했더라면 무고한 생명의 희생은 줄일 수 있었을 것이다. 그런데 지휘관의 잘못으로 사실상 몰살당했다. 싸울 수 있을 때 미적거리고 협상할 상황에서 느긋하게 시간을 보내고 퇴각할 때 세월을 허송하다가 참담하고 처참한 종말을 가져온 것이다.

아테네도 전쟁 중에 뒤에서 정파 싸움에 도끼자루 썩는 줄 모르면서 전쟁의 지휘관을 처형하려고 소환하는가 하면 현장의 지휘관이 보낸 서신에 대해 현지 확인이나 검토 없이 군대만 증원했다. 아테네가 패배하면서 아테네 제국의 종말이 가까워졌다는 인식이 확산되었다. 아테네의 금고는 거의 바닥이 나고 있었다. 젊은이들은 외국 땅에서 죽거나 투옥되고 노예가 되었다. 그들은 자신들의 제국의 힘을 과대평가했다.

길리포스는 항복한 니키아스와 데모스테네스를 스파르타로 압송하고 싶었다. 산 채로 잡아가면 자신에 대한 전공이 더 빛나고 개선장군으로 환영을 받을 것이다. 그러나 시라쿠사 군대가 두사람을 살해했다. 항복한 적장을 그처럼 순간적으로 살해하는 것은 예사일이 아니다.

시라쿠사 지도층 인사들에게는 이들과 불리한 일이 걸렸을 것이다. 그간 니키아스와 오간 여러 일이 니키아스 입에서 터져 나와 자신들에게 불리하게 작용할 것을 우려해 씨를 잘라버렸을 것이다.

다른 아테네 포로들은 노예가 되었다. 고통스럽고 괴롭게 살아남은 패잔병들이 도착한 곳은 시칠리아의 데이 카푸치니 채석장이었다. 이곳은 또 다른 생지옥이었다. 그들은 여기에서 강제 노역에 처해졌다. 투키디데스는 채석장에서 노역에 종사하는 아테네 포로들의 상황을 이렇게 묘사한다.

> "시라쿠사인들은 처음부터 채석장의 포로들을 가혹하게 다루었다. 죄수들은 좁은 구덩이에 다수가 한꺼번에 갇혔는데, 처음에는 지붕이 없어서 낮 동안에는 뙤약볕과 숨 막히는 답답함에 고생이 극심했다. 가을로 접어들면서 밤공기가 싸늘해지자 급변하는 기온 탓에 환자가 속출했다.
> 공간이 협소한 까닭에 그들은 모든 것을 한 곳에서 처리하지 않을 수 없었다. 게다가 부상이나 기온 변화 등으로 죽은 자들의 시신이 겹겹이 쌓여 있어 악취가 진동했다. 그들은 또 굶주림과 갈증에 시달렸다. 8개월 동안 그들에게는 한 사람당 하루에 물 약 0.23리터, 곡식 0.57리터씩이 지급되었다. 그들은 그런 곳에 갇힌 자들이 겪을 것으로 생각되는 온갖 고통을 겪었다. 약 70일 동안 포로들은 모두 그렇게 살았다. 그 이후에 아테네인들과 그들 편에서 싸운 시켈리아인 또는 이탈리아의 헬라스인 이주민을 제외하고 나머지는 모두 노예로 팔렸다. 포로들의 수를 정확히 말하긴 어렵겠지만 분명 7,000명을 밑돌지 않았다." (TW 7.87)

다만 플루타르코스에 따르면, 시라쿠사인들은 아테네의 극작가 에우리피데스를 아주 좋아해서 그의 글을 암송할 수 있는 모든 아테네 포로에게는 관대한 대우를 했다. 이 이야기는 아서 스탠리 리그스의 저서 『시칠리아 풍경』에 기록되어 있다. 그는 영국의 역사학자 그로트(George Grote, 1794~1871년)의 『그리스 역사(History of Greece)』(1861)의 내용을 인용한 쿠르티우스(Ernst Curtius, 1814~1896년)의 『그리스의 역사(The History of Greece)』(1899)에서 이 이야기를 인용하고 있다.

현재 카푸치니 채석장은 시라쿠사에서 오르티기아섬으로 건너가기 전 왼쪽으로 200m쯤의 거리에 있다. 뒤쪽으로는 집들이 있고 왼쪽에는 성당과 호텔이 채석장과 연결되어 있다. 현재 채석장터로 남아있는 면적은 어림잡아 200여 평정도로 보인다. 깊이는 최소한 50m는 됨직하다. 채석장은 안전 철망이 둘러있을 뿐만 2500년 전의 역사적 흔적을 애써 감추고 있다. 그렇더라도 이 비통한 역사를 아는 나그네에게는 전쟁과 패전과 포로가 머리에 떠올려지지 않을 수 없다.

▶ 사진 10.1 참혹한 비극을 간직하고 있는 카푸치니 채석장의 현재의 모습

패배의 원인과 영향

스파르타와 자웅을 겨루는 아테네, 더군다나 해상의 패자(覇者) 아테네가 많은 동맹군을 이끌고 간 원정에서 시칠리아의 도시국가에게 완전히 침몰한 이유는 무엇인가?

아테네의 시칠리아 원정은 원정의 결정 과정부터 아테네의 오판과 파벌싸움 그리고 주도권 다툼을 안고 출발한 위험한 곡예였다. 그렇더라도 충분하고 완전한 승산을 장담할 수 있는 강력한 무력은 전투시작 전에 위협만으로도 항복을 받아낼 수 있었다. 그러나 스파르타의 레오니다스가 테르모필라이 전투에서 인류 최대의 용감한 전투 끝에 장렬하게 전사했다면 아테네의 니키아스는 시라쿠사 전투에서 대군을 이끌고 제대로 싸워보지도 않고 인류 최대의 참혹한 패배 속에 항복하고 자신도 처형되었다.

니키아스가 참패와 참상을 초래한 배경은 그의 자질과 보신 태도가 원인이다. 플루타르코스와 마찬가지로 투키디데스도 시칠리아아에서 아테네의 재앙은 니키아스의 개인적 자질이 큰 원인이었다는 사실을 피하지 않았다. 그러나 투키디데스는 시칠리아에서 니키아스의 비참한 최후에 "우리 시대의 모든 헬라인들 중에서는 그에게 가장 어울리지 않는 것이었다. 그는 평생토록 덕을 함양하고 실천하는 일에 헌신했다"(TW 7.86)며 동정적으로 두둔한다.

투키디데스는 펠로폰네소스전쟁 초기에 니키아스와 암피폴리스에서 동료 장군이었기 때문에 서로 잘 아는 사이로 그의 펜에는 이 관계가 묻어나 보인다. 니키아스는 플라톤의 철학적 대화인 『라케스』에서 대화 인물로 등장한다. 여기에서 패장들인 니키아스와 라케스는 용기와 인내에 대한 의미를 소크라이테스와 함께 전개해 나간다. 더구나 그의 명성과 지위는 신분과 재산도 힘이 되었겠지만 시칠리아 원정 이전에 쌓아 올린 탁월한 군사 경력 때문이다.

그럼에도 불구하고 니키아스가 시칠리아에서 보인 태도는 의외다. 결국 그의 평화주의는 전투에 대한 두려움과 보신주의의 가림막으로 막을 내렸다. 특히 시칠리아 원정에서 보인 그의 나약함과 우유부단함은 그의 자질뿐만 아니라 그가 전투에 임하는 자세에 큰 원인이 있어 보인다. 그는 처음부터 반대했던 내키지 않는 전쟁이라서 전투 내내 이 마음의 포로가 되었을 가능성이 크다.

궁극적으로 시칠리아 원정의 실패는 아테네 민주정 자체의 내재적 모순을 드러냈다. 원정을 결정할 때는 알키비아데스 같은 선동가의 과장된 낙관론에 휩쓸렸고, 위기 상황에서는 니키아스처럼 책임을 회피하려는 지휘관을 제대로 통제하지 못했다. 또한, 현장의 정확한 정보 없이 본국에서 주먹구구식으로 증원군을 파병한 것은 시스템의 부재를 보여준다. 결국 아테네는 제국의 가장 빛나는 원정대를 파견했지만, 그들을 이끌고 위기를 관리할 성숙한 정치적 리더십을 갖추지 못해 스스로 무너진 것이다.

시칠리아 원정에서 니키아스 휘하의 2만여 명의 군사 중 일부 달아나거나 현장에서 전사한 군사를 제외하고 7,000명이 포로로 잡혀 노예가 되거나 죽었다. 이 전쟁이 끝난 BC 413년 아테네는 중장보병 9,000명, 테테스 1만 1,000명 메틱스 3,000명 정도만 남아 있는 상황이었다. 이 숫자는 전쟁이 시작되었을 때 동원 가능했던 수의 절반에도 미치지 못했다.[4] 투키디데스는 이 전쟁의 종말을 이렇게 전한다.

> "대다수는 도륙되었다. 그들은 후퇴하던 중 강에 이르러 이번 전쟁에서 유례를 찾아볼 수 없을 만큼 대량학살 되었기 때문이다. 또 상당수는 행군 도중 끊임없이 적군의 공격을 받아 죽었다. 그렇지만 도주한 자들의 수도 많았는데 더러는 그 당시 달아나고 더러는 노예가 되었다가 살아났다." (TW 7.85.4)

아테네인을 포함하여 많은 사람이 시칠리아 재앙 이후 델로스동맹의 종말이 가까웠다고 믿었다. 아테네는 많은 돈과 많은 배와 최고의 군인을 잃었다. 설상가상으로 이제 경륜 있는 지도자들도 사라졌다. 알키비아데스는 스파르타로 망명했다. 데모스테네스, 라마코스 및 니키아스는 죽었다. 잠시나마 인기를 끌었던 히페르볼로스는 도편방출된 뒤에 사살되었다.

아테네의 프로불로이 출범

아테네 정국은 경륜을 갖춘 리더십의 부족을 메우기 위해 40세 이상의 원로들로 예비자문단인 프로불로이로 행동할 현명한 10명의 현자(극작가 Sophocles 포함)를 임명했다. 현자들이 위기를 극복하기 위한 충고를 하고 조치를 제안해야 한다는 취지였다. 예나 지금이나 위기가 닥치면 으레 '자문위원회', '대책위원회' 등을 구성하는

---

4) John Bloxham, https://www.ancient.eu.

것은 다르지 않다.

아테네가 힘이 빠지자 동맹인 에게해의 키오스가 BC 412년에 반란을 일으켰다. 키오스는 BC 546년부터 페르시아 제국의 지배를 받아왔으며 이오니아 연맹 12개 회원국 중 하나로 BC 499년 페르시아에 대한 이오니아 반란에 합류했다. 키오스는 그 이후 페르시아에 꾸준히 저항해서 BC 479년에는 페르시아를 물리치고 페르시아 통치에서 독립했다. 아테네가 델로스 동맹을 결성할 때는 동맹에 공물 대신에 배를 공급하기로 했었다. 이런 키오스가 반란을 일으킨 것이다.

아테네는 즉각 섬을 포위했다. 스파르타는 기세는 등등했지만 여전히 바다의 경험은 한계가 있었기 때문에 반란군의 지원 문제를 놓고 고심하다가 아테네에서 도주해 와있는 알키비아데스에게 도움을 청했다. 그런데 마침 BC 412년 2월경 스파르타에 지진이 일었다. 그순간 아기스 왕의 아내 티미아아의 침실에서 알키비아데스가 뛰쳐나왔다.[5] 바람둥이의 허둥대는 모습을 문밖에서 여러 사람이 목격했다. 둘 중 누가 먼저 유혹했던 아기스가 전쟁터에서 창검을 번득이는 사이에 침실에서는 비밀리에 또 다른 뜨거운 불꽃이 타고 있었던 것이다.

아기스는 분노를 넘어 기가 찼다. 자기에게 목숨을 유지하고 있는 망명자가 자기 부인의 침실에 들락거리는 것을 목도(目睹)한 것이다. 그렇다고 이를 공개적으로 처리하면 자칫 누워서 침 뱉는 꼴

---

5) Kagan (2003), p. 337-338.

로 웃음거리가 된다. 이런 일일수록 은밀하고 주도면밀하게, 절대로 겉으로 표가 나지 않으면서도 확실하게 처리해야 한다. 알키비아데스에 대한 살해 지령이 내려왔다 (TW 8.45.1). 그러나 영리한 알키비아데스가 이 공기를 눈치채지 못하겠는가? 그에게 이제 스파르타는 자신의 도피처가 아니라 무덤이 될 수도 있다. 그는 스파르타를 떠나야 했다.

스파르타 당국은 알키비아데스에게 키오스의 반란을 지원하는 해군 사령관직을 맡으라는 제의를 했다. 불구덩이에 밀어 넣고 타 죽으면 그만이고 살아나오면 죽이면된다. 물 속에 밀어 넣어 익사하면 그만이고 살아나오면 죽이면 된다. 전쟁에 내보내 싸우다 죽으면 그만이고 살아 돌아오면 그때 죽일 것이다. 알키비아데스는 당연히 수락했다. 전쟁터는 자신의 홈그라운드라고 반겼을 것이다. 현재의 위기를 모면할 수 있는 호기다. 앉아 죽기보다는 서서 모험을 해봐야 한다.

알키비아데스에게 키오스의 출정은 지옥열차를 타고 하데스에게 불려가다가 꽃마차로 환승하여 아프로디테의 침실로 향하는 기분이었을 것이다. 이 원정에는 스파르타에서 칼키데오스가 동행했다. 이들은 키오스에서 반란에 부채질하면서 반란군들을 지원했다. 반란은 아시아의 가장 큰 그리스 도시인 밀레토스를 비롯한 다른 도시로 들 불 번지듯 즉시 확산되었다.

페르시아의 티싸페르네스는 밀레토스가 아테네에 대한 반란에 가담했다는 소식을 접하고 달려왔다. 다리우스 2세의 대리인 역할을 할 수 있었던 그는 알키비아데스와 함께 출정한 스파르타의 칼카데오스를 만나 동맹 조약을 체결했다. 여기에는 페르시아가 스파르타 해군에 대해 임금을 지불하는 내용이 포함되었다. 페르시아는 스파르타에게 재정적 지원을 하는 대가로 아테네에 대해 반란을 일으킨 이오니아해역의 섬 국가들을 기존의 페르시아 영토를 인정받는 내용이었다. 페르시아-스파르타 연대를 통해서 스파르타는 아테네를 견제하고 페르시아는 과거에 지배했던 나라들의 지배권을 다시 확보하는 것이다.

아테네는 시칠리아 패배 이후에도 스파르타나 다른 도시국가들의 도전에 적극 응대했다. 오히려 사모스섬에 기지까지 설치했다. 그리고 프리니코스를 사령관으로 하여 밀레토스를 정벌하려고 상륙했다. 그러나 경험이 부족한 프리니코스는 밀레토스에 상륙하고서도 불씨를 살려둔 채 더 이상의 전투를 벌이지 않고 사모스기지로 떠났다.

프리니코스는 밀레토스를 철저히 정복할 수도 있었음에도 미완으로 남기고 떠난 것이다. 이러한 대처로 인해 아테네 프로불로이의 민주정은 권위가 실추되고 권력의 장악력이 약해지면서 힘이 빠졌다. 만일 승리를 쟁취했더라면 "민주정의 위엄과 신뢰성을 높여줄 수 있었을 것이고, 아테네에서 조성되고 있던 과두파의 음모를 저지할 수 있었을 것이다."[6]

---

6) Kagan (2003), p. 337-338.

제11장

대전쟁의 마지막 전투와 아테네의 패전

알키비아데스의 술수

알키비아데스는 밀레토스 전투 때 스파르타군에서 이탈해 페르시아의 티싸페르네스 총독에 합류했다. 아테네에서 처형을 피해 스파르타로 망명했던 알키비아데스는 스파르타로부터 피살 대상이 되자 이번에는 페르시아로 달아나 또 한 번 위기를 모면한다. 알키비아데스는 페르시아의 티싸페르네스의 환심을 사야 자신이 설 자리가 생긴다는 것을 직감했다. 그 방법 중의 하나는 정보와 아이디어를 제공하는 것이다.

동서고금에 걸쳐 권력의 주변에는 정보와 아이디어 보따리를 들고 권력자에게 눈도장을 찍으려는 사람들로 북적인다. 중국의 공자는 난세를 바로잡겠다는 목표로 주유천하(周遊天下)를 하면서 14년간 70여 군주를 만났지만 소기의 성과를 거두지 못했다. 공자의 활동은 소인배가 아닌 군자라는 점에서 다르지만 권력에 접근하려는 태도는 마찬가지다. 이탈리아의 마키아벨리가 군주론을 쓴 것도 메디치 가문의 권력에 접근하려는 의도가 포함되어 있다. 이런 일은 한국에서도 예외가 아니다. 선거 때면 이런 부류의 사람들이 선거 캠프를 기웃거리며 돌아다닌다.

알키비아데스는 티싸페르네스에게 스파르타 선원에게 지급하기로 한 일당을 반으로 줄이도록 건의했다. 아티카 드라크마로 1드라크마(drachma) 즉 6오볼스(obols)인 것을 3오볼스로 줄이라는 것이다. 당시 1오볼은 3리터 와인 1병 값이다. 3오볼스는 매춘 여성의 1회 평균 화대이다. 그래도 경험이 풍부한 아테네 선원의 노임과 같아진다는 것이다. 그것도 불규칙하게 지급해야 선원들을 통제하기가 쉽다고 알려주었다. 티싸페르네스에게는 귀가 솔깃한 정보인 동시에 아이디어였다.

스파르타의 지휘관이라면 오히려 임금을 더 주라고 요구해야 하지만 이제 그는 스파르타로부터 살해 대상이 되어 스파르타를 배신해야 하는 상황에 직면했다. 티싸페르네스는 예산을 반으로 줄이며 선원들의 목을 죄는 아이디어에 구미가 당길 수밖에 없다. 플루타르코스에 따르면 티싸페르네스는 원래 음흉하고 야만적인 장군으로 이름이 나 있었다.

임금을 반으로 줄이면 예산의 반이 남는다. 장수들을 회유하고 선무할 공작금 등의 명목으로 빼먹는 떡고물에 비교할 바가 아니다. 예산의 수입과 지출에 투명하고 철저한 제도가 마련되어 있지 않으면 돈을 주무르는 사람이 다소간의 돈을 빼먹게 마련이다. 결국 알키비아데스는 티싸페르네스에게 다른 풍족한 지갑을 마련해 준 셈이었다.

스파르타 군대에 대한 임금을 삭감하면 스파르타 장수들의 불만은 높아지고 선원들의 사기는 떨어질 수밖에 없다. 장수들은 그래도 선원들의 수를 부풀려서라도 자기 주머니를 채울 수 있다. 그러나 선원들은 일당이 반으로 줄면 사기저하는 물론이고 반감이 생기게 된다. 이런 묘수는 알키비아데스에게는 양수겸장(兩手兼將)이다. 티싸페르네스로부터는 환심을 사고 스파르타군에게는 불만과 사기 저하를 초래하기 때문이다.

티싸페르네스는 알키비아데스의 변신과 교활함을 보고 오히려 탄복하면서 충분히 이용가치가 있다고 판단한다. 그리고 알키비아데스의 다음 아이디어가 기다려졌을 것이다. 알키비아데스는 다음으로는 페르시아가 아테네와 스파르타 모두와 우호적인 관계를 유지하도록 조언했다.

이렇게 되면 아테네와 스파르타의 경쟁을 촉발시켜 페르시아는 두 나라의 목줄을 거머쥐고 이이제이(以夷制夷)전략을 구사하게 된다. 그는 또한, 사모스에 있는 아테네 함대를 대상으로 자신이 아테네-페르시아 동맹의 협상을 이끌어 낼 사람이라고 설득했다.

티싸페르네스에게는 진수성찬을 차려주고 자기도 겸상을 하면서 자기 몫을 챙길 뿐만 아니라 티싸페르네스를 등에 업고 호가호위(狐假虎威)하는 영리하고 교활한 전략을 구사한다. 이것은 페르시아에는 아테네를, 아테네에는 페르시아를 지렛대로 자신의 위치를 강화해 나가려는 속셈이다. 이런 과정을 거쳐 알키비아데스는 곧 주위에 있는 사람 중에서 가장 큰 신임을 얻게 되었다.

알키비아데스는 아테네가 망하지 않는다면 언젠가는 아테네가 자기를 다시 불러 주도록 아테네인들을 설득할 수 있을 때가 올 것을 기대하고 있었다. 또한, 자기가 티싸페르네스와 친한 친구로 보여야 그들을 가장 잘 설득할 수 있다고 생각했다. 알키비아데스는 티싸페르네스에게 스파르타와 아테네가 둘 다 지치고 아테네의 힘이 최대한 약화되면 펠로폰네소스인들을 내쫓고 아테네와 힘을 합치는 것이 나을 것이라고 조언했다 (TW 8.46-48).

알키비아데스의 이런 조언은 또한 페르시아를 위한 것처럼 보이면서 아테네보다는 스파르타에게 더 불리한 내용이다. 자신을 살해하라는 명령을 내린 스파르타는 다시 갈 수 없는 저승이니 힘이 빠지기를 바라는 것은 당연하다. 반면에 페르시아가 아테네와 힘을 합치는 것은 결국 페르시아가 아테네에 영향력을 행사하는 것이다. 알키비아데스는 이 틈새에서 페르시아의 힘을 이용하여 아테네의 권력을 차지하겠다는 속내를 가지고 있는 것이다.

아테네에서 자신에게 사형을 선고한 민주정부가 전복되고 새로운 과두정부가 들어서면 자신의 자리가 생길 수 있다. 그는 페르시아 쪽에도 아테네에 과두제가 들어서야 지배하기가 쉽다고 말했다. 페르시아의 힘을 빌어 아테네 민주정부를 축출하려는 것이고 곧 자신의 정적들을 몰아내는 것이다. 아테네 쪽에는 페르시아가 과두제를 요구하며, 아테네가 과두제로 바뀌야 페르시아의 도움을 받을 수 있다고 조언했다. 알키비아데스는 아테네 당국자들이 페르시아에 직접 확인하기가 어렵다는 점을 최대한 이용했다.

그러나 아테네는 민주주의의 탑을 100년간 쌓아온 저력을 가지고 있었다. 아테네는 시간이 지나면서 시칠리아 재앙의 늪에서 빠져나오려는 노력에 모든 시민이 힘을 합쳤다. 제해권도 빠르게 회복해 갔다.

문제는 기득권을 틀어쥔 귀족들이었다. 귀족 신분은 기득권 중에서도 기득권이다. 민주정에서도 귀족들은 정치적, 경제적 지위를 계속 유지했으면서도 자신들에게 불안한 민주제 대신에 과두제를 선호했다. 시민들 사이에서도 전쟁의 효율적 수행을 위해 체제를 바꿔보자는 생각이 퍼졌다. 사회가 불안할수록 독재에 의존하려는 시민의 심리는 미래가 두려울수록 신을 찾는 것과 같다.

알키비아데스는 이 분위기에 재빨리 바람을 불어 댔다. 그는 사모스에 있는 군대의 지휘관들에게 서신을 보내 티싸페르네스를 그들의 지원자로 만들어주겠다고 제의했다. 그리고 자신을 추방한 부패한 민주정부 대신에 과두정부가 들어서면 자기는 동포들에게 돌아가겠다는 뜻을 지휘관들에게 전해 달라고 요청했다 (TW 8.47.2).

다행히 사모스에 있는 삼단노선 선장들과 가장 유력한 인사들이 민주정부를 전복하기로 자발적으로 마음을 굳히고 있었다. 이들 중 몇 사람이 대륙으로 알키비아데스를 찾아왔다. 알키비아데스는 그들에게 처음에는 티싸페르네스, 그리고 다음에는 대왕과 친선관계를 맺어주겠다고 약속하면서 민주정부가 폐지되면 대왕이 그들을 더욱 신뢰하게 될 것이라는 호언장담을 늘어놓았다.

사람이 궁지에 몰리면 자존심을 잃는다. 천박해지면 거짓말하는데 부담을 느끼지 않는다. 알키비아데스는 자존심을 점점 잃어가는 모습이었다. 티싸페르네스를 고리로 페르시아 왕을 허공의 달처럼 띄워 놓고 자신이 달빛을 아테네에 반사하는 흉내를 내고 있었다.

알키비아데스를 만난 사모스 지도자들은 사모스로 돌아와 동조 세력을 중심으로 파당을 결성했다. 그리고 만약 알키비아데스가 아테네로 소환되고 민주정부가 폐지된다면 페르시아 다리우스 2세는 그들에게 군자금을 대줄 것이라고 병사들에게 공언했다. 당근을 내민 것이다. 병사들은 군자금이 나오면 일당을 받을 수 있다는 데 마음이 흔들렸다. 병사들의 마음을 돌려놓은 사모스의 과두제파는 아테네로 사절단을 보냈다.

알키비아데스는 아테네 장군인 페이산드로스에게 아테네에서 불만을 가진 귀족들을 사주하여 쿠데타를 시도하도록 종용했다. 페이산드로스는 BC 420년대에 과두제를 선호하기보다는 급진적인 민주주의 활동에 가담했던 선동가였다. BC 415년에는 헤르마이 흉상절단 사건의 조사위원 중의 한 명으로 범인의 색출과 처벌을 선동한 인물이었다 (TW 6.27-29, 53, 600). 이런 점에서 알키비아데스와는 견원지간이다. 이런 활약으로 그는 다음 해(BC 414년)에 1년 임기의 9명의 집정관중 1명으로 선출되었다 (Diodorus Siculus, *Bibliotheca Historica*, 13.7.).

그런데 이제는 알키비아데스의 조종으로 역주행에 동참했다. 페이산드로스는 인민들 앞에서 연설했다. 아테네는 알키비아데스를 소환하고 민주주의를 수정해야 페르시아 대왕을 동맹군으로 삼고 스파르타와의 전쟁에서 승리할 수 있다는 요지였다. 처음에는 많은 사람들이 어리둥절하면서 반대했다. 알키비아데스의 정적들은 범법자의 귀환을 허용하는 것은 언어도단이라고 항의했다.

그러나 페이산드로스는 물러서지 않고 오히려 목소리를 더 높였다. 아테네는 지금 자금마저 바닥난 상태인데, 페르시아 대왕을 설득해 아테네 편으로 만드는 것 외에 아테네가 살아남을 가망이 있느냐고 물었다. 페이산드로스는 이어 그러려면 소수만이 관직에 취임할 수 있게 하여 대왕의 신임을 받는 것 말고는 다른 방법이 없으며, 지금 우리가 생각해야 할 일은 우리가 살아남는 것이지 정부 형태가 아니라고 주장했다.

시민들에게 위기감을 심어 공포분위기로 몰아넣은 뒤에 자신의 의도대로 끌어당기는 선전법이다. 그리고 그의 본심을 드러냈다. 우리는 살아있는 사람 중에서 이 일을 해낼 수 있는 유일한 인물인 알키비아데스를 데려와야 한다는 제안을 내놓았다.

민중은 처음에는 소수만이 관직에 취임할 수 있게 하는 과두제를 도입해야 한다는 말을 듣고 분개했다. 그러나 살아남기 위해서는 달리 방법이 없다는 말에 일단 과두제를 하다가 다시 민주제로 복귀하기를 바라며 뒤로 물러섰다. 미끼를 문 것이다.

그리고 페이산드로스와 다른 10명이 알키비아데스를 만나서 티싸페르네스와 가장 좋은 협정을 맺도록 알키비아데스에게 위임하기로 결의했다 (TW 8.53-54). 그러나 티싸페르네스는 아테네와 스파르타가 모두 지쳐서 나가 떨어지기를 바랐기 때문에 아테네와 협정에는 별 관심이 없었다. 알키비아데스는 협정 성사가 어렵다고 판단하고 그 책임을 아테네인들에게 돌리기 위해 무리한 요구를 계속하는 바람에 결국 대표단은 알키비아데스에게 속았다는 것을 알아채고 사모스로 돌아갔다.

쿠데타와 400인과두제

페이산드로스를 비롯한 과두제 추진자들은 이제 되돌아가기에는 너무 앞으로 나왔다. 과두제를 후퇴할 명분이 없었다. 민중들을 어느 정도 설득하고 BC 411년 6월에 민주정부를 전복하는 쿠데타를 결행했다. 그리고 쿠데타 세력인 400인의 무리가 권력을 장악했다. 쿠데타세력은 사모스에 정부가 재정난으로 더 이상 자금을 제공할 수 없기 때문에 자급자족해야 한다고 통보했다. 이런 흉흉한 상황에서 사모스에서도 동시에 쿠데타를 시도했으나 민주파에 밀려 실패했다.

아테네의 권력은 쿠데타 세력의 수중으로 빠르게 옮겨갔다. 권력 이양의 과정에서 쿠데타 세력이 자행하는 폭압과 시민들의 공포 분위기를 투키디데스는 현실감 있게 그려낸다.

"민회와 500인 회의가 여전히 개최되었지만 의제는 쿠데타 세력의 승인을 받아야 했다. 발언자와 발언 내용도 이들이 조종했다. 아무도 감히 반대 의견을 말하지 못했다. 누가 반대 의견을 말하다가 편리한 방법으로 살해되었다. 그러나 범인을 수사하는 사람은 아무도 없었다. 그러니 피의자도 없었다. 민중은 겁이 나서 침묵했다.
주민들은 쿠데타 세력이 실제보다 훨씬 많다고 생각하며 자포자기 상태로 빠졌다. 그들은 실상을 파악할 수 없었기에, 전혀 모르는 사람이나 아니면 알아도 신뢰할 수 없는 사람에게 어떤 말도 할 수 없었다. 민주제 지지자는 서로가 서로를 의심했다. 저마다 자기가 만나는 사람이 지금 벌어지고 있는 사태에 관여하고 있다고 생각했다.

실제로 변혁을 꾀하는 자들 중에는 과두제 지지자가 되리라고는 아무도 예상하지 못한 자들도 더러 있었다. 이들이 대중 사이에 상호 불신을 조장했으며 민주주의 지지자들이 서로 불편하게 함으로써 과두제 지지자들의 기반을 굳히는 데 크게 기여하였다."
(TW 8.66)

BC 411년은 참주제에서 민주제로 전환한 지 100년이 되는 해이다. 아테네는 쿠데타로 민주주의 100년의 역사가 붕괴되고 과두체제로 후퇴했다. 페이산드로스를 중심으로 한 쿠데타 세력은 먼저 민주정을 흉내내어 민회를 소집한 다음 절대권력을 지닌 10인의 부족 사령관을 선출하여 민주적이고 온건한 테라메네스를 포함한 10인 위원회를 구성했다.

테라메네스는 펠로폰네소스전쟁의 마지막 10년 동안 두드러진 활동을 한 정치가이다. 그는 온건한 과두제 지지자이면서 다른 한편으로는 민주주의자였다. 예를 들면 그는 중장보병 신분이나 그 이상의 신분을 가진 모든 사람이 선거권을 갖는 정부를 주장했다. 과두제를 지지하되 선거권을 확대하여 참여 범위를 늘리자는 것이었다. 그는 쿠데타의 다른 지도자들과 의견이 갈라지면서 그들의 지시에 반대하기 시작했고 그들이 주장하는 극단적 과두제를 온건적 과두제로 대체하기 위한 주도권을 잡았다.

쿠데타 세력은 10인 위원회가 국가를 위해 최선의 정체라고 생각하는 제도를 정해진 날짜에 민회에 제출하도록 했다 (TW 8.67).

민의(民意)를 팔고 민의(民意)를 이용하는 수법은 지금이나 2,500년 전이나 같다. 이들은 이제 아예 노골적으로 속성을 드러내면서 자신들의 구상을 제안했다. 이 구상은 당시에 똑똑한 인물로 알려졌던 안티폰이 준비했고 제안은 페이산드로스의 몫이었다.

이 새로운 안은 1) 현재의 모든 관직은 폐지되고 2) 관직에는 급여가 지급되지 않으며 3) 5인의 의장단이 선출되어 이들이 100명을 선출하고 4) 이 100인과 함께 100명이 각각 3명씩을 선출하여 400인 위원회를 구성하여 5) 이 400인 위원회가 최선이라고 생각되는 방법으로 국가를 다스리기 위해 전권을 갖고 6) 400인 위원회가 정하는 시기에 민회를 가장한 5,000인 회의를 소집해야 한다는 안을 내놓았다 (TW 8.67, AC 29.5). 민회는 이 안을 만장일치로 가결한 뒤에 해산했다.

아테네는 이제 400인 과두정부가 들어섰다. 쿠데타 주모자들은 이런 과두정부 수립에 참여한 배경에 대해 나름의 이유를 들었다. 난국에는 항상 사실과 허위, 정당과 부당, 합리와 불합리, 충정과 위선, 신의와 배신 등이 뒤엉켜 가늠하기 어려운 경우가 허다하다.

이런 상황에서 안티폰은 과두제가 민주주의보다 낫다는 것을 진심으로 믿었다. 안티폰은 당시에 연설문 작성자이자 웅변가였다. 테라메네스는 민주주의의 유보가 페르시아의 지지를 가져올 것으로 믿고, 그렇다면 시도해 볼 만하다고 주장했다. 또 다른 인물들은 과두제가 비용이 적게 든다는 이유를 들이댔다. 아테네와 동맹국들이 그동안 전쟁에서 재정이 고갈 상태였으나, '비용'을 들고 나오는 것은 궁색한 자기변명이다. 순수한 충정 운운하는 것도 기회주의적인 자기 합리화에 불과하다. 자신들이 오직 권력을 장악하기 위해서라는 말이 오히려 솔직한 고백이다.

400인 과두정은 사모스의 민주정도 과두제로 변혁하려고 시도했다. 페이산드로스가 사모스의 기회주의자들과 공모하여 300인회를 만들어 아테네의 400인회가 자행했던 공포정치를 시도했으나 민주파에 밀려 실패했다. 사모스의 민주파들은 오히려 과두제 쿠데타의 주모자들을 숙청하고 민주정을 확립했다 (TW 8.73.6).

그럼에도 사모스에 있는 아테네 장군 트라시불로스가 아테네군을 설득하여 알키비아데스의 사면과 소환을 이끌어 냈다. 그리고 민회에서 이를 확정한 뒤, 대륙으로 가서 알키비아데스를 사모스로 데리고 왔다.

사모스에 온 알키비아데스는 민회에서 연설했다. 그의 뱀같은 혀는 검보다 강했다. 그는 자신이 페르시아의 티싸페르네스에게 강력한 영향력이 있다는 것과 그가 아테네를 도우려 하고 있다고 말했다. 또한, 티싸페르네스가 펠로폰네소스인에게 보내기로 약속했던 페니키아 함대를 아테네로 데려올 것이라고 장담했다. 그는 이를 위해서는 자신이 무사히 귀국하여 그들을 위해 보증을 서야만 그가 아테네인들을 믿을 수 있을 것이라고 자기에게 약속했다고 주장했다 (TW 8.81.3).

알키비아데스의 말은 상황을 말하는 것이 아니라 상황이 말을 만들어 내고 있는 것이다. 투키디데스는 그의 연설 내용을 과장과 허풍으로 규정했다 (TW 8.81.2-3). 그러나 아테네 병사들은 자신들이 무사히 아테네로 돌아가고 아테네에서 폭정을 일삼는 400

인을 응징하게 될 것이라는 희망을 믿고 싶었다. 그래서 즉시 알키비아데스를 장군으로 선출하고 모든 일에 대한 권한을 넘겨주었다 (TW 8.82.1).[1]

알키비아데스는 장군으로 선출되자마자 전쟁 수행 계획을 수립한다는 핑계로 곧장 티싸페르네스에게 달려갔다. 도망자 신세에서 장군으로 등장한 그는 티싸페르네스에게 "그를 이롭게 할 수도 있고 해롭게 할 수도 있다"(TW 8.82.3)는 것을 인식시키려는 의도였다. 알키비아데스는 한편으로는 아테네인들을 티싸페르네스에 대한 압력 수단으로 사용하고, 다른 한편으로는 티싸페르네스를 아테네인들에 대한 압력 수단으로 이용한 것이다. 대단한 수완가이고 외교적 책사였다 (TW 8.82.3).

알키비아데스가 사모스에 돌아왔을 때 아테네 사절단도 사모스에 도착했다. 이들은 그간의 과정을 사모스 민회에서 보고하려고 했지만 사모스의 아테네인들로부터 제지를 당했다. 그리고 오히려 아테네의 과두파를 공격하자는 의견이 지지를 받았다. 이 상황을 어느 누구도 통제할 수 없었고, 알키비아데스만이 가능했다 (TW 8.86.5). 알키비아데스가 동포들을 공격하는 것은 있을 수 없다면서 제지하여 다행히 중지되었다.

투키디데스는 알키비아데스가 처음으로 조국에 크게 공헌했다고 쓰고 있다 (TW 8.86.4). 알키비아데스는 사절단에게 스파르타에 항복하지 말고 버틸 것과 자신은 5,000인회에 대해서는 반대하지 않지

---

[1] Donald Kagan, *Peloponnesian War* (New York: the Penguin Group, 2003), p. 389.

만 400인회는 해산하고 500인회의 복원을 요구했다 (TW 8.86.6).

사모스인들이 반대하는 400인회의 해산을 요구하는 것은 절묘한 더블 톡(Double Talk)이다. 400인회의 구성을 주도한 것은 페이산드로스다. 그가 쿠데타를 결행한 것은 알키비아데스의 사주가 크게 작용했다. 둘은 한패다. 특히 알키비아데스를 아테네로 데려와야 한다고 주장한 사람도 바로 페이산드로스다.

결국 400인회는 어떤 형태로든 사형선고를 받고 망명했던 알키비아데스가 아테네에 금의환향(錦衣還鄕)하도록 해주는 원군이다. 그럼에도 알키비아데스가 400인회의 해산을 요구한 것은 자신을 장군으로 선출해준 사모스에 있는 아테네인들이 아테네 400인회를 반대하는 것에 편승하여 환심을 사려는 얄팍한 계책이었을 것이다. 사절단도 이를 직감했을 것이다.

사모스에 온 사절단이 알키비아데스가 400인회를 해산하라고 요구했다는 내용을 400인회에 그대로 전달했을 경우 어떤 일이 벌어질까? 400인회에서 온건파와 강경파 그리고 중도파 간에 극심한 자중지란이 일 것이다. 400인회가 이를 수용하지도 않을 것이다. 이 자중지란은 자칫 사절단에 불똥이 튈 수 있다. 알키비아데스와 페이산드로스는 서로 배신자라며 동지에서 적으로 돌아설 수도 있다. 400인회에 자중지란이 일면 알키비아데스는 아테네와 전쟁을 하거나 땅을 밟지도 못할 수가 있다. 아테네에 귀국이 우선인 알키비아데스로서는 400인회를 잘 구슬려야 한다.

사모스를 방문했던 사절단은 알키비아데스의 스파르타에 항복하지 말고 버티라는 내용만 보고하고 다른 내용 즉 400인회 해산 요구는 숨겼다. 연설 내용을 편집해서 전달한 것이다. 사절단의 짜깁기가 알키비아데스와 교감으로 이루어진 것인지에 대해 투키디데스는 전하지 않는다. 그러나 개연성은 충분하다.

스파르타에 항복하지 말고 싸우라는 메시지는 400인회가 스파르타와 평화조약을 준비한다는 정보를 갖고 이를 제지하려는 시도였다. 알키비아데스는 400인회가 단독으로 스파르타와 평화조약을 맺어서 아테네를 넘겨주는 일을 막고자 했다. 평화조약은 사실상 항복이다. 이뿐만 아니다. 평화조약의 조건 중에는 자신을 스파르타로 인도하라는 요구가 담길 것이다. 그렇게 되면 자신이 갈 곳이 없게 되고 목숨이 또다시 흥정의 대상이 될 것이다.

실제로 400인회가 스파르타와 협상하려고 시도했다는 증거가 드러났다. 다행히 협상을 위한 사신들은 스파르타에 가는 도중에 타고 있던 배의 선원들이 반란을 일으켜서 아르고스 군대에 넘어가게 되고, 이후 아르고스는 다시 사모스로 그들을 이송하는 바람에 좌절되었다.

인간의 삶에는 다양한 역사가 쌓인다. 이 역사들의 상당 부분은 우연으로부터 시작되는 경우가 허다하다. 난국을 극복하기 위해 출범한 과두정이 스파르타와 싸워 이길 전략을 수립한 것이 아니라 항복을 준비했다는 사실은 쿠데타의 명분을 일거에 쓸어버리고 과두정의 존재 의미를 송두리째 무너뜨렸다.

이 사건에 대한 여론을 무마하기 위해 400인회는 스파르타에 항복하지 말라는 메시지를 공개적으로 낸 알키비아데스의 도움이 더욱 필요해졌고, 알키비아데스는 400인회에 영향력을 행사하는 계기가 되었다. 알키비아데스의 영향력이 아테네의 400인회에 미치면서 400인회의 강경파 즉 고수파들은 위기에 봉착했다.

특히 스파르타와 평화협상을 반대하는 알키비아데스의 요구와 사모스의 반응에 당황했다. 이들은 피라이오스 항구에 요새를 건설하기 시작했다. 표면적으로는 평화협상이 물 건너가면서 스파르타의 공격에 대한 대비지만 속으로는 오히려 그 반대다.

테라메네스와 중도파가 요새를 건설하는 목적이 "육상과 해상으로 적을 끌어들일 수 있게 하려는 것"(TW 8.90.3)이라고 항의한 것처럼 "민주정의 복원을 받아들이기보다는 차라리 적군을 끌어들이고 배들과 성벽을 포기하고, 오직 자신들의 생명을 구하기 위해서 아테네와 관련된 어떤 조건이라도 받아들일 것"(TW 8.91.3)이다.

스파르타가 요새 건설을 트집 잡아 공격해 올 것은 명약관화하다. 강경파에게 이것은 원군이다. 반면에 실질적으로 공격에 대한 걱정은 외적이 아니라 사모스의 민주파들의 공격이었을 것이다. 결국 강경파가 시도하던 성벽요새의 건설은 민주정을 지향하는 중장보병 군인들에 의해 파괴되었다.

400인회 위원 중 상당수는 아예 400인에서 꼬리를 빼려는 움직임이 노골적으로 일어났다. 중도파의 움직임도 빨라졌다. 400인회를 반대하는 세력은 400인회의 구성원 중 한명인 테라메네스가 주도했다. 이들은 반대과정에서 반혁명적인 언어들은 피했다. 아테네인들의 공포를 촉발시켜 내전으로 비화되면 아테네가 스파르타의 손쉬운 정복 대상이 될지 모른다는 우려 때문이었다. 대국적 판단이었고 대단한 자제력의 발휘였다.

이들의 요구사항은 400인회가 약속을 지키라는 것뿐이다. 아울러 5,000인회를 명목뿐인 존재가 아니라 실제로 활동하도록 하고 더 공정한 정체를 세우도록 촉구했다 (TW 8.89.2). 민주정의 회복을 완곡하게 에둘러 요구한 것이다.

아테네 시민들은 민주정을 원했다. 강경파는 고립되었다. 아테네인들은 민주정에서 정기적인 민회 장소였던 프닉스에 모여 현재의 지배가 끝났음을 분명하게 선언했다. 그들은 공식적으로 400인회를 해산했다. 4개월의 단명이었다. 이어 5,000인회에 업무를 넘겨주었다 (TW 8.97.1).

5,000인이라는 숫자는 실제의 숫자라기보다는 상징적이었다. 여기에는 스스로 무장을 갖추고 중장보병이나 기병으로 참여할 수 있는 모든 남성이 포함되었기 때문이다. BC 411년에 그 수는 거의 1만 명에 달했을 것이다.[2] 따라서 5,000인회는 사실상 민회의 부활이었고 이것은 민주정의 회생이었다. 여기에 500명의 위원회가 있었다. 민주정의 불레에 해당하는 기구다.

5,000인회는 출범과 함께 국민통합을 기치로 내걸었다. 정권이 교체되면 구정권을 끌어안기 위해 사용하는 제스처다. 그러면서 서서히 구정권 세력을 제거해 나가는 것이다. 명분은 여러 가지다. 가장 대표적인 것이 부정부패의 척결이다. 또 다른 방식도 적용된다. 새로운 권력의 패러다임으로 프로크루스테스의 침대를 만들어 재단하는 것이다. 이 경우 이 패러다임에 벗어나거나 모자라면 '적폐

---

2) Kagan (2003), p. 399.

(積弊)'라는 딱지를 붙여서 청산 대상으로 삼는다.

5,000인회가 해야 할 일은 400인회에 소속되었던 이런 과격분자들을 처리하는 것이다. 쿠데타를 주도했던 페이산드로스는 탈출했다. 안티폰 등 주도적인 인물들은 반역죄로 처형되거나 방면되었다. 숙청만이 능사는 아니다. 그 외의 과격분자들에 대한 무자비한 숙청에 숨죽여 지내던 사람들을 선무하여 새로운 정권의 우군을 늘려나가야 한다.

알키비아데스가 페르시아의 지원을 핑계로 제시했던 과두제는 단명으로 끝났다. 그렇다면 알키비아데스의 계획은 수포로 돌아간 것이다. 그의 사주로 과두제 쿠데타에 앞장섰던 페이산드로스가 탈출하지 않았는가? 그런데 오히려 반전이 일어난 것이다.

알키비아데스는 사모스의 민주인사들에게 영합하기 위해 아테네가 아닌 사모스에서 400인회의 해산을 요구했었다. 그러나 이 메시지는 아테네 400인회에 전달되지 않았다. 그리고 스파르타와 평화협정을 반대했다. 이 메시지는 공개되었다. 결국 아테네는 400인회의 과두제가 무너지고 민주제가 부활하면서 세상을 읽는 교활한 머리와 탁월한 안목을 가진 알키비아데스는 민주제의 선봉장이 된 것이다.

5,000인회가 과두제 이전의 민주제에서 파벌갈등으로 피해를 본 세력들을 원상회복시키고 알키비아데스 및 그와 함께 추방자로 몰렸던 사람들의 귀환을 의결했다.[3] 알키비아데스는 범법자, 도망자, 망명자, 배신자, 반역자에서 이제 민주영웅으로 귀환하게 된 것이다.

---

3) Kagan (2003), p. 400.

5,000인회는 10개월을 맞아 완전한 민주정에 평화적으로 정권을 넘겨주었고, "인민은 재빨리 국가에 대한 지배권을 가져갔다"(AC 34.1). 아테네에서 5,000인회가 알키비아데스의 귀환을 의결했지만 사모스에서 해군에 의해 장군으로 선출된 알키비아데스는 선뜻 아테네로 향하지 않았다. 귀국에 신중했다. 겉으로 읽히지 않는 또 다른 함정을 꼼꼼히 살폈다. 아테네는 그의 정적들로 가득했고 일부는 그의 반역을 기억하고 있었다.

특히 그의 라이벌들은 그의 야심을 경계하면서 경쟁을 두려워했다. 반면에 알키비아데스는 일반시민들에게는 인기가 높았다. 그를 배척하지 않았더라면 시칠리아에서 그토록 비참한 패배를 맞지도 않았을 것이며, 그들이 희망했던 다른 기대들도 무너지지 않았을 것이라고 생각했다 (Plutarch, Alcibiades).[4]

알키비아데스의 귀환과 망명

알키비아데스의 귀환을 놓고 아테네 정가가 갈등에 휩싸인 가운데 그는 일단 BC 410년 헬레스폰트의 키지코스 전투에 참전했다. 투키디데스의 전쟁기록은 BC 410년 초에 끝난다. 이 후의 기록은 크세노폰과 디오도로스가 바톤을 이어받았다. 그리고 크세노폰은 『헬레니카(Hellenica)』에 그리고 디오도로스는 『역사 도서관(Historical Library)』에 기록을 남겼다.

알키비아데스는 아테네 함대의 지휘관으로 임명되어 BC 411년

---

4) Kagan (2003), pp. 432-433.

의 키노세마 해전을 비롯해 아비도스 해전(BC 410년), 키지코스 해전에서 승리한다. 키지코스 전투에서 알키비아데스는 최고사령관으로 아테네의 전체 함대를 지휘했고, 테라메네스와 트라시불로스가 그 밑에서 부장의 역할을 하면서 긴밀히 협력하고 있었다.

반면에 현대 학자 케이건(Donald Kagan)은 키지코스에서 알키비아데스가 최고사령관이라는 점에 이의를 제기한다. 트라시불로스가 키노세마 전투와 아비도스 전투의 승리자로서 시지코스 전투에서 지휘권을 가지고 있었던 반면에 알키비아데스는 자신의 편대만을 지휘할 수 있었다고 주장한다.[5]

아테네는 이런 승리를 바탕으로 헬레스폰트의 바다를 완전히 통제할 수 있었다. 이를 알아차린 스파르타는 아테네에 평화를 추구하는 대사를 보냈으나 아테네는 거부했다. 아테네는 전체를 볼 수 있는 안목있는 지도자가 없었다. 멈추어야 할 때 멈출 수 있는 지혜를 가진 자가 없었다. 411년 이후 통치했던 과두제 정부가 전투 후 몇 개월 만에 민주주의로 바뀐 것이 전부였다.

연속된 전투에서 승리를 거머쥔 후, 알키비아데스와 트라시불로스는 BC 409년에 약 190척의 배로 소아시아의 북서에 위치한 해안 도시 칼케돈을 포위하기 시작했다. 알키비아데스는 결정적인 승리를 거두지는 못했지만 지상전에서 승리했다 (Diodorus, *Library*, xiii, 67.1). 그 후 이들은 파르나바주스와 임시 동맹을 맺고 군대에 필요한 현금도 바로 확보했다.

---

5) D. Kagan, *The Fall of the Athenian Empire* (New York: Cornell University Press, 1987), p. 245.

알키비아데스는 일련의 전쟁 승리를 발판으로 BC 407년 봄에 마침내 아테네로 돌아가기로 결심했다. 그러나 알키비아데스는 신중했다. 최근의 승리에도 불구하고 과거 자신이 아테네에 끼쳤던 이적행위나 자신에게 부과된 혐의 그리고 현재의 정부 등을 면밀히 검토하는 주도 면밀함을 보였다.

알키비아데스는 곧바로 아테네로 가기 전에 먼저 사모스로 가서 배 20척을 거느리고 세라믹만에서 100달란트를 모았다. 이어서 기테이온으로 항해하여 스파르타인들의 대응과 그의 귀환에 대한 아테네의 정서를 알아보았다 (XH 1, 4, 8-12). 다행히 아테네인들이 그를 환영한다는 판단에 이르자 귀국길에 올라 자신을 보기 위해 군중이 모인 피레우스로 항해했다 (XH 1, 4, 13).

그는 그의 사촌 및 친구들과 지인들이 그를 육지에서 환영하는 모습을 보면서도 두려운 마음으로 항구에 들어갔다. 항구에 도착하자 시민들은 그를 영웅으로 환영했다 (Plutarch, Alcibiades, 32).[6] 그에 대한 모든 형사 소송과 신성 모독 혐의는 공식적으로 취하되었다. 그의 재산은 회복되었고 민회는 그를 육지와 바다의 최고 사령관으로 선출했다 (Plutarch, Alcibiades, 33).

알키비아데스는 이적 행위로 참수형의 대상이었다. 스파르타에서 시라쿠사에 길리포스를 파병하도록 사주했다. 또한, 스파르타가 데켈리아를 공격하도록 권고했다. 이런 인물이 다시 아테네에 돌아와 아테네 군대의 사령관직을 맡았다. 참으로 변화무쌍하고 특출한

---

6) Plutarch, *Plutarch's Lives*, with an English Translation by. Bernadotte Perrin (Cambridge, MA. Harvard University Press, 1916).

인물로 아테네의 역사에서 유일한 사례를 만든 것이다.

알키비아데스를 경계하는 정적들은 알키비아데스가 시민들의 지지를 배경으로 절대권력을 꿈꾸고 있을 것이라는 의심도 지우지 않았다. 따라서 해상 전투를 빌미로 알키비아데스를 한시바삐 배에 태워 바다로 내보는 것이 상책이었다. 이들은 알키비아데스를 아테네에서 내보내기 위해 그가 원하는 모든 것을 들어주었다.

알키비아데스는 감회에 젖고 우월감에 들떠 있었으며 교만하고 기고만장했고 자신의 본분을 잊었다. 조심 대신에 방심이 그를 지배했다. 그가 없는 8년 동안 아테네는 그를 반역자로 낙인 찍었던 세력들이 아직도 건재하다. 그의 정적들이다.

그는 시민들의 인기를 바탕으로 이 정적들을 정리하는 일을 위해 먼저 손에 피를 묻혔어야 했다. 자신이 손을 잡을 수 없는 인사는 그럴듯한 족쇄를 채워 내치고 손을 잡을 수 있는 사람은 우군으로 만들어 어느 정도의 권력 기반을 다져 놓은 다음에 아테네를 비웠어야 한다. 아테네 민심은 선동에 의해 동서남북으로 나부낀다. 그럼에도 우쭐한 그는 100척의 함선을 거느리고 다시 노티움 전쟁터로 출항했다.

노티움 전투

아테네는 키지코스 전투 이후 비잔티움을 다시 점령하고 칼케돈으로부터 공물 징수를 재개했지만 승리 이후에도 아테네 재정은 대규모 공세 작전을 지원하기가 어려웠다. 반면에 스파르타는 페르시아

자금으로 신속히 함대를 재건하고 계속해서 아테네를 약화시키려고 했다.

스파르타의 해군 지휘관 리산드로스가 BC 407년에 90척의 함선을 인솔하고 소아시아지역에 도착했다. 리산드로스는 그의 전임자 중 일부와 달리 스파르타 왕가의 구성원이 아니었으며 해군 전략에서 뛰어난 인물이었다. 그는 동시에 교묘한 외교관으로, 능란한 수완가로 페르시아의 황제 다리우스 2세의 아들인 키로스와 좋은 관계를 형성했다. 이는 개인의 천재성과 임기응변에 의존했던 알키비아데스와는 근본적으로 다른, 냉철하게 시스템과 외부 자원을 활용할 줄 아는 현실주의적 전략가로서의 면모였다.

리산드로스는 에페소스에 기지를 두기로 결정했다. 알키비아데스는 리산드로스 함대와 교전하기 위해 아테네 함대를 에페소스로 인솔해 공격을 시도했으나 리산드로스는 응전을 하지 않자 함대를 노티움 근처로 이동했다. 노티움은 현재 터키 서부지역인 아나톨리아 서쪽 해안에 있던 그리스 도시국가이다.

알키비아데스는 군자금을 마련하려고 아나톨리아 서쪽 해안을 따라 카리아로 가면서 그의 하급 장교였던 안티오코스에게 함대의 지휘권을 일시적으로 넘겨주었다. 안티오코스는 알키비아데스 배의 키잡이였다. 대개 이 정도 규모의 함대 지휘관은 장군급이 맡는다. 그것도 한 명이나 두 명 정도를 보임해야 한다. 그런데 알키비아데스가 장군들을 배제하고 키잡이에게 지휘권을 넘긴 것은 분명히 파격이었다.

안티오코스는 자신의 순종적인 오랜 부하일 뿐만 아니라 플루타르코스에 따르면 알키비아데스가 소유하고 있는 함선의 주인이기도 했다. 따라서 알키비아데스는 배의 소유자에게 사적 연고로 함선의 지휘자를 맡겼다고 볼 수 있다. 플루타르코스는 안티오코스가 "숙련된 선원이었지만 오만하고 무모하며 경솔한 인물"이었다고 평가한다. 알키비아데스는 지휘권을 이양하면서 리산드로스를 공격하지 말라는 명확한 명령을 내렸지만 그는 이를 듣지 않았다. 안티오코스가 이러한 명령을 무시한 것은 알키비아데스처럼 자신도 스파르타 함대에 대해 승리를 거두어 보고 싶었기 때문이었을 것이다.

그는 알키비아데스가 리산드로스를 공격하지 말라는 명령을 내렸음에도 노티움 전투에서 스파르타 해군 사령관인 리산드로스에게 오히려 교전을 유발했다. 리산드로스의 함대는 완전한 진형을 갖추고 노티움의 아테네 기지로 향했다. 아테네 함선은 바다로 나가기 위해 서둘렀고 소규모로 분리해서 전투에 참가했다. 그 결과 심각한 패배를 당했다. 아테네 함대는 15~20척의 함선을 잃었다. 대부분의 승무원들은 겨우 해안으로 헤엄쳐 갔다. 리산드로스는 승리를 자축하며 에베소로 돌아왔다. 아테네 병사들은 사모스로 퇴각하여 알키비아데스와 곧 만났다. 알키비아데스는 전체 함선을 에페소스로 몰고 가서 전투를 시도했다. 그러나 리산드로스는 소득없는 전투를 거부했다. 아테네군은 빈손으로 다시 사모스로 퇴각해야 했다.

노티움 전투는 아테네 해군의 사소한 패배였으나 이에 대한 소식이 아테네에 전해지자 아테네인들은 곧바로 알키비아데스로부터 등을 돌렸다. 아테네의 정적들은 온갖 내용으로 알키비아데스를 비난했고 민중들은 이 말에 자극을 받아 알키비아데스 대신에 코논을

장군으로 선출했다.[7]

알키비아데스는 아테네로부터 또 다시 버림받았다. 시칠리아 원정에서 패배한 뼈아픈 교훈은 정파 싸움에 또 다시 함몰되어 버렸다. 노티움 전투에서 스파르타의 노련한 장군 리산드로스가 승리를 거두어 스파르타 진영의 기세가 올라가고 아테네에서는 파벌 다툼의 기세가 올라갔다.

사령관의 지위를 잃은 알키비아데스는 이번에도 재판에 직면하게 될 아테네로 돌아가지 않았다. 삶은 습관의 천조각들이다. 그는 습관처럼 또다시 망명 생활을 떠나 트라케의 요새로 물러났다. 아테네로서는 펠로폰네소스전쟁의 최고의 지휘관 중 한 명이 사라지게 되었다.

플루타르코스는 영웅전에서 알키비아데스의 당시의 상황을 "만일 자신의 명성 때문에 멸망한 사람이 있다면 알키비아데스가 바로 그런 사람"이라고 평한다. 플루타르코스는 또한, 사람들은 그가 너무 용감하고 현명한 인물이라서 성공했다고 여기고 있었다고 기술한다. 반대로 그가 실패하는 것은 노력을 하지 않은 것으로 의심했고, 그가 할 수 없는 일이 있을 것으로 믿지 않으려 했으며, 그가 노력만 하면 어떤 일도 할 수 있을 것으로 믿었다는 것이다.

알키비아데스는 망명 중에 BC 405년의 아이고스포타미 전투를 지켜보았다. 펠로폰네소스전쟁의 마지막 전투이며 아테네가 패배하고 항복한 전투였다. 그는 아테네 함대의 진지 구축이 위험하다

---

7) J. Rickard, "Battle of Notium BC 407" (2011), www.historyofwar.org.

고 판단하고 진지에 찾아가 몇 가지를 제의했으나 코논에게 면박을 당했다. 그 제안 중에는 진지의 설치에 관한 의견도 있었지만 자신이 공동으로 함대를 지휘하겠다는 요구도 포함되었다. 자신의 과거에 취해 있다보면 면박의 대상으로 전락되기 쉽다. 알키비아데스는 사모스로 갔으나 사모스인들도 그를 박대했다. 그는 BC 404년 프리기아에 정착했다. 프리기아는 고르디움에 수도를 둔 서부 터키에 있는 고대 국가이다.

알키비아데스의 죽음에 대해서는 여러 견해로 갈린다. 스파르타의 리산드로스가 아테네 30인참주의 리더였던 크리티아스에게 지시하여 자객을 보내 살해했다는 이야기가 있다. 또는 크리티아스가 암살을 명령했다는 전언도 있다. 반면에 리산드로스가 파르나바주스에게 알키비아데스를 제거하라고 보낸 비밀문서에 따라 파르나바주스가 보낸 자객들에 의해 살해되었다는 이야기도 있다.

플루타르코스는 알키비아데스가 어느 높은 가문의 소녀를 유혹했기 때문에 그 친척들에 의해 살해되었다고 전한다. 그렇다면 그는 스파르타에서는 아기스 왕비와 사통으로 쫓겨나고 프리기아에서는 여염집 딸을 유혹해서 결국 목숨을 잃은 여난(女難)의 주인공이 된 것이다.

알키비아데스는 분명 아테네와 스파르타 그리고 페르시아를 오가며 일세를 풍미한 장군이었다. 그러나 그는 불타는 야망으로 개인적인 정적들을 만들어 냈다. 그렇다 보니 이들을 압도할 수 있는 성과가 필요했다. 그의 망명과 조국에 대한 배신은 물론 음모의 올가미를 벗어나기 위한 고육지책이었다 하더라도 그로부터 그의 언동은 매사가 자기 중심의 전략적 사고에서 출발했다.

이 과정에서 그는 장벽에 부닥치면 변신에 변신을 거듭하면서 배신자와 영웅의 경계를 넘나들었다. 특히 민중이나 군인의 지지를 확보하고 유지하기 위해 그들이 확인할 수 없는 무지개 같은 약속을 남발했다. 그러나 민중은 지도자의 과거는 금방 잊어버리고 미래나 약속보다는 현실의 보이는 것만 믿고 지지한다. 알키비아데스의 몰락은 그가 자신의 과거를 현실과 혼동하면서 비롯되었다.

아르기누사이 전투

스파르타의 해군 지휘관은 2년 임기제다. 노티움 전투에서 승리한 리산드로스 사령관은 2년 임기를 채우고 30대의 칼리크라티다스로 교체되었다. 스파르타는 동맹국들로부터 함대와 기금을 모아 약 140대의 삼단노선을 건조했다. 아테네의 알키비아데스의 빈자리는 코논이 메웠다. 코논은 우선 사모스에서 선원들의 사기 문제로 100척의 삼단노선 가운데 70척을 출항시켰다 (XH 1.5.20). 이어 레스보스를 방어하기 위해 수적으로 열세인 함대를 사모스에서 메팀나 근처의 에카토톤네시 섬으로 옮기려고 했다.[8]

그러나 칼리크라티다스가 170척의 배로 공격하자 코논은 미틸레네로 도망갔다. 그리고 미틸레네 전투에서 30척의 배를 잃은 후 함대와 함께 봉쇄되었다. 육지와 바다에 둘러싸인 코논은 그를 둘러싸고 있는 세력에 대항하여 행동할 힘이 없었으며 아테네로 전령

---

8) Kagan (2003), p. 451.

을 보내어 그의 처지에 관한 소식을 간신히 전달할 수 있었다.

연락선이 아테네에 도착해 코논의 상황을 전달하자 민회는 서둘러서 인력을 구하고 배를 건조하는 극단적 조치를 승인했다. 니케(Nike)의 황금 동상까지 녹여 선박 건조자금으로 투입되었다.[9] 노예와 메틱스(metics)도 함대에 승선했다. 다수의 충성스러운 승무원 그룹을 확보하기 위해 아테네는 함대의 노꾼인 수천 명의 노예에게 시민권을 확대하는 급진적인 조치까지 취했다. 이 조치를 통해 백 척 이상의 배가 준비되고 선원들이 확보되었다. 그리고 동맹국들로부터 징발된 배를 합쳐 150척의 삼단노선을 확보하여 장군 8명의 인솔로 사모스에 도착했다.

아테네 함대는 사모스를 떠나, 레스보스에 있는 말레아 곶 맞은편 즉 레스보스섬 동쪽의 아르기누사이 섬으로 항해하면서, 그곳에서 저녁에 야영을 했다. 스파르타의 칼리크라티다스는 아테네 함대의 이동을 알고 대부분의 함대를 거느리고 말레아를 향해 남쪽으로 항해하다가 아테네 함대의 신호를 발견하고 밤에 그들을 공격할 계획을 세웠다. 그러나 천둥 번개로 공격을 아침까지 미루었다.

칼리크라티다스는 다음날 새벽에, 그의 함대를 인솔하여 아테네 함대와 마주했다. 그는 미틸레네에 봉쇄되어 있는 코논을 감시하기 위해 50척을 남겨두고 140척으로 아테네의 150척과 맞섰다. 이 전투에서 처음으로 스파르타 선원들과 사령관들이 아테네 함대의 선원들 및 사령관들보다 더 경험이 많았다. 아테네 최고의 선원들이

---

9) Kagan (2003), p. 451.

코논과 미틸레네에 있었기 때문이다.[10]

스파르타 함대의 우수한 기술과 기동성에 맞서기 위해 아테네 지휘관은 몇 가지 새롭고 혁신적인 전술을 구사했다. 아테네 함대는 8개의 자율적인 분대로 편성하여 지휘했다. 1인의 총사령관이 아니라 8명의 사령관이 각각 자신의 함대를 지휘하는 분권형 편대를 이룬 것이다.

격렬한 싸움이 얼마간 지속되었다. 스파르타는 120척 중에서 약 70척의 배를 잃었고 아테네는 155척 중에서 25척을 잃었다. 아테네는 큰 승리를 거두어 한숨을 돌리게 되었다. 만일 아테네가 이 전투에서도 패배했더라면 전쟁에서 지게 되었을 것이다. 이제 아테네는 다시 바다의 제왕의 자리에 오를 발판을 마련하게 되었다. 그러나 그 기저에는 좌초선의 아비규환이 있었다. 현대 학자 Donald Kagan은 이렇게 묘사한다.

"피해를 당한 아테네 함선 25척 중에서 좌초된 12척은 여전히 수면에 떠있었다. 바다 위에는 1,000명 정도가 살기 위해서 애쓰고 있었다. 많은 이들은 난파선의 잔해에 매달려 있었다. 수많은 시체들이 부서진 배 위와 주변에 흩어져 있었다. 승리한 삼단노선의 선장들은 생존자를 구하거나 시신을 수습하기 위해서 멈추는 대신에 다음 단계를 논의하려고 아르기누사이로 급히 귀환했다."[11]

함선의 좌초상황에서 아테네 지휘관들은 몇 가지 중요한 일 들

---

10) Kagan (2003), p. 454.
11) Kagan (2003), p. 454.

가운데 우선순위와 집중대상을 결정해야 했다. 첫째는 바다에 빠져서 허우적거리는 1,000여 명의 군대를 구조하는 일이다. 인명의 중요성뿐만 아니라 구조 자체가 모든 병사에게는 지도부에 대한 신뢰를 높이고 싸울 용기를 북돋아 주는 일이다. 둘째는 스파르타의 배들이 한데 모이기 전에 이를 중간에서 저지하는 것이다. 코논은 50척의 스파르타 함선에 포위 속에 미틸레네에서 여전히 발이 묶여 있었다. 아테네 지휘관들이 해야 할 결정적인 행동의 하나는 이 50척의 배들이 칼리크라티다스의 나머지 함대와 합류하기 전에 파괴하는 것이었다. 합류 전에 파괴하지 못하면 스파르타 함선은 90척 이상의 규모가 된다. 또 다시 도전해 올 수 있는 규모다.

장군들은 이 두 가지 과제 사이에서 의견이 갈렸다. 8명의 장군들 가운데 구조 작업을 포기하자고 제안한 인물은 에라시니데스였다. 결국은 함대의 8명의 장군은 모두 서둘러 미틸레네로 가고 47척의 배는 뒤에 남아서 8명의 장군에 포함되지 않은 트라시불로스와 테라메네스의 지휘하에 구조작업을 하기로 했다. 그러나 갑작스럽게 폭풍이 휘몰아쳤다. 미틸레네의 스파르타 함대도 달아났다. 그리고 바다에 빠진 선원들을 구출할 수도 없게 되었다. 스파르타 함대의 격파도 선원의 구조도 모두 이루지 못한 것이다.

아테네는 승리에 대한 박수가 선원을 구출하지 못한 책임에 대한 비수(匕首)로 전환되었다. 8명의 장군은 선원 구조나 스파르타 함대의 섬멸에 실패한 이유를 '폭풍우'로 돌리기로 했다 (XH 1.7.6). 이것은 일부분은 사실이지만 일부분은 거짓이다. 잘못된 판단이고 행동이었다. 당연히 구조를 최우선으로 해야 한다. 모든 함대가 구조를 최우선으로 했더라면 폭풍이 몰아치기 전에 구조에 돌입해서 희생자를 최대한 줄일 수 있었을 것이다. 스파르타 함대가 공격해 오고 있는 것도 아니었다. 이유는 발이 묶여 있는 총사령관 코논의 구출에 더 방점을 찍었기 때문이다.

아테네에서는 멀리 바다에서 일어난 일이었기 때문에 구조과정에 대한 세부 사항을 제대로 알지 못했다. 트라시불로스와 테라메네스가 먼저 아테네로 돌아왔다. 전장에 있는 장군들은 처음에는 어떤 비난이나 고소도 당하지 않았다. 그러나 생존자들이 한두 명이 아니다. 이들 가운데 트라시불로스와 테라메네스를 따라 들어온 사람도 있었을 것이다.

결국 아테네에서는 8명의 장군들에 대한 비난이 일기 시작했다. 장군들은 아테네의 이런 기류가 이미 아테네로 돌아온 트라시불로스와 테라메네스로부터 비롯되었다고 속단했다. 막다른 골목에 이르자 서로 살려고 발버둥치면서 각자가 선수를 쳤다. 먼저 트라시불로스와 테라메네스를 비난하는 편지를 민회에 보냈다. 장군들은 선원 구조의 임무를 테라메네스와 트라시불로스가 담당했다는 사실을 밝히면서 이전투구(泥田鬪狗)가 일어났다.

'죄수의 딜레마 게임'에 빠진 것이다. 이 게임은 각 행위자가 자신의 이익을 극대화하기 위해 행동하는 경우 모든 사람에게 최악의 결과가 생긴다. 장군들이 이전투구를 벌이지 않았더라면 아테네에 강력한 정치적 기반을 가지고 있던 테라메네스와 트라시불로스가 앞장서서 비난과 분노의 불길을 막았을 것이다. 그러나 이들은 장군들이 자신들을 비난하는 것에 맞서 자신들을 방어해야 했다.

장군들은 각기 자신을 변호하다 보니 동료들을 비난하게 되고 그 비난은 시민의 분노로 연결되었다. 군인다운 면모보다는 각기 기소를 피하기 위해, 살기 위해 각개 약진으로 각자도생을 시도했다. 그렇다 보니 강자는 살고 약자는 먹혀 죽는 약육강식의 동물의 왕국 생존 법칙이 적용되었다. 테라메네스와 트라시불로스는 화살을 비켜갔으나 나머지 8명의 장군은 아테네 시민들의 분노의 표적이 되었다.

장군들의 처형과 소크라테스의 반대

아테네 불레는 8명의 장군을 면직시키고 재판을 위해 아테네로 송환 명령을 내렸다. 소환된 장군 8명 중 2명은 사태를 파악하고 도망갔지만 6명은 돌아오자 투옥되었다. 개선장군들이 귀국과 동시에 감옥으로 간 것이다. 그들 중 생존자 구조를 포기할 것을 제안했던 에라시니데스가 먼저 재판에 회부되었다.

난파로 수중에서 사투를 벌이던 군대의 구조유기혐의에 대해서는 현장에 대한 충분한 증거 채집이 이루어지지 않았기 때문에 판결을 내릴 수 있는 증거가 부족했다. 이런 때는 고대나 현대나 목표한 혐의를 밝혀내기 위해 피고인을 압박하거나 신병을 확보하는 수단으로 '별건수사(別件搜査)'의 방식이 동원된다. 이들에게도 사령관으로서 몇 가지 부정 행위에 대한 혐의로 일단 유죄 판결을 내려 신병을 확보했다.

민회는 장군들이 생존자를 구출하지 못한 문제에 대한 재판 절차를 마련하도록 500인회 즉 불레에 요구했다. 불레는 첫째 날의 논쟁에서 장군들은 구조 시도가 폭풍우 때문에 좌절되었다며 비극적 결과를 폭풍우에 돌림으로서 군중의 동정을 살 수가 있었다.

그러나 불행하게도 이 첫날 토론회에는 가족이 함께 모이는 아파투리아(Apaturia)축제가 열렸다. 아파투리아는 고대 그리스의 축제로, 아테네에서는 매년 11월 12일과 13일에 열린다. 이 축제는 씨족들과 친척들이 만나 각자 자신의 일에 관해 의논한다. 그런데 전투에서 익사한 사람들은 물론 그 가족들도 이 축제에 참석하지 못함으로써 축제에 참석한 사람들의 가슴을 아프게 했다. 더구나 일부 참석한 유가족들과 친지들이 숨진 군사들의 빈자리를 만들어 놓았다.

아테네는 전쟁에서 숨진 유가족에 대해서는 최대한으로 최고의 예우를 한다. 모든 희생제나 축제에서는 가장 앞자리를 배정한다. 따라서 빈자리들은 맨 앞줄에서 두드러지게 보였다. 이 빈자리를 보는 가족과 친지들의 감정들이 복받치는 것은 당연하다.

군중은 유가족들이 비통한 슬픔을 이기지 못하고 불참한 것으로 짐작하면서 생존자를 구출하지 "못했다"는 주장은 구출하지 "않았다"는 여론으로 비화되었다. 이런 감정은 결국 다음의 민회 분위기를 변화시켰다.

500인회의 의원인 칼리크세이노스가 군중의 슬픔과 분노의 감정에 편승해 장군들을 함께 재판에 회부하고 장군들이 "해상전투에서 승리를 거둔 병사들을 구조하지 않은 것"(XH 1.7.9)이 유죄인가 아닌가에 대한 '예', '아니오'의 선택으로 몰고갔다. '예'의 경우 사형과 재산 몰수형이 내려진다.

장군들에 대한 재판은 그의 선동대로 흘러갔다. 알키비아데스의 사촌인 에우리프톨레모스를 비롯한 여러 사람은 위헌이라는 이유로 반대했지만, 민심은 법적 논리보다 감정논리에 휩쓸리고 법은 여론에 흔들렸다. 500인회의 대부분의 의원도 위헌이라는 것을 알면서도 여론에 떠밀려 이를 승인했다.

이제 장군들의 목숨은 민회의 단 한 번의 표결에 좌우되는 상황이 되었다. 장군들은 자신을 위한 변호의 기회조차 박탈당했다. 장군들의 고소인들은 이제는 그들의 동의를 표결에 붙이려고 했다. 민회의 사회는 프리타네이스(prytaneis)가 담당한다.

프리타네이스는 500인의 불레 의원 중에서 10개 부족에서 각각 5명씩을 추첨으로 선발하여 1년의 1/10씩 돌아가면서 국정 전반에 걸쳐 상근하는 50명의 상임위원이다. 프리타네이스 중 한 명은 추첨을 통해 해당 상근 기간에 개최되는 민회의 의장을 맡는다.

6명의 장군을 기소하는 민회의 의장으로 선출된 인물은 소크라테스였다. 소크라테스는 이 해에 평생의 유일한 공직이었던 500인회의 의원이었다. 그가 의원이 된 것은 추첨에 의한 우연이었다. 게다가 장군들을 재판하는 민회가 열리는 달은 바로 소크라테스의 부족이 프리타네이스를 맡는 달이었다.

소크라테스에게는 또 한 번의 우연이 찾아 든 것이다.[12] 소크라테스는 "법에 위배되는 것은 아무것도 하지 않을 것"(XH 1.7.35)이라고 선언하고 그 법안을 투표에 회부하지 않았다. 몇 년 후 전쟁

---

12) Kagan (2003), p. 465

이 끝난 뒤에 플라톤은 소크라테스가 아테네 법정에서 자신을 변호할 때 했던 자신의 행위에 대한 진술을 『변론』을 통해 전해주었다.

"아테네인 여러분! 실은 제가 이 나라에서 일찍이 다른 어떤 관직도 맡아 본 적이 없습니다만, 의회(Boule)의 의원이 된 적은 있습니다. 그런데 해전에서 생존자들을 건져 올리지 못한 10명의 장군들에 대해 여러분께서 한꺼번에 재판할 것을 결의했을 때는, 우리의 안티오키스 부족이 협의회의 업무를 관장하게 되었습니다. 그건 나중에 여러분 모두에게도 그렇게 판단되었듯, (민회가) 법을 어기고서 한 것이었죠.

그때 의회 업무를 관장하던 부족 사람들 가운데서는 저 혼자서만 여러분께서 법률에 어긋나는 그 어떤 것도 하지 말도록 반대했으며, 또한, 반대 투표까지 했습니다. 그래서 연설가들은 저를 고발하고 체포할 태세였고, 여러분 또한, 그리 하도록 촉구하며 고함을 질러 댔지만 제가 구금이나 죽음을 두려워하여 올바르지 못한 결정을 내리려는 여러분 편이 되기보다는 오히려 법과 정의의 편이 되어 온갖 위험을 무릅써야만 한다고 저는 생각했습니다." (변론 32b-c)

소크라테스의 저항에 힘을 얻은 에우리프톨레모스는 다시 발언권을 얻어 장군들이 개별적으로 재판 받도록 명령하는 동의안을 통과하도록 민회를 설득했다. 그러나 결국은 원래의 안대로 투표가 실시되어 페리클레스의 사생아를 비롯한 6명의 장군 모두 유죄 판결을 받고 처형되었다.

아테네인들은 곧 장군들의 사건에 대한 그들의 결정을 후회하게 되었다. 장군들이 생존자 구조와 사망자 시신 수습에 대해 판단을 잘못하고 실제 구조활동에 최선을 다하지 못한 점은 당연히 비판과 분노의 대상이다. 그러나 이 전투에서 패배했더라면 아테네는 펠로폰네소스전쟁에서 패전국이 되었을 것이다. 다행히 이 전투를 승리로 이끌면서 아테네는 다시 제해권을 장악할 수 있는 기회를 마련했던 것이다.

이 전투의 승리는 군사적 측면뿐만 아니라 정치 외교적으로 중요한 의미를 가지고 있었다. 그런데 이 전쟁의 개선 장군들을 무더기로 단죄한 것은 바로 당시의 직접민주정치가 갖는 한계를 극명하게 보여주었다. 이는 감정에 휩쓸린 군중(mob)이 법 절차를 무시하고 이성을 마비시킬 때 민주주의가 어떻게 '중우정치(Ochlocracy)'로 변질될 수 있는지를 보여주는 역사적 경고다. 특히 이 재판에서 유일하게 법과 원칙을 지키려 했던 소크라테스의 반대는, 훗날 그 자신이 똑같은 군중의 비이성적 판결에 의해 죽음을 맞이할 것임을 암시하는 비극적 복선이 된다. 이후에 여론은 다시 출렁거렸다. 이번에는 장군들에게 사형집행을 선동한 인물들이 과녁이 되었다. 이 사람들은 재판에 회부되기 전에 도망쳤지만, BC 403년에 일반사면으로 아테네로 돌아왔다. 그러나 재판에서 유죄여부를 '예'와 '아니오'의 대답으로 몰고갔던 칼리크세이노스는 그의 동료 시민들에게 경멸을 받고 굶어 죽었다 (XH 1.7.35).

스파르타는 아르기누사이 전투(BC 406년)에서 패배하면서, 키지코스(BC 410년)에 이어 다시 한번 에게해의 전쟁에서 좌절을 맛보았다. 키오스에 주둔한 함대는 경제적으로 궁핍한 상태였다. 귀국한 스파르타인들은 낙담해 있었다. 칼리크라티다스의 지지자들은 전쟁이 계속될 경우 리산드로스가 다시 권력을 쥐게 될 것이라는 생각에 꺼림칙했다. 이러한 모든 염려를 염두에 두고 스파르타 정부는 아테네에 대사를 파견해서 평화조약을 제안했다 (AC 34).

그러나 11년 전인 BC 421년에도 스파르타는 평화조약의 조건을 제대로 이행하지 않았었다. 이 점을 파고 든 인물이 당시 아테네의 선동 정치인이었던 클레오폰이다. 그는 과두제를 반대하는 확고한 민주주의자로 아리스토파네스의 작품 『개구리』에서 풍자의 대상이 된 인물이다. 아테네 민회는 결국 클레오폰의 선동으로 이 평화 제안을 거부했다. 이런 결과에 대해 아리스토텔레스는 이렇게 기술한다.

"이는 화를 부추기는 자들에 의해 민중이 기만당한 것이었다. (…) 일부는 이를 받아들이려 했으나 민중은 클레오폰에게 속아 이를 거부했다. 클레오폰은 강화를 방해했다. 그는 술에 취해 갑옷을 가슴에 두른 채 민회로 들어와 만일 스파르타가 모든 도시를 다 넘겨주지 않으면 강화를 수용해서는 안 된다고 말했다. 이들은 그때 사태를 현명하게 처리하지 못했으며 오래 가지 않아 실수를 깨닫게 되었다." (AC 34.1)

전쟁은 계속되었다. 아테네는 전년도의 아르기누사이 군도의 전투에서 승리했지만 8명의 장군 중 2명은 망명하고 6명이 처형되면서 지휘관은 코논, 아데이만토스 및 피로클레스로 대체되었다.

스파르타도 이전 해(BC 406년)에 아르기누사이 군도 전투 중에 죽은 사령관인 칼리크라티다스를 대신할 새로운 지휘관이 필요했다. 리산드로스가 적임자였지만 당시에 스파르타의 관습은 동일인을 동일한 직책에 두 번 임명할 수 없었다. 스파르타는 편법으로 아라쿠스를 공식적인 사령관으로, 리산드로스를 부사령관으로 임명했다. 그러나 실제로 함대의 지휘는 리산드로스의 몫이었다.

최후의 전투: 아이고스포타미 전투

BC 405년에 아이고스포타미의 전투가 시작되었다. 제2차 펠로폰네소스전쟁의 마지막 전투였다. 아테네와 스파르타는 각기 함선을 보강하기 위해 그 해의 상당 기간을 보냈다. 그리고 마침내 리산드로스는 헬레스폰트로 이동하기로 결정했다. 그는 최근에 빼앗긴 여러 개의 아테네가 지배하고 있는 도시를 장악하고 여러 섬을 공격했다.

그러나 그는 사모스에 있는 아테네 함대의 위협으로 인해 헬레스폰트 북쪽으로는 이동할 수 없었다. 대신 아테네 함선을 따돌리기 위해서 서쪽으로 공격하기로 했다. 아테네 함대에 아주 가까이 접근하여 아이기나와 살라미스를 공격하고 심지어 아티카에까지 이르렀다.

아테네의 함대가 추격을 시작했지만 리산드로스는 헬스폰트에 도달하고 아비도스에 기지를 세웠다. 그곳에서 그는 전략적으로 중요한 람프사코스의 마을을 점령했다. 여기에서 보스포루스에 진입하여 아테네가 곡물의 반을 충당하는 무역로를 차단했다. 이 무역로가 회복되지 않으면 아테네인들은 굶주림에서 피하기 어렵게 된다.

아테네군은 리산드로스가 헬레스폰트로 이동하는 것을 알고, 180척의 함대로 추격했다. 헬레스폰트는 에게해와 마르마라해 사이의 좁은 통로다. 현재는 다르다넬레스로 불린다. 아테네의 180척의 함선은 리산드로스가 람프사코스를 점령한 직후에 따라잡았고 세스토스에 기지를 설립했다. 아테네 함대는 리산드로스를 가까이에서 지켜보려고 헬레스폰트로 가는 도중에 람프사코스로부터 약 5km, 헬레스폰트로부터 약 19km 정도 떨어진 아이고스포타미 해변에 진지를 구축했다.

그러나 이 지역은 해변이 하나밖에 없었고 적당한 항구가 부족했다. 또한, 3만 6,000명에 이르는 함대의 병사들을 먹일 식량과 식수를 공급하기가 어려웠다. 아테네군은 물자 조달을 위해 병력을 분산하여 38km 떨어진 곳을 다녀야 했다.[13] 그럼에도 이 지역에 진지를 구축한 것은 스파르타 함대와의 근접성이 가장 중요한 배경이었을 것이다.

다음날 아침 아테네 함대는 바다로 나가서 람프사코스 외곽에서 전투 진용을 갖추었다. 리산드로스는 응전하지 않았다. 대신 몇 척의 쾌속선으로 아테네 함선을 따라가도록 했다. 아테네 군대의 일상생활을 관찰하려는 것이었다. 같은 형태의 관찰을 3일간 반복했다.

그런데 4일째 되는 날 알키비아데스가 아테네 진영에 나타났다. 그는 갈리폴리 반도의 자신의 땅에 건설한 성에서 망명해 살고 있었다. 그는 이곳에서 당시의 상황을 작벽상관(作壁上觀)하면서 전황이 걱정스럽게 느껴져 조언과 도움을 주려고 나온 것이었다. 그는 아테네 장군들에게 진지를 더 안전한 장소인 세스토스 도시의 해안으로 이동하도록 권고했다. 또 트라케 왕이 자신에게 군대 지원을 약속했다고 공언했다. 그러나 그에게는 조건이 있었다. 아테

---

13) Kagan (2003), p. 473.

네군에 대한 공동 지휘권을 요구한 것이다.

아테네 장군들에게 알키비아데스의 제안은 받아들일 수 없는 내용이었다. 우선 그는 여러 차례 허언(虛言)으로 이미 언어의 신용불량자가 되어 있었다. 게다가 지금은 망명자 신세다. 그에게 누가 군대 지휘권을 주겠는가? 이에 대한 아테네 장군들의 경계심은 당연하다. 장군들은 현실적으로도, 감정적으로도 그의 개입이 탐탁하지 않았다. 그에게 떠나도록 명령했다.

5일째 되는 날에 리산드로스는 드디어 움직이기 시작했다. 이로부터 아테네 함대는 전멸된다. 그런데 이 과정에 대해 디오도로스 시쿨로스와 크세노폰의 기술이 다르다.

디오도로스 시쿨로스에 따르면 당시 아테네 함대는 6명의 장군이 돌아가면서 교대로 병력을 지휘하고 있었다. 세스토스에서 제5일째 되는 날 지휘담당 사령관인 필로클레스는 30척의 배로 항해하며, 나머지는 그를 따르도록 명령했다 (Diodorus Siculus, *Historical Library* 13.106.1).

아테네 함대의 이런 상황이 리산드로스에게 전해졌다. 리산드로스는 아테네 함대가 분리되어 있는 사실을 알았다. 그는 분리된 아테네 함대를 역으로 이용하기로 결정했다. 펠로폰네소스 전체 함대는 바다로 나가서 필로클레스를 물리치고 이어 준비되지 않은 아테네 함대를 공격했다. 리산드로스가 아테네 함대를 바다로 끌어내 나포하려고 시도하는 동안 펠로폰네소스 군대가 해안에 상륙하여 아테네 함대를 점령했다.

현대 학자 Kagan은 이 설명이 정확하다면, 아테네의 전략은 펠로폰네소스인들을 소규모 군대로 공격하면서 끌어내고 이어 대규모 군대가 나서서 공격하면 스파르타인들을 놀라게 할 수 있었을 것이라고 주장했다. 그러나 소규모 군대는 즉시 격파되면서 나머지 함대는 해안에서 준비가 되지 않은 채로 잡혔다.

반면에 크세노폰의 기술은 다르다. 리산드로스는 교착 상태에 빠져든 기간에 아테네 병사들의 일상생활을 3일 동안 관찰했다. 그 결과 아테네 함선들은 음식을 구하기 위해 저녁 무렵에는 흩어져서 항해를 한다는 사실을 알았다. 리산드로스는 5일째 되는 날, 아테네 선원들이 저녁을 먹기 위해 배에서 내렸을 때 주력 부대에게 신호를 보냈다. 평상시에는 쾌속선을 파견했지만 5일째 되는 날은 전투용 함대를 모두 준비했다.

아테네 병사들은 진지로 돌아와 흩어져 음식을 먹기 시작했을 때 리산드로스는 헬레스폰트를 가로질러 가서 흐트러진 아테네 병사들을 무찔렀다. 거의 모든 아테네 해군은 저녁을 먹으려고 무장이 해제된 상태였다. 싸울 준비가 안 되어 저항하지 못하고 잡히거나 살해되었다. 무기 한 번 휘둘러보지도 못한 어이없는 참패였다. 그렇다보니 어떤 배반이 있었던 것이 아닌가 하는 생각까지 들었을 정도다.

고대와 현대의 일부 역사가들은 이 전투가 아마도 배반의 결과로 진 것으로 의심한다. 이 전투에서 스파르타인들은 아테네의 사령관이었던 아데이만토스를 포로로 잡았다. 그리고 아테네에서 과두제를 옹호하는 파벌들은 아테네의 민주주의를 전복하기 위해 자신들의 도시가 패배하기를 바랬다. 그러나 이런 모든 이야기들은 추측에서 벗어나지 못한다.

디오도로스 시쿨로스와 크세노폰은 아테네 함대가 격파된 과정은 달리 기술하고 있지만 전투결과에 대한 기술은 다시 같은 내용으로 이어진다. 코논이 이끄는 9척의 배만 도주하여 이 재앙에서 벗어날 수 있었지만 나머지 170척의 배는 모두 나포되거나 전멸되었다. 리산드로스는 나머지 아테네 함대의 선원 3,000~4,000명을 포로로 잡았다.

피신한 9척의 배 중 하나로 삼단노선 연락선인 파라로스(Paralus)가 아테네에 재앙을 알렸다. 코논은 자신의 패전을 깨닫고 아테네로부터 책임 추궁이 두려워 키프로스로 망명했다.

이 재앙의 여파로 아테네의 위상은 허물어졌다. 아테네가 지배하고 있는 도시국가 가운데 비잔티움과 칼케돈이 제일 먼저 스파르타에 항복했다. 패전에 대한 소식이 아테네로 전해지자 아테네인들은 그들이 육지와 바다에서 포위되는 것을 각오할 수밖에 없었고 항복하더라도 자비를 기대할 수 없다는 것도 알았다. 아테네는 곧 펠로폰네소스의 군대에 의해 포위되고 리산드로스의 함대에 의해 봉쇄되었다. 그리고 펠로폰네소스전쟁의 마지막 행동인 아테네 포위 공격이 시작되었다.[14]

아테네의 항복

리산드로스와 그의 함대는 과거 아테네의 잔학 행위를 내세우면서 나포한 2척의 함정에 승선해 있는 선원들을 배 밖의 물속으로 던졌

---

14) J. Rickard, "Battle of Aegospotami, BC 405" (2011), http://www.history

다. 다른 그리스 포로들은 살려주면서 3,000명의 아테네 포로들은 학살했다. 이어서 도시를 장악하기 위해 아테네를 향해 서서히 움직였다. 아테네인들은 그에 맞설 힘이 없었다. 오직 사모스만 리산드로스에게 저항했다. 사모스의 민주정부는 아테네에 강력히 충성하면서 굴복을 거부했다. 리산드로스는 사모스를 포위할 군대를 남겨두고 아테네로 향했다. 크세노폰은 패배 소식이 아테네에 전해졌을 때의 모습을 이렇게 전한다.

> "패전 소식이 피라이오스에서부터 입에서 입을 통해 장벽을 지나 아테네 시내로 달렸다. 비통한 소식을 접한 그 날 밤에는 아무도 잠을 이루지 못했다. 희생당한 사람들에 대한 안타까움보다는 앞으로 닥칠 자신들에 대한 걱정이 더 컸기 때문이다. 멜로스섬을 포위하여 승리를 거두고 그곳 스파르타 이주민들을 모조리 죽이고 노예로 팔아버린 일이나 (…) 그 밖의 많은 헬라스인들에게 저지른 만행이 그대로 자신들에게 되돌아올 일을 생각하니 기가 막혔다." (XH 2.2.3)

아테네인은 포위 공격을 막으려고 결심했지만 절망뿐이었다. 흑해에서 곡물을 수입하는 함대가 없고, 스파르타가 점령한 데켈리아가 지상 운송을 차단한 상태에서 아테네인들은 굶어 죽기 시작했다. 문자 그대로 거리에서 굶주림으로 죽어 가고 있었다.[15] 전쟁의 승패는 이제 결정되었다. 남은 것은 아테네 함락이었다. 스파르타

---

ofwar.org; http://www.historyofwar.org/articles/battles_aegospotami.html.
15) J. Rickard, "Battle of Aegospotami, BC 405" (2011), http://www.historyofwar.org

왕 아기스는 데켈리아를 떠나고, 그의 동료인 파우사니아스가 펠레폰네소스로부터 육군과 함께 아테네에 도착했다. 리산드로스는 피라이오스 항을 차단했다.

겨울 동안 아테네 장군 테라메네스는 협상을 진행했다. 테라메네스 스스로가 자신을 협상대표로 보내줄 것을 민회에 요청하여 승인을 받고 사신이 되었던 것이다. 아테네는 초기에는 비타협적이었다. 스파르타가 요구한 대로 장벽이 붕괴될 것이라고 시사한 사람을 투옥하기까지 했다 (XH 2.2.15). 상황파악을 제대로 하지 못했기 때문이다. 테라메네스는 아테네의 저항 때문에 3개월 이상을 리산드로스 곁에 머물면서 아테네인들이 식량이 떨어져 더 이상 버틸 수 없을 때까지 기다렸다.

몇몇은 여전히 버티자고 했지만 민회는 스파르타가 요구한 요구사항을 받아들이는 것으로 표결했다. 장기간 포위된 상황에서 굶주림과 질병에 직면한 아테네인들은 BC 404년 3월에 항복했다. 28년간의 제2차 펠로폰네소스전쟁이 드디어 끝났다. 동맹국들도 곧 항복했다. 크세노폰(XH 2.2.24)에 따르면, 스파르타인은 "큰 기쁨의 장면과 플루트 소녀들의 음악에 장벽을 허물었다."

최후까지 격렬하게 저항하면서 아테네에 충성스러웠던 사모스의 민주주의자들은 약간 더 길게 참아 냈고, 각자 달아날 수 있었다. 아테네의 신들도 침묵했다. 델피의 여사제에게 신탁을 들을 겨를도 없었다. 모든 것이 운명적인 것처럼 여겨졌다. 이제 남은 일은 아테네의 앞날에 대한 불안이었다.

제12장
아테네의 혼돈과 소크라테스의 죽음

아테네의 굴욕

전쟁은 국가의 에너지를 한 곳에 집중시키기 위해 입법, 사법, 행정의 3권 분립을 행정부에 통합하는 것이 상례다. 이 과정에서 민주주의 체계는 권위주의체계로 빠지기 쉽다. 또한 전쟁은 승패의 결과에 따라 승자의 정치체계 뿐만 아니라 식민통치체계로 귀결된다. 독재체계의 국가가 승리하면 패전국의 정치체계도 비록 민주체계였더라도 독재로 강요된다. 그뿐만 아니라 '민족'을 '인종'의 개념으로 좁게 정의했을 때 민족 간의 전쟁도 승전국가의 지배체계가 일반화된다.

그리스 대전쟁의 결과는 여러 측면에서 분석될 수 있다. 그러나 필자는 패전국인 아테네가 승전국 스파르타와는 동족이었고 인류 문명뿐만 아니라 민주주의의 초석이었다는 점에서 패전의 결과와

민주주의의 변화에 관해 분석해 보기로 한다

아테네는 페르시아와 3차례의 전쟁을 겪으면서도 민주주의를 굳건히 유지했다. 전쟁이 민주주의를 무너뜨리지 않음을 보여준 것이다. 그리스와 페르시아의 전쟁이 BC 480년에 끝나고 BC 460년 아테네 동맹국 아르고스와 스파르타의 전투를 시작으로 막이 오른 14년간(BC 460~445년)의 제1차 펠로폰네소스전쟁도 아테네 민주주의를 파괴하지는 않았다.

민주주의는 오히려 망명자 알키비아데스의 사주를 받은 페이산드로스를 비롯한 아테네의 과두제 추진자들이 전쟁 중에 쿠데타에 의해 파괴되었다. 쿠데타 세력의 명분은 스파르타와 전투에서 이기려면 페르시아의 도움을 받아야 하고 페르시아의 도움을 받으려면 알키비아데스가 귀국해야 하며 알키비아데스가 귀국하려면 민주정부가 아니라 과두정부여야 한다는 궤변이었다. 이들은 민중들에 대한 설득과 무력으로 민주정부를 붕괴시키고 쿠데타를 통해 400명의 지배 그룹을 중심으로 하는 과두제를 출범시켰다.

'400인회'라는 과두제는 아테네가 참주제로부터 민주제로 전환한 후 100년간의 정치체계에서 가장 무자비한 독재체계로 사회 전체를 암흑 속의 공포로 몰아갔다 (TW 8.66). 그러나 과두제는 결국 아테네 시민들의 저항으로 4개월 이상을 버티지 못했다.

56년의 세월에서 41년간 전투 중에 아테네는 비기거나 이길 수도 있는 전력을 가지고 있으면서도 BC 405년의 아이고스포타미 전투를 마지막으로 무릎을 꿇은 것은 전쟁의 전략전술이 아니라 아테네의 정치 때문이었다. 불꽃 튀는 전투가 전쟁을 패배하게 만든 것이 아니라 불꽃 튀는 정치 과잉이 전쟁을 지게 만들었다. 아테네는 항복과 함께 종전협정을 맺었다. 아테네의 협상대표 테라메네스는 리산드로스와 긴 시간 협상 후에 아테네로 돌아와 아래와 같은 종전조약을 민회에 제출했다.

첫째, 피라이오스에 대한 긴 성벽과 요새를 허물고 12척을 뺀 나머지 배를 모두 스파르타에 넘기며, 스파르타에 대한 방어를 포기할 것. 둘째, 모든 망명자를 소환하고 다른 모든 도시국가의 영토에서 아테네의 치안판사와 정착민들을 모두 철수할 것 (망명자들은 400인과두제를 비롯해 정치적으로 친스파르타 인사들을 중심으로 한다. 이들을 다시 불러들여 아테네 사회에서 친스파르타인들이 활동하도록 하려는 의도다). 셋째, 아테네인은 이제 스파르타와 '동일한 친구와 동일한 적'(XH 2.2.20; Diod. 13.107.4; 14.3.2)을 가질 것으로 이것은 운명공동체로서 모든 일을 스파르타에 따라서 스파르타의 의도대로 움직이는 속국이 될 것을 주문하는 일이다. 넷째, 아테네는 과두제에 유리하도록 법을 개정할 것(AC 34.3) 등이다.

아테네인들은 BC 404년 4월 초에 이 조건들을 받아들였다. 스파르타는 이어 델로스 동맹을 해산시키고 펠로폰네소스 동맹에 편입시켰다. 고대사회에서 패전국은 정부가 붕괴되고 국민은 노예로 전락한다. 아테네도 그런 운명에 놓여있었다.

아테네에 구원(舊怨)을 가지고 있던 테바이와 코린토스를 비롯한 다른 도시국가들은 아테네의 파괴를 주장했다. 정부를 붕괴시키고 아티카지역은 목축지로 전환하며 모든 시민을 노예로 삼자고 제안했다. 그러나 다행히 스파르타가 그리스인은 "그리스의 두 눈 중

하나를 뽑을 수 없다"고 거부했다.[1]

　페르시아전쟁 중에 그리스가 가장 큰 위험에 처했을 때 그리스에 큰 봉사를 한 도시를 파괴할 수는 없다는 것이 이유였다. 그러나 속을 들여다보면 다른 이유들이 쌓여 있다. 아테네가 없어지면 스파르타는 순망치한(脣亡齒寒)의 처지에 빠진다. 그 다음에는 코린토스와 테바이가 스파르타의 경쟁국가가 될 것이 뻔하다. 그럴 바에는 아테네를 위성국가로 만들어서 스파르타를 지키고 다른 나라를 견제하는 것이 상책이다.

　아테네를 붕괴시키고 시민을 노예로 삼을 경우 테바이와 코린토스가 자신들의 몫을 요구할 것이다. 그뿐 아니다. 스파르타는 노예가 시민보다 많다. 노예들의 반란을 감시하는 것이 국정의 우선과제다. '민주'에 익숙한 아테네인들을 노예로 만들어서 스파르타의 노예와 통합하면 노예반란이 일어날 것은 불을 보듯 뻔하다. 이것이 바로 민주주의의 위대한 힘이다.

　결국 스파르타가 고안해낸 방안은 아테네를 스파르타의 괴뢰정권으로 만드는 것이다. 스파르타는 이런 기대를 이미 여러 번 가졌고 시도하였지만 미완에 그쳤던 경험이 있다. 이번에는 과거의 실패를 거울삼아 새로운 체계를 모색했다. 그것이 이른바 '30인참주제'다.

　아테네에는 친스파르타 과두정부로 '30인참주제'가 수립되었고

---

[1] Marcus Junianus Justinus, *Epitome of the Philippic History of Pompeius Trogus*, translated, with notes, by the Rev. John Selby Watson (London: Henry G. Bohn, 1853), 5.8.4.

민주주의는 중단되었다. 스파르타는 승리의 여세로 에게해에서 자신의 제국을 개척하려고 시도했다. 우선 아나톨리아에서 파르나바조스와 티싸페르네스의 관할 구역을 습격하기 시작했다. 긴장한 페르시아의 파르나바조스는 BC 397년에 페르시아 왕 아르타크세르크세스를 설득하여 300척의 페니키아와 키프리오트 함대를 징발했다. 숫자로는 압도적인 위치에 있지만 숙련된 사령관이 필요했던 차에 그들은 키프로스에 망명해 있던 아테네의 장군 코논을 찾아냈다. 코논은 오직 스파르타인에게 복수할 기회가 찾아온 것이 너무 기뻤다.

코논은 몇 척의 함선을 인솔하여 아나톨리아 서쪽지역인 카리아를 거쳐 로도스에서 친스파르타 과두정부를 민주정부로 대체하고 이집트로부터 오는 식량 공급선을 장악했다. 스파르타는 다타카 반도의 크니도스에서 코논에 패하면서 에게해의 도시들은 스파르타 주둔군을 추방하고 페르시아 통치를 받아들였다.

이 승전 이후 코논은 이제 안전하게 아테네로 돌아갈 수 있다고 판단했다. 파르나바조스는 그에게 함대의 일부를 떼어주었을 뿐만 아니라 피라이오스의 요새화와 피라이오스 항을 아테네와 연결시키는 장벽의 재건을 위해 돈도 제공했다. 아테네로 스파르타를 견제하려는 이이제이(以夷制夷) 포석이다.

코논은 페르시아를 등에 업고 안전하게 아테네로 귀국했다. 코논의 귀국은 스파르타가 아테네의 항복은 받아 냈지만 아테네가 여전히 그리스의 주요 권세로서 위상을 가지고 있으며 아테네는 제국은 잃어버렸지만 스파르타는 아테네를 접수하지 못했다는 것을 나타낸다.

다음 해(BC 398년)에 스파르타는 페르시아와 협상을 시작했고 그리스에서 패권적 지위를 확보하는 대신에 아나톨리아의 모든 도시를 페르시아에 넘겨주겠다고 제안했다. 아테네는 코논을 비롯한 대표단을 보내 이 제안을 받아들일 수 없다고 알렸다. 아테네 입장에서는 아나톨리아가 그리스의 영토로 남아있어야 언젠가는 다시 수복할 수 있을 것으로 생각했다.

여전히 페르시아 제국의 회복을 바라는 파르나바조스는 코논이 이를 반대하자 분노하며 코논을 포함한 대표단을 감옥에 넣으려고 했다. 코논의 최후에 대해서는 아시아로 보내져 처형되었다는 설과 키프로스로 가서 살다가 죽었다는 이야기가 있다. 그의 아들인 티모데우스가 나중에 또 다른 유명한 장군이 되었다.

30인참주제

승전국 스파르타의 주도로 패전국 아테네는 새로운 사회가 형성되고 새로운 정치 시스템이 마련되고 있었다. 쿠데타를 통해 400인 과두제를 주도했다가 민주회복과 함께 달아났던 망명자들이 아테네로 돌아왔다. 전쟁 막바지에 아테네를 패망으로 몰았던 스파르타 장군 리산드로스가 BC 404년에 감독관으로 아테네에 왔다. 아테네는 스파르타의 지시에 따라 과두정치 사회 모임을 결성했다. 아테네는 피라르코이 즉 각 부족 통치자를 통해 모든 투표자를 조직하기 위해 5명의 에포르스(통치위원)를 임명했다.

에포르스는 그리스어로 '감독자'의 의미다 (에포르스의 복수형은 에포로이다). 에포르스는 스파르타의 정부 구조의 한 부분이다. 스파르타에서 5명의 에포르스는 2명의 왕과 권력을 공유하는 최고 선출직 관리들로 구성되었다. 이들은 입법, 사법, 재정 및 행정, 군사 업무를 담당했다. 또한, 왕을 기소할 수 있는 권한도 가지고 있었으며 매년 민회에서 단임으로 선출되었다. 시민 누구나 피선거권을 가지고 있었지만 선출과 운영은 귀족 중심이었다.

아테네에서 에포르스를 임명하는 것은 스파르타 제도를 아테네에 이식하는 것이다. 그러나 아테네는 스파르타와 같은 왕이 존재하지 않기 때문에 5인의 에포르스가 왕이 아닌 동등한 신분이다. 따라서 이들의 권한은 제도적인 견제와 균형 대신에 각자의 의도에 따라서 오히려 더 강력한 권한이 행사될 수밖에 없다.

아테네는 세 진영으로 분열되었다. 즉 선대로부터 내려오는 헌법을 지지하는 사람들, 민주주의의 유지를 원하는 사람들, 과두 정치를 원하는 사람들이다. 아테네 민회는 BC 404년 9월까지 논쟁을 하거나 또는 활동 없이 시간을 보냈다. 헌법 제정이 계속 지연되자 스파르타가 개입했다. 스파르타는 아테네에 국가의 모든 일을 처리할 30인 즉 '30인참주제'의 채택을 지시했다.[2]

리산드로스는 만일 이 안을 수용하지 않으면 아테네가 신속하게 장성을 해체하지 못한 데 대한 책임을 물어 아테네인들을 처벌하겠다고 위협했다. 전쟁의 승전국이 패전국에 대해 통제하는 상황에서

---

2) 30인참주제에 관해서는 Christopher Planeaux, "the Thirty Tyrants", https://www.worldhistory.org/The_Thirty_Tyrants/ 를 많이 참조하였다.

패전국은 숨쉬는 자유마저 제한될 수밖에 없다. 민주파의 사실상의 리더인 테라메네스가 10명, 에포르스가 10명 등 20명을 지명하고 민회가 선출한 20명 중에서 리산드로스가 10명을 선정하여 30명이 채워졌다. 이 30인으로 '30인참주제'를 구성했다.

'30인'은 민주정부 이전의 이른바 "선대의 법(patrios nomoi)을 명문화하고 그에 따라 통치하도록 했다"(XH 2.3.2). 이 30인정부 즉 '30인참주'는 아테네에 대한 통제력을 확립하기 시작했다.

'30인참주'라는 용어는 아테네의 소피스트였던 폴리크라테스가 최초로 사용한 것으로 전해진다. 그는 펠로폰네소스전쟁 이후 아테네를 통치한 짧은 8개월(BC 404년 늦여름부터 BC 403년 초여름)의 과두정부를 묘사하기 위해 트라시불로스를 찬양하는 연설에서 처음으로 이 용어를 사용했다 (아리스토텔레스, 수사학.1401a). 단순히 '30인'이라고도 불린다.

당시에 활동했던 크세노폰은 '30인참주'라는 용어 대신에 '군림', 즉 '유일한 통치자'로 표현했다 (XH 2.4.1; cf. 23.16; 6.3.8). 잔인하고 억압적인 정부나 통치자를 의미한다. 일반적으로 권력 또는 지배자라는 의미의 'dynasteia'라는 용어도 사용되었다 (AC36.1). 그럼에도 불구하고 '30인참주'라는 명칭은 디오도로스에게도 당시의 표준적인 명칭이 되었다. 제도로서 '30인참주제'라는 명칭은 개별구성원을 나타낼 때는 '30인참주 중의 1인'이라는 의미로 '30인참주'로 표기하기로 한다. 다만 30인은 복수이지만 전체를 하나의 단위로 보고 '30인참주들'로 표기하지는 않는다.

30인참주제는 민주정에 반대하는 스파르타의 앞잡이들을 중심으로 구성된 스파르타의 괴뢰 과두 정권이다. 30인참주는 처음에는 명확한 헌법을 만들지 않고 1) 과도적 기능을 수행하는 정부를 설립하고 2) 반대자를 제거하고 3) '문제'라고 생각하는 법률을 개혁하는 것을 내세웠다.

30인참주제는 500인회(불레)를 재건하고 민주주의의 여러 기관 가운데 9명의 집정관, 11인의 교도관(아테네의 각종 기관은 대부분 구성원수로 나타낸다. 11명의 교도관은 the Eleven 즉 11인이라는 이름으로 불렸다), 스트라테고이 즉 군 사령관, 아테나 여신과 다른 신들에 관한 10인 재무이사와 같은 다른 행정관도 임명했다. 또한, 피라이오스를 지배할 '10인'을 30인참주의 감독하에 두었으며 경찰 역할을 담당할 300명의 무장 수행원을 고용했다. 에피알테스 등이 만든 법을 삭제하여 아레오파고스의 권력을 확대했다. 또한, 프닉스 민회의 참석인원을 제한하기 위해 프닉스의 장소를 축소했다.

30인참주는 500인회가 구성되기 이전에 더 많은 재판을 통해 절도범, 아첨꾼, 뇌물 관련자 그리고 기타 '바람직하지 않은' 자들을 처형했다 (XH 2.3.12; AC 35.3). 현대식으로는 사회악의 제거다. 그러나 이런 조치는 반대자를 숙청하고 공포 분위기를 조성하여 반대 심리를 차단하는 동시에 시민의 환심을 사려는 전략이다.

500인회가 구성되면서 과거의 군 사령관과 부사령관 그리고 스파르타와의 평화를 반대했던 잡다한 사람들에 대해 500인회(불레)에서 재판을 받도록 했다. 재판을 빙자한 숙청이고 군중을 이용한 인민재판이다. 정권 변동기에는 공식처럼 등장하는 과정이다. 많은 사람이 처형되었다. 그러나 재산을 몰수하지는 않았다. 아테네 사람들은 일반적으로 이러한 초기 행동을 불가피하게 받아들였다 (XH 2.3.12; AC 35.3). 그러나 아리스토텔레스는 당시의 상황을 이렇게 기술한다.

> "막상 그들이 도시를 장악하게 되자 시민 가운데 누구도 가만히 내버려 두지 않았고 재산과 출생과 명성에서 뛰어난 사람들을 없앴다. 이는 두려움을 제거하고 재산을 탈취하기 위한 것이었다. 얼마 되지 않은 기간 동안 1,500명의 사람들을 제거했다." (AC. 35.4)

30인의 활동

전쟁이나 혁명 또는 쿠데타에 의한 사회변동 과정에서는 변동 전후의 의식이나 태도가 교차하기 때문에 권력 내부에서 갈등이 노정되기 쉽다. 30인참주제도 예외가 아니었다. 사회개혁을 추진하는 과정에서 내부 균열이 발생하기 시작했다. 강경파들은 더 급진적인 변화를 바랐다.

30인참주는 아테네 사회도 스파르타 모델로 개조하기로 했다. 스파르타 사회의 '게루시아', '호모이오이', '페리오이코이'를 모방하여 아테네 사회의 계급을 재편하는 것이다. 게루시아는 스파르타에서 60세 이상 30명과 2명의 왕으로 구성된 원로위원회다. 원로위원회는 민회에서 통과된 안건을 통제하고 대법원의 기능을 수행했다. '호모이오이'는 사회의 시민집단에 포함된 동등한 동료를 의미한다. '페리오이코이'는 시민집단에서 배제된 즉 자유인이지만 시민이 아닌 주거자를 의미한다.

30인참주는 아테네에서 스파르타의 게루시아의 위치를 차지했다. 다음에 아테네인 중에서 가장 적당한 남성을 스파르타의 '호모이오이'에 해당하는 '아테네인'으로 지명하고 나머지 인구는 자유인이지만 아테네 시민이 아닌 거주자로 분류했다.

30인참주는 참주정부의 역할과 권력의 범위를 놓고 의견이 갈렸다. 그러나 불레를 해산하지는 않았다. 30인참주는 더 큰 집단으로부터 승인을 받기를 바랐기 때문이다. 이로부터 500인의 불레는 30인참주의 꼭두각시에 불과한 집단으로 전락했다.

30인참주는 시민권자를 최소한으로 줄여 자신들의 수중에 넣고 정치를 요리하려고 마음먹었다. 그러나 시민권자를 몇 명으로 할 것인가에 대해 내부갈등이 나타났다. 테라메네스가 주도하는 세력은 선거권의 확대를 주장하면서 사회에 포함되는 인구를 5,000명으로 하여 이들에게 선거권을 부여하도록 추진했다.

그러나 크리티아스와 카리클레스가 이끄는 강경파는 아테네의 30인참주정부를 지지하는 것으로 판단되는 3,000명에게만 시민권을 부여하였고 그 나머지는 이 범주에서 배제시켰다. 일종의 인간 청소다. 기존의 수만 명의 시민들은 시민권이 박탈당했다.

이에 따라 30인참주정은 과두제를 지지하는 부유한 시민 3,000명에게만 투표권과 공직 담당의 권리를 주었다. 이런 조치는 BC 403년에 아테네에서 살 수 있는 시민이 고작 3,000명으로 한정되었다는 것이다. 이 3,000명은 아테네의 일정한 도시에서 거주할 수 있었지만 이 범주에서 제외된 사람들은 아테네 이외의 다른 곳으로 이주해야 하는 '아테네로부터의 추방'을 의미한다. 배제된 자들은 재산도 몰수당했다. 이러한 행동의 결과로 많은 아테네인들은 보이오티아, 코린토스, 아르고스, 칼키스, 메가라 등지로 도피해 난민의 신세가 되었다.

30인참주는 정적들을 무자비하게 탄압하면서 불법적으로 빈번한 사형선고를 내리고 반대 세력의 재산을 폭력적으로 약탈했다. 아테네 민중의 저항이 거세지자, 30인참주는 스파르타 군대를 아테네에 주둔시킬 것을 요청했으며, 스파르타군의 지원을 받아 반대파를 축출하면서 30인참주제에서 크리티아스와 카리클레스가 다시 부상했다.

30인참주의 충견이 된 500인회가 30인참주에게 시민들의 생사여탈권을 헌납했다. 이제 권력은 30인참주의 극단주의자인 크리티아스의 손에 쥐어졌다. 크리티아스는 과거에 자신이 추방당했던 일을 되뇌며 사적인 원한을 공적으로 폭발시키면서 많은 사람을 적으로 몰아 처형했다. 그의 처형 충동에 제동을 건 인물이 온건파인 테라메네스다. 테라메네스는 '훌륭한 사람들'을 전혀 괴롭히지 않은 사람들까지 닥치는 대로 죽이는 것은 옳지 않다고 주장하면서 방자함을 삼가고 우수한 사람들을 실무에 동참시키도록 권했다 (XH 2.3.15).

크리티아스와 다른 참주들은 테라메네스의 주장이 민중들의 지지를 받자 혹여 그가 민중의 지도자가 되어 자신들을 반대하는 대중 운동을 일으키고 과두정을 허물지나 않을까 두려웠다. 크리티아스는 이를 제지하기 위해 3,000명을 시민으로 하여 이를 제압하려고 했고 테라메네스는 여전히 이 숫자를 더 늘리자고 주장했다.

강경파 참주들은 스파르타 주둔군의 도움으로, 조력자 3,000명에 속하는 무기를 제외한 모든 무기를 몰수했다 (XH 2.3.17-20). 이것은 스파르타에서 시민이 노예와 비시민 자유인을 통제하는 수단이었다. 따라서 무기몰수는 아테네에서 3,000명 이외의 아테네인을 노예나 이방인으로 취급하여 더 강한 폭정의 시작을 알리는 신호였다.

스파르타 주둔병사의 임금을 지불하기 위해 크리티아스와 지도자들은 30명참주 각자에게 메틱 즉 아테네 거주 외국인으로 그리스의 시민권을 가지고 있지 않은 사람을 체포하여 처형하고 그들의 재산을 압수하도록 명령했다. 테라메네스는 이 조치가 민주주의의 최악의 폭정보다 더 나쁘다고 항의하면서 이 명령을 따르지 않았다 (XH 2.3.21-22).

크리티아스와 그의 동료들은 이제 테라메네스가 그들의 지배와 규칙에 위협이 된다고 판단하고 3,000명의 총회에 앞서 테라메네스를 순간의 편의를 위해 항상 정치적 충성을 바꿀 준비를 하고 있는 태생적 반역자로 낙인찍고(XH 2.3.23-34) 자신의 이익을 더 추구하기 위해 민주적 조직이거나 과두적인 조직 어디에서나 일할 준비가 되어 있다고 비판했다.

테라메네스는 자신의 정치가 일관적이지 않았다는 것을 부인했다. 그는 항상 중도 정책, 극단적인 민주주의, 극단적인 과두제가 아니라 온건 정책을 선호한다고 주장했다. 그리고 국가에 효과적으로 봉사할 수 있는 중장보병 신분 혹은 그 이상의 신분의 사람들로 구성된 정부의 이상에 충실했다고 주장했다. 이 연설은 청중들의 열렬한 지지 속에 실질적인 영향을 미쳤다. 크리티아스는 이런 상황을 보고 이 사안이 표결에 부쳐지면 테라메네스는 죄를 뒤집어쓰기는커녕 민중의 절대적 지도자가 될 것이라고 보았다.

크리티아스는 30인참주들과 상의한 후에 단검을 가진 사람들에게 청중 앞에 있는 무대를 장악하도록 명령했다. 이어 3,000의 명부에서 테라메네스의 이름을 삭제해버리고 재판을 받을 권리도 박탈했다. 즉결 처형을 하겠다는 의도였다.

테라메네스는 인근의 성소 제단으로 뛰어오르면서 그에 대한 살인을 허용하지 말도록 군중들에게 소리쳤지만 아무 소용이 없었다. '치안 판사들'이 들어와 그를 끌어내고 그에게 독미나리즙 한 컵을 마시도록 강요했다. 테라메네스는 마신 사람이 사랑하는 사람을 취하게 하는 술 마시기 시합을 흉내 내면서 독약 컵을 쭉 들이켜고 마루에 찌꺼기를 던지면서 "여기 내 사랑하는 크리티아스의 건강을 위하여 건배!"라고 소리쳤다 (XH 2.3.56). 이것이 그의 마지막이었다.

아테네의 정정은 프랑스 혁명의 공포정치를 2,200여 년 전으로 되돌려 놓은 상황이었다. 테라메네스가 죽은 후에 그에 대한 평가는 엇갈렸다. 당시의 연설문 작가인 리시아스는 그를 비난했다. 그러나 다른 사람은 그의 활동을 옹호했다. 그에 대한 평가는 원칙적으로 온건주의자 또는 이기적 기회주의자로 평가된다.

소크라테스의 학생으로서 역사가인 크세노폰은 아르기누사이 전투 이후 테라메네스의 행동에 대한 비판적인 글을 썼지만 30인참주에 대한 그의 저항에 대해서는 호의적으로 묘사했다. 테라메네스에 대한 마지막 묘사는 아리스토텔레스의 『아테네 헌정』에 나타난다.

여기에서 테라메네스는 온건하고 모범적인 시민이다 (AC 36). 아리스토텔레스의 테라메네스에 대한 기술은 전적으로 그에 대한 재평가이다.[3]

반면에 크리티아스는 30인참주들 사이에서 강경파로, 무자비한 피의 철권을 휘두르는 잔인한 인물로 등장했다. 크리티아스(BC 460~403년)는 소크라테스의 제자이며 플라톤의 사촌이다. 또한, 알키비아데스의 추종자로 알키비아데스가 망명할 때 함께 망명했다가 BC 404년에 아테네로 돌아와서 30인참주의 일원이 되었다.

30인참주정치에 대한 저항

30인참주는 그들의 안전을 보장하기 위해 스파르타의 수비대를 소집하고, 시민의 무장은 해제하여 아크로폴리스에 무기를 보관했다. 반란을 차단하기 위해서다. 그리고 공포정치를 이어갔다. 또한, 주도권을 행사할 수 있다고 생각되는 사람이나 그들에게 도전할 만한 충분한 추종자를 가지고 있다고 생각되는 사람들은 누구든 가차없이 처형했다 (XH 2.3.11-14).

30인참주제하에서 약 1,500명의 아테네인이 죽은 것으로 전해진다. 스파르타는 다른 그리스 도시국가에게 아테네의 피난자들을 30인참주정권에게 넘겨주어야 하는 법령을 선포했다. 대부분 국가들은 이에 응했지만 아르고스와 테바이는 거절했다.

---

[3] Christopher Planeaux, "The Thirty Tyrants", https://www.worldhistory.org/The_Thirty_Tyrants/.

30인참주정이 사회 변혁을 명분으로 무자비한 폭압 정치를 자행하면서 수만 명의 시민을 추방한 것은 실책이다. 반대세력을 키워 놓은 것이다. 자기 세력보다 반대 세력이 강해지면 저항운동이 일게 된다. 차라리 권력의 통제하에 놓는 것이 유리하다. 결국 이들에게 저항 세력이 등장하기 시작했다. 민주주의자들은 아크로폴리스 주변에 앉아 목을 드리운 채 처형을 기다리지는 않았다.

국제관계에서는 신의나 약속은 사치이고 자국의 이익이 우선이다. 패전국 아테네를 파괴해 버리고 아테네인들을 노예로 삼자던 아테네의 전통적인 적이었던 테바이, 코린토스와 메가라가 아테네 민주주의자를 가장 환영하는 역설적인 일이 벌여졌다. 승전국 스파르타를 견제하려는 의도 때문이었다.

이러한 계책은 스파르타가 먼저 사용했다. 테바이와 코린토스가 패전국 아테네를 파괴해버리자고 제안했을 때 스파르타가 거부한 것은 아테네를 통해 이 나라를 견제하기 위한 전략이었다. 이제 거꾸로 이 나라들은 스파르타의 힘을 빼고 자신들의 입지를 강화하기 위해 아테네 민주주의를 도왔을 것이다.

30인참주제가 폭압정치로 치달을 때 트라시불로스(BC 440~388년)가 BC 403년 2월에 저항에 앞장섰다. 트라시불로스는 다채로운 경력자이다. 그는 부유한 가정을 배경으로 고위직에 진출했고 어떤 경우 개인의 재산으로 공적 활동의 필요한 자금을 충당했다. 페리클레스 시대에 핵심적인 지도자는 아니었지만 민주적 진영에 가담했다.

그는 펠로폰네소스전쟁 기간에 활동적인 인물로 두각을 나타냈다. 그는 트리에라르크의 역할을 해냈다. 트리에라르크는 자신의 재산을 들여 삼단노선을 건조하고 승무원을 고용하여 전투에 임하는 사람이다. 따라서 배의 건조비와 승무원의 노임 등 많은 돈이 들어가게 된다.

그는 또한, 계속해서 10명의 아테네 스트라테고스 즉 사령관중의 한명으로 선출되었다. '스트라테고스'는 그리스어의 일반적인 용어이다. 아테네에는 매년 선출되는 10명의 스트라테고스가 있다. 이들은 일반적으로 장군으로 불린다. 그런데 이 장군들은 전투를 지휘하는 사령관이다.

이 10명은 각기 다른 역할이 부여된다. 이 10명 중에서 한 사람은 아테네에서 중장보병을 지휘한다. 또 한 명은 아티카의 방위를 지휘한다. 두 명은 피라이오스의 중장보병을 지휘한다. 그리고 한 사람은 트리에라르크와 해군을 지휘한다. 그리고 나머지 5명은 필요가 생기면 의무가 부과되었다. 그는 전쟁의 육상 및 해상 작전에 참여했으며 성공한 장군으로 간주되었다.

아테네는 BC 413년의 시칠리아 원정에서 대재앙으로 불리는 참패를 당하면서 아테네의 많은 명목상의 동맹국이 반란을 일으켰다. 또한, BC 411년에 과두적 쿠데타를 촉발시켰다. 아테네의 귀족들은 시칠리아의 패배를 기회로 민주적 정권을 붕괴시키고 400명의 귀족들이 운영하는 과두정부를 세웠을 때 사모스는 민주파가 장악했다.

이때 트라시불로스는 민주파들인 레온, 디오메데온 등과 함께 아테네 해군들에 의해 장군으로 선출되었다. 이로 인해 그는 쿠데타에 저항하는 민주적 지도자의 위치에 올라서게 되었다. 그는 또한, BC 411년과 BC 410년에 알키비아데스를 비롯한 다른 장군들과 몇 차례 중요한 해전 승리를 지휘하기도 했다.

트라시불로스는 30인참주제에서 테바이로 달아나 테바이 지도자 이스메니아스의 도움을 받았다. 그곳에서 그는 돈과 군대를 모으고 30인참주의 격퇴준비에 들어갔다.

트라시불로스는 약 70명 정도의 사람들을 이끌고 방어가 가능한 아테네 북쪽의 보이오티아와 아티카 사이 국경지역인 필레 언덕에 진을 쳤다. 아주 작은 세력이었지만 시민의 기반이 약한 30인참주 세력은 당황했다.

30인참주 세력은 초전에 싹을 잘라야 한다는 강박관념에서 3,000명을 이끌고 가서 야영지를 봉쇄했다. 시간이 흐르면 모두 체포되거나 몰살될 위기에 처했다. 이 때 눈 폭풍이 휘몰아쳤다. 참주의 군대는 더이상 진군하지 못하고 아테네로 되돌아 가야 했다. 날씨가 가져다 준 이 위기의 모면은 '승리'로 전파되었다.

인류의 역사에서 중요한 고비마다 '날씨'가 상황을 바꿔준 경우는 허다하다. 이 시점으로부터 80여 년 전에도 그리스를 침공했던 페르시아의 크세르크세스 1세가 지휘하는 페르시아 대군은 몰아친 폭풍에 속수무책으로 당하고 퇴각해야만 했다. 트라시불로스에게도 '날씨'가 30인참주의 군대를 물리쳐준 것이다.

이 사건은 민주주의자들과 새로 충원된 대원들을 고무시켰다. 아울러 트라시불로스의 무력 위협은 30인참주 세력의 내부에서 강온파의 갈등을 부추겼다. 온건파는 아테네인의 선거권을 확대하기를 바랐다. 반면에 강경파는 소수의 과두제를 고수하고자 고집했다. 강온파의 대립에서는 일시적으로 강경파가 득세하기 마련이다. 더구나 민심의 저항이 있지만 정복자인 스파르타가 지원하고 있는 상황이다.

스파르타는 트라시불로스가 스파르타와 싸우면서 지난 30년을 보낸 백전노장이라는 것을 간과했다. 70명 대원으로 출발한 그의 저항군은 BC 403년 5월에 이르러 어느새 700명 이상으로 성장했다. 700명에는 아테네인 약 100명, 외국인 300명 그리고 메틱 즉 외국인 거주자가 고용한 300명의 용병으로 이루어졌다. 스파르타의 괴뢰정권인 30인참주는 소수의 추종자들을 제외한 다수 시민의 추방과 처형으로 겨우 권력을 유지했다. 결국 민주파는 물론 온건한 과두파 시민마저도 등을 돌리면서 그들은 불안해졌고 그 불안은 점점 더 잔인한 수단에 이끌렸다.

30인참주는 불안과 초조 그리고 내부 분열 속에서 방향감각을 잃고 광분하고 있었다. 약이 내성이 생기면 점점 더 강한 약을 써야 하는 것처럼 강수(强手)는 점점 더 고강도의 강수를 필요로 한다. 30인참주는 3,000명의 투표로 300명을 추가로 처형했다. 한편으로는 트라시불로스에게는 이미 처형당한 테라메네스의 자리를 제시하면서 회유했으나 거절당했다.

스파르타는 30인참주의 간청에 따라 트라시불로스의 증가하는 위협에 대처하기 위해 아테네에 무장한 수비대를 보냈다. 또한, 30인참주가 필레를 점령하는 것을 지원하기 위해 스파르타군이 이끄는 소규모 군대를 파견해 트라시불로스를 공격했다. 트라시불로스는 스파르타의 전투력을 꿰뚫고 있었다. 1:1로 맞서면 전사들을 당해 내기 어렵다. 그는 스파르타 군대가 전투 대형을 형성하기 전에 조조 기습의 감행으로 허를 찔렀다.

트라시불로스는 우월한 정당성과 아테네 시민의 지지로 항구가 내려다보이는 가장 높은 언덕에 요새를 구축하고 다음의 격전을 준비했다. 약 1,200명의 남성과 함께 모우니키아 언덕으로 오르면서 결국 스파르타를 물리치고 일부의 군대를 보내 피라이오스를 점령했다.

30인참주는 3,000명의 무장 군인으로 트라시불로스를 공격했으나 패배했다. 특히 30인참주 세력은 피라이오스를 점령한 트라시불로스 세력을 이기지 못해 도심의 지척에서 반군과 대치하게 되었다. 반군이 아테네 도심을 넘보자 도심에 있는 일부 아테네 시민은 이제 30인참주를 퇴출시키려는 생각을 갖게 되었다. 반면에 여전히 공포에 질려 있는 많은 사람들은 피레이오스에 있는 반정부군에게 대항했다.

그러나 전세는 이미 기울었다. 상황이 위급하면 줄행랑을 치는 것은 지도자들인가. 피레이오스에서 병사들은 싸우는데 30인참주에 속한 사람들 그리고 아직도 피레이우스를 통치하는 10인 위원회, 치안 판사인 엘레벤 등은 아테네 자체를 담당하는 새로운 '10인 위원회'를 구성해 놓고 엘레우시스로 도주했다.

아테네에 남겨진 이 새로운 10인 위원들은 피라이오스에 대한 공격을 한 번 더 시도했지만 트라시불로스 군대에 의해 포위되었다. 스파르타도 내부 분열로 인해 이 사건에 미온적인 반응을 보였다. 스파르타는 이제 아테네의 내전에 피로감이 밀어닥쳤다.

10인 위원들은 피라이오스 해상 봉쇄를 시작했지만, 피라이오스를 점령한 군대와 전투에서 패배했다. 스파르타 지원군은 지루함에 패배가 겹치자 의욕이 상실되었다. 더욱이 스파르타 내에는 갈등이 이어지고 결국 스파르타 동맹의 분열을 초래하기 시작했다. 즉 코린토스와 보이오티아인들은 페이라이오스에서 아테네와 싸우는 데 참전하기를 거부했다. 이제 아테네의 내전은 저항군에게 유리한 국면으로 전환되었다.

　30인참주 세력은 구멍난 둑처럼 권력의 누수가 더 심각해졌다. 그들은 스파르타 주둔군과 힘을 합쳐 트리시불로스를 제압해야 한다는 생각을 가지고 있었지만 실제 행동이 따르지는 못했다. 과두파들은 이미 사기가 떨어졌고 민주파들은 더 열정적으로 반군에 동조했다.

　트라시불로스는 BC 403년에 전투에서 크리티아스의 목숨을 거머 쥐었다. 수괴가 죽자 나머지 참주들은 도주했다. 그러나 아테네 트라시불로스의 손에 들어오지 않았다. 스파르타의 수비대가 남아 있었다. 스파르타의 개입으로 새로운 과두정치의 참주들이 선출되었다. 이 새로운 지도자들은 저항군과 협상을 시도했지만 트라시불로스는 거부했다.

　스파르타의 리산드로스는 트라시불로스의 모든 대원을 죽이려고 했다. 이를 저지하는 세력이 없었다면 아테네는 다시 한번 피바다가 되었을 것이다. 그러나 권력에는 항상 음양과 명암이 따르게 마련이다. 다행히 스파르타의 파우사니아스가 이끄는 중도파의 생각은 달랐다. 파우사니아스는 아티카에 대규모 수비대를 영구적으로 주둔시키려 하지 않았다. 수비대가 철수하면 곧 과두제가 숨을 거 두다는 것을 알고 있었다.

파우사니아스와 리산드로스는 내부적으로 치열한 권력 암투를 전개하고 있었다. 파우사니아스는 오만하고 도도한 리산드로스의 권력을 그대로 두고 볼 수는 없었다. 30인참주가 리산드로스의 피조물이라는 점에서 리산드로스의 권력이 약해지면 30인참주가 기댈 언덕이 사라지고 30인참주제가 붕괴되면 리산드로스의 영향력도 영향을 받게 되는 것이다.

스파르타는 일단 트라시불로스 세력을 진압하기 위해 군대를 추가로 파견했지만, 공교롭게도 그 인솔자는 리산드로스와 견원지간인 파우사니아스였다. 트라시불로스는 스파르타 군대에 맞서 대결했다. 아테네 중장보병은 아주 잘 싸웠다. 그렇지만 중과부적으로 결과는 트라시불로스의 패배였다. 다행히 그 상처는 심하지 않았다. 파우사니아스의 체면을 세워줄 정도였다.

파우사니아스는 아테네군을 이상 더 밀어붙이지는 않았다. 만일 파우사니아스가 패배했다면 전투는 더 심각한 국면으로 번질 우려도 있었다. 자존심이 강한 스파르타가 총력전을 전개하면 결국 아테네는 쑥대밭이 되었을 것이다. 트라시불로스는 지고도 이긴 게임이었다. 파우사니아스는 '승전자'의 여유를 가졌다. 트라시불로스는 피해를 최소화했다. 승전으로 체면이 선 파우사니아스는 트라시불로스와 과두제 참주들이 합의에 도달할 것을 요구했다.

트라시불로스는 패배에도 불구하고 타협을 거부했다. 조일 때는 더 바싹 조여야 한다. 과두 정치인들은 이미 퇴로가 차단된 상황이었다. 결국은 트라시불로스의 조건에 굴복하고 민주주의 회복을 강요당했다.

패배자 측이 오히려 당당하고 자기의 주장을 밀어붙이는 것이 어떻게 가능한가. 트라시불로스는 전투 후에 파우사니아스를 만났던 것이다. 트라시불로스가 신의를 존중하는 사람이라는 평판과 그의 계획이 극도로 온건하다는 점에서 파우사니아스의 호감을 샀다.

30인참주제의 붕괴와 민주주의 회복

파우사니아스와 트라시불로스는 협상했다. 이 협상을 계기로 스파르타는 태도를 바꿨다. 아테네의 30인참주나 10인 위원회에 대한 지지를 철회했다. 이로써 사상누각의 과두제는 BC 403년 초여름에 붕괴되었다. 8개월의 단명이었다. 스파르타는 반군 측과 아테네에 남아있던 스파르타인들의 귀국 문제를 조정하고 철수했다.

양측은 평화를 이루었고 아테네 상황은 급격히 반전되었다. 모든 아테네인은 자신의 소유물을 되찾았다. 다만 30인참주, 치안판사, 그리고 기존 10인 위원들은 예외였다. 과두정부 그룹과 지지자들은 엘레우시스에 머무를 수 있었다. 그들 중 누구라도 아테네로 돌아가기를 원한다면, 공직에 있던 동안의 행위에 대해 조사를 받아야 했다. 마지막으로 모든 아테네인은 과거의 잘못을 기억하지 않도록 사면의 맹세를 했다.

하지만 이 대사면은 법적인 봉합일 뿐이었다. 시민들의 마음속 상처는 치유되지 않았다. 패배의 굴욕감, 내전의 상처, 배신자에 대한 증오가 남았다. 아테네인들은 "누가 우리 도시를 이 지경으로 만들었는가?"라고 물었다. 이 억압된 복수심은 새로운 희생양을 찾고 있었다.

트라시불로스의 계획은 모든 아테네인을 위한 전반적 용서와 사면이었다. 민주파와 과두파 모두를 위한 대타협이었다. 아무도 처형되지 않았다. 어느 누구도 추방당하거나 재산을 압류당하지 않았다. 심지어 30인참주들조차 마찬가지였다. 민주주의가 복구된 이후 도시에서 철수하기를 원하는 과두파 참주들은 엘레우시스의 도시로 은퇴하여 평화롭게 살 수 있었다.

트라시불로스는 평화와 사면, 그리고 대타협에 대한 자신의 약속을 지켰다. 그가 도시에 들어와 권력을 잡자 많은 추종자들이 피의 보복을 원했다. 그러나 그는 이런 보복의 요구를 막았다.

그러나 트라시불로스의 손이 미치지 않은 곳에서는 보복의 악순환이 이어졌다. 엘레우시스에서 활동하던 아테네 과두세력과 복원된 민주주의 세력 사이에 갈등이 발생했다. 칼자루를 쥐고 아테네로 돌아온 일부 망명자들이 사면 약속을 무시했다. 그들은 엘레우시스에 거주하는 생존자들에게 복수를 원했다. 이런 소문이 아테네 시민들에게 전해지자 과두파는 용병을 고용하여 전투태세를 갖췄다. 아테네인들은 엘레우시스를 포위하기 위해 대규모 군중을 이끌고 행군했다.

다시 권력을 장악한 민주파는 과두체제의 주요 인사들과 지지자들의 재산도 압수했다. 살아남은 30인참주, 치안 판사, 10인 위원회의 마지막 운명은 알려지지 않는다. 트라시불로스는 공공질서를 유지하고 민주적 헌법을 회복했다. 그는 페리클레스가 옹호한 정치로 복귀할 것을 주장했다. 그러나 아테네 시민은 그의 이상에 미치지 못했다. 그들은 전쟁과 참주의 고통에서 벗어난 현재의 상황을 더 선호했다. 지도자는 미래를 설계했지만, 시민들은 당장의 현실만을 보고 있었다.

시민들은 민회에서 트라시불로스 대신 아르키노스를 선택했다. 트라시불로스는 선거 패배를 받아들이고 평화롭게 물러났다. 그는 승리를 거두었을 때 개인적인 이익이나 복수를 위해 그 승리를 이용하지 않았다. 그는 적들을 용서하고, 유혈사태를 피했다. 아테네 시민들이 다른 사람을 지도자로 선택했을 때 평화롭게 물러났다. 그는 BC 388년에 죽었다.

스파르타는 아테네 괴뢰정권을 통해 아테네 사회를 개조하고 지배하려 했다. 그 야심은 8개월 만에 종언을 고했다. 8개월이 지나 스파르타의 손에 남은 것은 아무것도 없었다. 승전국 스파르타가 약했던 것일까, 패전국 아테네의 잠재력이 강했던 것일까.

8개월의 과정을 되돌아보면 스파르타는 아테네를 속국으로 지배할 능력이 약했다. 소수의 호모이오이를 통해 다수의 페리오이코이를 지배하는 스파르타사회도 병영국가로서 긴장의 연속이다. 자유가 몸에 밴 아테네인을 무력으로 억압하는 것은 일시적으로는 가능할지라도 장기적으로는 불가능하다는 것을 모를 리 없다. 스파르타가 지진과 노예반란이 발생했을 때 아테네의 지원군을 거부했던 배경의 하나는 자유의 사고가 몸에 밴 아테네 지원군이 오히려 노예들과 합세할 것에 대한 우려가 담겨있었다.

그러나 아테네의 민주주의는 자유를 지키려는 의지는 강했지만 세련되지는 못했다. 이런 현상은 아테네의 민주회복과정에서 주목할 만한 2가지 사건으로 나타난다. 첫째 사건은 트라시불로스는 이방인과 노예를 비롯하여 민주주의를 복원하기 위해 싸운 모든 이들에게 시민권을 부여할 것을 주장했으나, 끝내 뜻을 이루지 못한 일이다. 둘째 사건은 소크라테스의 처형이다.

노예해방은 아테네의 부유층들에게 재산의 막대한 부분에 타격을 입히는 것을 의미했다. 결국 노예들에게 시민권을 주는 것은 기존의 법에 위반되므로 있을 수 없는 일이라는 반론이 제기되었으며, 트라시불로스가 제기한 노예해방은 성공하지 못했다.

아테네의 노예는 역설적이지만 시민들이 민주제에 참여할 수 있는 시간과 권리행사에 필요한 경제적 여건을 뒷받침해주었다. 시민들이 시민으로서 생활에 충실하기 위해서는 그들을 대신해서 생업을 꾸려가고 가내 노동을 담당할 대체 인력이 필요했다. 이러한 대체 인력을 노예들이 대행해 준 것이다. 결국 노예들은 고전기 아테네의 민주정의 발전을 위한 물질적 토대였다.

소크라테스의 처형

아테네의 30인참주제는 소크라테스가 재판에서 사형을 받고 처형되는 배경으로 작용했다. 소크라테스의 죽음은 그의 제자인 플라톤과 크세노폰의 글에 잘 나타나 있다. 아테네 시민 멜레토스, 아니투스, 리콘이 BC 399년에 소크라테스를 고발했고 배심원의 재판 결과, 그해 5월 7일 그는 사약으로 숨을 거두었다. 혐의는 소크라테스가 국가가 인정하는 신을 거부했다는 것, 이상한 신을 데려왔다는 것, 그리고 젊은이를 타락시켰다는 것이었다.[4]

크세노폰은 소크라테스가 공개적으로 집이나 공공 신전에서 끊임없이 제사를 드렸으며 다만 최소한의 비밀로 점을 사용했을 뿐이라고 반박했다. 다만 소크라테스가 '신'의 인도를 받는다는 일련의 행동과 언변들로 인해서 신앙심이 의심을 받았다는 것이다. 그는 기소장에서 언급된 것처럼 '신들을 거부'하지 않았으며, 신들을 섬기는 일에 대해 이보다 더 눈에 띄는 사람은 없었다고 항변한다(Memorabilia 2. 1. 64).

또한, 소크라테스가 젊은이들을 타락시켰다는 혐의에 대해서는 소크라테스가 자신의 정욕과 식욕을 통제하는 데 있어 가장 엄격한 사람이었고, 추위와 더위와 모든 종류의 수고를 견디는 데 가장 단호한 데다가 필요한 것이 많지 않기 때문에 아주 적게 가지고도 매우 만족했다고 전한다.

아테네 시민의 여론 형성에는 희극 작가 아리스토파네스도 큰 영향을 미쳤다. 그는 자신의 희극인 〈구름(Clouds, BC 416년)〉, 〈새(Birds, BC 414년)〉, 〈개구리(Frogs, BC 405년)〉 등을 통해 소크라테스를 끊임없이 비난하고 괴롭혔다. 하나의 희극이 한 철학자를 죽음으로 모는 데 일조한 어처구니없는 상황이었다. 현대사회에

---

4) Xenophon, Memorabilia (Recollections of Socrates), 1.1.1 (Book 1, chapter 1, section 1) trans by. E. C. Marchant (Cambridge, MA: Harvard University Press, 1923), http://www.perseues.tufts.edu.

서 가짜 뉴스가 사실을 덮고 진실을 호도하는 현상과 맥을 같이 하는 것이 아닌가. 그러나 소크라테스에 대한 이런 혐의들은 결국 구실이었다. 고발인들이나 아테네인들의 여론은 소크라테스에게 반역 혐의를 씌우고 싶었다.

하지만 BC 403년에 제정된 사면법이 문제였다. 이 법은 내전 기간의 정치적 행위에 대해 처벌할 수 없도록 했다. 그래서 그들은 크리티아스와의 관계 같은 정치적 죄목을 직접 거론할 수 없었다. 결국 '불경죄'와 '청년 타락'은 사면법을 피하기 위한 명분이었다. 소크라테스라는 위험인물을 제거하기 위한 위장된 정치 기소였던 것이다.

소크라테스의 치명적 약점은 그의 인맥이었다. 소크라테스 개인은 민주주의에 적대적인 인물이 아니었다. 하지만 그의 주변 인물 중에는 반역자가 된 알키비아데스가 있었다. 또한 30인참주를 이끌며 온갖 만행을 저지른 크리티아스도 그의 제자였다. 소크라테스의 주변에는 반민주주의적인 귀족과 부유층, 과두정 지지자들이 결집해 있었다. 소크라테스의 고발자들이 청소년을 타락시킨 사례로 크리티아스를 지목했다. 이 문제는 법정에서 소크라테스에게 불리하게 작용했다.

특히 크리티아스가 30인참주로 권력을 잡았을 때 소크라테스를 보호했다는 소문이 있었다. 이 소문은 모함으로 이어졌다. 소크라테스가 기득권층을 약화시켰고, 30인참주 통치 기간의 혼돈을 방조했다는 것이다. 소크라테스는 이 내용 하나만으로도 배심원들의 미움을 받았다.

더욱이 크리티아스의 무신론은 소크라테스의 책임으로 돌아갈 수 있었다. 그의 무신론이 소크라테스에게서 영감을 얻었다는 것이다. 소피스트 프로타고라스는 신의 존재를 알 수 없다고 말했다. 반면 크리티아스는 신이 존재하지 않는다고 주장했다. 그는 신이 사람들을 통제하기 위해 창조한 구조물일 뿐이라고 했다. 그에게 종교는 마르크스의 종교관과 닿아 있었다. 무신론은 지배계급이 권력을 유지하는 효과적인 도구일 뿐이라는 생각이었다.[5] 그는 신성이라는 개념 자체가 권력을 원하는 자들이 발명한 것이라고 주장했다.

플라톤의 작품들에서는 크리티아스가 매우 다르게 표현된다. 아마 친척이라서 그럴 수도 있다. 플라톤의 대화편 속 크리티아스는 세련되고 잘 교육받은 사려 깊은 인물로 나타난다.

크세노폰은 소크라테스가 죽은 이유 중 하나를 크리티아스와의 관계로 분석한다. 그는 크리티아스를 비도덕적이고 사악한 정치인으로 꾸준히 묘사한다. 당시 다른 작가들도 크세노폰의 의견을 반복했다. 후대의 평가도 그가 부도덕한 무신론자라는 주장을 되풀이했다. 그러나 이 주장은 완전히 확증될 수는 없다.

다만 스파르타와 공식적으로 사면을 약속했기 때문에, 소크라테스는 명목상 반역죄로 기소되지 않았다. 고소인들 역시 크리티아스가 잔인한 정치인으로 변한 과정에 소크라테스가 역할을 했다고 여기지는 않았다. 그러나 30인참주제가 붕괴되면서 참주들과 관련 있었던 인물은 누구나 의심을 받았다. 아테네는 표현의 자유를 보장해왔고 소크라테스는 이를 누려왔다. 하지만 아테네 민심은 이제

---

5) Joshua J. Mark, "Critias", https://www.ancient.eu.

그에게 침묵하거나 아테네를 떠날 것을 요구했다.

소크라테스는 배심원 501명의 특별 재판을 받았다. 1차 투표에서 281명이 유죄로 판단했다. 2차 재판에서 소크라테스는 자신을 변론했다. 그러나 그의 당당한 태도는 오히려 배심원들의 심기를 건드렸다. 361명이 그에게 유죄 판결을 내렸고 사형이 확정되었다.

소크라테스가 죽음을 택한 것은 단순히 패배를 인정한 것이 아니라, 그의 삶 전체를 관통하는 철학의 마지막 실천으로 해석된다. 그는 변론 과정에서 배심원들과 타협하거나 목숨을 구걸하는 대신 오히려 그들을 가르치려 들었다. 이는 "검토되지 않은 삶은 살 가치가 없다"는 자신의 말을 증명하고, 진리를 위해 죽을 수 있다는 철학자의 본분을 보여줌으로써 자신의 죽음을 가장 위대한 철학적 유언으로 만든 행위였다.

그 후 친구와 제자들이 탈옥과 망명을 권유했다. 부유한 친구 크리톤은 뇌물로 그를 빼내주겠다고 제안했다. 하지만 소크라테스는 거절했다. "나에게 이런 운명이 닥쳤다고 해서 내가 이전에 말한 원칙들을 지금 내던져 버릴 수는 없다"고 말했다.

일본의 도모오(尾高朝雄)는 1930년대에 출판한 그의 『법철학』에서 이 말을 소크라테스가 죽으면서 "악법도 법이다"라는 말을 했다고 각색하여 실정법 근거로 사용한다. 이 말은 결국 일제치하에서 일본의 사법만행의 근거로 악용되고 한국의 독재권력에 의해서도 정권의 정당화도구로 사용되었다.

소크라테스의 처형은 정치사회적 혼란 속에서 벌어진 일이다. 30인참주가 저지른 범죄에 대한 증오와 원한이 분출된 것이다. 아울러 당시 배심원 제도의 한계도 극명하게 보여주는 사건이었다. 28세의 청년 플라톤은 스승의 죽음을 지켜보았다. 그는 어리석은 대중의 민주주의보다 철인정치가 바람직하다고 생각했다.

결국 소크라테스의 죽음은 거대한 충돌의 결과였다. 한쪽에는 폴리스의 집단적 전통과 신앙을 중시하는 구시대의 가치관이 있었다. 다른 한쪽에는 개인의 이성을 통한 끝없는 질문을 강조하는 새로운 철학 정신이 있었다. 전쟁과 혼란으로 자신들의 전통적 가치가 무너졌다고 생각한 아테네인들에게, 그 모든 가치를 끊임없이 의심하고 해체했던 소크라테스는 도시의 근간을 흔드는 위험한 존재로 비쳤던 것이다. 소크라테스의 사약은 아테네 민주주의의 겉과 속을 보여주는 대표적 사례다.

에필로그

 이 글은 펠로폰네소스전쟁을 중심으로, 그 전초전부터 전후의 혼란기까지를 아우르는 약 반세기(56년)에 걸친 대전쟁의 시작과 진행 그리고 종전에 대한 서술이다. 전쟁은 가장 광범위하고 복잡한 인간투쟁의 한 장(場)이다. 전쟁의 장에서는 인간이 생각하고 행동할 수 있는 극한 상황들이 드러난다. 이 글은 이런 현상들에 관해 쓴 글이다.

 여기의 '에필로그'는 연구주제에 대한 분석결과를 요약한 결론과는 다르다. 상황이나 현상 하나하나마다 문제가 제기될 수 있고 결론이 따를 수 있다. 결론은 자칫 자유로운 생각의 감옥이 되기도 한다. 이런 점에서 이 책에서는 결론 대신에 '에필로그'로 갈음하는 것이다.

 독자들은 이미 책을 읽으면서 지식을 머리에 차곡차곡 담았을 것이다. 가슴에는 어떤 울림이나 느낌을 간직했을 것이다. 그리고 이 지식과 느낌은 자신의 삶의 자양분이 된다. 그렇다면 에필로그는 자칫 사족이나 계륵을 넘어 굴레가 될 수 있다.

여기에 쓴 에필로그는 필자가 이 글을 쓰면서 필자의 심장과 뇌리에 담긴 생각들 중 일부만을 담아낸 것이다. 독자마다 생각들은 다 다를 것이지만 필자의 생각이 독자들의 생각에 단초가 되기를 기대한다.

고대국가의 역사는 전쟁의 역사다. 그중에서도 펠로폰네소스전쟁은 끓어오르는 신흥 강대국 아테네와 이를 두려워한 기존의 맹주 스파르타의 충돌이었다. 이는 이른바 '투키디데스의 함정'으로 불리는 예정된 전쟁이었다. 아주 작은 섬나라에서 비롯된 한 사소한 다툼이 시발점이었지만, 그 저변에는 두 강대국의 패권 경쟁이라는 거대한 구조가 자리 잡고 있었다.

이 전쟁은 단순한 영토 분쟁이 아니었다. 민주주의 해양 제국 아테네와 과두정 육상 국가 스파르타의 이념 전쟁이자 문명의 충돌이었다. 전쟁은 전 그리스 세계를 소용돌이 속으로 몰아넣은 총력전의 양상으로 번졌다.

투키디데스라는 냉철한 역사가는 이 전쟁의 기록을 통해서 생존, 욕망, 공포, 이익 등 인간의 가장 원초적인 본성이 국가의 운명을 어떻게 좌우하는지를 보여주고 있다.

역사와 인간의 행태는 순환 반복된다. 국제전은 첨예한 국가 간의 이익과 패권 다툼뿐만 아니라 소영웅주의자의 모험이 곁든 비극적 드라마다. 이런 국제질서는 동서고금이 다르지 않다. 현대의 중동사태나 우크라이나 사태는 2000년 이전의 그리스 사회의 재판이다.

국제사회는 자신과 상대국가들의 힘에 따라 합종연횡(合從連橫)

을 반복한다. 영원한 동지도 영원한 적도 없다. 오로지 자국의 안보와 이익 그리고 지배자의 정권만 있을 뿐이다.

국제관계의 질서를 유지하는 매개체는 '조약'이다. 조약은 당사자 간에 만족하거나 두려울 때 유지된다. 어느 한쪽이 만족하지 못하거나 두려움이 사라지면 조약은 속 빈 강정일 뿐이다.

동맹에서 중요한 것은 신의다. 국제관계에서 실용외교는 자칫 '신의'를 뿌리째 흔들 수 있다. 국제관계에서 '실용'은 결국 여러 나라와 관계를 맺으며 자국의 이익을 최대로 확보한다는 의미다. 그러나 이런 '실용'은 관련 당사국들도 마찬가지로 '실용적'이어야 한다. 만일 그중 어느 나라가 '실용주의'를 '이기주의'로 받아들이면 실용은 불신을 낳을 수 있다.

특히 동맹국과의 기본적 관계를 벗어나 적대적 동맹국과 교류하거나 동맹을 탈퇴하는 것은 '양다리'나 '배신'으로 보복이 뒤따를 수 있다. 냉혹한 국제사회에서 무모한 독립이나 자주는 종속이나 굴종과 동전의 양면이다.

그리스의 대전쟁의 이면에는 케르퀴라, 메가라, 타소스, 미틸레네, 멜로스 등 약소국가들이 국제사회에서 어떻게 생존해야 하는가를 여실히 보여주고 있다.

투키디데스는 '멜로스인의 대화'에서 약소국 멜로스인에게 이런 말을 전하고 있다.

> "세상에서 흔히 말하듯이 정의는 힘이 대등할 때의 문제이다. 실제로 강자는 할 수 있는 것을 관철하고, 약자는 거기에 순응해야 한다는 것 정도는 여러분도 우리 못지않게 알 것이다."

멜로스의 모든 남성은 모두 도륙되고 여자와 어린이는 노예가 되었다. 멜로스 여인들은 자기 땅에서 자신들의 남편을 도륙한 아테네인의 노예로 살거나 팔려갔다. 이것이 약소국의 운명이고 설움이며 전쟁이다.

투키디데스는 전쟁과 같은 재앙이나 혼란의 상황에서 인간의 모습을 예리하게 관찰했다. 이런 상황이 초래되면 살아남기 위해서 인간은 '노예의 난폭한 주인'으로 변한다. 포악한 주인이 노예를 대하듯 정상적인 인간도 포악한 존재로 변한다는 의미다.

자신의 미래를 알 수 없기 때문에 종교나 법률의 규범 따위에는 무관심해진다. 오로지 자신만 살려고 수단과 방법을 가리지 않는다. 짐승으로 변하는 것이다. 결국 전쟁은 인간이 짐승으로 변하도록 가르치는 교사가 된다.

전쟁은 일시적이라도 장악한 세력이 모든 상황을 만들어간다. 전쟁은 물론이지만, 쿠데타로 정권을 잡은 세력도 자기들의 방향에 따른 새로운 사회건설을 시도한다. 물론 자신들이 권력을 영원히 휘두를 수 있는 사회다.

정당성이 없는 승자일수록 국민적 동의를 받기가 어렵기 때문에 전제적인 억압적 권력에 의존하려 든다. 언어는 그대로 사용하면서도 의미를 바꾸어 사회를 혼란에 빠뜨린다. 투키디데스는 당시의 실상을 이렇게 전한다.

"무모한 대담함은 충성스러운 동맹자의 용기로 간주되었고 신중함은 비겁함의 핑계가 되었다. 절제는 남자답지 못함의 변명이 되고, 사안을 전반적으로 처리할 수 있는 능력자는 어떤 일도 못하는 무능력자로 인식되었다."

어느 사회나 난세에는 선동가가 득세하기 마련이다. 아테네 민주주의의 꽃이라고 불리는 민회는 선동가에 휘둘렸다. 결국 클레오폰의 선동으로 스파르타의 평화 제안을 거부했다. 이런 결과에 대해 아리스토텔레스는 당시의 상황을 이렇게 묘사한다.

"이는 화를 부추기는 자들에 의해 민중이 기만당한 것이었다. (…) 이들은 그때 사태를 현명하게 처리하지 못했으며 오래 가지 않아 실수를 깨닫게 되었다."

56년간의 대전쟁 동안 아테네는 결코 패할 수 없는 군사력을 보유하고 있었다. 그러나 출중한 지도자가 부재하면 도토리 키 재기 싸움으로 내분이 일어난다.

권력에서 초심이나 '처음처럼'은 불가능한 것인가. 전쟁 초기 아테네를 이끈 페리클레스 역시 이 질문에서 자유롭지 않다. 그는 제도적인 민주주의는 추구하면서도, 정작 자신의 행태적 민주주의는 실천하지 못했다는 비판을 피할 수 없다.

투키디데스가 페리클레스의 리더십을 '이름만 민주정이지 사실상 제1인자에 의한 통치'였다고 평했듯, 그의 막강한 영향력은 1인 지배나 다름없는 독주였다. 이 강력한 리더십은 전쟁 초기 아테네를 이끌었지만, 동시에 다른 목소리를 억누르고 공동체 전체를 오직 그 한 사람에게만 의존하게 만드는 그림자를 낳았다.

그의 갑작스러운 죽음은 극심한 리더십 공백으로 이어졌고, 국가는 그의 빈자리를 채울 무책임한 선동가들의 놀이터로 변질되었다. 한 사람에게 권력이 집중되었던 만큼, 그가 사라진 아테네는 구심점을 잃고 표류하기 시작했다. 위대한 지도자의 그림자가 오히려 공동체의 건강성을 해친 비극이었다.

페리클레스 같은 지도자가 없는 아테네 사회는 한쪽에서는 적을 섬멸하기 위한 전투가 벌어지고 다른 한쪽에서는 정적을 제거하기 위한 투쟁이 벌어졌다. 이 과정에서 전쟁에 패하고 유능한 지휘관들은 자리는 물론 목숨까지도 보전하지 못했다.

패전국은 사라진다. 주민들은 노예가 된다. 그럼에도 패전국 아테네는 고통은 겪었지만 살아남았고 민주주의가 다시 회복되었다. 승전을 주도한 스파르타가 동맹국들의 요구를 뿌리치고 아테네를 존속시킨 것은 고도로 계산된 결과다.

스파르타는 아테네를 강성해가는 코린토스와 테바이를 견제하는 완충세력으로 남겨두려 했다. 또한 민주주의가 몸에 밴 아테네인을 자국으로 끌어들이는 것은 체제에 대한 위협으로 판단했다.

아테네는 대신 승전국 스파르타의 강압으로 30인참주정이 수립되었다. 참주정 인사들은 스파르타의 섭정보다 더 무자비한 폭압정치를 자행하면서 수만 명의 시민을 추방했다.

결국 지지세력보다 반대세력을 훨씬 늘려 놓으면서 30인참주세력은 스스로 몰락했다. 스파르타도 아테네에 더 이상 힘을 허비할 수 없었다. 결국 스파르타는 손을 털고 빈손으로 물러났고, 아테네는 8개월 만에 민주주의를 손에 쥐었다.

그러나 아테네 민주주의는 플라톤과 아리스토텔레스가 지적한 대로 책임이 약한 '방종적 민주주의'이며 선동에 휘말리는 '중우 민주주의'였다. 민주회복을 이끈 트라시불로스가 추진한 노예해방정책은 기득권세력에 의해 좌절되었다.

억압의 끝이 풀리자 통제력을 잃은 광풍이 휘몰아쳤다. 30인참주제가 무너지면서 아테네 사회는 과거 인물을 먹잇감으로 삼는 마녀사냥의 혼란으로 빠져들었다.

소크라테스가 그 표적이었다. 죄목은 신을 부정하고 젊은이를 타락시켰다는 것이었지만, 이것은 단죄를 위해 고안된 논리였다. 그의 치명적 약점은 인맥이었다. 반역자 알키비아데스와 참주 크리티아스가 그의 제자였고, 주변에는 반민주적인 귀족들이 결집해 있다는 소문이 퍼졌다.

매스미디어가 춤추는 현대사회에서 '가짜 뉴스'가 진실을 호도하듯 혼돈 사회에서 나쁜 소문은 천사를 악마로 만든다. 그는 이미 배심원들의 미움을 산 상태였고, 자기 변론 과정에서 보여준 당당함은 오히려 그들의 심기를 건드리는 역효과를 낳았다. 결국 그는 사형을 피할 수 없었다.

소크라테스의 재판은 사회의 구심력이 약화되었을 때 무지한 군중이 무슨 일을 저지를 수 있는지를 증명한다. 그는 친구들의 망명 권유를 거절하고 순교를 택했다. 그의 처형은 구체제에 대한 증오와 원한의 분출이었으며, 아테네 민주주의의 겉과 속을 보여주는 대표적 사례다.

소크라테스가 직접 남긴 말이 아님에도 불구하고, 일본의 한 법철학자는 1930년대 자신의 저서에서 소크라테스가 망명을 거절한 행위를 "악법도 법이다"라는 말로 요약했다. 이 왜곡된 명제는 이후 실정법의 권위를 내세우는 논리로 둔갑하여, 일제 치하의 사법 만행과 군부 독재 권력의 폭력을 정당화하는 도구로 악용되는 역사의 비극을 낳았다.

그리스의 56년 내전사는 읽으면 읽을수록 더 많은 느낌과 깨달음을 준다. 다음에 다시 읽으면 어떤 생각이 더 보태어질까. 그리고 그리스와 페르시아전쟁에 대한 글을 마무리하면 또 어떤 다른 생각이 떠오를까.

현대사회는 공간이 사라지고 있다. 모두가 한곳에 있다. 안보나 전쟁의 지정학적 요인이 사라지고 있다. 과학문명은 안방에서 국제전을 수행하도록 하고 새로운 인간을 만들어 평정하는 상황으로 세상을 바꾸고 있다.

강한 세력은 더 강해진다. 그 대표적 나라가 미국이다. 지구천의 어느 연합세력이나 강대국도 미국의 역할을 외면할 수 없는 것이 현실이다.

이런 상항은 바로 우리의 문제다. 공간의 소멸시대에 지정학적 배경은 큰 고려의 대상이 될 수 없다. 경제적 이익에 관해서는 "공짜 점심은 없다"는 말을 상기해야 한다.

지구상에서 '휴전'이라는 이름으로 내전이 잠시 멈춰 있는 나라가 과연 몇이나 될까. 그런 점에서 고대 그리스의 이 참혹한 내전사는, 강대국들의 대리전이자 민족의 비극을 겪은 우리에게 단순한 과거의 기록이 아닌, 오늘을 비추는 생생한 거울이자 소중한 역사일 수밖에 없다.

참고문헌

한글문헌

서병훈. 『포퓰리즘: 현대민주주의의 위기와 선택』. 서울: 책세상, 2008.
신철희. "민(demos) 개념의 이중성과 민주주의(demokratia)의 기원." 『한국정치연구』 제22집 2호 (2013).
아서 스탠리 리그스. 김희정 역. 『시칠리아 풍경』. 부산: 산지니.
아이스퀼로스 지음. 김종환 옮김. 『탄원하는 여인들』. 서울: 지만지드라마, 2018.
앨런 라이언 지음. 남경태, 이광일 역. 『정치사상사』. 서울: 문학동네, 2017.
월러 뉴웰 지음. 우진하 옮김. 『폭군 이야기』. 서울: 예문아카이브, 2017.
철학연구회 엮음. 『디지털시대의 민주주의와 포퓰리즘』. 서울: 철학과 현실사, 2004.
최한수. 『그리스 신화와 종교』. 서울: 명인문화사, 2022.
_____. 『아테네 민주주의와 전쟁』(서울: 명인문화사, 2023).
톰 홀랜드 지음. 이순호 옮김. 『페르시아 전쟁』. 서울: 책과 함께, 2007.
폴 우드러프 지음. 이윤철 옮김. 『최초의 민주주의』. 서울: 돌베개, 2012.
플루타르코스 지음. 이성규 옮김 『플루타르코스 영웅전, 전집(상)』. 서울: 현대지성, 2016.

영어문헌

Abts, Koen, and Stefan Rummens. "Populism versus Democracy." *Political Studies* 55-2 (2007).
Aeschines. Trans. by Charles Darwin Adams. *Against Ctesiphon*. Cambridge,

MA: Harvard University Press, 1919.
_____. Trans. by Charles Darwin Adams. *Against Timarchus*, 1.92. Cambridge, MA: Harvard University Press, 1919.
_____. Trans. by Charles Darwin Adams. *The Speeches of Aeschines*. New York: G. P. Putnam's Sons, 1938.
Allison, Graham. *Destined for War*. Boston: Houghton Mifflin Harcourt, 2017.
Allport, Gordon W. *The Nature of Prejudice*. New York: Doubleday Anchor Boos, 1958.
Anderson, Benedict. *Imagined Communities: Reflections on the Origins and Spread of Nationalism*. London: Verso, 1983.
Arendt, Hannah. *The Human Condition*. Chicago: The University of Chicago Press, 1958.
Aristotle. Trans. by H. Rackham. *The Athenian Constitution*. MA: Harvard University Press, 1952.
Barber, Benjamin. *Strong Democracy: Participatory Politics for a New Age*. LA: University of California Press, 1984.
Benoit, Kenneth, and John W. Schiemann. "Institutional Choice in New Democracies: Bargaining over Hungary's 1989 Electoral Law." *Journal of Theoretical Politics* 13-2 (2001).
Berlin, Isaiah. *Four Essays on Liberty*. Oxford: Oxford University Press, 1969.
Briant, Pierre. *From Cyrus to Alexander: A History of the Persian Empire*. Penn.: Pennsylvania State University Press, 2000.
Buckley, Terry. *Aspects of Greek History 750-325 BC*. London: Routledge, 1996.
_____. *Aspects of Greek History*, 2nd. London: Routledge, 2010.
Bury, J. B. *A History of Greece to the Death of Alexander the Great*. London: Macmillan, 1900.
Canovan, Margaret. "'People', Politicans and Populism." *Government and Opposition* 19-3 (1984).
Cartledge, Paul. *The Spartans: The World of the Warrior-Heroes of Ancient Greece*. New York: The Overlook Press, 2004.
Carugati, Maria F., Randall Calvert & Barry R. Weingas. "Constitutional liti-gation in ancient Athens Judicial review by the people themselves." *Memo*, retrieved (23 June 2017).
Cawkwell, George. *Thucydides ans Peloponnesian War*. London: Routledge, 1997.
Conway, L. F. "Populism in the United States, Russia and Canada: Explaining

the Roots of Canada's Third Parties." *Canadian Journal of Political Science* 11 (1978).

Dahl, Robert A. *Polyarchy: Participation and Opposition*. New Haven: Yale University Press, 1971.

Democracies, Seven. *1945-1990*. Oxford: Oxford University Press, 1994.

Demosthenes. Trans. by A. T. Murray. *Against Aristocrate 23*. Cambridge, MA, Harvard University Press, 1939.

_____. Trans. by A. T. Murray. *Demosthenes, Against Timocrates*. Cambridge, MA: Harvard University Press, 1939.

Di Tella, T. S. "Populism and Reform in Latin America." in C. Veliz(ed.) *Obstacles to Change in Latin America*. Oxford: Oxford University Press, 1965.

Diamond, Larry. *Developing Democracy: Toward Consolidation*. Baltimore: The John Hopkins University Press, 1999.

Diamond, L., J. J. Linz and S. M. Lipset. "What Makes for Democracy?." L. Diamond, J. J. Linz and S. M. Lipset (eds.), *Politics in Developing Countries: Comparing Experiences with Democracy*. Boulder, Colo.: Lynne Rienner, 1995.

Federici, Michael. *The Challenge of Populism*. New York: Praeger, 1991.

Fieschi, Catherine. "Introduction." *Journal of Political Ideologies* 9-3 (2004).

Finley, M. I. *The Ancient Greeks*. New york: The Viking Press, 1963.

Forrest, W. G. *The Emergence of Greek Democracy 800-400 BC*. New York: McGraw-Hill Book Co. 1976.

Frost, Frank. "Solon Pornoboskos and Aphrodite Pandemos." in *Syllecta Classica*, Volume 13 (2002).

Gagarin, Michael, and Paul Woodruff. Trans & Eds. *Early Greek Political Thought from Homer to the Sophists*. Cambridge University Press 1995.

Geoffrey Ernest Maurice de Ste. Crox. *The Class Struggle in the Ancient Greek World*. London: Stockton, D. 1981.

Gottesman, Alex. "The Concept of Isēgoria." *Polis: The Journal for Ancient Greek and Roman Political Thought* (2021).

Griffeth, R., and C. Thomas (eds.), *The City-State in Five Cultures*. Santa Barbara: ABC-Clio, 1981.

Hall, Jonathan M. *A History of the Archaic Greek World: ca. 1200-479 BCE*, 2nd. New York, John Wiley & Sons Inc, 2014.

Hansen, Mogens Herman. *Polis*. Oxford: Oxford University Press, 2006.

_____ "Introduction." in Robert B. Strassler(ed.), *The Landmark Thucydides*, A Division of Simon & Schuster, Inc., 1996.

_____. trans. by J.A.Crook. *The Athenian Democracy in the Age of*

Demosthenes: Structure, Principles, and Ideology. Norman: University of Oklahoma Press, 1999.

_____. Was Athens a Democracy? Popular Rule, Liberty and Equality in Ancient and Modern Poplitical Thought. Historisk-filosofiske Meddelelser, 59, 1989.

Held, David. Models of Democracy. Stanford: Stanford University Press, 1987.

Holden, Barry. Understanding Liberal Democracy. Birmingham: Harvester Wheatsheaf, 1988.

Isocrates. Trans. by George Norlin, Isocrates. With an English Translation by George Norlin ... in Three Volumes. Cambridge, MA: Harvard University Press, 1980.

Jefferson, Thomas, Andrew A. Lipscomb (ed.). The Writings of Thomas Jefferson, vol. 15. Washington, DC: Thomas Jefferson Memorial Association, 1903.

Jones, A. H. M. Athenian Democracy. Baltimore: Johns Hopkins University Press, 1957.

Justinus, Marcus Junianus. Epitome of the Philippic History of Pompeius Trogus. translated, with notes, by the Rev. John Selby Watson. London: Henry G. Bohn, 1853.

_____. "Trust the People! Populism and Two Faces of Democracy." Political Studies (1982).

Kagan, Donald. Peloponnesian war. New York: the Penguin Group, 2003.

_____. Sources in Greek Political Thought. New York: The Free Press, 1965.

_____. The Fall of the Athenian Empire. New York: Cornell University Press, 1987.

Koerner, Reinhard. Inschriftliche Gesetzestexte der frühen griechischen Polis. Cologne: Böhlau, 1993.

Lazenby, J. F. The Defence of Greece: 490–479 BC. Liverpool: Liverpool University Press 1993.

Lewis, J. D. "Isegoria at Athens: When Did It Begin?." History (1971).

Lijphart, Arend. Electoral Systems and Party Systems: A Study of Twenty-Seven Democracies, 1945–1990. Oxford: Oxford University Press, 1994.

Linz, Juan J. The Breakdown of Democratic Regimes: Crisis, Breakdown, and Reequilibration. Baltimore: John Hopkins University Press, 1987.

Macpherson, C. B. The Political Theory of Possessive Individualism. New York: Oxford University Press, 1964.

March, Luke. "From Vanguard of the Proletariat to Vox Populi: Left-populism as a 'Shadow' of Contemporary Socialism." *SAIS Review* 27-1 (2007).

Martin, Thomas R. *Ancient Greece: From Prehistoric to Hellenistic Times*. New Haven: Yale University Press, 1996.

Meny, Y., and Y. Sure. "The Constitutive Ambiguity of Populism." Y. Meny and Y. Sure(eds.), *Democracies and the Populist challenge*. Houndmills: Palgrave, 2002.

Montaigne, Michel de. *The Complete Essays*. trans. M.A.Screech. London: Penguin Classics, 1993.

Mudde, Cas. "The Populist Zeitgeist." *Government and Opposition* 39-4 (2004).

Norris, Pippa. "Introduction: The Politics of Electoral Reform." *International Political Science Review* 16 (1995).

O'Donnell, Guillermo. "Illusions about Consolidation." *Journal of Democracy* 7-2 (1996).

Ostwald, M. *Nomos and Beginnings of Athenian Democracy*. Oxford: Clarendon Press, 1969.

Pain, Thomas. "Common Sense." in Nelson F. Adkins (ed.), *Common Sense and Other Political Writings*. New York: Bobbs-Merrill, 1953.

Panizza, F. "Introduction: Populism and the Mirror of Democracy." F. Panizza (ed.), *Populism and the Mirror of Democracy*. London: Verso, 2005.

Parenti, Michael. *Democracy for the Few*. New York: St.Martin's Press, 1988.

Pausanias. Trans. by W.H.S. Jones, Litt.D., and H.A. Ormerod. *Description of Greece*, 1.28.5. Cambridge, MA: Harvard University Press, 1918.

Pennock, James Roland. *Democratic Political Theory*. New Jersey: Princeton University Press, 1979.

Pinney, Harvey. "Government-by Whose Consent?." *Social Science* XIII (1938, 10).

_____. Trans. by George Norlin. *Antidosis* 7.38 (Cambridge, MA: Harvard University Press, 1980.

Plamenatz, John. "Equality of opportunity." G. Bryson et al., *Aspects of Human Equality*. New York: Harper, 1956.

Platias, Athanasios G., & Koliopoulos Constantinos. *Thucydides on Strategy*. Turkey: Eurasia Publications, 2006.

Plutarch. *The Parallel Lives: The Life of Lycurgus 16*. published in Vol. I by Bernadotte Perrin. the Loeb Classical Library edition, 1914.

_____. *Plutarch's Lives*. with an English Translation by. Bernadotte Perrin. Cambridge, MA. Harvard University Press, 1916.

Pomeroy, Sarah B., Stanley M. Burstein, Walter Donlan and Jennifer Tolbert Roberts. *Ancient Greece: A Political, Social, and Cultural History*. Oxford: Oxford University Press, 1999.

Raaflaub, Kurt A. et al. *Origins of Democracy in Ancient Greece*. California: University of California Press, 2008.

Rousseau, Jean-Jacques. (trans.) Maurice Cranston. *The Social Contract*. New York: Penguin, 1968.

_____. (trans.) Roger D. and Judith R. Masters. *The First and Second Dis-courses*. New York: St. Martin's, 1964.

Sartori, Giovanni. *Comparative Constitutional Engineering: an Inquiry into Structures, Incentives and outcomes*, 2nd edn. London: Macmillan, 1997.

_____. *Democratic Theory*. Detroit: Wayne University Press, 1962).

_____. *The Theory of Democracy Revisited*. New York: Columbia University, 1987.

Schedler, Andreas. "Anti-Political-Establishment Partiesm." *Party Politics* (1996).

Schmitter, Philie C., and Terry Lynn Karl. "What Democracy Is… and Is Not." *Journal of Democracy* 2-3 (1991).

Schumpter, Joseph. *Capitalism, Socialism, and Democracy*, 2nd edn. New York: Harper, 1947.

Strauss, Berry. *The Battle of Salamis*. New York: Simon & Schuster, 2004.

Taagepera, Rein, and Mattew Shugart. *Seats and Votes: The Effects and Determinants of Electoral Systems*. New Haven: Yale University Press, 1989.

Taggart, Paul. *Populism*. Buckingham: Open University Press, 2000.

Taguieff, A. "Political Science Cinfronts Populism: From a Conceptual Mirage to a Real Problem." *Toles*, 103 (1995).

Tannsjo, T. *Populist Democracy: A Defence*. London: Routledge, 1992.

Tsebelis, George. *Nested Games: Rational Choice in Comparative Politics*. San Diego: University of California Press, 1990.

Urbinati, Nadia. "Democracy and Populism." *Constellations* 5-1 (1998).

Viereck, Peter. *The Unadjusted Man*. Boston: Beacon Press, 1956, reprint, Westport, Conn.: Greenwood Press, 1973.

Vlastos, Gregory. "Isonomia." *American Journal of Philology* 74-4 (1953).

Westlind, Dennis. *The Politics of Popular Identity: Understanding Recent Populist Movements in Sweden and the United States*. Lund: Lund University Press, 1966.

West, William C. "The Speeches in Thucydides: A Description and Listing." in Stadter (ed.), *The Speeches in Thucydides*, Chapel Hill, North Carolina: The University of North Carolina Press, 1973.

Weyland, Kurt. "Neopopulism and Neoliberalism in Latin America: How Much Affinity?." *Third World Quarterly* 24-6 (2003).

Wilhoit, Francis M. *The Quest for Equality in Freedom*. New Jersey: New Brunswick, 1979.

Xenophon. *Constitution of the Lacedaimonians*. By trans E. C. Marchant and G. W. Bowersock, MA: Harvard University Press, 1925.

찾아보기

ㄱ

게루시아 56, 360-361
고르기아스 271
과두정 58, 318, 321, 362, 378, 383
과두파 148, 161-164, 307, 319, 369, 371, 374
그리스 동맹 65, 77-78, 125, 127
길리포스 280, 290-291, 293, 299, 327

ㄴ

나우파크투스 191-193
낙소스 67-68, 71, 255, 283
노티움 전투 330-331, 333
니케 334
니키아스 평화조약 14, 96, 121, 139, 195, 244, 248-249

ㄷ

다리우스 2세 306, 313, 329
데모스 32, 210
데모스테네스 135, 235-239, 241, 245, 293, 298-299, 304
데켈리아 286-287, 327, 349-350
데켈리아전쟁 287
델로스 동맹 8, 64-65, 69-75, 119, 124, 133-134, 137, 139-141, 145, 150-151, 153, 155, 166-167, 174, 180, 191, 197-198, 200, 215, 255, 263, 304-305, 353
델피 신탁 148
도편추방제 36-38, 177, 254
디오니소스 축제 192
디오도로스 시쿨로스 12, 346, 348

ㄹ

라우리온 은광 31
라케다이몬 39-40, 61-62, 75, 93, 156

람프사코스 344, 345
리산드로스 73, 329-333, 343-350, 353, 356-358, 371-372

323, 338-340, 359, 361
브라시다스 89, 195, 238, 243-244
비잔티움 174, 328, 348

ㅁ

마그나 그라키아 266
마라톤 전투 2, 64, 187, 189
만티네이아 76-77
메가라 77, 139-140, 157-158, 173-178, 181, 193, 240, 245-246, 248, 362, 366, 384
메가라 법령 173-181, 198
메세니아 42, 44-45, 236-237, 241
멜로스 69, 73, 104, 106, 111, 145, 222, 235, 255-264, 271, 349, 384-385
멜로스인의 대화 69, 255
미틸레네 106, 145, 197-204, 206, 212-235, 262, 333-336, 384
민회 29-34, 36-38, 55-57, 117, 151, 154, 161, 182, 185, 207, 209-210, 220-222, 229-231, 240-241, 245, 249, 253, 272-274, 288, 293-294, 315-319, 323, 327, 334, 337-341, 343, 350, 353, 357-360, 375, 386

ㅂ

배심원 29-30, 32, 34-36, 195, 209-210, 275, 376, 378, 380-381, 388
보이오티아 77, 105, 129-130, 132-133, 138-139, 186-187, 199, 202, 204, 235, 246, 248, 292-293, 362, 368, 371
불레 32-34, 37, 161-162, 209, 222,

ㅅ

사모스 67, 79, 90, 145-146, 153, 180, 254, 307, 310, 312-313, 315, 318-322, 324-325, 327, 330, 332-334, 344, 349-350, 367
살라미스 해전 2, 131
삼단노선 80, 102, 107, 159, 162, 171, 190, 192, 203-204, 207, 221, 232-233, 237-238, 276, 312, 333-335, 348, 367
소크라테스 7, 58, 61, 96, 103, 172, 251, 280, 338, 340-342, 351, 364-365, 376-381, 388
소포클레스 51, 186, 236-238
수사학 103, 115, 358
스트라테고스 367
스파르티아테스 41
스팍테리아 239-241, 243, 246
시칠리아 원정 14, 73, 264-265, 274, 277, 279, 281, 285, 289, 291, 302-303, 331, 367
실용주의 384

ㅇ

아고라 37, 63, 130, 162, 210
아기스 2세 286
아르기누사이 전투 333, 342, 364
아르콘 29, 37, 209

아르키다모스전쟁 13-14, 90, 96, 120-121, 186
아리스토텔레스 21, 24-25, 30, 49, 54-55, 57-58, 343, 358, 360, 364-365, 386-387
아리스토파네스 53, 181, 195-196, 253, 343, 377
아이고스포타미 전투 331, 344, 352
아이기나 133, 140, 162, 269, 270, 344
아이톨리아 104, 235
아카르나니아 192, 236
아크로폴리스 19, 23, 31, 63, 72, 162, 365-366
안티폰 317, 324
알키비아데스 38, 107, 172, 244, 250-254, 256, 262, 272-273, 275, 277-281, 285, 287-290, 303-306, 308-314, 318-322, 324-333, 340, 345-346, 352, 365, 368, 378, 388
암피폴리스 87-89, 126, 195, 240, 243-244, 246, 302
에우리메돈 전투 71
에우리피데스 103-104, 300
에우보이아 133, 139-140, 144, 146, 287
에피담노스 145, 147-149, 153
올림피아 99, 199, 204
이오니아 17, 65, 69, 74, 136, 146-147, 215-216, 220, 238, 266, 287, 305, 307

ㅈ

제국주의 74-75, 94, 107, 255
중우정치 342

직접민주주의 31

ㅊ

참주제 316, 352, 354, 356-360, 362, 365-366, 368, 372-373, 376, 379, 388

ㅋ

카르타고 268, 273
칼리아스 평화조약 135
칼키디케 77, 166, 168
케르퀴라 147-161, 163-165, 167, 176, 198, 236-237, 384
코논 330, 332-337, 343, 348, 355-356
코린토스 19, 24, 26, 67, 69, 76-77, 79, 81-82, 129, 133, 140, 147-160, 162, 165-170, 172-174, 176-178, 181, 187, 191, 193, 206, 246-249, 266, 290-291, 353-354, 362, 366, 371, 387
크리티아스 332, 361-365, 371, 378-379, 388
크세노폰 7, 41, 52, 61-62, 96, 109, 190, 280, 325, 346-350, 358, 364, 376-377, 379
클레오폰 343, 386
클레온 89, 107, 191, 193-196, 222-224, 226, 228-231, 235, 240-246, 253
키몬 33, 44, 72, 78, 93, 126-128, 130-132, 134-135, 156, 161, 191
키오스 171, 197, 205, 215, 305-306, 342
키지코스 전투 325-326, 328

ㅌ

타소스 67, 71, 88, 122-127, 136, 384
테라메네스 316-317, 322, 326, 336-338, 350, 353, 358, 361-365, 369
테미스토클레스 69, 131-132
테살리아 88
테테스 29, 31, 208-209, 303
투키디데스 3-13, 39, 43, 73-74, 83-109, 111-118, 120-125, 136, 142-147, 151-152, 156-158, 163-164, 166, 170, 180, 183-187, 190-191, 195-196, 208, 216, 220-223, 226, 230-231, 233, 240, 242-244, 253, 257, 261-262, 274, 286-287, 292, 295, 300, 302, 304, 315, 318-319, 321, 325, 383-386
투키디데스의 함정 142-145, 383
트라시불로스 318, 326, 336-338, 358, 366-376, 388
트리에라르크 367
티싸페르네스 306-314, 318-319, 355

ㅍ

파르나바조스 355-356
파르테논 신전 72
파우사니아스 78, 129-130, 212, 350, 371-373
페리오이코이 42, 44-45, 360, 375
페리클레스 28-29, 31, 33, 72, 88-89, 93-94, 106-107, 117, 128, 130-140, 146, 155-157, 171, 174-184, 188-191, 193-194, 198, 209, 223, 235, 250, 252, 341, 366, 375, 386-387

펠로폰네소스 동맹 8, 75-76, 78, 80-82, 119, 140, 152-154, 159, 161, 166-167, 174, 188-189, 192-194, 198-204, 206-207, 214, 219-220, 246, 248, 254, 291, 293, 353
펠로폰네소스전쟁 2-3, 5, 8, 10-14, 50, 67, 72-73, 80-81, 84-85, 92, 96, 99, 101, 112, 119-121, 123, 129, 134, 139, 142-145, 147, 157, 165-166, 173-174, 180-181, 187, 191, 198, 240, 252-253, 268, 302, 316, 331, 342, 344, 348, 350, 352, 358, 366, 382-383
폴리스 15, 17-26, 31, 33, 39, 43, 63, 72, 87-89, 126, 162, 195, 240, 243-244, 246, 263, 302, 365, 366, 381
프리니코스 307
플라톤 1, 7, 21-23, 53-54, 58, 96, 172, 211, 268-271, 302, 341, 365, 376, 379, 381, 387
피레우스 133, 188, 327
필로스 235-240, 243, 245

ㅎ

헤로도토스 4, 39, 55, 61-62, 84, 88, 97-104, 114, 117, 186, 243
헤일로타이 42-44, 239, 243

명인문화사 정치학 관련 서적

정치학 분야

정치학의 이해 Roskin 외 지음 / 김계동 옮김
정치학개론: 권력과 선택, 15판 Shively 지음 / 김계동, 민병오, 윤진표, 이유진, 최동주 옮김
비교정부와 정치, 제12판 McCormick & Hague & Harrop 지음 / 김계동, 민병오, 서재권, 이유진, 이준한 옮김
정치학방법론 Burnham 외 지음 / 김계동 외 옮김
정치이론 Heywood 지음 / 권만학 옮김
정치이데올로기: 이론과 실제 Baradat 지음 / 권만학 옮김
국가: 이론과 쟁점 Hay & Lister 외 엮음 / 양승함 옮김
민주주의국가이론 Dryzek 외 지음 / 김욱 옮김
사회주의 Lamb 지음 / 김유원 옮김
자본주의 Coates 지음 / 심양섭 옮김
신자유주의 Cahill & Konings 지음 / 최영미 옮김
정치사회학 Clemens 지음 / 박기덕 옮김
정치철학 Larmore 지음 / 장동진 옮김
문화정책 Bell & Oakl 지음 / 조동준, 박선 옮김
시민사회, 제3판 Edwards 지음 / 서유경 옮김
복지국가: 이론, 사례, 정책 정진화 지음
포커스그룹: 응용조사 실행방법 Krueger & Casey 지음 / 민병오, 조대현 옮김
거버넌스의 정치학: 한국정치의 새로운 패러다임 모색 김의영 지음
한국현대사의 재조명 한국전쟁학회 편
여성, 권력과 정치 Stevens 지음 / 김영신 옮김

국제관계 분야

국제관계와 글로벌정치, 3판 Heywood, Whitham 지음 / 김계동 옮김
국제정치사 Kocs 지음 / 이유진 옮김
국제개발: 사회경제이론, 유산, 전략 Lanoszka 지음 / 김태균, 문경연, 송영훈 외 옮김
국제관계이론 Daddow 지음 / 이상현 옮김
국제기구의 이해: 글로벌 거버넌스의 정치와 과정, 제4판 Karns & Stiles & Johnson 지음 / 김계동, 이상현 외 옮김
국제정치경제 Balaam & Dillman 지음 / 민병오, 김치욱, 서재권, 이병재 옮김
글로벌연구: 이슈와 쟁점 McCormick 지음 / 김계동, 김동성, 김현경 옮김
글로벌 거버넌스: 도전과 과제 Weiss & Wilkinson 편저 / 이유진 옮김
현대외교정책론, 제4판 김계동, 김태환, 김태효, 김현, 마상윤, 서정건, 신범식, 유진석, 윤진표, 이기범 외 지음
한반도 핵무기정치: 군사적 자산 또는 외교적 부담 김계동 편저 / 이상현, 전봉근, 김보미, 함형필 외 공저
외교: 원리와 실제 Berridge 지음 / 심양섭 옮김
공공외교의 이해 김병호, 마영삼, 손선홍 외 지음
세계화와 글로벌 이슈, 제6판 Snarr 외 지음 / 김계동, 민병오, 박영호, 차재권, 최영미 옮김
세계화의 논쟁: 국제관계 접근에서의 찬성과 반대논리, 제2판 Haas & Hird 엮음 / 이상현 옮김
세계무역기구: 법, 경제, 정치 Hoekman 외 지음 / 김치욱 옮김
미국과 중국: 글로벌경제 리더십의 경쟁과 협력 Bergsten 지음 / 전종규 옮김
현대 한미관계의 이해 김계동, 김준형, 박태균 외 지음
현대 북러관계의 이해 박종수 지음
중국의 외교정책과 대외관계 Shambaugh 편저 / 김지용, 서윤정 옮김
한국의 외교정책과 대외관계 김계동, 김태균, 김태환, 김현, 김현욱, 박영준 외 지음
글로벌 환경정치와 정책 Chasek & Downie & Brown 지음 / 이유진 옮김
지구환경정치: 형성, 변화, 도전 신상범 지음
기후변화와 도시: 감축과 적응 이태동 지음
핵무기의 정치 Futter 지음 / 고봉준 옮김
비핵화의 정치 전봉근 지음
비정부기구(NGO)의 이해, 제2판 Lewis & Kanji & Themudo 지음 / 이유진 옮김
한국의 중견국 외교 손열, 김상배, 이승주 외 지음
신국제질서와 한국외교전략 김상배, 김흥규, 박재적, 배기찬, 부형욱, 신범식 외 지음

갈등과 공존의 인도·태평양: 각국의 인태전략
황재호 편

지역정치 분야

동아시아 국제관계 McDougall 지음 / 박기덕 옮김
동북아 정치: 변화와 지속 Lim 지음 / 김계동 옮김
일본정치론 이가라시 아키오 지음 / 김두승 옮김
현대 중국의 이해, 제3판 Brown 지음 / 김흥규 옮김
현대 미국의 이해
Duncan & Goddard 지음 / 민병오 옮김
현대 러시아의 이해 Bacan 지음 / 김진영 외 옮김
현대 일본의 이해 McCargo 지음 / 이승주, 한의석 옮김
현대 북한의 이해 Buzo 엮음 / 박영호 옮김
현대 유럽의 이해 Outhwaite 지음 / 김계동 옮김
현대 동남아의 이해, 제2판 윤진표 지음
현대 아프리카의 이해 Graham 지음 / 김성수 옮김
현대 동북아의 이해 Holroyd 지음 / 김석동 옮김
현대동아시아의 이해
Kaup 편 / 민병오, 김영신, 이상율, 차재권 옮김
미국외교는 도덕적인가: 루스벨트부터 트럼프까지
Nye 지음 / 황재호 옮김
미국정치정부론: 정치발전과 제도의 변화
Jillson 지음 / 민병오 옮김
미국정치와 정부
Bowles, McMahon 지음 / 김욱 옮김
한국정치와 정부
김계동, 김욱, 박명호, 박재욱 외 지음
미국외교정책: 강대국의 패러독스
Hook 지음 / 이상현 옮김
대변동의 미국정치, 한국정치: 비유와 투영
정진민, 임성호, 이현우, 서정건 편
세계질서의 미래 Acharya 지음 / 마상윤 옮김
알자지라 효과 Seib 지음 / 서정민 옮김
일대일로의 국제정치 이승주 편
중일관계 Pugliese & Insisa 지음 / 최은봉 옮김

북한, 남북한 관계 분야

북한의 외교정책과 대외관계: 협상과도전의전략적선택
김계동 지음

북한의 체제와 정책: 김정은시대의 변화와 지속
체제통합연구회 편
북한의 통치체제: 지배구조와 사회통제 안희창 지음
북한행정사 홍승원 지음
남북한 체제통합론: 이론·역사·경험·정책, 제2판
김계동 지음
남북한 국가관계 구상: 대북정책의 뉴 패러다임
김계동 지음
분단시대 탈경계의 동학: 탈북민의 이주와 정착
신효숙 지음
북핵위기 30년: 북핵외교의 기록과 교훈 전봉근 지음
용서와 화해에 대한 성찰 전우택, 박명규, 김회권,
이해완, 심혜영, 박종운, 조정현, 김경숙 지음
한반도 평화: 분단과 통일의 현실 이해 김학성 지음
한국전쟁, 불가피한 선택이었나 김계동 지음
한반도 분단, 누구의 책임인가? 김계동 지음
한류, 통일의 바람 강동완, 박정란 지음
한국사회 공동체성에 대한 현재와 미래 장혜경,
김선욱, 오준근, 이기홍, 박치현, 백소영, 정재훈 외 지음

안보, 정보 분야

한국안보의 이해 김계동, 김재관, 박영준, 유인태 외 지음
국가정보학개론: 제도, 활동, 분석
Acuff 외 지음 / 김계동 옮김
국제안보의 이해: 이론과 실제 Hough & Malik &
Moran & Pilbeam 지음 / 고봉준, 김지용 옮김
전쟁과 평화 Barash, Webel 지음 / 송승종, 유재현 옮김
국제안보: 쟁점과해결 Morgan 지음 / 민병오 옮김
사이버안보: 사이버공간에서의 정치, 거버넌스, 분쟁
Puyvelde & Brantly 지음 / 이상현, 신소현, 심상민 옮김
국제분쟁관리
Greig & Owsiak & Diehl 지음 / 김용민, 김지용 옮김
전쟁: 목적과수단
Codevilla 외 지음 / 김양명 옮김
국가정보: 비밀에서 정책까지
Lowenthal 지음 / 김계동 옮김
국가정보의 이해: 소리없는 전쟁
Shulsky, Schmitt 지음 / 신유섭 옮김
테러리즘: 개념과 쟁점
Martin 지음 / 김계동 외 옮김